I QUADERNI

DELL'ARCHEOCLUB DI BENEVENTO

6

MARIO BOSCIA

VISIONI BENEVENTANE

dalla
Gazzetta di Benevento
(1989-1997)

Presentazione di
FRANCESCO MORANTE

ARCHEOCLUB D'ITALIA
sede di Benevento

Palazzo del Volontariato
viale Mellusi 68

82100 Benevento

archeobenevento@gmail.com

*Il presente libro nasce sotto
gli auspici della famiglia nel
ventennale della scomparsa di
Mario Boscia + 27 gennaio 2003*

Tra i tanti intellettuali che hanno operato nella nostra città, Mario Boscia è stato uno dei più singolari ed anche dei più fecondi, nonostante non abbia lasciato molti scritti. Le sue conoscenze della storia beneventana hanno arricchito la ricerca e la saggistica locale per almeno tre decenni: gli ultimi del Novecento. Non c'è stato studente o studioso, professionista o dilettante che, prima di accingersi a scrivere di Benevento, non si sia confrontato o consigliato con Mario Boscia. Raccontarlo, per molti aspetti, è come fare la storia della vita culturale beneventana, dalla metà degli anni Settanta in poi, perché conosceva tutti e tutti lo conoscevano.

Era nato a Benevento il 10 aprile del 1943. Crebbe nella casa dei Mutarelli, tra carte e libri antichi, presenti in gran quantità nella fornita biblioteca. Da qui nacque la sua passione per un ambito, quello del collezionismo librario, che lo ha sempre accompagnato per tutta la vita. Ciò gli permise di ampliare la collezione ereditata, realizzando la più ricca biblioteca privata di Benevento, specializzata soprattutto in storiografia locale.

Dopo aver conseguito la licenza scientifica, divenne funzionario dell'Ente Provinciale per il Turismo di Benevento. Ben presto, per la sua grande competenza nell'ambito storiografico, divenne un punto di riferimento imprescindibile per tutti. Da ricordare che, in quegli anni, l'Ept, oltre ai ruoli istituzionali di promozione turistica, svolgeva un ruolo di primo piano nella vita culturale locale, forte anche della illuminata presidenza di persone quali Giuseppe Alberti, Mario Gravina o Guido Del Basso De Caro. Da non dimenticare che nel passato l'Ept organizzava le rassegne teatrali e di lirica al rinato Teatro Romano, sponsorizzava rassegne d'arte e concorsi di poesia, forniva contributi all'editoria di prestigio e non solo divulgativa.

Mario Boscia

Mario Boscia in compagnia di don Giovanni Giordano, durante l'allestimento di una mostra.

Il personale lavoro di ricerca, in quegli anni, di Mario Boscia fu innanzitutto un'esplorazione sistematica degli archivi privati e pubblici presenti a Benevento. Grande attenzione la poneva nella ricostruzione della nobiltà locale e delle grandi famiglie che avevano governato per secoli la piccola enclave pontificia. Questa frequentazione costante, di biblioteche e di archivi, gli consentì di venire in contatto con numerosi studiosi attivi in quegli anni, da Elio Galasso, direttore del Museo del Sannio, a don Giovanni Giordano, direttore della Biblioteca Arcivescovile, a Salvatore Basile, direttore della Biblioteca Provinciale, avviando collaborazioni che si sono protratte per decenni, interrotte solo dalla morte.

Non mancò di partecipare alla vita culturale nei sodalizi privati, in primis l'associazione Amici del Museo del Sannio, allora presieduta dall'avvocato Giovanni Maria Napolitano, e nella quale Mario Boscia ricoprì il ruolo di consigliere. Grazie a questa associazione, nacque una mostra fotografica "Benevento com'era", allestita nell'estate del 1979 nel Museo del Sannio, che ha lasciato un segno duraturo nella vita culturale beneventana.

Tra le sue frequentazioni non poteva mancare Gennaro Ricolo che, alla fine degli anni Sessanta, aveva rilevato la storica Tipografia De Martini. Ricolo era anche lui, in quegli anni, un indefesso animatore culturale in città, non solo con le sue iniziative editoriali ma anche con salotti e iniziative varie, tra le quali la fondazione di un'associazione musicale. Anche a Gennaro Ricolo, Mario Boscia fornì preziosi consulenze, spesso non accreditate, in particolare nella pubblicazione, curata da Gaetana Intorcia, del libro "Benevento Sacro" di Giovanni De Nicastro.

Preziosa fu anche la sua collaborazione alla maggiore opera storiografica del decennio Ottanta, sempre edita da Ricolo: la "Storia di Benevento e dintorni" di Gianni Vergineo, in quattro volumi, pubblicati tra il 1983 e il 1987. Da ricordare che questa "Storia" nacque da una proposta editoriale, che Ricolo fece a Vergineo, dopo che quest'ultimo aveva pubblicato un saggio dal titolo "Un'ipotesi di lavoro sul senso storico della pontificia città di Benevento" nel primo volume di "Benevento tra mito e realtà" di Francesco Romano.

Ed in questo libro era presente anche un saggio, firmato da Mario Boscia e Francesco Bove, dal titolo "Questioni di urbanistica a Benevento: 1860-1914". Era uno degli esiti di una collaborazione che, in quegli anni, unì Mario Boscia e l'architetto Bove, che, insieme, produssero anche saggi sulla storia ferroviaria di Benevento.

In quegli anni dominava l'idea della "città di cultura" progetto politico di Antonio Pietrantonio che ebbe in Città Spettacolo il suo fiore all'occhiello. La permanenza per oltre un decennio di Pietrantonio, alla guida del Comune di Benevento, rese possibile una stagione culturale in seguito mai più eguagliata. Complice anche la fase di ricostruzione avviata dal sisma del 23 novembre del 1980, fu quello un decennio molto fecondo e stimolante per la vita intellettuale cittadina.

In quel periodo, una delle iniziative più interessanti, fu una mostra (purtroppo mai pubblicata) sulla Benevento Longobarda, organizzata dal Centro di Cultura Raffaele Calabria dell'Università Cattolica del Sacro Cuore, e inaugurata nel Museo del Sannio a dicembre del 1985. In quell'occasione il soprintendente Werner Johannowsky annunciò per la prima volta l'individuazione del sito dell'anfiteatro beneventano, grazie ad alcuni ruderi di fondazione emersi nei pressi della Stazione Appia. In questa mostra notevoli furono anche i contributi forniti dall'architetto Gianfranco Caniggia, presente in città per numerosi incarichi pubblici ricevuti, tra i quali il restauro di Palazzo Paolo V, che purtroppo non riuscì a realizzare per la prematura scomparsa avvenuta nel 1987.

All'organizzazione di quella mostra lavorarono molti storici locali che, per la prima volta, trovarono una sintesi che li portò a dar vita ad un nuovo sodalizio culturale: l'Associazione Istorica Beneventana. Nacque con atto rogato dal notaio Nicola Nobile Mattei, in data 2 marzo 1987, sottoscritto da tredici soci fondatori: Mario Boscia, Francesco Bove, Antonio D'Argenio, Mario De Nicolais, Michele Di Matteo, Giovanni Giordano, Carmelo Lepore, Laureato Maio, Francesco Morante, Antonio Romano, Pietro Salvione, Riccardo Valli, Gianni Vergineo.

Questa associazione si veniva ad affiancare ad altre due realtà già operanti in provincia, e alle quali non mancò mai il contributo beneventano di Mario Boscia e degli altri amici sopra citati: il Centro per lo Studio della Civiltà Contadina di Campolattaro, diretto da Annibale Laudato, e l'Istituto Storico Giuseppe Maria Galanti di Santa Croce del Sannio, diretto da Enrico Narciso.

Sotto la presidenza di Carmelo Lepore, l'associazione ebbe come esito più rilevante la pubblicazione della rivista "Studi Beneventani", affidata alla direzione di don Giovanni Giordano. Il primo nume-

Mario Boscia in compagnia di don Laureato Maio.

Mario Boscia, al centro, sulla sinistra il preside Raffaele Matarazzo e sulla destra il preside Luigi Campese.

ro uscì nel mese di giugno del 1989. Benché la rivista abbia prodotto solo cinque numeri, il contributo storiografico fornito non è stato secondario.

Anche alla realizzazione di questa iniziativa editoriale il contributo culturale di Mario Boscia fu rilevante, così come non mancò di collaborare all'editoria locale. Fu spesso presente nella vita del giornale Specchio del Sannio, periodico che nacque a San Leucio del Sannio grazie all'iniziativa di Carmine Porcaro. Questo giornale fu palestra per molti dei giornalisti che in seguito hanno avuto un ruolo di primo piano in città, da Antonio De Lucia, instancabile addetto stampa della Provincia di Benevento, ad Alfredo Pietronigro, direttore dell'attuale Gazzetta di Benevento.

Proprio la rinascita di questa storica testata, nel settembre del 1989, lo vide scendere in campo, questa volta in maniera più diretta e continuativa. A questo proposito, c'è da sottolineare un suo tratto caratteriale, importante per inquadrare anche la sua azione culturale. Di fondo era una persona timida, e preferiva restare dietro le quinte invece di apparire sotto la luce dei riflettori, quasi a evitare il confronto con un mondo accademico che non gli apparteneva, ma con il quale poteva tranquillamente competere.

Nella collaborazione con «Gazzetta di Benevento», forse anche per il carattere meno paludato della forma espositiva, trovò una sua cifra personale più congeniale. Con il primo numero del giornale, inizia una produzione di articoli che, nel corso di oltre un decennio, rappresenta la sua migliore narrazione storica. In essa trasferisce, non tutte, ma sicuramente molte delle cose che sapeva di questa città: fatti, aneddoti, libri, personaggi e tanto altro.

Ma la sua inesauribile voglia di partecipare alla vita culturale locale non si esaurisce qui. Con lo scrivente, nel 1991, diede vita alla casa editrice Edizioni Torre della Biffa. Dopo un esordio non facile, anche per situazioni congiunturali non previste, la sua attività editoriale trovò il suo momento "glamour" nella pubblicazione dell'antologia di scritti "Mosaico Beneventano", che vide la luce nel 1994, dopo un lungo, e spesso travagliato, iter di gestazione. Val la pena ripercorrere la lista degli autori, oltre a Mario e a chi scrive, che vi compaiono, per avere un metro delle sue vaste conoscenze: Giovanni Barricelli, Salvatore Basile, Francesco Bove, Liborio Casilli, Amerigo Ciervo, Mario

Collarile, Anna D'Agostino, Gianandrea De Antonellis, Antonio Del Donno, Gabriele De Luca, Mario De Nicolais, Nico De Vincentiis, Elio Galasso, Giovanni Giordano, Carmelo Lepore, Laureato Maio, Luigi Meccariello, Salvatore Moffa, Giovanni Maria Napolitano, Luigi Parente, Luciano Pascucci, Mario Pedicini, Antonio Perrella, Antonio Petrilli, Angela Reale, Giuseppe Tibaldi, Riccardo Valli, Gianni Vergineo, Domenica Zanin.

Negli anni successivi grazie alla produzione editoriale di Torre della Biffa ci furono nuovi incontri, tra i quali vanno di certo ricordati quelli con l'Associazione Storica del Caiatino, dalla cui collaborazione nacquero diversi ed interessanti libri, o con la Pro Loco di Sant'Agata dei Goti, presieduta da Claudio Lubrano. Ma l'iniziativa editoriale più intensa e diffusa su tutto il territorio della Campania, ma anche del Molise, fu la ristampa anastatica degli "Atti della Società Storica del Sannio". Di fondamentale importanza per la riuscita dell'operazione è stato il fatto che l'unica raccolta completa degli "Atti" era presente proprio nella biblioteca di Mario Boscia.

L'impresa editoriale fu avviata in collaborazione con l'A.G.M. di Carmine Porcaro. Nel giro di circa cinque anni, dal 1997 al 2002, furono ristampati tutti i 27 volumi che componevano l'edizione originale di questa rivista, pubblicata a Benevento tra il 1922 e il 1932. Ma l'operazione più grandiosa, che accompagnò questa ristampa, fu la capillare presentazione, comune per comune, che si svolse in più anni. La provincia di Benevento fu visitata quasi per intero, ma ci furono presentazioni anche in provincia di Avellino, Salerno, Caserta, Campobasso e Isernia. In quella iniziativa, sempre grazie alle conoscenze di Mario Boscia, ebbi il piacere e l'onore di dividere il tavolo, in qualità di conferenziere, con illustri studiosi. Cito solo, come esempio, Giuseppe Galasso, che incontrammo a Cusano Mutri, o Giuseppe Acocella, che incontrammo a Salerno.

Purtroppo quella iniziativa culturale ed editoriale, che ci aveva accompagnato per diversi anni, ebbe come epilogo la prematura scomparsa prima di Carmine Porcaro, nel giugno del 2002, e poi di Mario Boscia circa sei mesi dopo, il 27 gennaio del 2003. Ultima nostra fatica editoriale fu la pubblicazione della prima traduzione italiana, a cura di Giuseppe Di Pietro, del volume di Otto Vehse "Benevento territorio dello Stato Pontificio fino all'inizio dell'epoca avignonese". Il volume era impreziosito da un saggio introduttivo che Mario ottenne dal celebre studioso medievale Errico Cuozzo.

Con la sua prematura scomparsa, avvenuta poco prima di compiere sessant'anni, Benevento ha perduto uno dei suoi più generosi intellettuali, che rimase sempre dolcemente umano e signorile, soprattutto per la sua innata umiltà di non essere mai sopra le righe.

Francesco Morante

Mario Boscia e padre Eugenio Bonetti, missionario in Brasile.

NOTA REDAZIONALE

La collaborazione di Mario Boscia con la Gazzetta di Benevento è iniziata dal primo numero della nuova serie, uscito il 23 settembre del 1989, ed è continuata, quasi ininterrottamente, fino al 28 giugno 1997. Sul giornale usciva un suo articolo, di carattere storiografico, che portava la sua firma per esteso. Ma a volte forniva anche altri contributi, spesso di cronaca culturale, con articoli che in alcuni casi portavano la sigla MB, e in qualche altro in forma anonima. Per lo spirito di fondo dell'iniziativa, questa antologia raccoglie solo gli articoli di contenuto storiografico.

Tutti gli articoli sono stati ripresi integralmente, senza alcuna modifica o integrazione. Si è cercato di rispettare il più possibile la parte iconografica, eliminando solo qualche immagine non funzionale o di difficile riproduzione. Ove possibile, l'apparato illustrativo è stato arricchito da qualche ulteriore foto, anche per le diverse esigenze di impaginazione che distingue un libro da un giornale.

Si ringrazia Alfredo Pietronigro, direttore della Gazzetta, per aver consentito la consultazione dei giornali, a cui va il plauso di fornire un contributo prezioso alla conservazione della nostra memoria, attraverso la sua ricca emeroteca.

VISIONI BENEVENTANE

(1989-1997)

Quando le campane scandivano il tempo e avevano un nome

La nascita di un nuovo giornale va sempre salutata con gioia: è indice di fervore di idee e di attività culturale.

Nel nostro caso il compiacimento è ancora maggiore, in quanto la testata, la *Gazzetta di Benevento*, ci ricorda l'omonimo foglio che per più dì mezzo secolo, dal 1864 al 1928, tenne banco in Benevento, riportando fedelmente e puntualmente fatti lieti e non della nostra città.

Ma questo non è l'unico motivo! Anche l'intitolazione della Società editoriale, *La Scarana*, ci richiama alla mente episodi lontani nel tempo, legati alla vita cittadina; e ci riporta a quando l'annunzio di tali eventi, molto prima che al sibilo lacerante delle sirene, era specificamente legato al suono triste o lieto delle campane. I rintocchi, squillanti di gioia o di minaccia, di raccoglimento o di ammonizione, segnalavano alla città gli avvenimenti più significativi e ne scandivano le giornate annunziando l'ora del lavoro e quella del riposo.

A quei tempi il diverso modo di suonare la campana piccola, la mezzana o il campanone annunziava spesso la morte di un bambino, di un adulto, di un vecchio.

Era anche il tempo in cui le campane avevano un nome. E proprio il campanone della Cattedrale si chiamava la *Scarana*.

Questa, a detta del Borgia, era «la campana destinata per convocare i pubblici consigli». E a supporto di ciò egli riporta la documentazione d'un pubblico consiglio tenutosi nella Cattedrale nel 1371, in presenza del rettore Daniello del Carretto, e convocato «per sonum cuiusdam campanae Archiepiscopatus Beneventi que vulgariter la Scarana nuncupatur».

Questo è il documento più antico che si conosca circa la campana. Ma il Borgia non ci fa sapere perché così si chiamasse. Solo Alfredo Zazo ha ipotizzato ch'essa possa aver preso il nome dal suo fonditore.

Un'ulteriore conferma circa l'uso della *Scarana* per le pubbliche assemblee ci viene ancora una volta dal Borgia e risale all'anno 1523. Successivamente non abbiamo più altre notizie se non della fusione d'una nuova campana nel 1594.

Questa però non durò a lungo! A distanza di poco più di novant'anni, infatti, il governatore Francesco Arcangeli in data 24 marzo 1686 scriveva alla Congregazione del Buon Governo in Roma per far sapere che «la Campana che serviva per le pubbliche funzioni» circa tre mesi prima si era «spaccata a serpe da cima a fondo» e che a detta dei tecnici non poteva «in altro

La più antica, la Scarana, è del 1371. Dall'antico campanone del Duomo il nome della Società Editoriale del Giornale

modo accomodarsi che col rifonderla». Egli chiedeva pertanto le opportune autorizzazioni per tale rifusione, la cui spesa imprevista, era a totale carico della comunità e per mancanza di «campanari» in loco ammontava a 100 ducati.

L'autorizzazione giunse immediata dopo appena sette giorni. Il tempo di reperire un «mastro campanaro» e ai primi di maggio si stipulò un pubblico istrumento tra la Comunità rappresentata dal sindaco don Scipione Vassallo e mastro Domenico de Ragone, che, pur essendo natio di Guardiaregia (CB), al momento si qualificò «civis Beneventanus».

Fu concordato di «rifondere la campana e rifarla di tutta perfettione e consignarla a detto signor Sindaco per il dì 20 dell'intrante mese di Giugno ... limata netta di tutta bontà qualità perfettione con l'iscrittione nome e cognome e patria dell'Ill.mo e R.mo Monsignor odierno Governatore e delli nomi dell'Ill.mi Signori Consoli dell'odierno Magistrato e coll'effigie dei ss. Protettori al numero di cinque e delle armi della Santità di N. S. Innocenzo XI del suddetto Mons. Governatore della città con iscrittione ancora dei nomi delli Ill.mi Signori Consoli descritti in detta campana nell'anno 1594 ... il tutto di misura proporzionata alla campana».

La spesa pattuita fu di sette ducati per ciascun cantaro (= kg. 32,0957).

L'opera di fusione però superò di gran lunga il preventivo di spesa, venendo a costare ben 160 ducati. La nuova campana pesava circa sei quintali e mezzo.

anno I. n. 2 – 7 ottobre 1989

La stampa nel Sannio nel primo decennio post-unitario

Luigi De Martino antesignano dell'editoria giornalistica

ANNO II.   Venerdì 2. Decembre 1864   N. 42.

IL NUOVO SANNIO

GIORNALE POLITICO-AMMINISTRATIVO DELLA PROVINCIA DI BENEVENTO

Prima pagina del giornale Il Nuovo Sannio

La nota a firma di Gianni Vergineo, apparsa sul precedente numero, ci offre lo spunto per fare una rapida carrellata nel panorama della stampa periodica beneventana dei primi decenni post-unitari.

L'antesignano della editoria giornalistica beneventana fu Luigi De Martino, il noto tipografo che prima dell'unità d'Italia era stato alle dipendenze del tipografo camerale Pietro Paolo Paternò e dal 1854 in poi titolare, insieme col Minocchia, della tipografia Arcivescovile.

Il 18 novembre 1860 il De Martino diede alla luce come tipografo e come gerente, il primo foglio settimanale beneventano, «Il Pasquino», che ebbe breve vita (fino agli inizi del 1861) dopo aver mutato l'originale testata in quella de «La Strega». Successivamente egli fuse il suo foglio con altri due giornali coevi. L'Educatore del popolo di Benevento ed il Corriere del Sannio di Campobasso, per dare vita ad un unico periodico, «Il Sannio – Giornale letterario, scientifico, politico e artistico della provincia di Benevento e Campobasso», che fu diretto da Enrico Isernia, e fu portavoce della costituenda Regione Sannitica.

Va notato in proposito che queste tre ultime testate mancano nel repertorio di Maria e Rita Tamburrino, *Pubblicazioni periodiche a carattere regionale esistenti in Biblioteche non governative della Campania e della Calabria* (1957) che pur tuttavia scheda, per la provincia di Benevento, ben 176 giornali a carattere locale, di vario indirizzo, in un arco di tempo compreso tra il 1860 e il 1957.

La prima vera pubblicazione di un giornale specificatamente beneventano, quasi contemporanea alla costituzione della provincia (avvenuta come è noto nell'ottobre del 1860) è però da ritenersi quella de «*Il nuovo Sannio - Giornale politico amministrativo della Provincia di Benevento*», un quindicinale edito nel 1863 e diretto da Salvatore Rampone. Esso era stampato presso la «premiata» tipografia del cavaliere Gaetano Nobile sita nel Convento di S. Domenico.

AI Nuovo Sannio di idee democratico-repubblicane, si contrappone quasi immediatamente il settimanale la *Gazzetta di Benevento* fondato da Francesco Corazzini nel gennaio del 1864. Ma purtroppo nel corso dello stesso anno «per gravi condizioni» la *Gazzetta* dovette improvvisamente sospendete le pubblicazioni per riprenderle solo 5 anni più tardi (l'11 marzo 1869), con la stessa testata, ma rinnovata nel formato e nella grafica. AI Corazzini subentrò nella direzione Enrico Isernia.

Sin dalle origini l'«intenzione del giornale» fu «quella di dare un breve riassunto delle condizioni politiche d'Italia desunte dai giornali politici della penisola», dare spazio alla «cronaca interna del paese esposta con la più severa esattezza», riferire «i fatti più notevoli che si verificheranno negli altri comuni della provincia», trattare «con brevi articoli tutte quelle materie amministrative ed economiche che meglio risponderanno ai nostri bisogni», dare «una breve relazione delle cause più rilevanti che saran discusse sia nel tribunale civile e correzionale che nell'assise di Benevento», e infine nell'appendice dare «luogo a materie amene per utile diletto dei giovani di ambo i sessi ... ».

E con l'intenzione di «promuovere il bene della nostra provincia ... illuminando la pubblica opinione ... dispensando giuste lodi a coloro che si rendono benemeriti della patria ... censurando pacatamente ... suggerendo i rimedi più accorti sia per eliminare il male che per conseguire il bene», esso com'è noto continuò le sue pubblicazioni ininterrottamente fino al febbraio del 1928.

La Direzione era in piazza Orsini al n. 20 (presso l'attuale palazzo Dell'Aquila, già Isernia).

Piazza Orsini agli inizi del Novecento.

anno I. n. 3 – 21 ottobre 1989

Dal 1860 al 1900 ben 35 periodici. Quasi tutti con vita breve

Fino al 1950 i repertori ufficiali ne hanno annotati 180

Sul piano ufficiale-burocratico il passaggio dallo stato pontificio a quello unitario avviene senza traumi. Con la data del 4 settembre 1860 un proclama, stilato da Domenico Mutarelli e sottoscritto da Salvatore Rampone e da tutti i componenti del Governo Provvisorio, annunziava la caduta del Governo Pontificio e l'annessione di Benevento al Regno d'Italia.

Questa data segna dunque anche l'inizio di un diffondersi e proliferare di fogli periodici che, come abbiamo già ricordato, i repertori ufficiali annotano fino agli anni cinquanta di questo secolo per un totale di 180 titoli.

Più precisamente nell'arco dal 1860 al 1900 si registrano 35 periodici dei quali ben 26 sono relativi al ventennio 1880-1900.

La maggior parte risultano pubblicati a Benevento. Tranne la Gazzetta che ebbe una durata più che cinquantennale, caratteristica comune per quasi tutti è un'esistenza più o meno breve, legata sia a fattori tecnici, come il cambio della tipografia e la mancanza del direttore, sia alla sopravvivenza politica di questo o quel personaggio (sindaco, consigliere comunale o provinciale, deputato).

Hanno quasi tutti un formato in foglio (attuale formato tabloid) in quattro facciate, di cui l'ultima il più delle volte dedi-

cata alla pubblicità; mantengono una periodicità settimanale; qualcuno è anche quindicinale, e quasi tutti sono sempre assillati da difficoltà economiche, come dimostrano i ripetuti appelli agli abbonati morosi.

Altra peculiarità è che gli articoli quasi sempre sono privi di firma; abbondano gli pseudonimi, e alla figura del direttore si sostituisce il nome del gerente responsabile, che il più delle volte coincide col titolare della tipografia.

Tutti osservano un indirizzo politico amministrativo di carattere locale; solo alcuni sono apertamente schierati come il *Mefistofele – giornale del popolo, organo della Democrazia sociale*, fondato nel 1884 da Luigi Anfossi.

Alcuni giornali vengono stampati al solo scopo di avallare le tesi di questo o quel candidato. È il caso di ricordare *Il Lavoro, organo dei socialisti del Mezzogiorno*, fondato da Luigi Basile nel 1887, al quale si contrappone il *Niccolò Franco*, fondato da Nazzareno Cosentini nel 1888.

Abbiamo già detto che il boom giornalistico si registra tra il 1880 e il 1900. Tra i giornali di questo periodo, ricordiamo *La Provincia di Benevento* del 1874, diretto da Cosimo Sferruzzi; *Benevento, giornale politico amministrativo giudiziario della provincia*, del 1877; *La Costituzione, giornale*

Prima pagina del giornale Niccolò Franco.

politico amministrativo agrario letterario, del 1879; *Il Sabato. Lavoro, onestà, indipendenza,* del 1880; *La voce del Sannio. Periodico politico amministrativo letterario* del 1881; *Spartaco. Periodico politico letterario* del 1881; *Corriere del Sannio,* del 1886; *La Strega,* del 1882; *Il Cittadino, Giornale politico amministrativo; Il Re di Bronzo,* del 1892; *La Riforma Sannitica,* amministrativo politico letterario, del 1896; *Sessualdo,* dello stesso anno.

Una menzione a parte merita *La Provincia. Rivista Sannitica,* del 1890, diretta da Federico Cirelli, che annovera tra i collaboratori L. Cifaldi, L. Pascale, V. Palmieri, R. Ricciotti. Pubblicato per circa 15 anni, assieme alla *Gazzetta* e al *Lavoro* (23 anni di attività), è da considerarsi tra quelli che ebbero vita più lunga.

anno I, n. 4 – 4 novembre 1989

Carlo Torre il governatore che guidò la novella provincia sannita

In un precedente articolo abbiamo fuggevolmente ricordato gli anni di intenso fervore che interessarono la novella provincia di Benevento inserita di volontà nel novero dell'amministrazione statale dell'unito regno d'Italia. Era il 3 settembre 1860.

A quella data Benevento, che fino ad allora era stata delegazione pontificia, chiusa da ogni parte dal Regno di Napoli da cui prendeva monete, costumi e derrate e politicamente soggetta al Papa che vi mandava a governarla un monsignore, delegato apostolico, si trova ad essere a capo di una provincia considerata per posizione e maggiormente per tradizione una delle più importanti d'Italia.

Oggi, in questa sede, ci piace ricordare l'uomo, uno fra tanti, che fu l'artefice di quei momenti e che guidò la novella provincia nei primi mesi di vita. Si tratta di Carlo Torre, conte di Caprara, primo governatore di Benevento di cui quest'anno ricorre il centenario della morte e che in questa città aveva visto i natali il 19 agosto del 1812 da Giovanni e Maria Giuseppina Fallace, di illustre ed antica famiglia la cui origine è da ricercare nei Torriani signori di Milano i quali, nei tempi in cui l'Italia era divisa tra guelfi e ghibellini, contesero per lungo tempo ai Visconti il dominio di Milano.

Riporta il Sauchelli che uno di questa famiglia proscritto da Genova, si rifugiasse a Benevento e per maggiore tranquillità, modificato il cognome, avesse dato origine ai Torre di Benevento.

Quanto di vero ci sia in tutto questo non si sa, certo è che ai tempi di Benedetto XIII un Nicola Torre si era reso famoso per i suoi meriti e fu dal pontefice insignito del titolo di conte.

A Benevento dunque Carlo fece i primi studi. Dopo aver appreso i primi rudimenti del Diritto alla scuola di Barbato Mutarelli, si trasferì a Napoli dove si addottorò nelle scienze giuridiche alle quali associò sempre lo studio delle scienze economiche

Nel centenario della morte

Il conte Carlo Torre, primo prefetto della Provincia di Benevento.

ed amministrative. Questi studi gli permetteranno di esercitare una grande influenza sui destini di Benevento. Trent'anni della storia di Benevento si svolgeranno in massima parte intorno al nome di Carlo e del fratello di questi Federico. E mentre il primo operava a Benevento, facendosi animatore del movimento patriottico del 1848, l'altro combatteva per l'indipendenza della patria prima a Vicenza e poi a Roma.

Con la sconfitta di Novara, Federico prendeva la via dell'esilio rifugiandosi a Torino, mentre Carlo malvisto e sospettato dal diffidente governo pontificio, si chiudeva in un isolamento confortato solo dalla gentile consorte, la baronessa Caterina Cessa di Manfredonia, e dagli studi prediletti.

Dava così alla stampa nel 1848 un saggio *sui bisogni della provincia beneventana*, dedicato all'avvocato Palmieri, dove con un linguaggio sobrio ma chiaro e preciso poneva in rilievo i nodi che a quei tempi affliggevano Benevento e lo Stato pontificio e ne additava quei rimedi che l'Italia unita aveva già adottato, mettendo così in luce la profondità dei suoi studi e l'ampiezza delle sue conoscenze. In questo periodo veniva anche abbozzando lo schema di una grande opera dal titolo *Corso di scienza politica e di diritto costituzionale*. Il Programma dell'opera fu stampato in Benevento nel 1860 e fu molto lodato al suo primo apparire.

Consenzienti ed elogiativi i giudizi apparsi sui più quotati giornali della penisola: *L'Opinione* di Torino, *La Perseveranza* di Milano, *Il Nazionale* di Napoli. Gli avvenimenti del 1860 strapparono il Torre ai suoi studi politici impedendogli di condurre a termine questa sua poderosa opera.

Nell'ottobre di quell'anno infatti veniva chiamato a governare la nuova provincia cessando i poteri del benemerito e patriottico governo provvisorio. Ne resse le fila fino all'agosto del 1861 per poi passare a reggere le prefetture di Lecce, Cagliari, Ancona, Torino, Milano. Qui nel 1876 concluse la sua carriera. Nominato senatore del regno nel 1865, cittadino onorario di Lecce e Cagliari, patrizio di Ancona, insignito delle più alte onorificenze sia italiane che straniere (fu cavaliere di S. Anna di Russia, della corona dell'impero germanico, commendatore della legion d'onore francese) volle rientrare nella sua patria dove appunto alle ore 5,30 pomeridiane del 30 marzo 1889 chiuse la sua giornata terrena tra il cordoglio di tutti.

anno I, n. 5 – 18 novembre 1989

Anche palazzo Sellitti fu acquistato dalla famiglia Mosti

Il Centro Arte e Cultura in un antico edificio

L'inaugurazione del Centro d'Arte e Cultura comunale, nel restaurato palazzo Sellitti alla via Orbilio Pupillo, avvenuta domenica scorsa, ci offre lo spunto per parlare di una delle più fulgide famiglie del patriziato beneventano, estintasi nei primi decenni di questo secolo non senza aver lasciato cospicue tracce del suo passaggio.

Lo stemma in chiave di volta del portone di accesso al cortile di palazzo Sellitti, ci ricorda che quella proprietà fu acquisita all'epoca (1810, così come scolpito in calce allo stemma), dalla famiglia Mosti, già proprietaria del confinante palazzo, Mosti appunto, di via Annunziata, attuale sede dell'Amministrazione comunale.

Dai documenti d'archivio si ricava che il casato dei Mosti venne ascritto al patriziato beneventano nel 1695, ricoprendo da allora ruoli di primaria importanza nell'amministrazione della città. Una famiglia emergente, dunque, che annoverava al suo interno un notaio, diversi canonici e varie cariche nella civica amministrazione.

Ciò le conferisce il lustro e la potenza economica necessari ad iniziare l'ascesa nella scala sociale. Lo stemma della famiglia (quattro quarti d'oro e d'azzurro), ci ricorda la sua antichità discendente dall'omonima famiglia che, originaria di Cipro, si era trasferita a Venezia ai primi del XV secolo dove aveva ricoperto tutte quelle cariche che abitualmente venivano destinate alle famiglie che vantavano un'antica e solida nobiltà.

Ignote rimangono le ragioni che portarono tale famiglia a stabilirsi a Benevento. I primi Mosti che incontriamo sono Erennio e Salvatore citati in un atto del notaio Francesco Favagrossa del 1481.

Da questa data la famiglia è in continua ascesa sia in campo civile che religioso. Nel 1500 sappiamo dell'esistenza di Andrea Mosti, canonico del Collegio di S. Spirito e poi ancora nel 1512 Giovan Giacomo, nel 1540 Nicola, nel 1606 Giuseppe, tutti canonici del capitolo della Cattedrale.

Ai primi del 1600 la famiglia, che originariamente abitava in parrocchia S. Modesto, si trasferisce nell'attuale palazzo di via Annunziata, già parrocchia di S. Pietro de' Carosiis, acquistato dai Della Vipera. Per il palazzo, che adattarono alle esigenze familiari, chiesero ed ottennero (1739) l'indulto per l'oratorio privato.

Alla proprietà cittadina si aggiunsero vari acquisti nelle immediate vicinanze di Benevento, quasi a ridosso di Pietrelcina, in una zona che ancora oggi porta il nome dei Mosti. L'acquisizione poi del vicino feudo di Villafranca, consentì a Bernardo Mosti di fregiarsi del titolo di marchese di Villafranca (28 settembre 1780).

Imparentata con le migliori famiglie della nobiltà beneventana tra cui i Pacca, Colle, Recupito-Ascolese, Dell'Aquila, De Simone e così via. Si ricorda infine che nella famiglia Mosti con Matilde (1823), si estingueva la dinastia dei Malaspina, ricordata da Dante.

L'ultimo dei Mosti, marchese di Villafranca Antonio Mosti-Recupito-Ascolese-Malaspina, muore a Benevento nel 1928.

Palazzo Sellitti, lungo via Orbilio Pupillo, in una cartolina degli anni Venti.

anno I, n. 6 – 2 dicembre 1989

Nel novembre del 1077 muore l'ultimo principe longobardo

Per Benevento la fine di un'era gloriosa

Incisione raffigurante papa Gregorio VII, al secolo Ildebrando di Soana.

Il fine di novembre del 1077, 912 anni fa, segna una data importante per la storia di Benevento.

Dopo ben 39 anni di governo muore Landolfo principe longobardo, sesto di questo nome ed ultimo della dinastia dei principi di Benevento dando così inizio alla dominazione pontificia.

Con lui hanno termine il principato longobardo e la stirpe dei principi che hanno tenuto signorie in Benevento per lo spazio di oltre cinque secoli e che ha contato ben 14 duchi e 30 principi.

Salito al potere nel 1038, prima come associato del nonno Landolfo V e del padre Pandolfo III, poi da solo dopo la morte di quest'ultimo avvenuta nel 1059 tra le mura di S. Sofia, è protagonista involontario di due grandi avvenimenti: deve riconoscere la sovranità papale sulla città ed accettare il costituirsi delle prime prerogative comunali.

Gli Annali beneventani per circa un decennio non ci riferiscono altre notizie se non la morte, nel 1063, dell'abate di S. Sofia e quella, nel 1068, dell'arcivescovo Uldarico che sappiamo consacrato da papa Leone IX.

Nel 1071 ritroviamo Landolfo presente alla solenne consacrazione della Basilica di Montecassino fatta erigere dall'illustre zio Desiderio, poi papa Vittore III. Nel 1073 ospita in Benevento Gregorio VII che vi era venuto con l'intenzione di incontrarsi col re normanno Roberto il Guiscardo, accampatosi col suo esercito nei pressi della città, lungo le rive del fiume Sabato. L'incontro tuttavia, per una reciproca diffidenza, non ha più luogo. Il papa vuole che re Roberto entri in città, questi che il papa ne esca.

Il rifiuto del Guiscardo urta papa Gregorio che adirato lascia Benevento, non prima di aver fatto sottoscrivere al principe Landolfo un trattato, o meglio un atto di completa sottomissione. Con esso il principe si impegna e solennemente promette di essere fedele al papa e ai suoi successori.

Nella «Constituzio» del 12 agosto 1073 non si fa menzione del figlio Pandolfo IV, come collega, nel governo. Questi infatti era premorto al padre il 7 febbraio in uno scontro armato con alcune soldatesche normanne nei pressi di Montesarchio.

L'ultima notizia che abbiamo di Landolfo è del 1077. Per intercessione dell'arcivescovo Roffredo concede a Dacomario figlio di Pietro i dazi del ponte marmoreo sul fiume Sabato (ponte Leproso) ed il permesso di intraprendere alcuni lavori lungo la strada che porta ai mulini di sua proprietà.

anno I, n. 7 – 16 dicembre 1989

Nel 1839, giusto 150 anni fa, nasceva la fotografia.

L'invenzione della fotografia nel 1839, giusto 150 anni fa, è stata uno degli eventi culturali e artistici più importanti del XIX secolo.

Merito di Jacques Daguerre (Cornilles en Parisis 1787 - Bry sur Marne 1851), uno dei padri della fotografia, è quello di aver messo a punto il suo metodo per ottenere immagini reali e lucenti che migliorarono sensibilmente la scoperta che Niepce aveva fatto pochi anni prima.

Da questo momento, progressivamente, ci si orienterà sulla ricerca di procedimenti sempre più moderni per una migliore resa fotografica.

Il dagherrotipo infatti (fotografia da lastra di rame argentato) implicava una spesa che non tutti erano in grado di sostenere: di qui, quindi, la diffusione della scoperta di Talbol Fox che nel 1841 inventò un procedimento che da lui prende il nome di talboltipia ed è meglio conosciuto come calotipia e che usava come negativo carta sensibile al posto della lastra di rame argentata.

Questo procedimento ebbe subito grande affermazione e anche a Napoli trova accaniti seguaci. Tra i primi vanno ricordati il chimico professor Giovanni Guarini e Filippo Cirelli, beneventano, pittore, editore oltre che studioso della fotografia.

Quest'ultimo aveva il suo studio a Pizzofalcone ed è certamente l'autore di una delle prime vedute di Napoli, via Arcoleo e spiaggia di Chiaia, datata al 1847 e ampiamente illustrata dal napoletano Carlo Di Somma.

Il procedimento calotipico trovò grossa diffusione in Napoli e Campania come dimostrerebbe l'articolo, a firma di Filippo Cirelli, che annunziava pochi anni dopo la scoperta della carta cerata ad uso fotografico di Louis Desirè Blanguart Eurard e ne sottolineava i vantaggi rispetto al dagherrotipo. La fotografia si diffonde, si afferma e trova estrinsecazione, in un primo momento, nella ritrattistica con i tradizionali sistemi e tempi di posa, nei reportages di guerra e nella vedutistica.

Il Cirelli doveva contare dei seguaci anche a Benevento ma non tanto bravi se, dopo pochi anni, il 1861, il Municipio, all'indomani dell'annessione al Regno d'Italia commissionava al fotografo napoletano Pasquale Biondi una ripresa dell'arco di Traiano da dover poi inviare in omaggio a tutti i sindaci d'Italia.

Questi aprì poi studio in città. Numerosa è la sua attività ritrattistica. E dovette far scuola: a lui si affiancò per primo Giuseppe Chiariotti, che iscrittosi all'Istituto di Belle Arti di Napoli comin-

Seguaci del Cirelli anche a Benevento. Nel 1861 il Municipio commissiona però una foto dell'Arco ad uno studio di Napoli

Retro delle foto di Luigi Intorcia

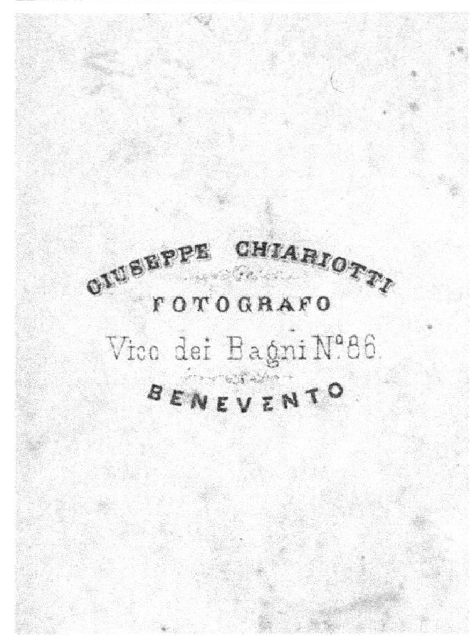

Retro delle foto di Giuseppe Chiariotti

ciò la sua attività prima come pittore e poi come fotografo, attivo principalmente nel periodo del brigantaggio. Al servizio dell'esercito, a lui si deve la foto del brigante Michele Caruso, in camicia di forza, scattata qualche giorno prima della fucilazione avvenuta nel 1863 fuori Porta Rufina.

Muore nel 1905. Firmava le sue *cartes de visite*: Giuseppe Chiariotti, fotografo, Vico del Bagni n. 86, Benevento. Trasferiva poi il suo gabinetto in via S. Diodato - vico Monticello, 13.

Poco più tardi, a metà degli anni '70, si registrano foto firmate da N. De Simone, forse esponente della famiglia marchesale.

In questi stessi anni da Napoli via Roma n. 348 aprivano studio in Benevento i Fratelli Pensa; la succursale aveva sede in via Neviera 19 e poi in via S. Diodato 26. Va ricordata anche l'attività di Francesco Pastore pittore e fotografo morto nel 1917 mentre contemporaneamente operava in Benevento in via Teatro 17 Luigi Intorcia, col suo premiato studio artistico fotografico dal molto *Ars et Lux* e titolare tra l'altro anche di una succursale in Aversa.

Ai primi di questo secolo va segnalata una Società Fotografica Beneventana specializzata in foto di bambini, paesaggi e gruppi artistici.

anno I, n. 8 – 30 dicembre 1989

Al tempo dell'Orsini nel Duomo si allestiva un presepio dalle notevoli proporzioni

È andato perduto un tesoro di grande valore artistico

La tradizione attribuisce a S. Francesco l'invenzione del presepe. La sera di Natale del 1223, in una rara simbiosi di elementi viventi e oggetti inanimati, in una suggestiva scenografia nella grotta di Greccio, San Francesco celebra il suo Natale operando così una svolta determinante nell'abituale rappresentazione del mistero della Natività, che già noto attraverso rappresentazioni varie, assume in questa occasione, per la prima volta, una visione prospettica.

Lo scenario, poi, nel tempo, arricchendosi con nuovi elementi tendeva a rendere quanto più reale e verosimile il magico momento e così alle figure lignee a tutto tondo del XVII secolo si passava alle statuette dal manichino di fil di ferro e stoppa ricoperto con stoffe preziose e monili d'oro, e ancora a quelle di terracotta.

Questa evoluzione accompagnava il diffondersi del presepe, che da fatto di una ricca élite e di una borghesia in ascesa diventa patrimonio di ogni famiglia.

A Napoli poi assume un tono tutto proprio diventando, come fatto artistico, una peculiarità della civiltà napoletana del XVII secolo.

Ai primi del '700 anche l'Orsini, arcivescovo di Benevento, esponente di una delle più nobili famiglie del napoletano, non fu indenne da questa «mania del secolo».

L'anno 1716, il 29 agosto, decise, riprendendo una antica tradizione, di introdurre anche nella metropolitana il *piissimo uso praticato già dai tempi antichi nella Santa Chiesa di erigere artificiosamente il Santo Presepio di Cristo fra i giorni del Santissimo Natale fino all'Epifania.*

Allo scopo lo stesso Arcivescovo donava oltre a tutti gli ordigni ... sufficienti ad erigere un grande e vago presepio anche un capitale di ducati 1.000 che dato poi a censo del 5% avrebbe dato una rendita di 50 ducati annui da spendere *assolutamente per far ogni anno il Presepio e per lo mantenimento e conservazione dei personaggi, utensili ed altro materiale che lo deve comporre e non mai in altro uso.*

Di tutto poi ordinò che si facesse un dettagliato inventario. Ne regolamentò l'utilizzo: *quando all'artefice che dovrà comporre il Presepio, si sarà consegnato ogni cosa, rompendosi o perdendosi qualche pezzo, debba andar a conto di esso artefice o di chi prenderà il partito di custodire il Presepio medesimo,* e stabilì che tutto il materiale del Presepe dovrà *essere conservato quando il capitolo non l'abbia il comodo che presentemente vi è nel Monastero delle monache di S. Pietro.*

Null'altro si sa di questo grandioso Presepe orsiniano, solo si conosce che circa vent'anni dopo la morte di Orsini l'arcivescovo Landi nel suo programma di ristrutturazione della Cattedrale dava incarico a Leonardo Carapellese, *dipintore e architetto,* di riprodurre la scena (fondale del presepe) che avrebbe dovuto riprodurre i luoghi della Palestina e che avrebbe dovuto occupare in ampiezza i sei archi corrispondenti alla navata maggiore della cattedrale.

L'interno del Duomo di Benevento agli inizi del Novecento.

Nella pagina seguente:
Facciata del Duomo di Benevento in
una foto Alinari di fine Ottocento.

Sotto gli auspici di Garibaldi nasceva la Provincia sannita e finiva l'antico Ducato

Il plebiscito del 21 ottobre 1861, ponendo fine al movimento rivoluzionario beneventano, sanciva definitivamente l'annessione della neo costituita provincia di Benevento al Regno d'Italia.

La nuova provincia era nata sotto gli auspici di Garibaldi. Il vincitore della battaglia di Capua era destinato a risollevare le sorti della primitiva capitale del Mezzogiorno per portarla verso più luminosi periodi di fortuna.

La pianta della nuova provincia fu preparata proprio con la rapidità solita degli atti rivoluzionari. Il concetto del disegno garibaldino era semplice.

Benevento sarebbe stato il centro da cui partiva un raggio verso Ariano e S. Agata dei Goti; quindi si descriveva la periferia. Ai due lati del disegno, preparato dal geometra Francesco Mozzillo, era segnato l'elenco dei comuni da unirsi per l'aggregazione della nuova provincia e che ancora facevano parte delle province di Principato Ultra, Terra di Lavoro, Molise e Capitanata.

Il disegno recava la data dell'11 settembre 1860, la firma del geometra e quella di Domenico Mutarelli rappresentante del Governo provvisorio.

La nuova provincia comprendeva oltre Benevento:

– dalla Provincia di Principato Ultra il Distretto di Avellino con i circondari di Vitulano, Montefusco, S. Giorgio la Montagna, Montesarchio, Cervinara, Paduli, Pescolamazza (Pesco Sannita), San Giorgio la Molara, Altavilla, Ariano, Grottaminarda;

– dalla Provincia di Molise il Distretto di Campobasso con i circondari di Pontelandolfo, Colle e Morcone;

– dalla Provincia di Terra di Lavoro, dal Distretto di Nola il circondario di Airola, dal Distretto di Caserta il circondario di Solopaca, dal Distretto di Piedimonte i circondari di Guardia Sanframondi e di Cerreto, con una popolazione complessiva di 231.163 abitanti.

A sancire il tutto poi il prodittatore Giorgio Pallavicino emanava da Napoli il seguente decreto.

IL PRODITTATORE

In virtù dell'autorità a Lui delegata, veduto il rapporto del Governatore di Benevento, sulla proposta del Ministro dell'Interno deliberata dal Consiglio dei Ministri

DECRETA

Art. 1 L'antico Ducato di Benevento è dichiarato Provincia del Regno Italiano. Un'apposita legge determinerà la sua circoscrizione, nel fine di completare il territorio proporzionalmente alle altre province.

Art. 2 Col primo gennaio 1861 in poi, cessando di essere in osservanza le leggi dello statuto vigente sarà retta la Provincia di Benevento dalle Leggi, Decreti e Regolamento di questa parte meridionale dell'Italia.

Mellusi: «Quale gioia dovettero provare quanti avevano favorito la Rivoluzione»

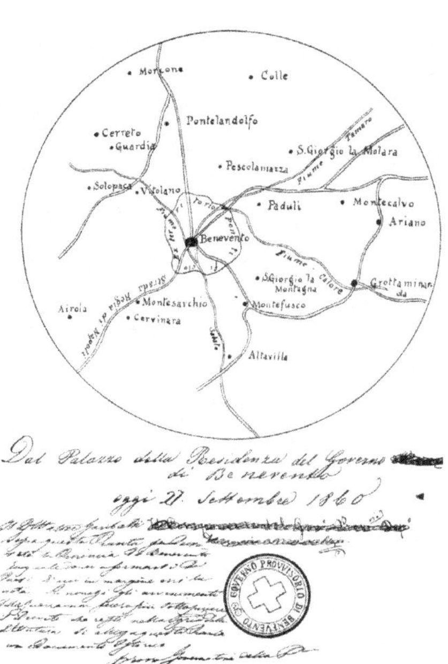

Il primo disegno di definizione della Provincia di Benevento

Art. 3 Benevento sarà capitale della Provincia e sede del Governatore.

Art. 4 Tutti i nostri Ministri sono incaricati dell'osservanza del presente Decreto.

Napoli, 25 ottobre 1860

Il Prodittatore
F.to G. Pallavicino
Il Ministro dell'Interno
F.to R. Conforti

In questo modo Benevento vedeva sancito con regolare decreto legge quello che era stato il suo sogno centenario ed i patrioti vedevano coronati i loro sforzi e le loro speranze per cui tanto avevano lottato e sofferto.

A questo decreto fecero seguito molti altri che contribuirono a dare un migliore assetto alla nuova Provincia.

Fu istituito un tribunale civile, una Gran Corte Criminale, una Conservatoria delle ipoteche, una Direzione delle Imposte Dirette. Il più importante dei decreti fu quello che istituì presso il Comune l'Ufficio di Stato Civile, che precedentemente non esisteva, in quanto i registri dei matrimoni, dei nati e dei morti erano tenuti dai Parroci.

In data 27 ottobre giungeva da Roma indirizzata al Governatore di Benevento e firmata dal Ministro dell'Interno l'avvenuta ratifica del decreto prodittoriale.

Dirà il Mellusi: *Quale gioia dovettero provare allora quanti avevano favorito la Rivoluzione: due mesi prima i volontari erano entrati da Porta Calore e la Città da prigioniera diventava la Capitale della sua contrada; undici anni prima, da Porta Rufina, quale Re, era entrato Pio IX e la città dopo aver abbattuti gli stemmi pontifici di cui era adornata diveniva sede di Provincia del Regno d'Italia.*

Nella sera del 30 ottobre il Municipio presieduto dal sindaco Pietro De Rosa riunito in una seduta straordinaria esternava, tramite Domenico De Cillis, voto di gratitudine al Prodittatore.

Così sorgeva la provincia nostra dalle ceneri del Governo papale e tra le fiamme della Camicia Rossa: così il gran nome di Provincia Beneventana tornava nella vita dell'Italia.

anno II, n. 10 – 27 gennaio 1990

S. Nicola Manfredi, Colle, S. Giorgio la Montagna subito aderirono alla nuova Provincia

Ampiamente motivata dalla oggettiva importanza del Capoluogo la nascita del «Sannio»

Al momento dell'improvvisa creazione della provincia molti comuni, nei loro consigli civici, erano stati interrogati per dare la loro annessione ed essere così tolti dalle antiche circoscrizioni napoletane ed entrare in quella nuova italiana.

Nei primi di ottobre del 1860 vari paesi tramite i consiglieri comunali, allora decurionati, avevano già lanciato entusiastiche deliberazioni per aggregarsi a Benevento.

I primi furono S. Nicola Manfredi e Colle il 14 ottobre, S. Giorgio la Montagna il 16 ottobre, Varoni il 18 ottobre, Torrecuso il 22 ottobre, S. Martino Ave Gratia Plaena il 24 ottobre.

Detti Comuni *deliberando di aggregarsi alla Provincia di Benevento chiedevano al Governatore di farsi interprete dei loro desideri presso il dittatore Garibaldi affinché accordasse la grazia dell'annessione.*

Altri Comuni seguirono subito dopo con fervide adesioni: Apice il 26 ottobre, Circello il 28, S. Martino Valle Caudina il 29, Buonalbergo ed Apollosa il 30, S. Marco dei Cavoti il 3 novembre, Campolattaro il 4, Ponte l'11, Pontelandolfo e Pietrelcina il 12, Ginestra il 22 (dove nella Casa comunale intervennero alla sottoscrizione, coi Decurioni, il Capitano ed altri ufficiali della Guardia Nazionale e l'Economo Curato), Morcone il 24 novembre.

Il Consigliere della Luogotenenza al Ministero degli Interni, in data 13 novembre, chiedeva al Governatore di Benevento di far pervenire al più presto il progetto ed una pianta per sistemare ed ampliare la Provincia proporzionalmente alle altre province.

Il giorno seguente, il Governatore faceva pervenire al Consigliere di Luogotenenza, la pianta topografica della nuova Provincia per far stabilire la circoscrizione territoriale accompagnata da una *Memoria*, che ne illustrava il concetto, pregando di prendere in considerazione la città che per otto secoli era stata dominata dal papa.

Nella *Memoria intorno alla circoscrizione della Provincia di Benevento* il Governatore Carlo Torre ne magnificava la città, dicendo che Benevento è *fatta proprio per essere capo di una grande Provincia e che i Comuni indicati ad aggregarsi erano da secoli in continui rapporti culturali e di commercio.*

La città infatti è assai ragguardevole per la sua celebrità industriale e la sua posizione geografica, per la grandezza del-le sue strade e per l'*eleganza e la frequenza degli edifici pubblici e privati. È munita di mura turrite, di porte, di un antico Castello, di uno dei più famosi Duomi d'Italia con un famosissimo tesoro. Ha l'Arcivescovo, che per lo più è un Cardinale, un onorevolissimo Capitolo, un Liceo e altri Studi Pubblici, una bellissima Biblioteca pubblica ed un'altra del Capitolo nota per le sue antiche pergamene, due Monti dei Pegni, un Ospedale, ecc.*

Dopo aver dato uno sguardo fugace alla sua storia antica fino all'iniquo trattato di Vienna che l'aveva restituita al papa, dopo aver detto che era stata patria di tre pontefici, di un gran numero di scienziati e teatro di strepitose battaglie, passa alla parte industriale e commerciale.

Enumera i manufatti in lana, ferro, i lavori di zucchero, tra i quali il tanto rinomato torrone, i molti mulini e i frantoi per l'olio, le fabbriche di mattoni, ecc.

Dice ancora della buona terra, delle amene colline di cui è circondata, dei fiumi che irrigano i campi, del tabacco, così buono che la Regia Corte – per concordato del Pontefice – aveva ottenuto tutto per sé.

Importanti sono le strade, cinque carrozzabili, che giungono fino ai suoi confini.

A renderla di giuste proporzioni, concludeva, e *coi comuni circondari che più convengono e senza grave diminuzione delle Province confinanti* non si poteva delinearla meglio a com'era nel progetto.

anno II, n. 11 – 10 febbraio 1990

Fu osteggiato fino all'ultimo la nascita della nostra Provincia

La citata memoria del Governatore si chiudeva con l'elenco dei Comuni da includersi nei confini della Provincia e lo stato della popolazione.

Il lavoro di stesura fu lungo e minuzioso poiché dovettero essere superate numerose difficoltà geotopografiche, stradali, economiche e soprattutto politiche per riuscire a tacitare e fondere le esigenze degli altri capoluoghi.

Se diamo uno sguardo alla carta geografica, vediamo a prima vista che le Province che dovevano cedere territori alla nostra erano quelle di Caserta, Avellino, Foggia e Campobasso. Le difficoltà che si presentarono erano molte. E altre furono elevate dai rappresentanti delle province limitrofe che, accorgendosi di non poter impedire il sorgere della nuova provincia, cercarono di rendere la questione così contorta quasi da impedirne la realizzazione.

Uno dei più entusiasti fautori della trasformazione del piccolo ducato in Provincia italiana fu il ministro Liborio Romano. Egli, col suo collaboratore Civita, facendo propria la volontà di Garibaldi, rompeva *circoscrizioni di province rette da leggi e da emblemi di varie dinastie e rinvigoriva l'improvvisato giro della nuova provincia beneventana con l'autorità del decreto del luogotenente del Re Eugenio principe di Savoia Carignano nel 17 febbraio 1861.*

La creazione della nuova provincia di Benevento acuiva le ge-

Prosegue il nostro viaggio storiografico alle origini della Provincia sannita

Federico Torre

losie delle altre province che avendo ceduto parte dei loro territori ne restavano danneggiate. Quelle di Terra di Lavoro (Caserta) e del Molise poi maggiormente ferite nei loro interessi, suscitarono una lotta accanita con cui cercarono perfino di diminuire l'importanza storica della nostra città.

Dopo la firma, il decreto legge fu presentato per le approvazioni in Parlamento nella seduta del 3 agosto 1861.

I deputati Caso, Massari, Conforti, Gardente proposero l'annullamento del decreto luogotenenziale che confermava l'altro della dittatura garibaldina del 25 ottobre 1860, basandosi sul fatto che la circoscrizione non era stata fatta con giusti criteri.

Altri valorosi deputati ne difesero la validità e la necessità dell'esecuzione; tra i tanti il Torre, il Minghetti e Liborio Romano, che aveva accompagnato il progetto con una lusinghiera e benevola relazione che concludeva con le seguenti parole: *Benevento ha un'importanza storica e può vantarsi di un fatto moderno. Al primo sventolare della bandiera sabauda si sottrasse al gioco clericale e contribuì potentemente al movimento unitario delle province limitrofe. Questa eroica città ci schiude le porte del seggio della città eterna e ci mena in Campidoglio. Per tutti questi titoli spero si rigetti la proposta di sospendere l'esecuzione della legge.*

Un dispaccio telegrafico partito da Torino il 15 maggio alle ore 5.40 p.m. e ricevuto a Benevento alle 10.15 diretto al Governatore di Benevento, recava il seguente annunzio: *Il Colonnello Torre Federico fa sapere al Governatore che la Camera dei Deputati, in questo momento, cioè alle 5 con grande maggioranza di voti ha rigettato la legge del deputato Caso, ed ha approvato la circoscrizione della Provincia di Benevento come fu fatta dal luogotenente del Re. Firmato il Segretario Generale.*

Iniziava così, staccata dall'orbita pontificia, la vita della novella provincia sannita.

anno II, n. 12 – 24 febbraio 1990

Tra vistose difficoltà economiche comincia la vita della nuova provincia sannita

Prosegue il nostro excursus storico sulla nascita del nuovo Sannio

Salvatore Rampone

Come abbiamo già visto il partito moderato riesce ad imporsi sul partito rivoluzionario; prevale così il partito che fa capo a Carlo Torre su quello del Rampone.

Da alcuni giornali stampati a Napoli, ad esempio l'Iride sovvenzionato, a quanto pare, dal partito moderato di Benevento, sappiamo di alcuni articoletti «ingiuriosi e malfamati»: *I liberali di Benevento* – quali? aggiunge il Rampone – *pronti sempre ad ogni sacrificio per il bene del loro paese, vedevano, con ogni persona di buon senso l'inutilità ed il male del loro paese, in qualunque movimento, che colà si fosse fatto, e decisero che la rivoluzione in Benevento poteva essere la conseguenza della cacciata di re Francesco da Napoli.*

È chiaro, secondo il Rampone, che la nobiltà non voleva la rivoluzione perché, oltre a temere il giudizio del popolo non sentiva amore per la libertà.

L'iniziativa della rivoluzione era per essi *inutile e dannosa*. Una cosa è certa, che se la rivoluzione non ci fosse stata, se la nobiltà fosse riuscita nel suo *egoistico* progetto, Benevento non sarebbe stata eletta sede di capoluogo di provincia napoletana.

Da altre fonti, oltre quella dello stesso Rampone, conosciamo tutte le accuse mosse al partito rivoluzionario: di aver saccheggiato il collegio gesuitico; di aver dilapidato l'erario pubblico; di aver concesso favori e impieghi agli aderenti e ai loro congiunti.

Il Rampone, d'altro canto,

dice che nessuno fu beneficiato o ricompensato come meritava, mentre, senza tanti scrupoli, il Torre aveva dispensato impieghi e favori ai suoi, ai reazionari e persino alle spie del decaduto governo pontificio.

Non appena il Rampone fu nominato presidente del Governo provvisorio, ordinò all'Amministrazione Camerale Apostolica di denunciare le somme che al momento si trovavano in cassa. La risposta non si fece attendere e giunse tramite il tesoriere contabile Saverio Petrosini in assenza dell'Amministratore signor Tinelli: in cassa vi erano un capitale di 730 ducati (tra ducati d'argento, di rame e fedi di credito) ed in più alcuni crediti ed alcuni versamenti non effettuati, e, per i quali, il governo provvisorio non aveva fatto in tempo a chiedere spiegazioni, perché, proprio mentre si accingeva a farlo, gli era stato tolto il potere.

Questa mancanza di denaro non era del tutto casuale, ma opportunamente predisposta dalla Amministratore signor Tinelli in concerto col Delegato monsignor Agnelli onde creare imbarazzi al governo provvisorio, e che siano riusciti poi nell'intento lo dimostra il fatto che si dovette poi ricorrere persino ai prestiti.

Ci furono molte spese per fitto dì traini, carrozze, per strade, per stemmi, per bandiere e per altre cose che in quei momenti di trambusto sorgevano da tutte le parti.

Ingiusta fu peraltro l'accusa di aver «spoliato» il Collegio gesuitico e Rampone lo dimostra esibendo una lettera del Rettore Tommaso Paolini della Compagnia di Gesù, con la quale chiedeva al governo provvisorio una somma di denaro, somma che il governo non aveva potuto dare non avendone la minima possibilità.

Ed il Collegio dovette vendere tutte le provviste di cucina e qualche utensile. Andarono via i Gesuiti e lasciarono solo il Rettore, alla presenza del quale, e a quella del Commissario di Polizia Francesco Mozzilli, il Presidente del Governo disponeva la compilazione dell'inventario, che veniva esteso anche a ciò che si trovava nella chiesa annessa, corredata di sacri arredi e di paramenti di damasco, e a quanto era nel Casino in contrada Monte della Guardia (passato poi in proprietà agli eredi di Ferdinando Torre).

Con tale provvedimento si badò a che tutto fosse custodito e conservato. Nonostante tale chiarezza nell'agire, al movimento rivoluzionario s'impose il cosiddetto governo degli uomini d'ordine. Questo venuto in seguito con la violenza, portò *odii di partito, le discordie intestine, ogni sorta di disordine* e la reazione contro il libero regime si fece strada nei Comuni della Provincia con maggior furore, perché *ivi i Signorotti s'imponevano al popolo in nome della libertà e del Re Galantuomo, e non vi era che predicasse la generosità e la pace com'era avvenuto a Benevento.*

anno II, n. 13 – 10 marzo 1990

Le prime libere elezioni amministrative nel Sannio

In alcuni manifesti del tempo abbiamo una fonte di notizie contrastanti a quelle forniteci dal Rampone.

Il nome del governatore Carlo Torre è legato alla città con viva simpatia, con indelebile ricordo. Egli invitava i suoi concittadini alla concordia, alla pace e soprattutto all'attaccamento al proprio paese.

Tanto che egli in occasione della promulgazione del decreto del Pallavicino che dichiarava Benevento sede di Provincia italiana.

In un manifesto del 28 dicembre 1860, il Torre si dimostra lieto di poter rendere di pubblica ragione il decreto concernente l'istituzione in Benevento di un tribunale civile, di una Corte criminale, e di altri uffici.

Esso è tale fatto, che basta rispondere, di per sé, a molti rei propositi,

La lotta fra le fazioni alimenta il brigantaggio

Manifesto elettorale del governatore Carlo Torre in occasione delle prime elezioni comunali di Benevento.

ed allo stile procedimento di una maniera di persone perennemente avversa al vero bene della città. Che si fece di noi per otto secoli, ché si vorrebbe ora evocare un odioso passato? E non dobbiamo in quella vece essere fedeli e riconoscenti al nostro inclito e magnanimo Re, mantenitore sempre leale di sue generose promesse?

Per quanto poco privilegiati, solo per cieca libidine di prepotere si avversano stupidamente: altrettanto ci gode l'animo che tutta lo popolazione si mostri degna e grata dei benefici e renda a nome, quanti siamo, grazie a Dio, che dal limo fondo di ogni miseria in che eravamo caduti prese in benigno riguardo la nostra dura sorte.

In un altro manifesto, in data 15 maggio 1861, vediamo che il Governatore si occupa delle elezioni comunali. Egli invita gli elettori alla «probità», alla fermezza e «all'affetto della cosa pubblica» che fra tanti, è il primo degli inestimabili vantaggi che le nuove istituzioni concedono e garantiscono: *sappiate usarne con savio accorgimento e coscienza ...*

Se nei tempi scorsi bastava esser grati al Principe, oggi bisogna essere grati soprattutto al popolo, di cui bisogna goderne la massima fiducia, poiché dagli elettori dipende d'ora innanzi l'avvenire del Municipio ... Come son liberi i vostri suffragi, del pari siano dati con dirittura e serenità di giudizio.

E dopo aver dato ampi ragguagli, poiché si trattava di eseguire per la prima volta una legge nuova, si augura nella buona riuscita delle adunanze e nel completo intervento degli elettori. Auspica che le adunanze siano altresì solenni per calma e compostezza come l'esercizio di un prezioso quanto antico diritto italiano richiede e come la legge, la schietta libertà ed il vero spirito di amor di Patria comandano.

E così sempre, anche in altri manifesti, si denota sempre la sua opera fattiva, intelligente, tenace.

Il Partito borbonico clericale non si fece sfuggire la sua occasione per trarne vendetta per una riscossa politica ed istigò i più audaci alle armi. Il primo Comune vicino alla Provincia di Benevento ad insorgere contro il governo sabaudo, fu Isernia, nel quale per il troppo liberalismo del sottointendente Giacomo Venditti (già facente parte del Governo provvisorio) che aveva fatto bruciare e rompere con vituperio tutte le insegne borboniche, la popolazione era stata aizzata a corrucci e livori. Alla reazione di Isernia ne seguirono parecchie altre.

Sul principio dell'agosto 1862, si alzarono i gigli borbonici in S. Marco dei Cavoti, Molinara, S. Giorgio la Molara, Pago, Pietrelcina ed altri paesi. In breve, fin dal giugno 1861 sotto il Governo di Torre, da come si vedrà in una sua lettera a Silvio Spaventa, e non sotto il Governo del prefetto Gallerini, come affermato da Enrico Isernia e Salvatore Rampone, il territorio beneventano fu infestato da bande brigantesche le cui gesta terrorizzavano cittadini e contadini.

A tal proposito Abele De Blasio così si esprimeva: *piccole bande, formate da uomini perversi, assetati di sangue i quali non risparmiavano alcun mezzo sia pure più inumano e il più crudele pur di riuscire nel loro intento.*

anno II, n. 14 – 24 marzo 1990

Nel territorio della nuova Provincia sannita compaiono bande di briganti

L'8 luglio 1861, in una sua lettera a Silvio Spaventa, il Governatore Carlo Torre annunziava la prima apparizione di bande brigantesche nei territori pertinenti la nuova provincia di Benevento, nella quale, tranne qualche caso di poca importanza, non si era prima di allora verificato alcunché di notevole.

Dopo pochi giorni, però, da tutte le parti arrivavano annunzi della apparizione di queste bande che, in modo indicibile, terrorizzavano la popolazione.

Alla richiesta di tutti di armi e di armati, e mezzi di pagamento per i soldati da distaccarsi, il Governatore aveva fatto e faceva tutto quello che era in suo potere di fare.

Vi erano quattro compagnie incomplete del 62esimo di cui una rimaneva nel capoluogo, e un'altra veniva mandata a Cerreto e alla terra del Colle dove urgevano aiuti.

Nel mandamento di S. Giorgio la Montagna (S. Giorgio del Sannio) erano stati mobilitati 80 militi, 50 in quello di Vitulano, 20 nel Comune di Ceppaloni e così via negli altri paesi, dove se ne presentava la necessità.

Intanto voci allarmanti si sentivano in diversi Comuni della provincia di Avellino. I briganti, che per forze superiori venivano scacciati dalla Provincia di Terra di Lavoro, invadevano le province confinanti, specie quella di Benevento, la quale per mancanza di forze, di armi e di altri mezzi

sufficienti, non poteva respingerli.

Queste circostanze portavano angosciose perplessità nella popolazione, tanto più che essendo una provincia interna Benevento sarebbe diventata il ricovero dei briganti scacciati dalle altre province.

Il Governatore finiva così la sua lettera: *Fino a che ho creduto bastare coi mezzi che possedevo non ho ricorso ai suoi alti provvedimenti: ma ora mi è forza invocarli.*

Dei nomi più sinistramente famosi ricordiamo: Michele Caruso da Torremaggiore, Cosimo Giordano da Cerreto Sannita, il brigante Coppe, meglio conosciuto come *zi Peppe*. Di quest'ultimo si dice che sia stato l'uomo più brutale che sia vissuto sulla terra, e che per le sue nefandezze sia stato elevato dai suoi compagni a grado di maggiore.

Episodi dolorosi e tristi si verificarono a quei tempi. Verso la sera del 7 agosto il capobanda Cosimo Giordano entra in Pontelandolfo alla testa dei suoi uomini inneggiando a Francesco II. Gli fa eco l'intera popolazione, che fa cantare il Te Deum al clero, abbatte le insegne sabaude, straccia le bandiere, apre le carceri del Comune.

Casalduni segue l'esempio di Pontelandolfo. Si tenta ma invano di mantenere la quiete pubblica con i soldati del prosciolto esercito napoletano, guidati dal Filippo Corbo; anche qui i reazionari abbattono le insegne sa-

Episodi tristi e dolorosi sconvolgono il lento avvio amministrativo

IL SOTTO-PREFETTO

DEL

CIRCONDARIO DI CERRETO-SANNITA

NOTIFICA

Che la Deputazione Provinciale pel Brigantaggio ha assegnato per ciascuno dei due briganti Cosimo Giordano e Vincenzo Lodovico alias *Pelucchiello* un premio di lire *Tremila* a coloro che ne assicurassero l'arresto od in qualsiasi altro modo la consegnazione alla giustizia.

Cerreto-Sannita 20 Settembre 1866

Il Sotto - Prefetto
PENNACCHIO

Taglia per la cattura dei briganti Cosimo Giordano e Vincenzo Lodovico.

baude e inneggiano a Francesco re di Napoli.

A Fragneto Monforte e a Campolattaro le stesse reazioni: i faziosi derubano alcuni cittadini liberali, e il giorno 10 intonano il Te Deum.

Il giorno prima il Giordano, svaligiata la posta, s'impossessa dei cavalli e rientrato in Pontelandolfo ordina la fucilazione di Libero D'Occhio, corriere segreto del De Marco.

Giungono intanto da Campobasso a Pontelandolfo, guidati dal tenente Bracci, 42 uomini con 4 carabinieri, ma vistisi circondati dalle soverchianti forze nemiche, si diedero alla fuga. Raggiunti tra Pontelandolfo e Casalduni, in contrada Spinelle, furono presi e trucidati.

La rappresaglia fu immediata e violenta: due battaglioni di Bersaglieri, invano contrastati dalle bande Giordano, misero a ferro e fuoco Casalduni e Pontelandolfo.

A seguito di questi fatti e di alcuni contrasti sorti fra gli stessi briganti, mentre alcuni di essi si dispersero, altri con a capo lo stesso Giordano si ritirarono sul Matese.

Per qualche tempo il brigantaggio infierì ancora nel beneventano, non più a scopo politico, ma soltanto per rapine, saccheggi e ricatti. Le bande non erano più ben organizzate e il brigantaggio – come ben a ragione dirà l'Isernia – consisteva *tra noi in una serie di zuffe alla spicciolata, campo ogni valle, parapette ogni macerie, agguato ogni fratta.*

anno II, n. 15 – 7 aprile 1990

Popolazioni inorridite dalle azioni dei briganti. Su tutti Michele Caruso

Prove di coraggio e sacri giuramenti per i poveri accoliti

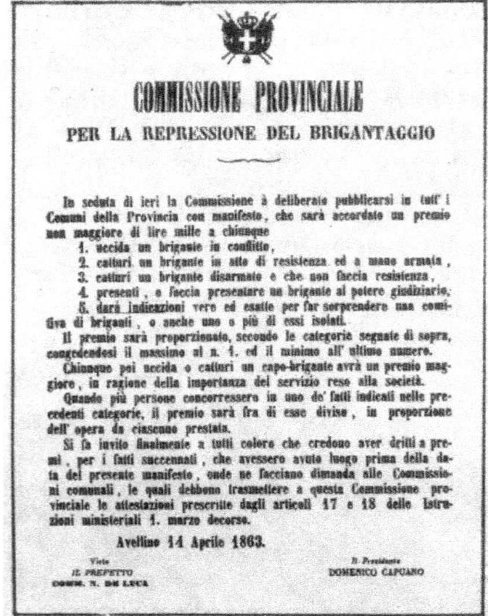

COMMISSIONE PROVINCIALE
PER LA REPRESSIONE DEL BRIGANTAGGIO

In seduta di ieri la Commissione à deliberato pubblicarsi in tutt'i Comuni della Provincia con manifesto, che sarà accordato un premio non maggiore di lire mille a chiunque
1. uccida un brigante in conflitto,
2. catturi un brigante in atto di resistenza ed a mano armata,
3. catturi un brigante disarmato e che non faccia resistenza,
4. presenti, o faccia presentare un brigante al potere giudiziario,
5. darà Indicazioni vere ed esatte per far sorprendere una comitiva di briganti, o anche uno o più di essi isolati.

Il premio sarà proporzionato, secondo le categorie segnate di sopra, concedendosi il massimo al n. 1. ed il minimo all'ultimo numero.

Chiunque poi uccida o catturi un capo-brigante avrà un premio maggiore, in ragione della importanza del servizio reso alla società.

Quando più persone concorressero in uno de' fatti indicati nelle precedenti categorie, il premio sarà fra di esse diviso, in proporzione dell'opera da ciascuno prestata.

Si fa invito finalmente a tutti coloro che credono aver dritti a premi, per i fatti succennati, che avessero avuto luogo prima della data del presente manifesto, onde ne facciano dimanda alle Commissioni comunali, le quali debbono trasmettere a questa Commissione provinciale le attestazioni prescritte dagli articoli 17 e 18 delle Istruzioni ministeriali 1. marzo decorso.

Avellino 14 Aprile 1863.

Visto
IL PREFETTO
COMM. N. DE LUCA

Il Presidente
DOMENICO CAPUANO

Manifesto con taglie e premi per incentivare la lotta al brigantaggio.

Il brigantaggio pochi anni più tardi per opera del famigerato Caruso, riprese proporzioni termende. Le popolazioni ne furono addirittura inorridite.

All'età di 23 anni egli già godeva fama di ladro emerito e nessuno era stato capace di denunciarlo alla giustizia, perché tutti sapevano che in qualunque modo egli avrebbe ucciso l'informatore. Tutto degenerò quando egli tentò con una piccola fazione da lui capitanata, nel proprio paese, una rivolta contro quelle famiglie che erano contrarie alla corte borbonica.

Queste dimostrazioni, in un primo tempo, *essendo a base di fischi e di evviva non avevano impensierito le autorità, poiché il paese dato il suo buon senso e la sua civile educazione aveva avuto modo di reagire contro quelle pulcinellate.*

Ma quando quelle bande, pur non avendo nessuna organizzazione, avevano determinato di scuotere il prestigio delle istituzioni, la forza delle leggi, il principio di autorità, fu necessario allora l'intervento della giustizia. Il Caruso fu dunque arrestato con la seguente motivazione: *associazione in banda armata avente per mira di congiurare e distruggere la forma del governo, accompagnata da altri reati.*

Rinchiuso nelle carceri di S. Severo ne evase, e si diede alla macchia e come campo per le sue gesta scelse il territorio di Riccia, sia perché era il punto di congiunzione fra le province di Campobasso, Foggia e Benevento, sia perché, essendo un punto di fitte boscaglie, costituiva un luogo sicuro per i briganti.

Caruso fu dapprima seguito da un nipote, un certo Cerrito, che fin dalla tenera età aveva continuamente battuta la via di ogni vizio. Costui però, scoperto dalla Guardia Nazionale presso Benevento, in una masseria detta «delle Monacelle», vi fu ucciso. Sul luogo della morte il brigante Giacomo Leone vi piantò una croce, sulla quale il brigante Fraschillo, che godeva fama di letterato, vi scrisse questa epigrafe: *Qui fu ucciso Cerrito, nipote del Colonnello Caruso. Passeggiero togliti il cappello e preca per quella bella anima.*

Un altro essere caro a Caruso e che, per le sue buone qualità brigantesche, ottenne il grado di sergente fu Antonio Secolo da Baselice. Si amavano come fratelli e niente c'era di segreto fra loro due. Ciascuno faceva partecipe l'altro di ogni cosa.

Giovan Battista Varanelli, un vero mostro umano, di Celenza Valfortore, fu pure gradito alla banda del Caruso. Tittariello, così veniva chiamato, non ebbe però come il Caruso, l'onore di essere fucilato dalla truppa; in un giorno del 1863, venuto a contatto con le Guardie Nazionali di Riccia e di S. Marco la Catola, fu ucciso con una fucilata da un ragazzo, che spontaneamente aveva voluto inseguire la banda.

Il 18 agosto 1861 la Gran Corte Criminale emetteva un mandato di cattura contro Michele Caruso.

Ma il beneventano con le province contermini non fu infestato durante gli anni 1860-1863 dai soli Caruso e Tittariello. Ci furono altri tristi figuri di cui ci limitiamo a dire i nomi: Petrozzi, Tamburino, Vito di Gione, Cimino, Cosimo Giordano, D'Agostino, Nunzio di Paolo, Tomaselli, Cascione, Martrico, Fasano, Corallo, Andreotti detto il Moretto, Fusco Florenzano, Paces Carmine Romano, Giovanni alias Sciamarra, Crocco, Schiavone.

Tutti Comandanti di piccole bande, che all'occorrenza prestavano man forte alla compagnia del Colonnello Caruso o che in particolari circostanze (specialmente Crocco e Schiavone) combattevano insieme.

Dopo l'evasione il Caruso ebbe un periodo di poca attività, un periodo di preparazione piuttosto, in cui badò a farsi delle amicizie, in modo che al principio del 1862 aveva già attorno a sé un servizio completo di informazioni e una complicata organizzazione di servizi di sicurezza per la garanzia della sua incolumità. Amicizie che egli si formò tra alcuni sfruttatori di casa Borbone i quali gli proposero il seguente programma da lui accettato in pieno:

I - Tutti gli iscritti e quelli che si vorranno iscrivere alla compagnia comandata dal Colonnello Caruso, hanno l'obbligo di restaurare sul trono Francesco II, e di combattere con tutti i mezzi liberali, coloro che sono nemici provati della Santa Chiesa e del Santo Padre Pio IX.

II - Di amarsi fra loro e di garantire la vita del loro Colonnello, che Iddio guardi per mille anni.

III - Chiunque diserta dalle file, dopo aver giurato sul Crocefisso, sarà fucilato.

IV - Chiunque muore in battaglia, la famiglia del defunto avrà un forte vitalizio da sua maestà Francesco II.

V - Chiunque vorrà in seguito arruolarsi con l'esercito di S.M. occuperà il grado di ufficiale.

VI - Chiunque per sue speciali ragioni, non vorrà far parte dell'esercito di S.M. avrà un impiego ben remunerato.

Viva la S.S. Trinità, Viva la Chiesa, viva Pio IX, Viva Francesco II.

Il Colonnello Michele Caruso

Per essere poi ammesso alla banda Caruso non era cosa del tutto facile. Bisognava che questi desse sicure prove di coraggio per essere poi in seguito sottoposto al «saggio», che consisteva nell'uccisione di qualche liberale; uccisione che non portava nessun rimorso all'uccisore, il quale prima di compierlo profferiva le seguenti parole: *Giuro che N. N. sarà da me ucciso perché nemico della Santa Chiesa e del nostro augusto Sovrano Francesco II – Viva Dio, viva Maria santissima – Viva il Papa Pio IX.*

Dopo il proclama il Caruso riuscì ad accogliere 82 accoliti per lo più contadini ignoranti facili ad essere suggestionati, pronti a commettere un qualunque delitto.

Il Caruso, forte di tanto, installò il suo campo base nella zona di S. Croce del Sannio. In alcune grotte della zona ammassò viveri, munizioni e medicinali. Dal 1861 al 1863 si registrò il massimo dell'attività della sua banda tramite scempi, delitti, rapine e ricatti. Le popolazioni del beneventano e dei paesi limitrofi ne furono duramente impressionate tanto che il prefetto di Benevento Cler mise sulla testa del brigante una taglia di ventimila lire.

anno II, n. 16 – 21 aprile 1990

Tradito dalla sua compagna il brigante Caruso fu catturato e subito ucciso

Il brigantaggio era costato più sangue di quello versato per la rivoluzione

Michele Caruso

L'incentivo della taglia imposta sul Caruso dal prefetto Cler servì non solo a stimolare la forza pubblica, ma anche tutti quei privati che dalle imprese brigantesche del Caruso avevano ricevuto un qualche danno.

E infatti fu proprio la sua compagna a tradirlo.

Emanuela Ciccaglione, la sventurata donna che egli aveva preso con sé dopo averle ucciso il padre e che a conoscenza degli esiti negativi degli ultimi scontri armati con la truppa regolare e la Guardia Nazionale, credendo giunto il giorno della sua liberazione, cogliendo il momento opportuno per vendicare la morte del padre e porre fine ai continui sacrifici sofferti accanto al bandito, fu subito pronta a denunciarlo alle autorità.

Per tramite di un tal Luca Pacelli faceva sapere in quale casolare il Caruso aveva trovato rifugio. Avuta la notizia il sindaco di Molinara Nicola Jormi a notte inoltrata si recò con un drappello di 14 militi della Guardia Nazionale nel luogo indicato sorprendendo il Caruso che vistosi scoperto tentò di reagire ma inutilmente.

Legato assieme al suo compagno Testa fu tradotto a Molinara con grande gioia della popolazione che finalmente si vedeva liberato di tal mostro.

Da Molinara poi, per ordine del Prefetto fu portato assieme alla Ciccaglione a Benevento, dove fu sottoposto a giudizio dal tribunale militare. Il Caruso si difese sostenendo con sfrontatezza la sua innocenza ed incolpando gli altri componenti della banda di tutti i delitti.

Anzi, in cambio della vita, al generale Pallavicini che dal settembre aveva preso il comando della zona militare di Benevento, prometteva di fare importanti rivelazioni e di fornire utili indicazioni per far arrestare anche altri briganti.

Ciò nonostante, fuori porta Calore alla presenza di una numerosa folla venuta da tutte le parti del beneventano, egli fu ucciso. Il giorno dopo, nella casa comunale, il sindaco Celestino Bosco Lucarelli e l'ufficiale di stato civile redigevano l'atto di morte.

Così moriva il Caruso, non certo pentito dei numerosi omicidi che aveva fatto nel beneventano e nelle province limitrofe.

Un giornale locale, «Il nuovo Sannio», così scriveva: *Caruso era incalzato dagli spettri dei 17 soldati dell'esercito uccisi nella contrada di Francavilla, da quelli dei 7 proprietari ricattati e trucidati lungo la via Sannitica e nelle circostanti campagne, dai fantasmi delle 5 Guardie Nazionali di Paduli, delle 12 di Circello, dalle altre 18 di Orsara fucilate e seviziate!!!*

Era incalzato ed atterrito dagli spettri delle 10 Guardie Nazionali di Torrecuso, fucilate presso Benevento all'Olivola, e dei due pedoni del telegrafo fucilati a Mosti, dei 14 infelici resi cadaveri presso Colle, dei 27 tra uomini, donne e fanciulli massacra-

ti a Castelvetere, dagli spettri di 31 Guardie Nazionali di S. Bartolomeo in Galdo, dai massacri delle Camarelle, dei 7 individui fra uomini e donne della famiglia Leali, trucidati a Casci presso Morcone, dei 6 campagnuoli presso il Cubante, dei 13 contadini scannati di sua mano con rasoio presso S. Severo di Puglia ...

Era incalzato ed atterrito dagli spettri di parecchi suoi compagni uccisi perché sospetti e di tanti altri, che la mente rifugge dal ricordare, gittati per le campagne, nei burroni, nelle fratte al pascolo degli animali.

Il brigante Testa invece dovette essere bendato e cadde piangendo e supplicando.

La Ciccaglione, lasciata libera, fu aiutata da molte famiglie beneventane; poi ella preferì ritornarsene a Riccia. Quelli che la ricordavano, interrogata dal capitano Lombardi dei Mille, la descrissero ancora bella, ma smunta e pallida e quasi scimunita.

Morì disfatta dalle violente emozioni, fisicamente distrutta da una vita piena di privazioni e di disagi.

Morto il Caruso, si dileguarono le altre bande.

Il brigantaggio era costato alla nazione più sacrifici e più sangue di quel che era forse costata la rivoluzione del '60.

anno II, n. 17 – 4 maggio 1990

Finita la triste parentesi del brigantaggio la città comincia lentamente ad organizzarsi

Finito il brigantaggio, le condizioni della città cominciarono a normalizzarsi ed a migliorare notevolmente.

Si badò dapprima all'istruzione come fondamento di ogni bene civile. Si aprirono scuole per tutti i due sessi; si diede incremento a quelle dei Fratelli delle Scuole Cristiane, dette degli «Ignorantelli», fondate dal cardinale Bussi nel 1834 con un capitale preso dal Monte dei Pegni. Si aprì una scuola serale ed una scuola tecnica.

Al Liceo Giannone fu aggiunto un convitto provinciale con messi posti senza pagamento. Quest'ultima sostituzione fu molto opportuna e necessaria, poiché il convitto già tenuto dagli scolopi era stato soppresso.

Si riaprirono con i migliori auspici le scuole del Seminario che in un primo tempo si erano chiuse.

Non appena fu provveduto ai più urgenti bisogni della pubblica istruzione fu necessario badare alle opere pubbliche indispensabili.

Benevento, capoluogo di una sì illustre provincia, non avrebbe più potuto trascurarla senza avere biasimo e pericolo.

Si completò il teatro che nel 1855 era stato lasciato a metà. Sebbene non molto grande, il teatro fu uno dei più eleganti delle città meridionali. Dopo si pose alacremente mano alla costruzione del Camposanto che venne ubicato sul declivio occidentale della collina chiamata Capodimonte. Altre opere di gran rilievo furono presto compiute sotto il prefetto Cler, il quale portò felicemente a termine l'asilo di infanzia, fondò il nuovo carcere, l'asilo di mendacità, e ottenne in dono per la città il convento dei soppressi scolopii, dove pose il Consiglio e la Deputazione provinciale ed altri uffici.

Fu inoltre uno dei primi ad applicare la legge Pica con tanto zelo, da mandare perfino a domicilio coatto alcuni preti innocui. Vennero acquistati poi dal Demanio i conventi dei soppressi luoghi pii, ma se ne sciuparono le esigue entrate, tanto che poi

Si aprono le prime scuole per maschi e femmine. Si completa il Teatro

non fu più possibile provvedere con la dovuta celerità ad altri non lievi bisogni del paese.

Si condusse a termine la villa situata di fronte al Castello. Poi videro la luce tre importantissime opere pubbliche: il Palazzo di Giustizia nel vecchio convento dei domenicani nel quale si raccolsero tutti gli uffici giudiziari qua e là sparsi, la derivazione in città di nuove e più copiose acque potabili, la cui mancanza causava gravissimi danni; da ultimo poi l'allargamento del corso principale della città, opera importante portata a termine nonostante le modeste entrate del Comune.

Dirà poi Isernia nella sua Storia: *senza di questa strada Benevento non avrebbe potuto mai avere l'aspetto di una bella e importante città italiana.*

Anche l'agricoltura ebbe un notevole incremento con l'avere finalmente potuto persuadere i contadini i quali volevano seguire sempre le norme dei loro padri, ad usare metodi nuovi, e di introdurre utili innovazioni.

Incentivata anche la coltivazione del tabacco.

La provincia di Benevento, contava, secondo le statistiche del tempo, 240.061 abitanti, ed era divisa nei circondari di Benevento, Cerreto Sannita, S. Bartolomeo in Galdo.

Quattro linee ferroviarie l'intersecavano, e facile era l'accesso da ogni comune alle stazioni ferroviarie, perché era ampiamente fornita di strade provinciali. Le antiche istituzioni più importanti e benefiche furono conservate, e ricevettero molte innovazioni.

Orfanotrofi ed ospedali, il Monte dei Pegni, la pubblica Biblioteca, il Museo di Antichità patrie, lo splendido palazzo della Prefettura sono istituzioni che diversi capoluoghi di provincia potrebbero invidiarle.

Il Tribunale poi, esteso a tutta la provincia, è di incitamento ai cittadini più cospicui della provincia a recarsi frequentemente in Benevento per assistere personalmente alle contestazioni riguardanti i loro affari di maggior rilievo, dà incremento al commercio locale, mediante i tanti testimoni, che da tutte le località vengono per assistere ai dibattiti penali.

La città dopo l'opera indubbiamente benefica, sebbene ardua del Torre e del partito liberale moderato e che dovette vincere ostacoli a volte gravissimi, specialmente d'indole politica, e superare una tradizione di gretta vita municipale, conseguenza dell'isolamento a cui l'aveva condannata la sua appartenenza al lontano Stato Pontificio, si avviava decisamente verso una via di progresso in ogni campo: civile, industriale, commerciale, culturale.

L'interno del Teatro Comunale di Benevento.

anno II, n. 18 – 19 maggio 1990

Il 30 ottobre del 1861 viene autorizzata la istituzione del Liceo ginnasio poi «Giannone»

Il 3 settembre 1860 segna una data importante per Benevento. I rivoluzionari con a capo Salvatore Rampone dichiararono la città libera dalla lunga secolare dominazione papale e ne chiesero a Garibaldi l'unione alle province dell'ex regno di Napoli e poi al nascente regno d'Italia.

Infatti pochi giorni dopo, il 21 ottobre, ebbe luogo il plebiscito per l'annessione al Regno dei Savoia.

A Benevento la votazione ebbe luogo nell'atrio del soppresso Collegio Gesuitico. Il Consiglio plebiscitario fu diretto dall'avv. Carlo Besogni che si adoperò affinché la votazione riuscisse «plebiscitaria» e senza incidenti.

Il popolo, circa 7000 votanti, vi accorse numeroso e compatto, mostrando forse minore entusiasmo del giorno 3 settembre, anche perché i patrioti che tanto avevano dato per il raggiungimento della libertà, si mostrarono delusi a causa del sopravvento preso dai partiti che nulla avevano dato alla causa rivoluzionaria.

L'esito del plebiscito fu sancito con regolare decreto emesso in Napoli il giorno 25 ottobre a firma del Prodittatore Pallavicino e controfirmato dal Ministro dell'Interno R. Conforti.

Questo atto che sanciva la dichiarazione di Benevento a provincia del Regno d'Italia fu il primo di molti altri che si susseguirono e che contribuirono a dare migliore aspetto alla nuova provincia.

Altrettanto grande fu l'operato del primo governatore di Bene-

vento che si adoperò ad attuare questo disegno. Tra le tante cose la prioritaria fu quella di provvedere alla istituzione di un nuovo Liceo per l'insegnamento di cui la città era priva a seguito della chiusura del Collegio Gesuitico e dell'espulsione degli altri ordini religiosi.

Nel frattempo gli Scolopi, che avevano sempre ostentato sentimenti liberali, furono invitati ad aprire un «corso classico» nel loro convento di S. Nicola.

Nell'ottobre del 1860 un manifesto avvertiva che le lezioni sarebbero cominciate il prossimo 11 novembre proprio nei locali del Collegio delle Scuole Pie (attuale via B. Camerario) dove avrebbero trovata sistemazione 3 scuole di Grammatica, 2 di Belle Lettere, 2 di Filosofia, 1 di Matematica, 1 di Fisica, 1 di Diritto

Annesso anche il Convitto la cui retta era di 30 lire il mese

Il cortile interno del palazzo del Liceo Convitto Giannone, negli anni Venti del Novecento.

Giustinianeo e 1 di Codice Civile.

Nel contempo il sindaco Celestino Bosco Lucarelli inoltrava richiesta a Luigi Settembrini, consigliere di Luogotenenza incaricato del Dicastero della Pubblica Istruzione in Napoli per l'apertura di un liceo in Benevento.

Il 10 febbraio 1861 intanto venivano pubblicati in Napoli i *Provvedimenti relativi alla istruzione secondaria classica* che *ha per fine di ammaestrare i giovani in quegli studi mediante i quali si acquista una cultura letteraria e filosofica che apre l'adito agli studi speciali che menano al conseguimento dei gradi accademici nella Università dello Stato*.

L'istruzione classica era distinta in due gradi e si espletava il primo nello spazio di cinque anni e il secondo nello spazio di tre anni. Ad una nota del Settembrini del 26 marzo 1861 che chiedeva le opportune informazioni sulla città di Benevento il Governatore Carlo Torre in data 30 marzo rispondeva che la *principale città dell'ampia contrada sannitica* aveva da sempre posseduto uno *stabilimento d'insegnamento* già appartenuto nel passato regime ai gesuiti. Dotato di un pregevole Gabinetto di Fisica e di una bella biblioteca, moderno negli studi (negli ultimi anni della loro presenza i gesuiti vi avevano aperto una cattedra di diritto) economicamente autonomo ricco di una rendita ammontante a 4200 ducati e a circa 80 tomoli di grano.

Inoltre faceva sapere che il Collegio era uno dei più importanti *per il concorso della gioventù dalle vicine province venuti ad apprendere le lettere e le scienze*. Ritenendolo pertanto adatto ad essere trasformato nel nuovo liceo così proponeva e suggeriva: *1) Che l'antico Liceo di Benevento sia ricostituito in Liceo Ginnasiale; 2) Che nel locale di esso si stabilisca pure una scuola superiore di diritto; 3) Che dell'uno e dell'altra si conferiscano, almeno in parte, le Cattedre ad uomini segnalati del Paese; 4) Che il nuovo ordinamento si costituisca al più presto in modo che al nuovo anno scolastico possa il Liceo senz'altro indugio aprirsi.*

Il 30 ottobre 1861 fu autorizzata l'istituzione del Liceo Ginnasio e con esso anche l'elenco dei professori: Luigi Tamburini, letteratura italiana; M. Cacciapuoti, letteratura latina e greca; A Coppola, fisica e chimica; I. Monti, matematica; L. Romanelli, filosofia; F. Corazzini, storia e geografia. Per il Ginnasio superiore e inferiore: Giuseppe Ziccardi, Rosario Closio, Cosimo Orlando, Matteo Gubitosi, Domenico Cintolo, Biagio Beri, Preside Romualdo Bobba.

Il 17 novembre, poi, il suo primo preside Romualdo Bobba con «solenni parole» inaugurava il Liceo e l'1 gennaio 1862 si apriva anche l'annesso Convitto la cui pensione veniva fissata a lire 30 il mese.

L'età minima per essere ammessi era di 7 anni compiuti. Il neo istituto, rinnovato nello spirito, iniziava così una nuova vita, con lo scopo di formare «cittadini onesti e virtuosi».

Quattro anni più tardi in esecuzione del regio Decreto del 4 marzo 1865, con cui si stabiliva che *ciascuno dei Regi Licei dello Stato si qualificasse dal nome di qualche illustre italiano vissuto nell'Evo medio o Moderno*, il 14 maggio di quell'anno il Liceo veniva intitolato a Pietro Giannone.

Nella scelta della denominazione dei licei si badò possibilmente *a che ogni Istituto rimanesse fregiato del nome di un letterato, scienziato o pensatore politico che fosse ancora più propria della città o della provincia in cui avesse sede l'istituto.*

Il Consiglio dell'Istituto tenendo fede a tali direttiva sceglieva il nome di Pietro Giannone il quale se non vedeva la luce in Benevento, traeva i natali in un paese della Capitanata, parte della quale venne poi aggregata alla nostra provincia.

Il primo corpo docente del Liceo Classico di Benevento.

A confronto la giustizia penale tra il regno della Chiesa e quello dell'Unità

Uno dei primi atti emessi dal Governo Provvisorio – 3 settembre 1860 – decretava l'abolizione del Tribunale Ecclesiastico.

Rimane abolita la giurisdizione civile e criminale del Tribunale Ecclesiastico. Le cause pendenti avanti il medesimo saranno immediatamente rimesse avanti i Giudici e Tribunali competenti per essere giudicate,

Col nuovo corso prendeva così l'avvio la nuova amministrazione giudiziaria il cui assetto definitivo sarà più tardi regolamentato con un decreto del ministro Farini emesso da Napoli il 28 dicembre 1860.

L'art. 1 così sanciva: *In esecuzione delle leggi in vigore vi sarà in Benevento un giudice di circondario il quale eserciterà la sua giurisdizione sulla città e sue dipendenze, ed un Tribunale civile ed una Gran Corte Criminale la cui giurisdizione si estenderà su tutto il territorio … della provincia di Benevento.*

Così tutto il territorio provinciale fu diviso in tre grandi mandamenti giudiziari con sedi rispettivamente in Benevento, Cerreto Sannita e San Bartolomeo in Galdo. Gli uffici dei due tribunali e la stessa presidenza, dapprima sparsi in edifici vari della città, trovarono sistemazione nell'ex convento dei domenicani opportunamente adattato dall'ing. Vincenzo Ettore Satriani, sotto le direttive del Procuratore del Re, Elia Gagliardi.

Al primo piano, trasformato, furono sistemati i locali per la Pretura, per l'Archivio, per il sindacato forense, per il Casellario giudiziario. Le due grosse cappelle al pianterreno dove celebravano i loro riti religiosi le confraternite del SS.mo Rosario e dell'Ave Maria furono adibite a deposito.

Il secondo piano fu adattato per il Tribunale e per gli uffici della Reale Procura; e il piano superiore, fabbricato dopo l'andata via dei domenicani, divenne sede della Corte delle Assise, degli uffici di Istruzione del Tribunale, della Cancelleria Penale.

Il 25 febbraio del 1861, dunque, il Procuratore Generale del Re, Raffaele Carelli, di antica e nobile famiglia salernitana, inaugurava la Gran Corte Criminale di recente istituita e con brevi parole nell'augurare un proficuo lavoro tracciava il profilo del Magistrato che doveva essere onesto, buono e illuminato cittadino

Il 3 settembre del 1860 veniva abolito il Tribunale ecclesiastico

Prospetto dei casi giudiziari nell'anno 1861 nel Tribunale di Benevento.

SUNTO DI RENDICONTO

ossia

PROSPETTO DELL'AMMINISTRAZIONE DI GIUSTIZIA

IN MATERIA CRIMINALE

NEL TRIBUNALE DELLA DELEGAZIONE DI BENEVENTO

PER L'ANNO 1851

compilato presso

L'AVVOCATO CAV. FELICE SABBONI ROMANO

COMUNI dipendenti dalla giurisdizione del Tribunale	POPOLAZIONI	CAUSE					CARCERATI					
		Pendenti d'1. Gennaro del 1851	Introdotte nell'anno 1851	Decise in 1.ª Istanza	Decise in Appello	Rimaste pendenti li 31 Dic. 1851	Esistenti al 1. Gennaro del 1851	Entrati nell'anno 1851	Condannati	Dimessi	Passati ad altra competenza &c	Rimasti
1. Benevento	16582	31	89	70	12	38	9	81	12	42	11	21
2. S. Leucio e Maccabei	2865	8	15	8	2	11	3	11	2	11	»	5
3. S. Angelo a Cupolo	918	»	2	1	»	1	»	10	1	6	»	5
4. Bagnara	650	»	1	1	»	»	»	5	»	2	»	5
5. Maccoli e Perrillo	481	»	1	»	»	1	»	»	»	»	»	»
6. Montorso	375	3	1	1	»	3	»	»	»	»	»	»
7. Motta	245	»	1	1	»	»	»	4	»	»	1	»
8. Pastene	916	1	»	1	»	»	»	»	»	»	»	»
9. Pavelli	138	»	»	»	»	»	»	»	»	»	»	»
10. Sciarra	107	»	»	»	»	»	»	»	»	»	»	»
11. S. Marco a Monti	326	2	2	5	»	1	»	5	»	5	»	»
Estero	»	»	3	5	»	»	1	5	»	5	1	»
Totale	23401	45	113	80	14	55	15	121	15	71	19	29

al punto tale da provvedere e ricondurre coloro che fossero fuorviati e a rifermarvi coloro che fossero oscillanti con l'esempio di parole e di opere e co' giudizi di colpevoli o innocenti.

Chiudeva il suo dire con dei suggerimenti comportamentali: *Innanzi a voi magistrati fatti sodi, ragioni nitide, brevità possibile; innanzi al Paese rettitudine ed integrità, non blandimenti né terrori; innanzi al Governo indipendenza e dignità, non ambizioni e servilità.*

E tali sentimenti dovettero ben inculcarsi negli animi anche di coloro che gli succedettero nella guida dell'Istituto, se pochi anni più tardi nell'udienza del 7 gennaio 1867, il Presidente del Tribunale rivolto alle sezioni riunite del Tribunale civile e correzionale faceva presente che il numero degli «affari» innanzi al Tribunale era scemato per l'aumentata giurisdizione dei pretori ma anche perché il numero dei reati era nel generale diminuito, e con una punta di orgoglio sottolineava che *nessun affare era stato mai ritardato nel suo corso e tutti i processi erano stati immediatamente disbrigati, non sì tosto sono stati sottoposti al nostro esame.*

Ciò nonostante per quell'anno il Procuratore Generale cav. Biagio Russo nella sua annuale relazione, elogiando l'operato del Giurì che *sin dall'alba del nostro Risorgimento fece bella prova fra noi* e delle Camere di Consiglio, evidenziava che nell'anno giudiziario 1866 erano state dibattute 1.476 cause.

A fronte di tante mole di lavoro ci piace ricordare un analogo rendiconto presentato sempre in materia penale per l'anno 1851 dal Presidente del Tribunale avv. cav. Felice Garronj Romano coadiuvato dai Giudici avv. Vincenzo Alvano, Francesco Saverio Cardone, Francesco Manciotti, Giovanni Capobianco dei Marchesi di Carife.

anno II, n. 20 – 16 giugno 1990

Lo scempio dei reperti archeologici fermato dalla nascita della «Nuova Accademia Beneventana»

Cippi marmorei e iscrizioni di epoca romana utilizzati per farne calce

Romualdo Bobba

Lo stato di degrado e di abbandono del patrimonio archeologico e artistico fu al centro dell'interesse degli amministratori della città da poco unita al Regno d'Italia.

Una forte sensibilizzazione sul tema si era avuta sul finire del secolo XVIII, anche incrementato dal crescente interesse degli artisti, degli studiosi e dei viaggiatori per i monumenti e le opere d'arte di Benevento, anzi allo scopo molti reperti archeologici vennero raccolti nei locali del soppresso convento dei Gesuiti.

Ad opera poi di alcuni appassionati studiosi locali, tra i quali va ricordato Nicola Colle De Vita, si ebbero le prime collezioni private. Tra tutte va ricordata quella costituita dal redentorista Padre Cajone, la cui collezione doveva formare il primo nucleo del nascente Museo beneventano.

Questo tuttavia non ebbe fortuna perché pochi anni dopo molto di quella roba doveva arricchire le collezioni private di Talleyrand e dello stesso De Beer.

I cippi marmorei e le iscrizioni di epoca romana anche dopo la Restaurazione continuarono ad essere conservati nei locali del Collegio; ma non essendoci una istituzione precostituita nulla fu fatto per impedire che molti di quei reperti fossero utilizzati nelle fondamenta della costruenda Chiesa della Madonna delle Grazie o che finissero nelle fornaci per farne calce.

Ad ovviare a tale sconcio e colmare tale vuoto nel 1867 ad opera di un professore del locale Liceo, il prof. Francesco Corazzini (nato a Pieve S. Stefano, provincia di Arezzo nel 1832) nasceva la «Nuova Accademia Beneventana» con la partecipazione di un buon numero di beneventani sensibili alla storia della loro città e desiderosi di porre un freno alla dilapidazione del patrimonio archeologico della stessa.

Lo Statuto fu redatto da una commissione composta dal Barone G.B. Bosco Lucarelli, dall'avv. Pasquale Principe e dal prof. Francesco Corazzini.

L'Accademia si proponeva di:

1) Raccogliere, conservare e studiare ogni oggetto di antichità e di arte di qualunque epoca;

2) Raccogliere documenti concernenti alla storia patria della città e provincia di Benevento;

3) Raccogliere le opere degli scrittori della città e della provincia, tanto edite quanto inedite;

4) Studiare la letteratura popolare della provincia.

L'Accademia così costituita si vide assegnare dal sindaco Celestino Bosco Lucarelli un Vitalizio annuo di lire 200 e come sede alcune stanze dell'ex convento di S. Anna. Fu possibile così raccogliere tutte le iscrizioni sparse nei pressi dell'Arco Traiano, per le vie della città, e nelle immediate vicinanze della stessa.

Fu fatta una catalogazione di tutte quelle che incastrate nei muri di alcuni edifici non potevano essere rimosse. Fu possibile recuperare anche quelle che vennero alla luce nei lavori di sistemazione del nuovo cimitero, in località S. Marco. Alla raccolta di questo materiale fu eletta una commissione così composta: Preside del Liceo Giannone, dr. Romualdo Bobba, prof. Saverio Sorda, Vincenzo Colle De Vita, prof. Francesco Corazzini.

L'Accademia che curava anche la raccolta di ogni oggetto antico, come di ogni opera d'arte, diede inizio, col concorso dei privati, anche ad una biblioteca laica da contrapporre a quella arcivescovile già esistente.

Con l'andata via da Beneven-

to del Corazzini, i lavori furono continuati dal Presidente Barone Bosco

Lucarelli e dal segretario sacerdote Giuseppe Pallante (Benevento: 1812-1874) autore tra l'altro di un «Arco Traiano Illustrato».

Nuovo materiale andava ad arricchire quello già esistente. La faccenda si ingigantiva sempre più e della stessa se ne interessava il prefetto Angelo Cordera che premurava altresì il sindaco cav. Carlo Pellegrini affinché l'istituzione tanto desiderata, perfino dagli studiosi stranieri come il Mommsen, divenisse realtà.

Al suo rientro il Corazzini riesce dopo vari contatti ad interessare della questione tanto il sindaco e i suoi consiglieri quanto la Deputazione provinciale per la quale aveva fatto pressione presso i consiglieri provinciali: avv. Emmanuele Falcetti, avv. Ettore Riola, cav. Giosuè D'Agostini.

Il 4 settembre 1873 il Consiglio provinciale deliberava l'istituzione del «Museo del Sannio». Mentre, a sua volta, il Comune concedeva un sussidio annuo di lire 700 e l'utilizzazione dei locali della vecchia posta nell'ambito di Palazzo Paolo V. Due anni più tardi, sullo stesso argomento, il competente Ministero alla Pubblica Istruzione tramite il Direttore generale Fiorelli faceva sapere con propria nota del 16 dicembre 1875 che *sarebbero Lietissimi di vedere fondato in Benevento un Museo Municipale com'*è richiesto dall'*abbondanza dei monumenti e dallo stesso stato di abbandono in cui sono lasciati ... Non mancherà quindi il Ministro di concedere il suo aiuto, quante volte vegga dalle autorità del luogo destinarsi i fondi necessari alla istituzione del desiderato Museo.*

Era nato così il Museo del Sannio.

Francesco Corazzini

anno II, n. 21 – 3 luglio 1990

Anche Orsini devotissimo della Beata Vergine. La Cronaca di una storica processione

Ben 12 Papi hanno preceduto Giovanni Paolo II nella visita alla città

Statua della Madonna delle Grazie conservata nella basilica di Benevento.

La venuta in Benevento di Papa Giovanni Paolo II immediatamente ci richiama alla mente gli altri pontefici che lo hanno preceduto, a cominciare da Giovanni XIII tra il 967 ed il 969 per finire a Pio IX nel 1849.

Ben 12 papi lo hanno preceduto. Di alcuni abbiamo poche frammentarie notizie, anche se il loro soggiorno è stato molto lungo (Alessandro III soggiornò in città per circa tre anni). Degli ultimi due, Benedetto XIII e Pio IX, si conservano dettagliate cronache della loro permanenza.

Anche questi due pontefici, come pure Giovanni Paolo II, hanno iniziato la loro visita alla città rendendo omaggio alla Madonna delle Grazie, riconoscendola patrona di Benevento e del Sannio.

Con questa nota ci piace ricordare una manifestazione in onore della Madonna avvenuta ben 267 anni fa, il 4 aprile 1723.

Orsini, arcivescovo di Benevento da ben 37 anni, era profondamente devoto della *bellissima statua della Vergine chiarissima per l'antichità e per gli miracoli* che si conserva nella chiesa di S. Lorenzo fuori le mura meglio conosciuta come chiesa di S. Maria delle Grazie.

Anni prima, nel 1699, su richiesta deliberativa del Consesso cittadino, aveva proclamato la stessa protettrice di Benevento. Pochi mesi dopo, il 13 marzo 1700, ne aveva ricevuto conferma dalla Sacra Congregazione dei Riti. Per rendere ennesimo omaggio alla Madonna non disdegnò quindi di appoggiare la richiesta del Padre Guardiano fra Domenico da Mugnano di vedere la stessa statua coronata del Capitolo Vaticano.

L'incoronazione di un quadro o di una statua raffigurante la Madonna è, ancora oggi, un'antica consuetudine del Capitolo Vaticano, a ciò delegato dal Conte Alessandro Sforza che, devotissimo della Madonna, lasciò tutti i suoi beni al Capitolo affinché ogni anno fossero fatte una, due o tre corone d'oro e con esse incoronarsi una, due o tre statue o immagini non ancora coronate.

La richiesta, dunque, sostenuta anche da un altro beneventano, l'abate Niccolò Saverio Albini, patrizio di Benevento e Canonico della Basilica Vaticana fu preferita *ad altre sei antecedenti istanze avute da personaggi di grande riguardo e per statue ed immagini egualmente celebri e rare*.

Lo stesso Albini ebbe l'onore di portare a Benevento le due corone d'oro. Il 3 aprile del 1723, Sabato in Albis, nella metropolitana, con grande concorso di popolo, fra squilli di campane, suoni di trombe, spari di artiglieria e canti di alleluja, l'Orsini compiva la solenne incoronazione coadiuvato da mons. Giovanni Andrea Moscarelli, vescovo di Guardia Alferia, e da mons. Francesco Antonio Finy, vescovo di Avellino e Frigento.

La metropolitana, sotto la direzione dell'arciprete signor Niccolò Coscia, venne pomposamente addobbata dai migliori apparatori di Napoli, con preziosi apparati *volgarmente detti di contrataglio* che ornavano non solo la Crociera e il Coro ma anche tutta la navata maggiore con le 34 colonne scanalate.

Il baldacchino dell'altare maggiore sembrava un ricco padiglione. Tutto l'apparato era impreziosito da vari motti, emblemi ed iscrizioni *che saziavano la vista di chi vedeva e l'intelletto di chi leggeva*; di tutto era autore mons. Giovanni De Nicastro.

Tutte le scritte inneggiavano all'avvenimento e alla Madonna: in una essa era definita *un'armeria contro le traversie ed il porto nelle burrasche*; in un'altra si diceva che *come gli antichi romani usavano coronare colla corona civica chi aveva preservato la vita di un cittadino di Roma, così Maria si coronava con diadema d'oro per aver preservato innumerabili Beneventani dalla peste e da tremuoti*.

Gli altari laterali furono poi arricchiti con croci e candelieri d'argento e impreziositi con urne, statue e ostensori d'argento. Al centro della navata campeggiava una grande pedana da dove, quando tutti furono sistemati, si diede lettura dell'istrumento col quale il Capitolo Vaticano faceva dono delle due corone auree per coronare le due statue della Vergine e del Bambino coll'obbligo da parte dei Frati Minori di custodire le stesse in perpetuo. Di poi l'Orsini, ricevendo da mons. Albini i due gioielli, coronò le due statue.

A quest'atto l'organo del Duomo prese a suonare mentre fuori, al suono delle campane della Metropolitana, e delle altre chiese, faceva *Eco il suono delle trombe, il rullo dei tamburi, le artiglierie del Castello Apostolico e le riplicate scariche di moschettoni*.

Fissate le corone colle viti, l'Orsini diede inizio alla Vigilia che durò per tutta la notte del sabato e la giornata di domenica e solo dopo una messa pontificale, durante la quale fu distribuita l'Eucarestia a 1.787 divoti, e una benedizione con una solenne processione, portata a spalla dai Frati Minori, la statua fece ritorno nella sua chiesa.

L'ordine processionale era il seguente: 3 tromboneri aprivano la processione seguiti da 2 mazzieri, direttori della stessa.

Quindi 602 confratelli di 34 confraternite provenienti da Benevento e dai paesi vicini. 40 signori del patriziato tutti guarniti con ricche vesti dorate facevano da cornice al labaro con l'effige della Madonna. 185 regolari, appartenenti ad 11 religioni delle 15 che avevano casa in città, con le proprie croci ed i ceri in mano; seguiva un suddiacono con la croce capitolare. Poi ancora 113 rappresentanti del clero minore in cotta, il crocifero arcivescovile anch'esso in tunicella affiancato dal Turiferario; canonici del collegi foranei più vicini alla cotta in numero di 40; gli 8 parroci della città e così via per un totale 1.065 persone, di cui circa 400 religiosi.

anno II, n. 22 – 14 luglio 1990

La Provincia con l'onere anche delle strade comunali regge l'urto

All'indomani dell'Unione di Benevento al Regno d'Italia nuove rappresentanze provinciali, definite con legge luogotenenziale del 2 gennaio 1861, si contrapposero alle antiche province del Regno di Napoli.

Esuberanti di vita e di iniziative questi nuovi organismi, con la solita febbrile attività che segue lunghi periodi di forzata inattività, posero mano a soddisfare i molteplici bisogni sociali di cui la nuova provincia avvertiva la necessità.

Le Finanze centrali dello Stato, con legge dell'8 gennaio 1861, furono autorizzate ad anticipare alla tesoreria delle province napoletane le somme occorrenti all'immediato inizio dei lavori pubblici da eseguirsi nelle medesime fino all'ammontare di 10 milioni di lire da essere successivamente rimborsate.

Il 4 novembre 1872 si sostituì anche ai Comuni nella gestione

I primi programmi furono diretti alla formazione di grandi arterie stradali, costruzione di ponti, bonifiche e opere idrauliche necessarie a ridare *la vigoria della salute alle inferme generazioni e le in fruttifere lande al benefico aratro.*

E poi ancora creazione di pubblici istituti di istruzione secondaria, nuove istituzioni di beneficenza le quali *scarse o mal rispondenti all'alto scopo della Carità nelle province erano solo doviziose ed abbondanti nella capitale del vecchio Regno.*

Le intenzioni dei primi consessi provinciali furono quindi tutte rivolte a dotare la novella provincia di una fitta rete stradale che collegasse secondo dettami moderni la provincia a quelle limitrofe che unisse il capoluogo principale a quello dei circondari.

Il territorio beneventano, come del resto quasi tutto l'antico regno, ne difettava totalmente. La sola strada nazionale che lo attraversasse era la via Sannitica e tranne qualche tronco secondario non vi era altro.

Ad una superficie di 2.118 Kmq., costituenti l'intero territorio provinciale, esistevano solo 122 Km circa di strade ordinarie ai quali si poteva aggiungere 43 Km della consortile Vitulanese da Montesarchio alla provinciale sannitica.

I suddetti 122 chilometri erano determinati dalle seguenti strade:

– La strada nazionale Sannitica n. 53 che attraverso la Valle del Tammaro raggiungeva Sassinoro, Morcone, San Lupo e Guardia Sanframondi fino alla stazione di Solopaca per un totale di circa 43 Km.;

– La provinciale sannitica dalla stazione di Solopaca per Dugenta fino al confine con la provincia di Caserta per circa 20 Km.;

– La provinciale di Napoli da Benevento per Montesarchio ed Arpaia, anch'essa fino al confine con la provincia di Caserta, per un totale di Km. 29;

– La provinciale di Molise da Benevento per Fragneto Monforte alla nazionale sannitica presso Pontelandolfo per Km. 30.

A queste poi, dicevamo, si aggiungeva la Consortile Vitulanese, fatta costruire, come è noto, dai Borboni negli ultimi anni del loro Regno e che, partendo da Montesarchio, si congiungeva con la provinciale di Molise. Misurava all'incirca Km. 43.

Dei citati 165 Km. nemmeno uno trovavasi nella zona che aveva costituito il Circondario di S. Bartolomeo in Galdo e che comprendeva ben 16 comuni dislocati su di una superficie di ben 654 Km. e contava una popolazione di oltre 60.000 abitanti.

Un cenno invece va fatto per il tratto della Bebiana fra Colle e Circello iniziato nel 1853 a spese dei Comuni e con l'offerta gratuita dei terreni da parte dei proprietari.

Pertanto risultava di grande importanza la realizzazione della strada di Valfortore che da Benevento per Pescolamazza (oggi Pesco Sannita), S. Marco dei Cavoti, Foiano, doveva rendere facile l'accesso a San Bartolomeo in Galdo capoluogo di quel circondario.

Questa nuova arteria avrebbe così dato vita a contrade *esangui per mancanza di sbocchi, di comunicazioni, di mezzi atti a svolgere le relazioni individuali, collettive, commerciali, fattrici indispensabili di benessere economico ed amministrativo.*

Questa fu la prima strada ad essere costruita costando la considerevole somma di circa un milione e 300mila lire. La stessa poi, con legge del 25 maggio 1875, fu dichiarata di prima classe.

Poi, nell'intento che la strada di Valfortore potesse essere utilizzata dalle popolazioni interessate, man mano che se ne ultimavano i tratti, la Prefettura si adoperò in modo che alla stessa potessero innestarsi tutti quei tronchi di strade comunali che conducessero ai vicini comuni. Infatti, subito si allacciarono i comuni di Pago Veiano e Pietrelcina. Mentre i comuni di S. Marco dei Cavoti, Molinara e S. Giorgio la Molara si consorziarono per la costruzione della bretella di allaccio.

La Bebiana, poi, fu continuata fino a congiungersi sia verso Roccia in provincia di Molise sia verso Castelvetere nel mandamento di Baselice.

Con delibera del 9 settembre 1867 l'Amministrazione provinciale si dotò di un Regolamento per la costituzione, manutenzione e sorveglianza delle strade provinciali, comunali e consorziali. Successivamente, per sopperire alle carenze dei comuni con deliberato del 4 novembre 1872, la Provincia avocò a sé, prima nel regno, la gestione anche della intera rete viaria comunale che a 10 anni dall'Unità d'Italia ammontava a circa 500 Km. con una spesa complessiva di 3 milioni e 900mila lire.

La manutenzione di questa rete stradale fu affidata a dei *cantonieri* ai quali, non ultimo, con delibera del Ministero dei Lavori Pubblici, emanata a Firenze il 30 aprile 1869, fu anche affidato il compito di Polizia Campestre, cercando così di dare un freno al dilagare dei furti campestri e dei pascoli abusivi. Si puntò sulla figura dei cantonieri *la cui cooperazione può tornare utilissima per la loro permanenza ordinaria sulle strade che li mette in grado di osservare quotidianamente il passaggio dei prodotti campestri e di distinguerne le provenienze più o meno legittime.*

anno II, n. 23 – 28 luglio 1990

Nel '700 unico refrigerio alla calura estiva rimanevano fiumi e campagne

Tanti anni fa, quando l'auto non c'era e raggiungere il mare, distante ben 28 miglia, era un'impresa, l'unico piacere restava nel cercare la frescura nelle vicine colline o lungo i fiumi.

Così descrive un autore del Settecento.

Le campagne sono non men dilettevoli a vedersi che ubertose. Nelle ville s'ha ogni sorte di frutti e sono arricchite di belle fontane ... Dopo la pianura è la città circondata da deliziose colline, che le fanno la prima corona, seguitando appresso alcune miglia le montagne più alte, che l'adornano nella seconda corona.

La città è bagnata da due fiumi che le apportano grandissimo comodo nella State e in ogni tempo. Ed invero l'acqua del fiume Sabato divisa col benefizio di una palizzata, detta comunemente palata che si fa mezzo miglio distante dalla città giova alla macina di più mulini. L'acqua poscia del fiume Calore, condotta nel mese di Gennaio, e riposta nelle conserve, si purifica a tal guisa ch'è perfetta a bere nella State.

Si gusta nella State un gran piacere presso le sponde dei suddetti due fiumi. In esse si fanno sontuose cene con suoni e canti. Delizioso presso il Feudo di Pantano un luogo dove si unisce il Sabato al Calore ... Essendo ivi assai spazioso il letto e non molta l'acqua, possono andare e venire le carrozze, ed i calessi, e godersi da

chi sta dentro di essi il fresco, come appunto si fa in Roma nella piazza Navona, nel mese di Agosto, quando vi si da l'acqua della fontana.

Così il Delegato apostolico regolamentava il comportamento di chi si recava a prendere bagni nei fiumi:

1) Non sarà permesso ad alcuno di qualunque ceto, sesso e condizione sia, di bagnarsi nei siti dei suddetti fiumi che restano presso i ponti e le strade o che siano esposti in modo da non poter sfuggire alla curiosità delle persone che passano.

2) Chiunque vorrà prendere i bagni dovrà coprirsi in modo da serbare la decenza e cercare quei siti del fiume che sono meno esposti.

3) Le donne andranno a bagnarsi in siti separati e distanti da quelli che occuperanno gli uomini e così viceversa, onde si eviti lo scandalo.

Il Gonfaloniere di Benevento di concerto con i Deputati delle acque pubblicherà il solito avviso onde indicare i siti separati destinati a ciascuno di essi.

4) Basterà che un uomo venga trovato nel sito indicato per le donne onde incorrerà nelle pene comunicate in appresso.

5) I contravventori saranno sottoposti all'arresto ed alle battiture sul cavalletto a nostro arbitrio. In quanto alle donne, ci riserviamo in caso di trasgressione di procedere secondo i casi e le circostanze.

Spiagge separate tra uomini e donne pena copiose frustate

Il fiume Calore e il ponte Vanvitelli, visti dalla Madonna delle Grazie.

anno II, n. 24 – 8 settembre 1990

Il 3 settembre 1860 segna per Benevento una vittoria e una sconfitta

Alla città si riconosce, più che si concede, il dominio sull'antico ducato

Il 3 settembre 1860 Benevento si affranca dalla dominazione pontificia ed entra a far parte del Regno d'Italia. Le belle parole di Liborio Romano riconoscono, più che concedono, a Benevento il ruolo di capitale dell'antico Ducato.

Una giornata di gioia e di vittoria. Ma anche una giornata che segna l'inizio di una storica sconfitta. A Benevento il posto che le spettava di Capoluogo della Regione Sannio, non le è stato mai più assegnato.

Ecco la ricostruzione storica di quelle intense giornate.

Le prime vittorie di Vittorio Emanuele II nel 1859 e le prime annessioni di territori italiani al Piemonte fecero comprendere al liberali di Benevento che l'ora dell'azione era giunta.

A prendere l'iniziativa fu Salvatore Rampone, vecchio affiliato alla Giovine Italia e difensore della Repubblica Romana del 1849.

I patrioti locali erano animati da due idee precise: l'unione di Benevento ad un'Italia grande e libera e assicurare alla terra natale una posizione migliore per le sue tradizioni storiche.

Gli iniziali avvii presentarono non poche difficoltà, alcune delle quali sembravano insuperabili come per esempio la mancanza di mezzi finanziari e la scarsezza di uomini che, con animo forte e sereno, avessero potuto affrontare sacrifici, dolori e forse anche l'arresto e la morte.

Ciò nonostante dopo lunghi sforzi coronati dal successo il Rampone riuscì a comporre un comitato insurrezionale denominato «Italia e Vittorio Emanuele». Formato come si è accennato da pochi uomini di sicura e provata fede nonché dai principali esponenti del partito democratico, il comitato beneventano si mise subito in contatto con quello di Napoli che prontamente inviò direttive di carattere generale:

costituire un nucleo direttivo formato da poche ma fidate persone; mantenere stretti continui contatti con il Comitato centrale di Napoli a mezzo di agenti segreti e di codici convenzionali; prendere contatti con i comitati analoghi del Molise e dell'Avellinese; costituire una cassa per sopperire ai bisogni del Comitato centrale; tenere a disposizione e pronti a servirsene in qualunque momento uomini fidati per trasmettere ordini e disposizioni; evitare per quanto possibile comunicazioni scritte, specie per posta, e astenersi assolutamente dal fare nomi; fare la massima propaganda rivoluzionaria per preparare il popolo all'azione, dando tuttavia allo stesso l'impressione di essere guidato da mani sicure e da menti oneste o volitive.

Queste disposizioni furono subito fedelmente interpretate ed eseguite dal Comitato beneventano.

Fu fondato anche un Comitato sussidiario a Vitulano, il quale comprendeva nella sua giurisdi-

Liborio Romano

zione numerosi comuni in cui si formarono altrettanti sottocomitati. Nel maggio del 1860 l'opera di organizzazione poteva dirsi giunta a buon punto, anche grazie ai continui contatti che quelli di Benevento mantenevano con Napoli e i comitati delle province limitrofe. Le file degli insorti si ingrandivano. L'elenco di coloro che si erano offerti di prendere le armi veniva puntualmente trasmesso a Napoli. Ma nonostante l'assicurazione che le armi erano pronte, all'atto pratico le stesse mancavano. Pertanto, mentre alcune armi vennero acquistate con la «cassa» del comitato, le altre furono prese con un colpo di mano. Saputo che in Grottaminarda era in temporanea giacenza un convoglio di armi provenienti dai depositi napoletani e destinate a rinforzare le guardie nazionali dislocate nel circondario di Foggia, un gruppo di animosi beneventani, assalita la caserma della locale Guardia Nazionale, chiedeva e otteneva la consegna delle armi del convoglio.

Il Governo papale riconobbe necessario l'invio di 50 gendarmi per rinforzare la guarnigione della città, anche perché l'ambasciatore napoletano presso la Santa Sede aveva denunciato la presenza a Benevento di un importante focolaio insurrezionale che avrebbe potuto turbare la pace e l'ordine del Regno di Napoli.

Malgrado questi provvedimenti la folla scese in piazza e preceduta dalla banda musicale organizzava una imponente dimostrazione plaudendo l'annessione al Piemonte.

Finalmente il 26 agosto il comitato centrale di Napoli autorizzava quelli di Benevento, previ accordi con i comitati di Avellino e Campobasso, ad iniziare l'insurrezione che venne fissata per il 4 settembre, ma gli animi accesi portarono ad una leggera anticipazione.

I fatti così si svolsero: il 2 settembre la compagnia beneventana si riuniva in casa Mutarelli, dove insieme alle armi ricevette le ultime istruzioni; quindi usciva dalla città per accamparsi a Porta Rufina attraversando la città fra le acclamazioni del popolo che inneggiava all'Italia e Vittorio Emanuele, a Garibaldi e alla libertà.

Il giorno successivo, 3 settembre, Salvatore Rampone vestita la camicia rossa si recava dal delegato pontificio Mons. Agnelli, annunziandogli, nella sua qualità di Commissario del Generale Garibaldi che da quel giorno il Governo pontificio doveva ritenersi decaduto.

Non fu opposta alcuna resistenza ad eccezione della protesta diplomatica d'uso.

Sei giorni più tardi, il Dittatore Garibaldi, allo stesso Salvatore Rampone che gli rassegnava la pacifica rivoluzione beneventana, prometteva, assenziente Agostino Bertani: *L'antico ducato sarà dunque dichiarato provincia del regno d'Italia*, compiacendosi così per l'eroica riscossa beneventana, che tanto aveva facilitato il trionfo della Rivoluzione napoletana e volendo, con quella espressione, mettere in evidenza il maggiore titolo col quale Benevento meritava di essere restituita a capo di quella regione di cui per oltre cinque secoli era stata capitale temuta e della quale rimaneva incontrastata regina.

Liborio Romano, consigliere della luogotenenza, nella sua relazione tenuta il 17 febbraio 1861, patrocinando la causa dei beneventani ebbe a dire di Benevento: *... città storica, città di antica memoria, città che improntava del suo nome il ducato, e non vi era altra città che potesse contrastarle l'onore che il progettato decreto le riconosce più che le concede.*

Achille Vianelli, La Legione del Matese a Torre Palazzo la sera del 2 settembre 1860.

anno II, n. 25 – 22 settembre 1990

Il cardinale beneventano Dionigi Laurerio Ambasciatore prediletto della Santa Sede

A soli 45 anni moriva nella sua città il 17 settembre 1543

Il 17 settembre 1542 muore in Roma il beneventano Card. Dionigi Laurerio.

Nato a Benevento nel 1497, compiuti i primi studi nell'ordine dei Serviti, dove era entrato giovanissimo, conseguì il dottorato e fu lettore in vari conventi della religione: a Perugia, a Bologna dove insegna anche metafisica dal 1525 al 1529, ed infine a Roma.

Nel Capitolo generale tenutosi a Cesena nel 1528 fu eletto Procuratore generale dell'ordine e nel 1535 a seguito della rinunzia al generalato del Rev.mo Padre Girolamo Amadei da Lucca, fu da Papa Paolo III nominato Vicario generale e, quindi, eletto Generale nel successivo Capitolo riunitosi in aprile a Butrio.

Determinante fu l'opera del Laurerio sia verso la Chiesa che verso l'ordine.

Si adoperò perché rientrassero nell'Ordine i Religiosi francesi dissidenti; introdusse nello studio di Bologna la religione tomistica; promosse donazioni da parte di privati a favore dell'ordine. Famosa è la donazione che il celebre poeta Jacopo Sannazzaro fece all'ordine del bel Convento di S. Maria del Parto in località Mergellina di Napoli, nella cui chiesa poi il poeta volle essere sepolto.

Annoverò fra le sue amicizie illustri personaggi come i cardinali Reginaldo Polo e Jacopo Sadoleto con i quali fu in intima relazione. Amicissimo di Papa Paolo III già arcivescovo di Benevento, dopo essere stato nominato penitenziere di re Enrico VIII di Inghilterra e suo rappresentante in Roma, fu inviato come legato apostolico presso il re Giacomo V di Scozia, dove rimase per più di un anno.

Al suo rientro a Roma, il 13 dicembre 1539 fu creato Cardinale di S. Marcello, e nominato vescovo di Urbino il 12 febbraio 1540. Lo stesso anno gli veniva affidata la Legazione delle province di Marittima e di Campagna.

Espletò ancora per conto della S. Sede altri incarichi in Ungheria e Italia presso i Granduchi di Toscana c i duchi di Savoia.

Penitenziere maggiore della Basilica Vaticana, aveva continuato a mantenere la commenda dell'arcidiaconato beneventano. Nel 1542, malandato in salute, rinunziava al Priorato generale desideroso di ritirarsi nella sua città nativa. Per l'occasione, con delibera comunale dei primi di settembre, la città faceva dono al suo illustre figlio di un *bacile e altri pezzi d'argento*. Il 17 settembre successivo all'età di 45 anni il Cardinale moriva in Roma e veniva sepolto nella chiesa di S. Marcello.

L'epigrafe tombale fu dettata da Agostino d'Arezzo suo discepolo e suo successore nel generalato.

Con lui si estingueva l'antica famiglia beneventana dei Laurezio. Una sua sorella andava sposa nella famiglia Pedicini.

Dionigi Laurerio

Quattordici anni più tardi nel 1556 il padre Maestro Ambrogio di Platina fu invitato dall'arcivescovo Giovanni della Casa a predicare la Quaresima nel Duomo di Benevento.

Per l'occasione ebbe in dono l'antichissima chiesetta di S. Maria degli angeli presso il fiume Sabato. Affianco vi fondò un piccolo Convento e chiamò i suoi correligiosi ad abitarlo. Danneggiato quasi totalmente dal terremoto del 1688, quattro monaci e due conversi trovarono momentanea ospitalità presso i monaci verginiani. Distrutto anche questo col terremoto del 1702 i padri Serviti lasciarono la città per ritornarvi nel 1717 nel nuovo convento, costruito sull'antico a spese del cardinale Vincenzo M. Orsini (Lazzaretto).

Vi restarono fino al 1806 quando l'occupazione francese li allontanò definitivamente da Benevento. Le rendite del convento poi con la restaurazione furono assegnate all'ospedale di S. Diodato. Oltre al padre Laurerio furono Serviti i beneventani Padre Teodoro che nel 1402 insegnava in Perugia e in Roma; il Padre Bartolomeo Caputo, teologo della Regina Cristina di Svezia, morto in Roma nel 1699; il Padre Mariano Cardone nel 1722; il Padre Tommaso Cangiano nel 1731; il Padre Giuseppe Romano che nel 1722 era curato di S. Marcello in Roma.

anno II, n. 26 – 6 ottobre 1990

Il 31 gennaio 1869 il re Vittorio Emanuele sosta nella nuova stazione ferroviaria

Tra i piani urbanistici culturali che si impiantarono all'indomani del 1860, rilevante fu quello di un allacciamento ferroviario con Napoli.

La città si era interessata della ferrovia già un decennio prima dell'unificazione nazionale. Nel 1849, in occasione della visita di Pio IX, la città infatti aveva avanzato, accompagnate da una breve premessa socio-storica-economica, alcune proposte come la costruzione di nuove strade, fra cui il rifacimento della via Egnazia, la revisione del trattato delle poste, il riassetto della dogana, l'abolizione delle quartirie, l'abolizione dei balzelli per i porci condotti in fiera.

Sono chiaramente richieste di natura squisitamente economica intese, nel pensiero dei politici del tempo, necessarie a risollevare le disagiate condizioni economiche in cui versava la delegazione e che sono chiaramente evidenziate nella relazione sottoscritta dal cardinale De Simone nel 1833. Dunque alle richieste presentate al Papa ve n'era un'altra: quella di un collegamento ferroviario con Napoli. Tale richiesta era avvalorata dal fatto che la Capitale del Regno si era dotata di un progetto di rete ferroviaria che, passante per Benevento via Valle Caudina, la collegasse con Foggia. Il progetto, affidato ad una società inglese, non si poté realizzare per l'indisponibilità del governo pontificio a far attraversare il proprio territorio.

Nel 1852 la società che aveva ottenuto la concessione delle strade ferrate nel Regno, aveva inviato valenti ingegneri per studiare la linea più breve, più facile e meno costosa che unisse il Tirreno all'Adriatico e nel contempo toccasse i centri più popolosi e produttivi. Furono eseguiti vari rilievi per le province del napoletano, Basilicata, Principato Ultra e Molise, e fu redatto un progetto di linea ferroviaria che collegandosi al tronco di Capua

Dopo lunghe vicende anche Benevento vede nascere la strada ferrata

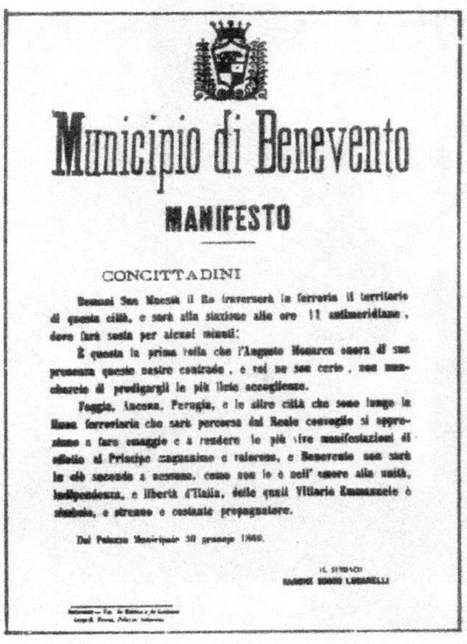

Municipio di Benevento

MANIFESTO

CONCITTADINI

Domani Sua Maestà il Re traverserà la ferrovia il territorio di questa città, e sarà alla stazione alle ore 11 antimeridiane, dove farà sosta per alcuni minuti:

È questa la prima volta che l'Augusto Monarca onora di sua presenza queste nostre contrade, e voi ne son certo, non mancherete di prodigargli le più liete accoglienze.

Foggia, Ancona, Perugia, e le altre città che sono lungo la linea ferroviaria che sarà percorsa dal Reale convoglio si apprestano a fare omaggio e a rendere le più vive manifestazioni di affetto al Principe magnanimo e valoroso, e Benevento non sarà in ciò seconda a nessuno, come non lo è nell'amore alla unità, indipendenza, e libertà d'Italia, delle quali Vittorio Emanuele è simbolo, e strenuo e costante propagatore.

Dal Palazzo Municipale 30 gennajo 1869.

IL SINDACO

Manifesto che annuncia la visita del re.

proseguisse per Solopaca, Ponte, Pesco, Casalbore fino a Foggia, diramandosi per Manfredonia e per Brindisi.

L'espresso ordine di evitare Benevento rendeva difficile l'attuazione del progetto, per cui la società inglese rinunziava e subito si creava una nuova società rappresentata dall'ingegnere Melisurgo. Anche questa però dovette arrendersi all'ostacolo dell'esclusione del territorio beneventano e rinunziava all'impresa.

È questa la prima ipotesi di ferrovia passante per Benevento che sarà comunque riproposta più tardi nel 1862 dall'ingegnere Giorgio Haetzel in opposizione ad altra analoga iniziativa sostenuta dal deputato N. Nisco e il cui tracciato attraversava la Valle del Calore toccando Telese.

In questa progettazione era impegnata anche una nota e discussa figura di imprenditore ed operatore economico nativo della nostra provincia, Achille Jacobelli da San Lupo, il quale anche in vista di una positiva realizzazione della rete ferroviaria aveva costruito, a sue spese, sul Calore, località Torello, vicino Amorosi, un ponte in struttura di ferro di ben 20 arcate.

Questo secondo progetto, in un primo tempo, incontrò favorevoli adesioni anche nei politici locali. Il primo Consiglio provinciale presieduto da Michele Ungaro, il 16 settembre 1861, deliberava un finanziamento quinquennale di L. 250.000 per contribuire alla realizzazione dell'opera.

Il 12 marzo 1862 veniva illustrato dallo stesso Nisco al Consiglio comunale di Benevento, sindaco Bosco Lucarelli.

Coinvolti dall'attivismo politico del Nisco aderirono il 30 giugno 1862 e sottoscrissero una petizione al Re perorando l'approvazione del progetto ben 219 sindaci dei comuni delle Provincia di Benevento, Molise e dei circondari di Caserta e Piedimonte. La protesta, sottoscritta tra l'altro anche dal nostro deputato Federico Torre, non passò tuttavia nell'agosto dello stesso anno in sede parlamentare.

Forte di tanto il Consiglio comunale di Benevento il 30 novembre 1862 deliberava e rivolgeva al Parlamento petizione che si fosse data preferenza ad una linea Napoli-Cancello-Benevento via Valle Caudina e il 17 giugno 1864 decideva di finanziare studi più approfonditi sul tracciato. Anzi, il 28 gennaio 1865 venivano investiti del problema il senatore Capone e il deputato Imbriani. Il progetto in esame era quello che l'ingegnere Ambrogio Mendia aveva eseguito per conto del Consiglio provinciale di Capitanata e che dopo varie modifiche veniva pienamente accolto dal Consiglio comunale di Benevento il 20 novembre 1867. Il sindaco Bosco Lucarelli prendendo spunto da tanto si adoperava per far continuare i lavori di sventramento di corso Vittorio Emanuele e progettare il viale di collegamento con la costruenda stazione situata ai limiti di una piana, distante circa 800 metri dal ponte vanvitelliano.

Anzi commissionava all'ingegnere capo del Genio Civile, Paride Guerrieri, il piano di ampliamento della città da eseguirsi ai lati dello stradone che veniva poi definitivamente approvato dal Consiglio comunale il 21 ottobre 1868.

La sistemazione del «Rione Ferrovia» è uno dei più antichi piani di ampliamento a livello nazionale, terzo, dopo quelli di Torino e Firenze. Il 30 gennaio 1869 i lavori dovevano essere a buon punto e la stazione quasi terminata; il sindaco Bosco Lucarelli annunziava alla città che sua maestà il Re con reale convoglio proveniente da Napoli avrebbe inaugurato il tratto ferroviario e avrebbe sostato nella nostra stazione: È la prima volta che l'*Augusto Monarca onora della Sua presenza queste nostre contrade.*

Il 7 marzo 1891 il ministro dei Lavori Pubblici, in rappresentanza del Governo del Re, sarebbe stato ospite della città per l'inaugurazione della ferrovia Benevento-Avellino.

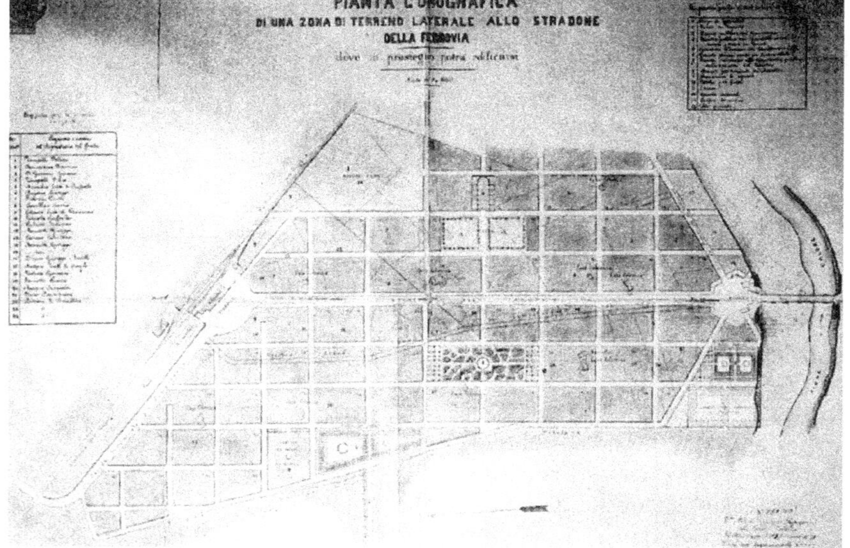

Piano di urbanizzazione del rione Ferrovia

anno II, n. 27 – 20 ottobre 1990

Un milione di tiratori scelti per liberarci dallo straniero

La sconfitta delle truppe borboniche nella battaglia del Volturno (1/2 ottobre 1860) da parte dei garibaldini e il successivo incontro di Teano o Taverna del 26 ottobre tra Garibaldi e Vittorio Emanuele II, salutato come primo Re degli italiani, segnarono il primo passo verso l'Italia unita.

Passate le prime settimane di assestamento fu dato subito inizio al lungo processo di formazione, socializzazione, fraternizzazione degli Italiani. Un ruolo importante l'ebbero le società di Tiro a Segno istituite con Decreto reale dell'1 aprile 1861 con lo scopo di promuovere ogni anno in una città del Regno una grande gara di tiro a segno nazionale.

Lo scopo principale era quello di facilitare, attraverso le società, presso i contadini, la conoscenza delle armi di ogni paese e nazione, preventivamente comprate dalle stesse società, e quindi istruire i propri soci nell'uso di esse. Un primo sollecito per l'istituzione delle stesse a Benevento venne da parte del Generale Cosenz, ispettore generale della Guardia Nazionale, nell'ottobre del 1861.

L'invito fu prontamente accettato dal Comune che con propria delibera nominava una Deputazione che provvedesse all'elaborazione di un progetto e all'individuazione del luogo più idoneo dove poter installare il poligono di tiro.

La deputazione risultava così composta: don Pietro De Rosa, don Tiberio Pacca e poi che questi, *il più zelante e il più istruito in tale materia,* fu chiamato a far parte dell'Esercito Meridionale col grado di Capitano, fu prontamente integrata con don Giuseppe De Marco. Furono iniziate le pratiche necessarie e la sede venne indicata in un pioppeto comunale a S. Maria degli Angeli poiché *altri punti della vicina campagna non offrivano i vantaggi e i risparmi che debbonsi tenere sottocchio.*

I primi chiamati a fruire della nuova struttura furono i componenti la Guardia Nazionale essendo la stessa la prima istituzione della forza armata e poi tutti i cittadini che volessero parteciparvi.

L'iniziativa accolta cosi calorosamente tanto a Benevento quanto in quasi tutti i paesi capoluoghi, rese necessario che dal Ministero degli Interni fossero emanate delle norme che ne regolamentassero il funzionamento a livello nazionale e potessero apportare cosi i migliori effetti dell'educazione dei cittadini al maneggio delle armi.

Allo scopo fu nominata una commissione composta da espertissimi personaggi, presieduta da Principe ereditano e per vicepresidente lo stesso Giuseppe Garibaldi con lo speciale incarico di promuovere e sollecitare l'installazione dei tiri a segno.

La figura del Garibaldi galvanizzò gli animi: facendo leva sull'amor patrio, ricordando la

Le società di Tiro a segno armarono gli italiani

Giuseppe Garibaldi

vergogna che *Vi siano ancora fratelli schiavi, che sulla Torre di San Marco e sul glorioso Campidoglio sventolavano non i santi colori ma lo stendardo dello straniero*, così incitava *Prepariamoci all'ultima lotta; istituite i tiri al bersaglio, fate che non solo la Guardia Nazionale, ma anche la classe operaia e contadina vi si esercitino; perché è agli operai, ai contadini, in cui esistono i germi della futura libertà della Patria, che noi dobbiamo dare un'arme, ed insegnare il modo di adoperarla pel totale affrancamento d'Italia.*

Anzi estese i suoi buoni uffici anche alle donne italiane: ... *ogni donna segni tra i suoi conoscenti un uomo. Ad esso raccomandi il tiro al bersaglio: lavori frattanto una camicia rossa e la serbi in premura per il giorno in cui il destro bersagliere siasi reso degno d'Italia.*

A Benevento nell'agosto del 1862 la Società di Tiro a Segno di cui era presidente Salvatore Rampone contava ben 100 iscritti.

Furono organizzate delle gare provinciali e si giunse alla prima gara di Tiro a Segno nazionale che si tenne a Torino, in concomitanza con i festeggiamenti per lo statuto, nei giorni 21-22-23-24-25-26-27 giugno. All'uopo fu nominata d'ordine del Prefetto Sigismondi una commissione così composta: Presidente cav. Luigi Tomaselli, Colonnello Ispettore della Guardia Nazionale, da Giuseppe De Marco, Angelo de Cillis (capitano della Guardia Nazionale), Michele Criscuoli (capitano delta G.N.), Ignazio Palmieri (luogotenente G.N.), Specioso Zoppoli (sottotenente della G.N.), Salvatore Collenea (milite), Francesco Colle de Vita (milite), Luigi Cardone Albini (milite) e Francesco Cosentini, segretario.

Detta commissione, previo esperimento e informazioni varie, avrebbe scelto per ogni circondario della provincia, tre tiratori che avrebbe reputati più idonei per la partecipazione alla gara nazionale.

La seconda gara ebbe luogo a Milano, sempre nel mese di giugno, come pure la terza che si svolse invece a Firenze.

L'iniziativa attecchì così bene, per quello spirito di emulazione tra i vari partecipanti, che Garibaldi, fidando proprio su questo, fiduciosamente aveva affermato: *Italiani, un milione di fucili ci condusse a Palermo e a Napoli; un milione di tiratori scelti spazzerà senza bisogno d'aiuti esterni il suolo d'Italia dallo straniero che ancora la calpesta.*

anno II, n. 28 – 3 novembre 1990

La nascita della Provincia Sannita osteggiata da quelle limitrofe

Particolarmente astiosa la protesta del Consiglio di Avellino

La pubblicazione del decreto luogotenenziale del 27 febbraio 1861 che determinò la nascita della nuova provincia di Benevento segnò non solo il traguardo di arrivo di un tormentoso iter burocratico, ma anche la nascita, l'avvio di un lungo dibattito che ebbe risvolti nelle sale consiliari delle cinque province depauperate di tutti quei territori che andarono ad accorparsi alla provincia di Benevento. Tra le cinque province, Capitanata, Molise, Principato Citra, Principato Ultra e Terra di Lavoro, quest'ultima fu quella che più sentitamente si oppose alla nascita della nuova provincia di Benevento.

Il Consiglio Provinciale di Campobasso, il 14 settembre 1861, fu il primo a mettere sul tappeto la questione deplorando *lo sconcio patito col distacco di cinque mandamenti nello scopo di dotare la novella provincia beneventana.*

I cinque comuni interessati erano quelli di Pontelandolfo, Morcone, S. Croce del Sannio, Colle e Baselice.

Il Presidente del Consiglio di Campobasso, d'accordo con molti consiglieri, proponeva di dotare l'antico ducato con i circondari di Cerreto e di Ariano unendo, in compenso, alla provincia di Avellino i circondari di Nola e di S. Angelo dei Lombardi. Tanto zelo nel suggerire altre soluzioni al decreto, per un nuovo assetto territoriale delle nostre zone, il Consiglio provinciale di Campobasso lo giustificava col fatto che mal sopportava la perdita di parte del suo territorio e mal gradiva l'annessione, in compensazione, del Circondario di Venafro. D'altronde quest'ultimo, a sua volta, lamentava la recente annessione a quel di Campobasso in quanto *mal gradiva il freddo dominante di quelle zone.*

Adottando tale proposta la provincia di Molise poteva riavere i suoi cinque mandamenti perduti mentre quella di Avellino sarebbe stata *opportunamente e competentemente compensata* mediante l'annessione del Circondario di Nola in Terra di Lavoro *che a sua volta non ne avrebbe risentito in quanto la sua esuberante popolazione e la vastità del suo territorio da molto facevano sentire il bisogno di una modificazione.*

L'Avellinese o Principato Ultra nella nuova suddivisione perdeva i Circondari di Vitulano, Montesarchio, Arpaise, Ceppaloni, S. Giorgio la Montagna, Paduli, Pescolamazza, S. Giorgio la Molara. Il Consiglio di Avellino quindi non fu da meno nell'elevare la sua protesta. Anzi per incarico del Comune, l'avvocato Nicola Montuori aveva compilato un opuscolo «Avellino e Benevento al cospetto d'Italia» dalla cui vibrante dedica si arguisce quanto sia valido l'antico detto: «In amore e in guerra tutto è lecito!».

Alla Città di Genova / La capitale del Principato Ulteriore / memore / che gli abitanti della provincia / hanno sangue e tradizioni / comune coi Liguri / dedica ed offre / perché innanzi al Parlamento Italiano i suoi Deputati / possano appoggiare le ragioni / che espone / e vieppiù raffermare i vincoli / dell'antica fratellanza.

Pur di trovare sostenitori alle proprie asserzioni si rispolveravano fatti avvenuti parecchi secoli addietro, vantando vincoli di fratellanza sopiti ormai dal tempo.

Comunque l'ampio dibattito che ne scaturì e al quale presero parte quasi tutti i consiglieri fu molto violento. *Il Consiglio avvisa che Benevento non debba essere elevato a capoluogo di provincia e che ben possa rimanere capoluogo di un quarto circondario di Principato Ulteriore.*

La decisione del Consiglio Provinciale di Avellino, indubbiamente molto astiosa e piena di acredine, ignorando volutamente l'antico ducato del quale ella stessa era stata partecipe, relegava Benevento al ruolo di semplice capoluogo di un circondario di Principato Ulteriore.

Negava tassativamente ogni scissione dal suo territorio. Oggi voci insistenti parlano di una probabile scissione di alcuni suoi territori desiderosi di essere uniti, per motivi pratici, a Benevento.

anno II, n. 29 – 17 novembre 1990

Anche la Provincia di Salerno si schierò contro la nascita di quella Sannita

Alla violenta decisione del Consiglio Provinciale di Avellino, il giorno successivo faceva seguito quella più moderata del Consiglio della Provincia di Salerno.

Anche questo elevò una sua protesta che, forse memore di un antico glorioso passato molto più vicino a noi rispetto a quello rievocato dai colleghi avellinesi, non assunse toni esasperati. Rivendicava pur tuttavia la restituzione dei mandamenti di Montoro e Calabritto che nella ripartizione perdeva per vederli aggregare alla Provincia di Avellino. Con pacata serenità faceva presente le ragioni che motivavano il suo dissenso, ragioni di carattere commerciale e culturale, ma non si abbandonava a giudizi crudi, pesanti e negativi.

A questo coro di malcontenti delle province campane, alle quali in seguito aggiungeremo ed esamineremo anche quello di Terra di Lavoro che, in verità, fu la prima delle province ad aprire la serie delle discussioni dei Consigli provinciali, si aggiunse anche la Capitanata che, inspie-

La polemica fu con toni meno astiosi di quelli usati da Avellino

gabilmente, sempre in conseguenza del decreto Luogotenenziale, si vedeva costretta a contribuire alla costituzione della nuova provincia con dei territori considerevoli e senza contropartita alcuna.

Dalla Capitanata furono staccati i territori comunali di S. Bartolomeo in Galdo, Castelfranco in Miscano, Accadia Orsara per una popolazione di 43.052 abitanti.

Nella seduta del 25 settembre 1861 il Consiglio di Capitanata approvava la relazione preparata dal Consigliere Paolella e deliberava di non accettare l'attuazione del decreto luogotenenziale e chiedeva che il territorio della Capitanata fosse mantenuto inalterato anche in considerazione che la stessa Capitanata, dalla parte dei territori interessati, era divisa dalla Campania da una serie di Valli e fiumi che ne disegnavano un confine quasi naturale. Inoltre sottolineava che territorialmente era la più distante da Benevento. Infatti giusta considerazione del Consiglio fu quella di evidenziare che molti dei comuni che si staccavano si trovavano ad essere così distanti dal nuovo capoluogo più che non dal vecchio, con tutti gli svantaggi che tanto comportava.

Il Consiglio di Capitanata pertanto chiedeva, in prima, la restituzione dei territori toltile e che al limite in subordine avrebbe acconsentito a cedere solo il territorio di Castelfranco.

Ci siamo riservati per ultimo il diniego del Consiglio di Terra di Lavoro. In verità questo fu il primo ad aprire il dibattito. Il Movimento antiseparatista di Terra di Lavoro aveva la sua punta di diamante nel deputato Beniamino Caso, che in un recente passato filo garibaldino era stato uno dei più vivaci sostenitori della nuova provincia di Benevento, si era trasformato nel suo più acceso nemico.

È pur vero che la provincia di Terra di Lavoro era quella che ci rimetteva di più. Essa andava a perdere complessivamente 10 comuni (Cerreto, Cusano, Guardia Sanframondi, Solopaca, Airola, S. Agata dei Goti, Boiano, Lauro, Venafro, Castellone) per un totale di circa 125.000 abitanti.

La scissione veniva così ripartita: i primi sette venivano aggregati a Benevento, contribuendovi con un aumento di popolazione di 70.729 abitanti.

Boiano e Lauro con complessivi 29.159 abitanti vennero uniti a Principato Ultra, mentre Venafro e Castellone, con 25.032 abitanti, al Molise. Ne risulta chiaro che fu la provincia più tartassata e fu anche quella che si oppose più energicamente, e con una vivace seduta del Consiglio Provinciale al quale, come abbiamo già visto si adeguarono le altre province interessate, tentava di opporsi al decreto ministeriale del 25 giugno 1861, che aveva sancito il decreto luogotenenziale chiedendone senza alternativa l'annullamento.

Il decreto del Principe di Corignano aveva prodotto *il più grande dissesto di tanti svariati interessi*, così si legge nella delibera, e ancora che Airola e S. Agata *attraverso valli e monti, dovevano riconoscere per loro novella sede l'eccentrica Benevento*; che dalla dittatura si era addotto solo l'intento di *rendere omaggio alle storiche tradizioni di Benevento*.

E ancora che *Benevento fu grande solo nei tempi delle barbarie, che negli ultimi secoli altro non era che capoluogo e provincia nel tempo stesso, che sembrava rimbalzata in queste province come in un cerchio di ferro sotto la sferza dei Pontefici* e concludeva che dovesse perdere il suo nuovo diritto, potendo appena meritare l'onore di essere un capoluogo di circondario.

Le province meridionali prima dell'Unità d'Italia.

anno II, n. 30 – 1 dicembre 1990

Anche Massari fu contro la nascita della Provincia sannita nel Regno

I lunghi dibattiti voltisi nelle aule dei diversi consigli provinciali trovano tenaci fautori oltre che nei vari consiglieri anche nei vari rappresentanti al parlamento nazionale e principalmente in quel Beniamino Caso (S. Gregorio Matese 1824-1883) rappresentante della circoscrizione di Terra di Lavoro, che da tenace sostenitore della creazione della provincia di Benevento si trasforma, come abbiamo visto, in uno dei più accesi nemici.

Costui infatti, autore di una proposta di legge che tentava a rendere nullo il decreto luogotenenziale, vistosi respinta la stessa in Parlamento, aveva trasferito il dibattito nelle sedi dei consigli provinciali cercando adesioni alla sua idea. Indubbiamente la formazione di una nuova provincia doveva comunque portare al distacco di abbondanti porzioni di territorio e di popolazioni da quelle circonvicine e già questo non era piacevole, ma in più si condannava l'impulso «garibaldino» che aveva sostenuto tale nascita contravvenendo ogni norma amministrativa. E tanto è appunto quanto dichiarò l'onorevole Giuseppe Massari nella seduta parlamentare del 2 aprile 1861.

Questi (Taranto 1821 – Roma 1884) era giornalista, amico di Cristina di Belgioioso e di Gioberti, di cui poi in seguito curò la pubblicazione delle opere, già deputato al parlamento napoletano nel 1848 e poi ancora nel 1860 in rappresentanza della circoscrizione di Bari.

Al discorso pronunziato appunto il 2 aprile 1861 dal Ministro dell'Interno Marco Minghetti, sullo stato della situazione interna del nuovo stato, dove tra l'altro questi aveva espresso giudizi favorevoli circa la condizione territoriale di Benevento, replicava esprimendo gravi giudizi sull'amministrazione nelle province napoletane. In quella occasione nell'enumerare i gravi disordini verificatisi all'indomani dell'annessione, a proposito della provincia di Benevento li segnalava come un fatto che dimostrava la poca riverenza verso le leggi.

Secondo il Massari infatti non si era tenuto presente l'iter amministrativo in vigore nel passato regime borbonico, dove per le circoscrizioni provinciali si interrogavano i Consigli provinciali e si attendeva poi il parere del Consiglio di Stato.

Perché non si era creduto conformarsi a tale regola? Si era costituita, senza potersene discernere l'urgenza, una nuova provincia nell'antico reame e per costituirla si era stati costretti a sconquassare e disfare cinque altre province, cioè quelle di Avellino, Salerno, Foggia, Campobasso e Caserta, con gravi danni arrecati al distretto di Piedimonte, in seguito all'arbitraria, improvvisata circoscrizione.

Pertanto chiedeva *se mentre il Parlamento siede, si possa ammettere che un'autorità locale, temporanea e subordinata* (quella luogotenenziale) *abbia il diritto di*

La discussione su Benevento in Parlamento durò 43 giorni

Giuseppe Massari

mutare la circoscrizione territoriale dello Stato.

L'interpellanza, presentata dal Massari, evidenziava, più tardi il Mellusi, *pel deputato da cui partiva, per l'ora in cui veniva fatta, per la questione costituzionale che involgeva, parve ed era di non lieve importanza.*

La gravità dell'interpellanza parlamentare non era sfuggita neanche ai beneventani, ed in modo particolare a Giuseppe Manciotti, il futuro sindaco di Benevento. In un suo opuscoletto «La questione di Benevento al Parlamento» dato alla stampa il 24 aprile dello stesso anno disapproverà in questi termini: *In un tempo grave come questo, in cui si agita nell'Europa la più interessante questione della nostra esistenza nazionale, in cui dalla*

fucina reazionaria del partito austro-clericale si studia a tutta passa onde seminare nel seno della penisola discordie e rancori, e suscitarvi una guerra civile, in cui il nostro governo ha più che mai bisogno dell'affezione dei popoli italiani, e del favore della pubblica opinione, è egli mai utile ed opportuno di perdersi in gare municipali, di dar campo allo sviluppo delle più vergognose passioni, sprecando un tempo tanto più prezioso, quanto avvenimenti di grande rilievo sorgono e sempre più si distinguono sull'orizzonte politico?

Ed ancora: La caduta del potere temporale del papa, la concessione di Roma a capostipite d'Italia, e la cacciata dello straniero da Venezia, questioni tutte che al primo movimento possono avere il loro sviluppo, o complicarsi cogli affa-

ri d'Oriente, ci darebbe forse la libertà di indebolirci colle discordie fraterne, e dilaniarci tra noi con gare d'interessato e stupido municipalismo?

Il Violento intervento del Massari comunque suscitò in seno al Parlamento una lunga discussione alla quale presero parte i vari rappresentanti governativi e che ebbe fine dopo ben 43 giorni. La controversia fu aperta dalla proposta di legge del deputato Beniamino Caso e sottoscritta da vari deputati delle altre province di Terra di Lavoro di Principato Ultra e di Molise. La proposta, presentata all'indomani dell'intervento del Massari il 3 aprile 1861, chiedeva, come abbiamo già detto, la sospensione del decreto luogotenenziale.

anno II, n. 31 – 15 dicembre 1990

Per Caso il decreto luogotenenziale non rivestiva carattere d'urgenza

Una vera coalizione contro la nascita della Provincia sannita

La proposta di legge per la soppressione del decreto luogotenenziale presentato dai deputati Cardente, Tari, Pallotta, Leopardi, Amicarelli e Moffa si articolava in un articolo unico,

E così diceva: *La legge pubblicata dalla Luogotenenza di Napoli nel dì 17 febbraio 1861 circa la formazione della nuova provincia di Benevento, rimane sospeso, sino a che non sia giudicato possibile e conveniente dal Parlamento allorché questa dovrà votare la novella circoscrizione territoriale relativa all'ordinamento amministrativo generale di Roma.*

La legge ricordiamo fu presentata il 3 aprile 1861 in Parlamento, subito dopo la requisitoria dell'on. Massari. In quella stessa

seduta il Ministro dell'Interno Minghetti, autore a sua volta di una proposta di legge sulla ripartizione territoriale e sull'autorità governativa, nella sua relazione sullo stato generale dopo vari argomenti si intratteneva a lungo a parlare della situazione beneventana, soffermandosi sull'importanza della città di Benevento e della sua storia.

E pur esprimendo un suo personale consenziente giudizio sull'operato dell'Ufficio Luogotenenziale, pur rilevando che dalla nuova sistemazione territoriale le province circonvicine *erano rimaste abbastanza grandi di territorio e di popolazione*, auspicava che eventuali ritocchi o modifiche allo stesso potevano essere fatte in sede di discussione del suo progetto di legge.

Gli auspici di Minghetti tuttavia dovevano essere subito vanificati. Nella seduta del 15 aprile successivo, presidente Urbano Rattazzi, fu posta in discussione la proposta di legge Caso.

Palesi pressioni interessate facevano affrettare i tempi. Certamente non ultima la preoccupazione dello stesso Caso di risolvere ogni cosa prima che la legge luogotenenziale fosse divenuta esecutiva.

Le argomentazioni prodotte da Beniamino Caso furono varie: in primis che il decreto dittatoriale sostituiva una legge del Parlamento, l'unica, a norma dell'art. 74 dello Statuto, chiamato a votare le nuove circoscrizioni territoriale delle province e dei comuni; e poi lo stesso decreto non rispecchiava affatto i caratteri di urgenza. Una legge del genere poteva essere giustificata solo nel caso ci fossero motivi di opportunità e di pronta unificazione; ed ancora che i comuni interessati non erano stati interpellati, e citava che l'unico comune che avesse approvato il nuovo assetto territoriale era quello di Cerreto solo perché spinto *dalla speranza di divenire capo del circondario.*

Altri deputati, ognuno in rappresentanza della propria circoscrizione, si fecero portavoce dei danni subiti dalle province di Molise, Avellino, Capitanata, Salerno.

L'on. Amicarelli parlava per la provincia di Molise, l'on. Napoletano per il circondario di Baiano, il deputato Cardente, poi, con accenti feroci: *si sono staccati pezzi di territorio; quasi a guisa di pani, come se la nobile città di Benevento fosse affamata,* ricordava come, nel 1810, sotto la dominazione francese, in una analoga situazione si erano tenuti presenti i confini naturali:

le catene montuose, le vallate, i fiumi, le affluenze commerciali: ora invece – si chiedeva – come mai poteva attuarsi la legge in questione senza una logica alcuna: *una legge che andava a sconvolgere ogni ordine prestabilito.*

L'on Conforti parlò in difesa dei diritti di Montoro staccata da Salerno e aggregato all'avellinese. Il deputato Grelle, della provincia di Avellino, invece, spese qualche parola in difesa della novella provincia: *se era necessità che fosse fatta la nuova provincia, era pur necessario che le province contermini concedessero parte del loro territorio.*

L'onorevole Federico Torre, a sua volta, ben difendendo gli interessi di Benevento si destreggiava con vivace oratoria a ribattere le dette asserzioni prima contro Massari e Caso e poi contro gli altri. E trovò valido alleato al suo fianco nel deputato Liborio Romano, estensore com'è noto della relazione storica che accompagnava il decreto dittatoriale. La relazione di Romano fu tutta intesa a difendere il decreto luogotenenziale e del resto del suo operato. Al Massari ribadiva che era caduto in palese errore in quanto alla data del 17 febbraio *non era aperto né sedeva il Parlamento.*

Inoltre ricordava che per l'istruzione della pratica per il decreto ci si era serviti di una relazione del Governatore e di un ufficiale superiore del Genio Civile e che una apposita commissione aveva interpellato i rappresentanti delle province limitrofe e i sindaci dei comuni interessati. Tutto quindi era in perfetta regola per il deputato Romano che pertanto proponeva di accantonare ogni discussione.

Ne seguiva un dibattito acceso a seguito del quale fu deciso di nominare una commissione parlamentare che studiasse la proposta di legge per la sospensione del decreto luogotenenziale. La commissione veniva così composta dai deputati Urbano, Bruno Torre, Mischi, Grella, Pica, Macchi, Conforti e Bongi.

Una completa vittoria per Benevento se si pensa che nella commissione Torre era beneventano di nascita, amico personale di Pica e che Macchi era imparentato con la famiglia Capasso del Conte Fabio il cui figlio Vincenzo sposerà la figlia di Federico Torre.

Beniamino Caso

anno II, n. 32 – 29 dicembre 1990

Il 15 maggio 1861 Torre telegrafa:
La Provincia Sannita è approvata

Il Parlamento cede dopo un'estenuante trattativa

La Commissione incaricata a rivedere la proposta di legge per la sospensione del decreto prodittoriale lavorò alacremente e a lungo. Insediata il 15 aprile relazionò sui fatti nella seduta parlamentare del 13 maggio successivo. Relatore fu l'onorevole Mauro Macchi, eletto nel collegio di Cremona ed amico fraterno di Pier Luigi Farini, Giorgio Pallavicini e dello stesso Garibaldi. Più tardi come abbiamo già ricordato, la sua famiglia, e forse non sarà un caso, stringerà rapporto di parentela con la nobile beneventana dei Capasso.

La sua relazione molto precisa e puntuale si articolava in tre punti fondamentali che del resto erano gli argomenti sui quali la Commissione dopo un'accurata a coscienziosa discussione si era espressa favorevolmente:

1) se fosse giusto che Benevento venisse eletta capoluogo di una apposita provincia;

2) se dovesse ritenersi legalmente valido il decreto luogotenenziale;

3) se dovesse accertarsi il principio dei compensi da darsi alle province che avevano contribuito all'ingrandimento di quella di Benevento.

Il progetto di legge preparato dalla Commissione così diceva:

Art. 1 – Il decreto della regia luogotenenza di Napoli che costituisce la provincia di Benevento verrà attuato con alcune modificazioni;

Art. 2 – Il ministro dell'interno è incaricato dell'esecuzione della presente legge.

Tra le poche modifiche apportate dalla Commissione quella che più direttamente interessava il territorio della costituita provincia era che nella nuova applicazione si sarebbe cercato di non distogliere dalla provincia d'origine i circondari di Morcone, Santa Croce di Morcone, Boiano, Montoro, Castellone Venafro e i Comuni di Castelvenere e di Faicchio. Il testo della nuova proposta comunque rimesso al parlamento fu discusso due giorni dopo. Sullo stesso il Ministro degli Interni Marco Minghetti in apertura di discussione, evidenziando che i termini del dibattito vertevano se mantenere in vita il decreto prodittoriale e renderlo così esecutivo dal prossimo 1 giugno o accettare la proposta della Commissione e modificare così la circoscrizione già decretata per farne una nuova e definitiva, rendeva noto che qualora non si fosse raggiunto un accordo il Governo si riservava di chiarire il suo pensiero in seguito della discussione.

Al dibattito presero parte, chi a favore chi contro, numerosi deputati: Macchi, Grella, Rattazzi, Ciccone, Capone, Pisanelli, Conforti, Minghetti, Piea nonché due rappresentanti della provincia di Benevento: gli onorevoli Torre e Nisco. Si discusse sull'operato dell'Ufficio di Luogotenenza, sull'opportunità e sulla necessità che questo aveva avuto di applicare il decreto del prodittatore Giorgio Pallavicino di fare la nuova circoscrizione e quindi di staccare dalle province circonvicine tanti mandamenti per costituire la nuova provincia. E su questo punto in verità furono tutti concorsi nell'accettare che Benevento fosse a capo della, nuova provincia.

L'intesa invece venne meno se la provincia dovesse rimanere così come era stata formata dalla Commissione luogotenenziale. La pietra dello scandalo era, in verità, il territorio del mandamento di Montoro che, senza alcun preventivo accordo, si era visto staccato dal salernitano e aggregato all'avellinese.

Fautori di questo acceso dibattito furono da una parte l'onorevole Conforti, eletto nel collegio di San Severino, che ben conosceva il mandamento di Montoro e la sua riluttanza ad unirsi ad Avellino, e dall'altra l'onorevole Grella, rappresentante di Avellino che appellandosi all'idea dei compensi pretendeva per la sua provincia esorbitanti contropartite.

A difesa di Benevento parlarono gli onorevoli Torre e Nisco. L'uno ripercorse e giustificò l'operato del Governo prodittoriale e della Commissione luogotenenziale. Spiegò che il generale Garibaldi aveva proposto la costituzione della nuova provincia non perché *spinto da affetto e venerazione per una città storica e infelice* ma perché sollecitato dalla richiesta di numerosi paesi. Anzi molte di queste adesioni comunali erano state espresse ancor prima che gli stessi fossero interpellati dalla Commissione luogotenenziale.

La Commissione a sua volta radunatasi l'8 febbraio riesaminò una per una le istanze dei paesi interessati e *quindi non vi fu nessuna forzatura*. Ribadiva ancora che tutti i Comuni ascritti alla provincia di Benevento erano compresi in una periferia di breve raggio dalla città di Benevento.

Dunque *la Camera poteva essere convinta che il Governo della luogotenenza non agì a caso ma dietro richiesta degli interessati; che la circoscrizione della provincia di Benevento ha un'impronta tutta liberale; e che la Camera nel riconoscerla non avrebbe fatto che assecondare il voto delle popolazioni.*

Il Nisco, appoggiando le conclusioni del Torre affermava che *se per poco si fosse sospesa la circoscrizione della provincia di Benevento si sarebbe dato un crudele disinganno a quelle popolazioni.*

Alla fine quindi dopo ampio dibattito la proposta di sospensione del decreto luogotenenziale fu messa ai voti e fu approvato dalla camera con qualche revisione e del seguente tenore: *La Camera, fermo intanto il decreto del 17 febbraio, invita il Ministro a proporre, nel più breve termine, una legge per la riforma della circoscrizione territoriale della provincia di Benevento udito il parere dei nuovi consigli provinciali e comunali.*

All'agitata seduta era presente anche il Conte di Cavour. Era il 15 maggio 1861.

Il Generale Torre con dispaccio telegrafico spedito da Torino alle ore 17.40, indirizzato al Governatore, rendeva nota la fortunosa vittoria.

Federico Torre

SANNIO

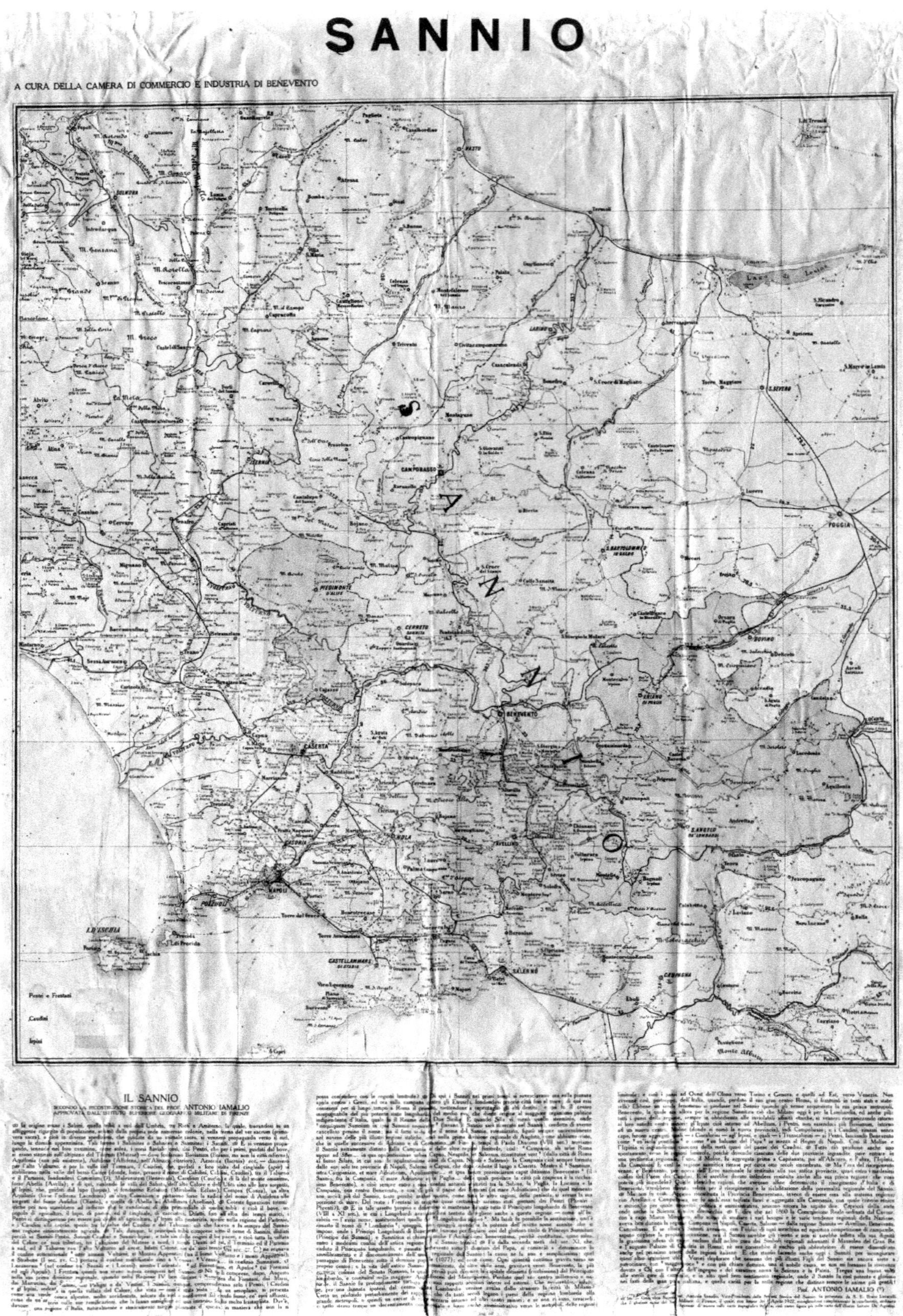

La mappa della Regione Sannio, realizzata dall'IGM nel 1923, su indicazioni di Antonio Iamalio.

Fatta la Provincia si prospetta l'ipotesi della Regione Sannio

Il progetto del ministro Minghetti riaccese le polemiche

L'annunzio telegrafico del Generale Torre circa la favorevole decisione parlamentare relativa alla circoscrizione territoriale della Provincia di Benevento rallegrava enormemente i beneventani che vedevano così finire una spinosa questione che aveva eccessivamente esacerbato i rapporti tra la nascente provincia e le altre circonvicine.

Si prospettavano tempi migliori e l'amministrazione comunale guidata dal cav. Pietro Rosa si preparava a risolvere tutti quei nuovi problemi che la nuova istituzione comportava, sia di natura amministrativa che di natura economico-commerciale.

Tuttavia circa 12 mesi dopo i problemi più direttamente interessanti il territorio provinciale erano ancora irrisolti. Per il sindaco, barone Celestino Bosco Lucarelli, nella seduta del 14 maggio 1862, faceva presente che *presso il Parlamento nazionale ognuno non mancano, e Deputato ed incaricato delle Province contermini, i quali non cessano insistere nei loro interessi, ora di disfare, ora di rettificare la circoscrizione di questa provincia, di sviare i regolari andamenti della Ferrovia, e quanto altro potrebbe ridondare a loro vantaggio, ma sempre a discapito di Benevento. Esser di uopo perciò stabilire in Torino una rappresentanza che sostenga e faccia valere i diritti di questa città presso il Parlamento.*

Il Consiglio condividendo la necessità e la fondatezza della proposta all'unanimità deliberò di inviare a Torino *un solo deputato in unione al sig. Michele Ungaro che vi si conferiva come deputato provinciale. Essi potranno assistere ed informare i signori deputati Nisco, Torre, Montella, e il senatore Capone, di quanto concerne il miglioramento della Provincia e del Comune.*

All'unanimità fu scelto il sig. Giudice criminale l'avv. Diocleziano Bessegni *come quello che in sé riunisce tutti i numeri atti al disimpegno della missione.*

A fine luglio faceva ritorno a Benevento dopo aver portato a termine gli incarichi affidatigli con *assidua ed indefessa premura.*

Non erano quindi, come abbiamo visto, a metà del '61, del tutto tacitate le diatribe amministrative circa la circoscrizione territoriale che già si profilava una nuova questione, a tutt'oggi, sotto moderne sfaccettature, ancora irrisolta: la costituzione della Regione Sannitica.

La legge del 23 ottobre 1859 divideva comunque il Regno in Province, Circondari, Mandamenti e Comuni dei quali solo le Province e i Comuni erano riconosciuti come Enti Morali.

Tenendo conto che molte province italiane non erano molto vaste né così ricche e popolate da poter ognuna operare indipendentemente dal potere centrale specialmente per quei bisogni che sono troppo vasti per essere circoscritti ai comuni o troppo ristretti per essere adeguati all'interesse nazionale, il ministro dell'interno Minghetti proponeva la costituzione di un nuovo Ente, cui fu dato il nome di Regione, che raggruppasse gli interessi di più province, e che tenesse conto *di quelle circostanze topografiche e di quelle morali rassomiglianze per le quali si riesca a conseguire che ogni Regione e per fisiche e per economiche e per morali contingenze, sia il più che si possa una e compatta.*

Fu preparato un progetto di suddivisione dell'ex Regno di Napoli che ne prevedeva la ripartizione in 6 Regioni: la Regione Campania che univa le Province di Napoli e Terra di Lavoro; la Regione Lucania con le Province di Principato Ultra e Basilicata; la Regione Bruzio con le tre Calabrie; la Regione Puglia con le Province di Terra di Bari, Terra d'Otranto di Capitanata; la Regione Sannio che comprendeva le Province di Benevento, Principato Ultra e Molise; la Regione Picena con i tre Abruzzi.

Per ciascuna delle Regioni così stabilite veniva scelta a sede del Governatore la città che per tradizioni storiche e posizione geografica risultasse la più opportuna. Per la Regione Sannitica la scelta cadeva su Benevento.

anno III, n. 34 – 26 gennaio 1991

Sviluppo culturale ed urbanistico per Benevento finalmente italiana

Grande fermento nei primi decenni della nuova provincia

Nonostante la vita cittadina fosse caratterizzata da tanti dubbi ed incertezze politiche, pur tuttavia si diede l'avvio ad un grandioso programma di sviluppo culturale ed urbanistico che caratterizzò profondamente i primi decenni della Benevento italiana. Già col sindacato di don Pietro De Rosa all'indomani del settembre '60 si iniziarono a riprendere quei lavori che l'attenzione per la rivoluzione aveva fatto momentaneamente sospendere.

Il precedente decennio degli anni '50 aveva visto aprirsi in città numerosi cantieri: la fabbrica del nuovo tempio della Madonna delle Grazie, alla fine di viale S. Lorenzo; la costruzione del nuovo teatro cittadino; la costruzione della nuova arteria «Corso Pio» che, dagli inizi del Ponte Vanvitelli, attraversando in linea retta quella zona della città, avrebbe condotto davanti al Duomo. Erano state iniziate tutte queste opere pubbliche all'indomani della venuta di Pio IX, proprio su suggerimento di quest'ultimo.

Lievi ritardi burocratici, il leggero terremoto del 1854, la rivoluzione delle «frasche» nel maggio del '55 e poi ancora i moti insurrezionali del settembre del '60, avevano rallentato il loro compimento. Ora che tutto era definito, era pur necessario che fossero portate a termine, anche per decoro della città da poco eletta capoluogo.

Con De Rosa, quindi, furono ripresi i lavori del tempio delle Grazie. La storia di questa Chiesa è nota. Nell'anno 1836 mentre infieriva il morbo colerico e mieteva numerose vittime, il Municipio di Benevento deliberava in onore della SS.ma Vergine delle Grazie, la costruzione di un maestoso tempio che servisse ad onorare maggiormente la miracolosa statua di Maria e a dimostrare la riconoscenza devota e fedele dei beneventani.

Allo scopo era stato bandito un concorso fra vari architetti locali per la costruzione di una chiesa capace di contenere almeno 6.000 persone, da erigersi vicino a quella di S. Lorenzo, troppo angusta e misera. Dei tre progetti presentati fu scelto quello dell'architetto Vincenzo Coppola, riproducendo una chiesa a croce greca.

La spesa complessiva era prevista in 85.000 ducati pari a lire 361.250. Alla costruzione del tempio concorsero il Comune con un contributo di 10.000 ducati (circa 42.000 lire), il Collegio dei Gesuiti con 1.000 ducati (circa 4.200 lire) e tutto il popolo beneventano con elargizioni varie.

La prima pietra della nascente costruzione, nel giardino dei frati minori, fu messa dal delegato Apostolico Mons. Pecci Gioacchino, il futuro Leone XIII (anche lui concorrerà alla costruzione con un donativo – in due riprese – di 5.000 lire) e i lavori continuarono, in stato d'economia, sotto la direzione del marchese Paolo Pacca. Nel novembre del 1860 il grosso della costruzione era a buon punto. Tutta l'aula ecclesiale era stata alzata e «coperta a tetto» già da parecchi anni, e si era provveduto anche alla *«sistemazione» delle catene di ferro per maggiore precauzione e a garantire i muri esterni dalle spinte.*

Quindi nei primi mesi del 1861, sempre sotto la direzione dell'architetto Coppola si procedette alla escavazione delle fondamenta *del gran vestibolo con la sistemazione in loco dei pilastri e delle colonne.*

Contemporaneamente si continuarono i lavori per la costruzione del nuovo teatro comico cittadino. I lavori di questo complesso, deciso con deliberazione del 19 febbraio 1850, erano stati iniziati nel 1851.

Il vecchio teatro era sistemato nei locali al piano superiore del vecchio palazzo comunale. Secondo una descrizione di fine settecento era composto di 3 ordini più un quarto di palchi, ad uso del popolo minuto, detto la «piccionara». Il mediano dei precedenti ordini di palchi era riservato alla nobiltà: il fitto di ogni palco era di 61 ducati annui per il secondo ordine, mentre tutti gli altri costavano 57 ducati annui.

La demolizione del vecchio teatro era giustificata da varie motivazioni: *al vizio della bruttezza e ristrettezza aggiunge il pericolo di ruinare per la sua vecchiezza, l'incomodo negli spettatori e la decisa volontà di tutti i cittadini di averne un altro più comodo, più conveniente alla civiltà dei tempi, più sicuro, più decoroso.*

E inoltre di *destinare il luogo, ossia il piano superiore del Comunale palazzo dov'è ora il teatro agli usi convenienti alla Civica rappresentanza, ai Consigli, agli archivi, ai tribunali ecc., momenti di idonea decente e proporzionale mansione.*

La promessa di dotare la città di un nuovo teatro fu fatta, a circa un anno dalla venuta di Pio IX, con notificazione delegatizia del 30 dicembre 1850. Il nuovo teatro costruito su progetto dell'architetto napoletano Francesconi fu localizzato nella parte alta della città, nell'area del complesso sofiano lungo l'arteria principale della città. La spesa fu prevista in 9.000 ducati ma: *considerato lo stato delle municipali finanze, le quali per quanto assicurano e garantiscono l'erogazione di un'annua e limitata somma, per la costruzione del nuovo teatro pertanto non permettono in alcun modo che se ne incontri tutta in una volta la spesa senza recare gravissimi danni alla civica amministrazione ... Fatto le più mature riflessioni in proposito ... contando sullo zelo e sulla premura che in tutti i beneventani si mostra per le cose patrie per lo maggior lustro e decoro della città,* il Delegato Apostolico don Pietro Gramiccia pensò bene di rivolgere un appello ai cittadini beneventani invitandoli a concorrere alla spesa per la costruzione del teatro.

Il prestito di 9.000 ducati per comodità venne suddiviso in 300 azioni di 30 ducati ognuna, mentre tutta l'organizzazione per l'attuazione, riscossione e amministrazione della somma totale necessaria alla costruzione, nonché la direzione della piena esecuzione dei lavori del nuovo teatro fu affidata alla rettitudine e ai lumi di una Commissione scelta fra i primari cittadini e nella magistratura comunale.

anno III, n. 35 – 9 febbraio 1991

Abbattuta la Porta Pia ecco inaugurato corso Vittorio Emanuele

Si anticipa di quindici anni la futura legge sugli espropri

Sentite esigenze di miglioramenti di carattere urbanistico e di decoro della stessa città animarono le giunte municipali che si avvicendarono prima e subito dopo la rivoluzione del 1860.

Lo stesso governo rivoluzionario, in uno dei suoi primi atti deliberativi, formulava una classificazione delle opere pubbliche prioritarie da eseguirsi in città: chiedeva il compimento del teatro pubblico, il risanamento della via magistrale, la localizzazione del nuovo cimitero, la realizzazione della piazza Commestibili.

A dire il vero il precedente governo già nel 1849 aveva osato ufficialmente chiedere a Papa Pio IX molto di più. Una anonima relazione manoscritta, non datata ma certamente del 1849, umiliata la papa, nel tempo della sua permanenza a Benevento, da una apposita Commissione di eletti cittadini, capeggiata dal Delegato apostolico mons. Pietro Gramiccia, ci ricorda le otto richieste avanzate: la costruzione di nuove strade (tra cui il rifacimento della via Egnatia), il collegamento ferroviario con Napoli, la revisione del trattato delle poste, l'istituzione della Corte d'Appello, il riassetto della Dogana, l'abolizione della quartiria, l'abolizione dei balzelli per i porci condotti in fiera.

Delle predette richieste solo la prima fu accolta e in parte.

Pio IX autorizzò infatti la nuova «strada Pia» che da Porta Pia doveva dirigersi in linea retta verso la piazza antistante il Duomo *a pubblica comodità ed ornato della città.*

Il progetto della strada, preparato dalla Municipale Magistratura e approvato dalla delegazione apostolica e sue congregazioni governative, venne presentato al papa dalla suddetta civica Deputazione. Il progetto fu approvato dal papa, che approvò anche l'elargizione annua straordinaria di 1.200 ducati sul bilancio, alla tabella *per la satisfazione di compensi per le spese di riparazione da durare fino allo sconto e terminativo di tutte e di tutti.*

L'interessamento del Papa andava ancora oltre il semplice fatto urbanistico. Ai proprietari delle case o terreni da espropriarsi per il nuovo tracciato veniva stabilito un equo indennizzo e *agli inquilini poveri che dovranno lasciare le loro abitazioni, quando ne saranno già partiti si darà un compenso per lo sgombro e la rata di pensione sino al di 28 agosto dell'anno in corso (1850) che i medesimi dovessero pagare per procurarsi un'altra abitazione.*

Alla data del 21 aprile dello stesso anno il Delegato Apostolico, con sua notificazione, rendeva noto che gli ingegneri Giovanni Torre e Orazio Colle de Vita, l'uno in rappresentanza della Delegazione Apostolica, l'altro di quella comunale, erano stati incaricati di redigere le perizie e le relazioni di stima di tutte le case e terreni che sarebbero stati occupati dalla nuova strada. Ad essi fu poi affiancato il geometra Pietro Chiariotti.

Le modalità del pagamento dell'indennizzo furono approntate all'insegna della massima celerità, ogni pagamento sarebbe stato risolto in denaro pronto contante dalla Cassa comunale.

Questo dello sventramento di Corso Pio avrebbe anticipato di ben 15 anni altri analoghi interventi che sarebbero stati realizzati in altri centri storici italiani dopo l'emanazione della legge del 1865 sull'espropriazione per pubblica utilità.

La realizzazione del progetto subì invece notevoli ritardi e il corso Pio che nel frattempo aveva mutato il nome in quello più attuale di Corso Vittorio Emanuele, fu inaugurato nel 1867. Nello stesso anno veniva abbattuta anche la Porta Pia, porta di ingresso alla città, che si apriva sull'antico ponte vanvitelliano. L'esecuzione del progetto di Corso Pio non fu la sola realizzazione di quei giorni.

Essa faceva parte, come abbiamo già detto, di un piano ricco di molte altre opere pubbliche.

Nel 1852 era già in atto la restaurazione di tutta la strada magistrale che da Porta Somma scendeva a Porta S. Lorenzo e del tratto che dal Duomo andava a Porta Rufina con una agevole e solida lastricatura. Era previsto anche un canale sotterraneo lungo le medesime, bastevole a ricevere le acque piovane e le «immonde» provenienti dai fabbricati e dalle abitazioni laterali. Anche per questo progetto si elevarono numerose vertenze che, almeno per il tronco Duomo-Porta Rufina, furono composte solo sette anni più tardi. Il 9 maggio 1859 il Delegato Odoardo Agnelli con viva soddisfazione faceva sapere che ogni controversia era stata risolta e che *all'incominciato lavoro di livellamento e di lastricazione di Piazza Orsini avrebbe fatto subito seguito quello della strada fino a Porta Rufina e quindi degli altri nelle epoche determinate.*

Il piano di sventramento per la realizzazione del corso Vittorio Emanuele.

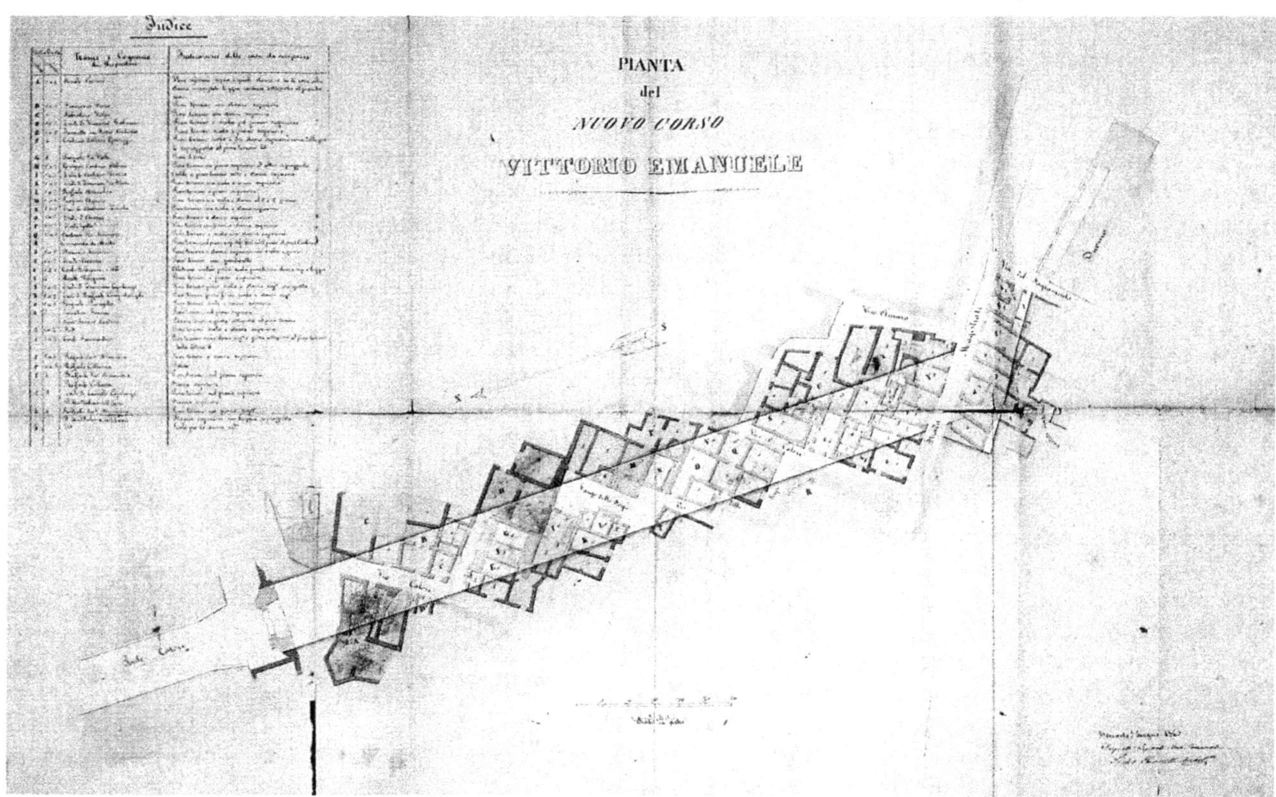

anno III, n. 36 – 23 febbraio 1991

Nel luglio del 1860 cominciarono i lavori per sistemare le strade

Ai primi di dicembre del 1859 la nuova lastricatura in basolato, come previsto, era stata sistemata per tutta piazza Orsini e davanti al Duomo fino all'altezza del vico del Sacramento. Nel mentre si procedeva alla sistemazione di tutta la via magistrale, si dava incarico all'architetto Pasquale Francesconi di approntare un progetto per la sistemazione del tronco stradale da Piazza Duomo a Porta S. Lorenzo.

Quest'ultimo tratto, materialmente dissestato e fortemente avallato presentava, ai fini progettuali, non poche difficoltà.

In più parti, infatti, nei punti in cui l'avvallamento era più consistente, per rendere più comodo il transito delle carrozze e dei carretti, bisognava apportare *alcune indispensabili correzioni*: bisognava infatti riempire gli avvallamenti e rialzare il fondo stradale; riaccordare, quindi, al nuovo livello stradale sia gli sbocchi dei vicoli traversi che la pavimentazione dei piccoli cortili e delle botteghe sistemate in alcuni caseggiati lungo i lati della strada, con la relativa sistemazione delle soglie e l'accomodo delle chiusure e in qualche caso anche rifacendo i pavimenti di alcune di esse.

I lavori di rifacimento della strada interessavano anche la piccola Fontana della Fragola che dovette essere risistemata nello stesso posto, però ad un livello più alto. Veniva prevista altresì, anche la sistemazione, dove fosse necessario, di alcuni chiusini o all'occorrenza di mar-

ciapiedi con feritoie per la raccolta delle acque che venivano così incanalate nella chiavica centrale. Si pensò anche, con opportune modifiche, di rendere più agevole il nuovo tronco allargandone la sede stradale. In alcuni punti, propriamente nella zona di piazza S. Maria, delle strettoie create dalle costruzioni disordinate di alcune case, rendevano il percorso *alquanto angusto e quindi era incomodissimo al transito delle vetture*. La previsione quindi di alcune demolizioni o di qualche parziale abbattimento ne migliorava sensibilmente il tracciato.

Tutta l'operazione studiata, come dicevamo, dall'arch. Francesconi di Napoli, prevedeva la spesa di circa 2.600 ducati. La stessa, opportunamente ritoccata dall'architetto comunale Vincenzo Coppola, fu approvata dalla Commissione Lavori Pubblici del Comune presieduta dal Barone Francesco Dell'Aquila per un totale di 1.743 ducati. I lavori di sistemazione, tuttavia, a maggio del 1860 non erano ancora cominciati per cui il Delegato Apostolico, mons. Odoardo Agnelli, si vedeva costretto a far sospendere ogni iniziativa anche in vista della prossima ricorrenza delle feste della Madonna delle Grazie, e a sollecitare le competenti autorità a dare l'avvio ai lavori immediatamente dopo detta festività.

Così infatti avveniva, come si legge nella ordinanza del Delegato in data 28 giugno 1860.

Ci è grato annunciare ai nostri

Anche i cittadini contribuirono ad abbellire le vie del centro

Il Pontile, lungo la via Magistrale, in un disegno di Achille Vianelli, demolito per l'ampliamento del Corso

amatissimi amministrati che nei primi dell'imminente mese di luglio si darà incominciamento, in continuazione delle nate opere pubbliche interne, alla livellazione e lastricatura a basoli vesuviani del tronco della strada magistrale che conduce alla Porta S. Lorenzo a partire da Piazza Duomo e precisamente fino al punto detto chiavica Meoli.

Nel contempo il Delegato esprimeva *le più estese laudi all'università dei cittadini, che con bella gara concorsero alla conduttura delle ac-* *que e al ripulimento esteriore delle case, locché ha contribuito non poco alla eleganza e decoro di questa città, come ne ha fatto fede l'ammirazione de' forestieri.*

Ed estendeva l'invito a fare altrettanto bene ai proprietari delle fabbriche tutte fronteggianti la via che da Porta Rettore mena a quella magistrale fin presso al punto chiamato de' quattro cantoni ... reclamato in particolar modo dall'angustia della sopraddetta via e dal numeroso traffico in causa del mercato de' cereali ch'è esercitato nell'ex Dogana e largo S. Antonio.

Una breve pausa fu ancora osservata al tempo dei moti rivoluzionari del 3 settembre 1860. Nell'estate del 1860 i lavori subirono ancora una pausa ma ripresero col nuovo governo in segno di una operativa continuità amministrativa con una notificazione dell'ottobre dello stesso anno a firma del cav. Pietro De Rosa, primo sindaco di Benevento italiana.

anno III, n. 37 – 9 marzo 1991

Progettata ma archiviata l'ipotesi di un nuovo Corso alternativo

L'arteria doveva essere parallela a via Annunziata e corso Garibaldi

A conclusione di questa rapida panoramica sullo stato della viabilità interna della città è opportuno dare ancora bravi cenni sugli ultimi lavori di miglioramento della via Magistrale, che attraversava tutta la città e che col nuovo governo aveva preso il nome di Corso Garibaldi.

La necessità di dotare Benevento di una nuova arteria, principalmente ai rinnovati esercizi commerciali e non soltanto di decoro, era cosa già sentita dal vecchio governo pontificio. La strada infatti, pur ripulita con un nuovo lastricato di basoli vesuviani, rimaneva pur sempre stretta ed angusta.

Numerose sono le ordinanze emesse dai consoli prima e dai sindaci poi per regolamentarne la veicolazione. In alcuni tratti era talmente stretta da non permettere il passaggio simultaneo di due carrozze: uno dei tratti in questione era quello che andava dall'an-golo dei quattro Cantoni (attuale incrocio via Traiano-Corso Garibaldi) alla chiesa di S. Anna. In occasione poi delle maggiori feste cittadine, per motivi di sicurezza pubblica, se ne doveva proibire la transitazione.

Di qui la necessità di dotare Benevento di una strada più idonea o alternativa. Tra i tanti progetti all'epoca elaborati, interessante è ricordare l'ideazione di un nuovo corso che corresse quasi parallelo a Corso Garibaldi e alla via Annunziata.

Il tracciato della nuova arteria, partendo da Piazza Orsini (all'incirca presso l'attuale via S. Gaspare del Bufalo) si innestava sul Largo di S. Caterina consentendo così un ingresso monumentale sul retro di Palazzo Paolo V, quindi proseguiva linearmente raggiungendo Largo Giannone e di lì rasentando il Palazzo Bosco Lucarelli (largo Piazza Roma) e più oltre la Chiesa di San Vittorino e attraversando il giardino laterale del Convento dei domenicani (palazzo ex Tribunale di Giustizia), e ripercorrendo via S. Salvatore (tratto iniziale di via Annunziata), piegava verso Piazza Manfredi (oggi piazza Castello).

Il progetto, redatto nel 1876 dall'ufficio tecnico comunale da poco rinnovato, con la collaborazione dell'ingegnere napoletano Cloag, prevedeva la realizzazione in tre lotti: da piazza Duomo al largo S. Caterina; da largo S. Caterina al giardino del Tribunale; dal Tribunale al largo Castello.

Il motivo che ne determinò la sua ideazione rispetto all'allargamento dell'antica via Magistrale furono il prezzo di espropriazione relativamente contenuto e comunque assai minore a quello occorrente per l'ampliamento del Corso stesso. I lavori inoltre potevano essere eseguiti senza creare intralcio al commercio ed anche perché i due fronti della nuova strada potevano esattamente allinearsi. Non ultimo il fatto che la città poteva così dotarsi di una ulteriore strada principale con una spesa minore. La lunghezza del nuovo corso veniva prevista in 670 metri.

Questa non fu comunque la sola proposta di rinnovamento della viabilità interna elaborata in quegli anni. L'ufficio tecnico comunale si adoperava a prepararne altre con una scadenza quasi biennale. Tra le tante, comunque, la più interessante fu quella portata in Consiglio nell'anno 1881 e che se attuata avrebbe totalmente stravolto il centro storico. Partiva dal piazzale antistante la Chiesa della Madonna delle Grazie e in linea retta attraversava tutta la parte bassa della città fino al sagrato del Duomo. Dopo di che avrebbe continuato verso porta Somma lungo il tracciato della vecchia via Magistrale, ampliandone tutto il fondo stradale a discapito di quasi tutte le emergenze storiche che si affacciavano su di essa. L'ampliamento infatti si concretizzava con la demolizione di buona parte degli edifici più rappresentativi per la città e che guarda caso sono collocati sul lato destro del corso. Venivano così demoliti Palazzo Paolo V, la Chiesa di S. Anna, Palazzo Terragnoli, la Chiesa di S. Domenico. Era prevista anche la demolizione del campanile di S. Sofia.

Negli stessi anni veniva elaborato l'effettivo progetto di ampliamento del corso, realizzato in tre successive fasi a partire dal 1881 e fino al 1911. Tutte le demolizioni conseguenti all'ampliamento venivano realizzate solo sul lato sinistro del corso che non presentava monumenti di particolare rilevanza. Per l'ultimo tratto del corso, dal Campanile di S. Sofia fino a piazza Manfredi furono redatti tre progetti. Fu scelto ed attuato quello redatto dall'ing. Eugenio Greco che prevedeva oltre all'allargamento molto consistente della sede stradale (da 13 a 20 metri), l'individuazione dell'area per il costruendo palazzo della Regione Sannio (Palazzo della Prefettura), l'isolamento del campanile di S. Sofia e il tracciato dell'attuale via Cardinal di Rende che proseguendo si sarebbe innestata su via Annunziata.

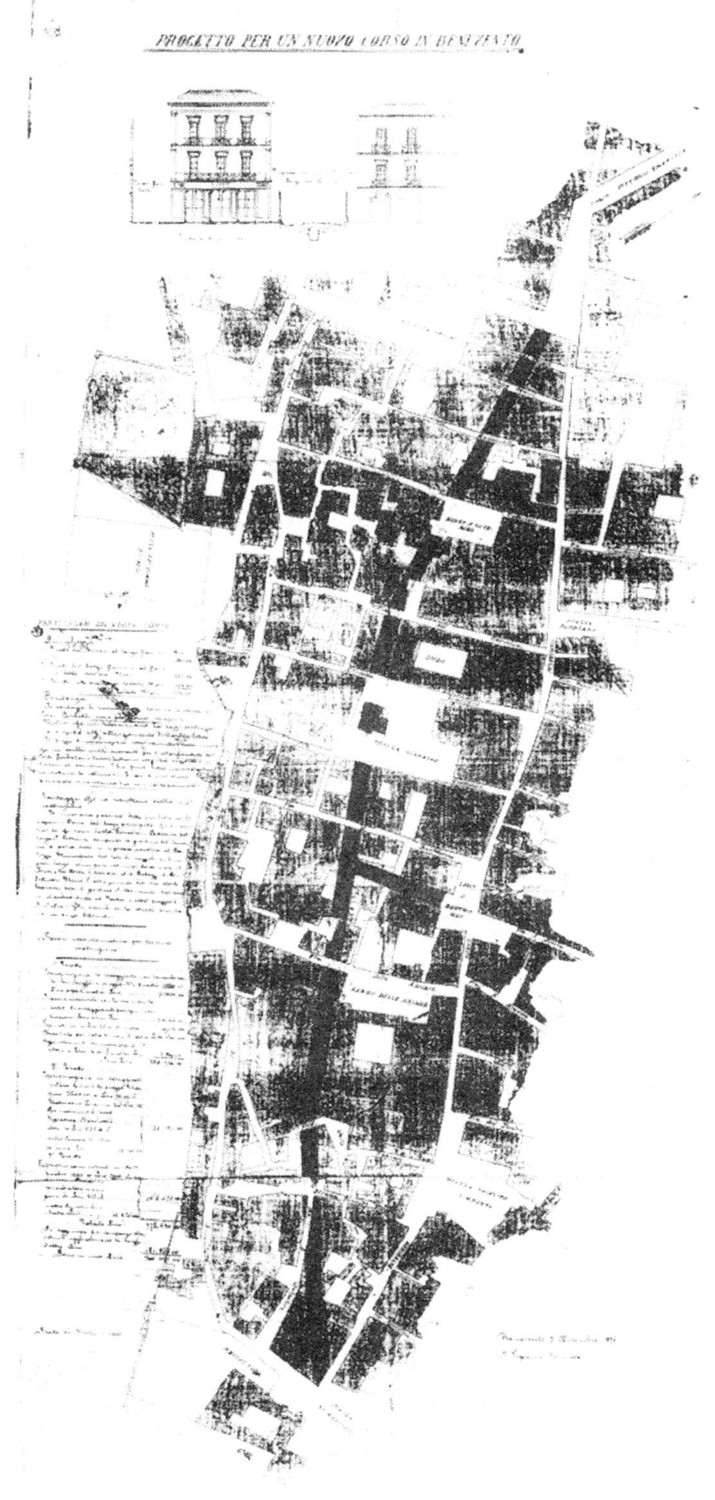

Il progetto urbanistico per la realizzazione di un nuovo asse viario tra il corso Garibaldi e via Annunziata.

anno III, n. 38 – 23 marzo 1991

Nel biennio 1869-70 la provincia è servita da 217 plessi scolastici

Nel 1863 s'inaugura la prima scuola femminile cittadina

Il decennio 1860-1870 per Benevento fu caratterizzato da una serie di iniziative tese a dare una degna immagine alla vecchia città pontificia elevata al rango di capoluogo di provincia: tra le tante, la risistemazione del vecchio apparato scolastico e la conseguente introduzione di nuovi indirizzi scolastici.

Prima di illustrare le opportune iniziative intraprese dai nuovi amministratori, diamo un rapido sguardo al vecchio sistema scolastico in vigore sotto il governo pontificio.

Per non andare troppo lontani nel tempo, uno dei primi ordinamenti legislativi in materia di pubblica istruzione fu certamente il decreto del 15 agosto 1806 emesso da Giuseppe Napoleone e che rendeva obbligatoria l'istruzione popolare in ogni luogo, paese città del Regno. Ad esso seguiva nel maggio del 1810 un nuovo decreto col quale Gioacchino Murat istituiva la scuola primaria statale.

A dispetto di innumerevoli difficoltà entro breve tempo sorgevano un po' dappertutto nel Regno le prime scuole primarie. Anche nel Ducato beneventano, dopo la breve parentesi del *Dufresne Saint Leon*, che aveva soppresso le uniche scuole esistenti nel locale seminario e nel collegio gesuitico, ad opera del nuovo governatore Louis De Beer venivano istituite le prime scuole elementari maschili sia in Benevento, nei locali dell'ex Collegio gesuitico, sia nei villaggi vicini di S. Leucio, S. Angelo a Cupolo, Perrillo, Pastene, Bagnara e Montorsi.

Dopo il 1815, con la Restaurazione, l'istruzione pubblica ritornò in mano agli ecclesiastici, ed affidata ai parroci. Il tutto veniva sancito dal Decreto di Ferdinando II del 10 giugno 1843 che, affermando che le scuole primarie dovevano essere stabilite nelle case religiose, ne affidava la direzione ai vescovi diocesani.

In qualche caso particolare le scuole venivano addirittura soppresse in quanto ritenute inutili e dannose. Analoga sorte accomuna le scuole del ducato, la maggior parte delle quali viene soppressa o ridotta a ruolo di scuola gratuita parrocchiale, nelle quali l'unico insegnamento applicato è quello domenicale della dottrina cristiana. Solo nel 1834, per interessamento del cardinale arcivescovo Giovan Battista. Bussi, in Benevento sarà ripreso l'insegnamento elementare con l'istituzione di un Conservatorio di fanciulle sotto il titolo di S. Filippo Neri e la fondazione delle scuole degli «Ignorantelli», la cui direzione fu affidata ai fratelli della scuole cristiane. In questa scuola, oltre al catechismo si poteva apprendere la scrittura domestica e mercantile, la calligrafia, l'aritmetica, il disegno, l'ortografia e la grammatica italiana.

Negli anni immediatamente successivi al 1860 la situazione scolastica non subì grossi cambiamenti. Solo nel 1862 il sindaco Bosco Lucarelli, anche dietro le pressioni del partito d'azione, e per *allontanare dal popolo la obbrobriosa, procurata ignoranza per tanti secoli di umiliante servaggio*, istituiva un corso di scuole serali sotto la direzione dell'avv. Domenico Mutarelli.

Tranne questo isolato tentativo, non vi furono altre iniziative degne di rilievo. I tempi d'altra parte non erano del tutto rassicuranti. I prefetti che avrebbero dovuto sostituirsi ai primi inefficienti ispettori scolastici, erano presi da altri problemi. Così riporta l'Isernia: *I prefetti che durante quel tempo amministrarono la nostra provincia, cioè i signori Gallerini e Sigismondi, ed il reggente Homodei ... intesi a reprimere il brigantaggio, alla costruzione delle strade, e che so io, non si occuparono punto della istruzione scolastica.*

Tuttavia nel 1863 viene registrata l'inaugurazione della prima scuola femminile della città nei locali dell'Orfanotrofio dell'Annunziata, cui seguirono l'istituzione di numerose scuole sia maschili che femminili in diversi comuni della provincia. Negli anni 1863-64 se ne registrarono contemporaneamente 13, di nuove scuole (8 maschili e 5 femminili). Nel biennio 1869-70 quasi tutta la provincia era coperta con 217 plessi scolastici di cui 171 pubblici e 46 gestiti da privati; degli stessi se ne contavano 128 maschili ed 89 femminili. La popolazione scolastica aumentava a 8088 alunni di cui 4.582 maschi e 3.506 femmine. Di questi alunni però 7.288 frequentavano scuole pubbliche e solo 800 quelle private. Il corpo insegnante era composto da 274 docenti: 200 uomini e 74 donne: solo 30, complessivamente insegnavano nelle scuole private.

Di questi ultimi (i 30 insegnanti che operavano nelle scuole private) solo uno era fornito di «patente» di abilitazione all'insegnamento.

anno III, n. 39 – 6 aprile 1991

Morti e feriti sulla piazza nella notte del sabato santo

Rissa violenta tra gli sbirri del Vescovo ed i soldati del Governatore

La vita politica beneventana nei secc. XVI e XVII fu spesso caratterizzata da dissidi che insorgevano tra il Governatore pontificio e l'Arcivescovo, causando il più delle volte serie preoccupazioni alla Corte pontificia.

Tali contrasti infatti si ripercuotevano sull'intera cittadinanza che, dividendosi in fazioni, e parteggiando per l'uno e per l'altro, dava vita a scandalosi episodi di rappresaglia.

Il tenore di vita non era molto alto. La cittadina, chiusa ad ogni corrente politica ed alla libera espansione dei suoi commerci, conduceva una vita grama. Principalmente nei primi decenni della seconda metà del XVII sec. quando, in seguito alla rivoluzione di Masaniello e alle molte convenzioni sottoscritte fra i ministri regi e il Consiglio cittadino onde facilitare gli scambi commerciali con lo stato pontificio, fu deciso fra l'altro di far ribassare il prezzo del grano con grave danno della curia arcivescovile beneventana e per l'Arcivescovo di Benevento mons. Giuseppe Bologna, dotto decretalista, ascritto alla nobiltà napoletana, che aveva assunto il governo della Diocesi nel 1674.

Aveva questi, fra i suoi programmi pastorali, anche la possibilità di aiutare le chiese più povere, che tuttavia doveva disattendere proprio a causa del grave danno economico che i nuovi accordi commerciali gli arrecavano. La maggior parte delle rendite della mensa arcivescovile erano tutte in frumento e ammontavano a circa 4.000 ducati.

Le rendite dell' Arcivescovo venivano, proprio a causa del ribasso del prezzo del grano, di gran lunga ridotte.

Per riparare a tale danno il buon prelato, anche per venire incontro alle esigenze della povera gente e dare maggiore impulso all'agricoltura, pensò bene di istituire un «Monte frumentario» e di aprire un forno all'interno del suo palazzo episcopale.

Qui la cittadinanza e i coloni bisognosi avrebbero trovato i necessari aiuti senza più ricorrere alle banche degli usurai ebrei.

La cosa non fu gradita dalle autorità comunali che si vedevano, principalmente per il forno, ridotto in maniera notevole il dazio comunale sul pane. Non mancarono quindi da parte del Comune e del vice governatore ricorsi alla Sacra Congregazione del Buon Governo.

Il Comune, per venire incontro alle esigenze arcivescovili, suggeriva, tra l'altro, di far prendere dai forni locali i grani dell'Arcivescovo onde questi potesse smaltire molte più quantità di grano di quanto potesse fare col solo suo forno. Tuttavia sia le ragioni legali che le vie amichevoli non furono intese.

Anzi, una parola tira l'altra, gli animi si accesero sempre più, fin quando, la vigilia di Pasqua del 1676, due guardie del vice governatore, mons. Lorenzo Ghirardi, ispezionando il forno arcivescovile, vi trovarono il pane *manchevole di pesa e di non giusta misura*: e fecero pagare così al fornaio la dovuta pena.

Le reazione dell'Arcivescovo fu pronta ed immediata: fece subito carcerare i due sbirri che, alle inascoltate richieste di rilascio del vice governatore, furono estratti dalle carceri a viva forza. Nuova reazione dell'Arcivescovo che fece scomunicare il Vice Governatore e tutti i consoli.

Vigendo questo clima di tensione, un nipote dell'Arcivescovo, don Ciccio Bologna, abitante in Benevento, scriveva a Bartolomeo De Capua, principe della Riccia, chiedendo l'invio di 40 uomini armati. Questi, essendo venuti in città, unitisi agli sbirri della Corte arcivescovile, si azzuffarono con i soldati del Governatore alle ore 22 del sabato santo, nella pubblica piazza. La rissa fu talmente violenta che si contarono, tra morti e feriti, ben 25 persone.

Durante la notte tutta la città si pose in armi, ed era talmente inferocita che voleva dar fuoco al Palazzo arcivescovile. Solo l'intervento di alcuni religiosi e di alcuni volenterosi patrizi, come il principe di Morra, evitò tale pericolo.

Lo stesso Arcivescovo, coi suoi familiari, trovarono rifugio nel Campanile del duomo. Furono esplosi parecchi colpi di archibugio e alla fine gli uomini del principe della Riccia furono presi e condotti prigionieri al Castello. La rivolta durò fino alle ore 14 del giorno seguente.

L'Arcivescovo invece, due giorni più tardi, dopo aver celebrato la santa messa di Pasqua, si ritirava a Montesarchio e di qui a Napoli. Pochi anni dopo, il 19 febbraio, rassegnava la Chiesa beneventana nelle mani di Innocenzo X che provvedeva a destinarlo alla Chiesa di Capua dove moriva.

anno III, n. 40 – 20 aprile 1991

Benevento rifugio sicuro e cordiale per il grande studioso Paolo Diacono

Le vicende dei re longobardi segnarono per sempre la sua vita

Nell'aprile del 799 moriva Paolo Diacono storico dell'epoca longobarda.

Paolo di Warnefrido meglio conosciuto come Paolo Diacono dal suo appellativo sacerdotale era nato a Cividale del Friuli nell'anno 725 da Warnefrido e da Teodolinda di agiata famiglia stabilitasi in quella regione da molto tempo.

Compiuti i primi studi nella stessa Cividale iniziava la carriera ecclesiastica prendendo però solo gli ordini minori e il diaconato. Completati gli studi in Pavia sotto la guida del dotto grammatico Flaviano, il suo amico e protettore Paolino, patriarca di Aquileia, lo chiamava presso di sé nominandolo Arcidiacono di quella città.

Apprezzato per la sua fama di studioso fu chiamato presso la Corte dei re longobardi dove fu precettore, notaio e consigliere dei re Rachi, Astolfo e Desiderio. Da quest'ultimo gli fu affidata l'istruzione della figlia, la principessa Adelperga e, nel 762, al seguito di questa che si recava ad unirsi allo sposo Arechi giungeva per la prima volta in Benevento. Di qui dopo breve soggiorno ritornava alla sua Pavia per ripartirne per un lungo viaggio che lo portava a Ravenna, a Monte S. Angelo, a Roma e per ultimo a Montecassino. Qui prendeva l'abito benedettino; qui si dedicava ai suoi studi preferiti.

Le vicende dei re longobardi dovevano segnare la sua vita. A seguito della caduta del regno di Pavia ad opera di Carlo Magno, fu da questi chiamato ad Aquisgrana alla corte di Francia dove rimaneva per circa quattro anni. Da qui organizzava e partecipava ad una congiura contro i Franchi: scoperto ma graziato dallo stesso re Carlo, grande ammiratore delle sue qualità di studioso, veniva mandato in esilio nelle isole Tremiti, da dove, complice un servo, riusciva a sfuggire per rifugiarsi in Benevento che rimaneva l'ultimo baluardo longobardo. Qui, alla corte di Arechi, che nel frattempo aveva elevato la città a principato autonomo, trovava cordiale ospitalità.

Anzi nominato capo della Scuola Palatina come già aveva fatto con Adelperga, profondeva

Paolo Diacono in una miniatura coeva.

le sue energie per l'educazione di Romualdo, figlio primogenito di Arechi.

Trascorreva gli ultimi anni della sua vita a Montecassino dove moriva forse nel 799.

Mentre incerto è l'anno della sua morte (alcuni lo fissano al 795 altri al 797 altri ancora al 799), ben precisa lo è invece il giorno 13 aprile come è registrato nel necrologio cassinese.

Autore di numerosi scritti, tra le sue opere giovanili si ricorda l'Inno Sacro dedicato a S. Giovanni Battista da cui Guittone di Arezzo prese le prime sillabe per la denominazione delle note musicali, la sua opera maggiore resta il *De rebus gestis longobardorum* che scritto in seguito alle premure dei principi longobardi, costituisce ancora oggi la più autorevole fonte per la storia di quell'epoca.

anno III, n. 41 – 4 maggio 1991

Rubato il tesoro del marchese Pedicini. Nello scrigno preziose monete d'oro

Ancora un duro colpo ai danni del patrimonio artistico culturale di Benevento.

Continua l'escalation della criminalità ai danni dei cittadini; audaci ladri nella notte tra il 28 cd il 29 aprile si sono inoltrati nell'abitazione del marchese Giuseppe Pedicini e, evidentemente a conoscenza del piccolo tesoro che il gentiluomo gelosamente conservava nel proprio studio, si sono impossessati di un cofanetto contenente preziose monete antiche.

Il Pedicini, appartenente ad una delle più note famiglie beneventane iscritte al patriziato di questa città fin dal 1560, fratello del noto cardinal Carlo, è da lungo tempo studioso e collezionista di monete antiche, che aveva raccolto, con pazienza certosina, nei suoi frequenti viaggi in Italia e all'estero, avvalendosi anche della consulenza del Padre redentorista Gaspare Caione, anch'egli esperto numismatico di recente scomparso.

La raccolta, ricca di ben 794 pezzi complessivi, in oro ed in argento, era sistemata, come già detto, in un cofanetto di pelle rossa che misurava palmi 1 e un oncia circa di lunghezza e largo 9 once. Buona parte di queste monete provenivano dalla città e dai vasti possedimenti del marchese e pertanto erano di notevole interesse storico locale. Esse documentavano infatti le varie dominazioni subite dalla città di Benevento.*

Fin qui la notizia di cronaca che sembra riportare un furto realmente accaduto da breve tempo ma che in effetti è avvenuto 134 anni addietro, esattamente nella notte tra il 28 ed il 29 aprile del 1857. Passiamo ora ad analizzare per sommi capi, quanto era contenuto nel cofanetto, sulla scorta di un raro opuscoletto di otto facciate che riporta la descrizione più o meno esatta, secondo le conoscenze del tempo delle singole monete ed il loro numero preciso.

La raccolta comprendeva monete romane, del periodo imperiale e repubblicano e coprendo tutto l'arco del Medioevo giungeva fino ai tempi di Federico II. La sezione più interessante per noi era rappresentata da ben 143 monete sempre in oro e argento riguardante il principato longobardo di Benevento, ripartite per 10 principi. Nella collezione erano presenti monete della Zecca longobarda di Benevento, battute dai principi Arechi II (758-787), Grimoaldo III (788-806), Grimoaldo IV (806-817), Sicone (817-832), Sicardo (832-839), Radelchi (839-851), Siconolfo e Adelchi (853-878).

La cronaca di un furto messo a segno nel lontano 1857

Ducato di Benevento, emissione aurea di Liutprando con Scauniperga reggente, Zecca di Benevento, 751-755

Della collezione facevano ancora parte una piccola moneta d'oro «*ed un piccolissimo quinario d'argento*», risalente alla dominazione greca (891-895), appartenuta al governatore Giorgio Patrizio e «*due piccolissime monete d'argento dell'anno 1077 di Santa Romana Chiesa*». Facevano ancora parte della collezione «*una Croce greca di lamina d'oro con impressione fatta cinque volte dal quinario, che si crede di Eraclito; un piccolo amuleto, un piccolo amuleto forato di materia ros-*

signa sopra cui evvi incisa la Croce e nome scritto in tre linee Petrisa rex; un astuccio contenente un cameo piccolo di corniola rappresentante una testa di filosofo con Pallio sulle spalle. La pietra è rotta nel mezzo ligata ad uso di medaglione».

Alcune monete longobarde facevano bella mostra montate su di un cartone colorato sul quale in basso recava la seguente scritta: «*Principum beneventanorum ex auro et argento et quae a Romana Ecclesia saeculo undecimo causa sunt numi-*

smata Patriae Ornamentum eruditorum suique commodo Marchio Joannes Pedicini Patritius Beneventanus et Bononiensis colligere diligenter curavit».

Il marchese Giovanni Pedicini raccolse con cura a vantaggio suo e dei dotti le monete d'oro e d'argento dei principi di Benevento e altre della Chiesa Romana dell'XI secolo che sono ornamento della Patria.

anno III, n. 42 – 18 maggio 1991

La ricostruzione storica del tronco Benevento-Avellino

L'impiego di manodopera locale in ragione degli esborsi dei Comuni

Il 7 marzo 1891 alla presenza del Ministro dei Lavori Pubblici si inaugurava il tronco ferroviario Benevento-Avellino. Così per la prima volta i silenzi delle verdeggianti colline che delineavano la Valle del Sabato furono interrotti dal sibilante fischio della vaporiera. In questa occasione ricostruiamo alcune tappe «burocratiche» che segnarono il percorso della progettazione della Benevento-Avellino.

Una prima notizia la ricaviamo da una petizione indirizzata ai Consiglieri provinciali e comunali di Napoli, Terra di Lavoro, Principato Ultra e Benevento dall'avvocato Raffaele de' Nobili e dall'ingegnere Enrico Smith come rappresentanti *La Società promotrice delle Ferrovie Provinciali e Comunali dell'Italia Meridionale*.

È del 22 ottobre 1866. Con essa fanno sapere che da poco hanno ultimato i progetti delle linee ferroviarie che da Napoli dovranno condurre a Gaeta, Benevento, per la Valle Caudina, e Avellino, per la Valle del Sabato, e che pertanto avanzano richiesta ai rispettivi Consigli al fine di poter ottenere quei sussidi che, proporzionati ognuno alla causa di loro interesse, permetteranno di portare a compimento *un'opera di tanta utilità e importanza sotto qualunque aspetto le si voglia riguardare. Le illuminate e patriottiche intelligenze che compongono tali Consigli rendono superflua qualsiasi dimostrazione dei vantaggi in generale che frutterebbero tali strade ferrate a quelle tra le nostre contrade che tuttavia sono prive di simili mezzi di comunicazione.*

Ai Comuni che già avevano aderito finanziando la proposta dei due e a quelli che ancora non lo avevano fatto, alle stesse deputazioni provinciali, facendo opportuna leva sullo spirito di patriottismo che li animava, promettevano, ad esercizio intrapreso, di mantenere il costo delle tariffe de' trasporti inferiori di quelle attualmente in vigo-

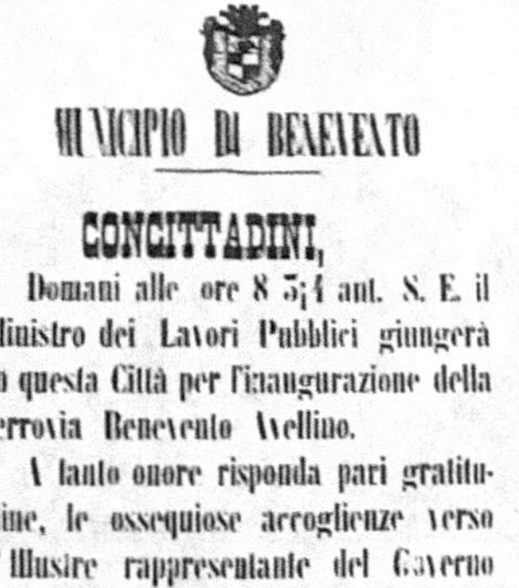

Manifesto del 1891 per l'inaugurazione della linea ferroviaria per Avellino.

re nelle ferrovie romane e tenere sulla linea almeno una metà degli uomini da indicarsi dai diversi Comuni interessati in proporzione dell'importanza dei sussidi che avranno contribuito all'intrapresa.

Il tracciato studiato prevedeva che il percorso ferroviario lasciato Napoli avrebbe continuato per Arienzo, San Felice a Cancello e quindi ancora per S. Maria a Vico fino alla Sella di Arpaia. Qui, girando pel piano di Airola, *al Civello di Ponte Schito*, sarebbe giunto in rettifilo fino a Montesarchio. In questo tratto sarebbero state collocate le stazioni di Airola e Montesarchio. Da quest'ultimo, poi, la ferrovia avrebbe toccato S. Martino Valle Caudina ove sarebbe stata ubicata una nuova stazione in comune anche a Cervinara e di là fino *al luogo detto Casale dei Principi presso il Ponte di Pannarano*. In questo punto verrebbe la stazione di biforcamento tra Avellino e Benevento. Qui una linea avrebbe continuato verso Benevento passando per la località *Taverna dei Tre Santi a piè dell'altura su cui è il Comune di Apollosa* dove verrebbe sistemata una stazione. L'altra linea, proseguendo verso destra, soffermandosi con altrettante stazioni presso i Comuni di Pietrastornina, Altavilla, Tufo, Prata Ultra, avrebbe raggiunto Avellino.

Con una successiva lettera aperta del 29 ottobre 1866 la Direzione delle Ferrovie Provinciali e Comunali, diretta ai vari Sindaci, facevano sapere che all'originario progetto venivano apportate lievi modifiche:

1) Che le due stazioni di Montesarchio e S. Martino Valle Caudina venivano sostituite da una sola intermedia costruita ad uguale distanza tra Montesarchio, Cervinara, San Martino e precisamente in prossimità del luogo detto *Ponte Cardito*;

2) Il biforcamento poi della linea per Benevento e Avellino, già stabilito nel luogo detto *Casale di Pannarano*, veniva localizzato, proseguendo fino a Benevento, lungo il corso della Tufara, alla stazione di Altavilla.

Tra l'altro poi veniva precisato che mantenendo ferme le condizioni già avanzate nella precedente memoria del 26 ottobre, la Società si impegnava ad ultimare la linea Benevento-Avellino al più tardi per fine dicembre 1868.

Dieci anni dopo la deputazione provinciale di Avellino, denunziando che per ben 18 anni erano stati esatti contributi alle gravose spese di sempre nuove costruzioni ferroviarie e chiedendo che ormai è tempo di reclamare in nome della giustizia distributiva anche la loro quota di utili, faceva auspicio per la costruzione del sospirato allacciamento ferroviario.

anno III, n. 43 – 1 giugno 1991

Maggio ricco di eventi storici. Nel 1839 i lavori della Basilica

Papa Pecci, delegato a Benevento, promulga la «Rerum novarum»

Quello di maggio è un mese particolarmente ricco di eventi per la storia di Benevento, sia essa civile, sia artistica che ecclesiastica.

Tra i tanti ricordiamo:

Il 2 maggio 1616 viene eletto arcivescovo di Benevento il napoletano Alessandro di Sangro;

Il 3 maggio 1905 monsignor Benedetto Bonazzi consacra il nuovo altare maggiore eretto nel Duomo su progetto dell'architetto Almerico Meomartini;

Lo stesso giorno, nel 1824, Leone XII nominava arcivescovo di Benevento il cardinale Giovanni Battista Bussi;

L'8 maggio 1729 Benedetto XIII, Vincenzo Maria Orsini, traslava nella nuova Basilica di S. Bartolomeo da lui fatta edificare, i resti del santo apostolo;

Il 10 maggio 1884 il generale Federico Torre è nominato senatore del Regno;

Il 17 maggio 1830 moriva in Parigi Carlo Maurizio di Talleyrand, principe di Benevento;

Il 23 maggio 1555 il cardinale Giampietro Carafa, nato a S. Angelo a Scala è eletto papa col nome di Paolo IV;

Il 24 maggio 1768 Ferdinando IV Borbone, re di Napoli, per costringere papa Clemente XIII a sopprimere la Compagnia di Gesù, decide di occupare militarmente Benevento;

Il 27 maggio 961 muore Landolfo II, terzo principe di Benevento;

Il 29 maggio 1724 è eletto papa col nome di Benedetto XIII il cardinale Vincenzo Maria Orsini; aveva fatto ingresso a Benevento per la prima volta, come arcivescovo, il 30 maggio del 1686.

Tra quelli elencati ed altri ancora, tuttavia, ci piace soffermarci su due episodi in modo particolare che ci sembrano più eclatanti per la città.

Papa Giovanni XIII, dopo un breve soggiorno in Benevento, ospite del vescovo Landolfo I, in una *Sancta Synodo*, tenutasi in Roma, con la partecipazione di Ottone II *gloriosissimo Imperatore Augusto*, col consenso di tutto il Collegio Cardinalizio, *ante confessionem Beati Petri apostolorum Principis*, il 26 maggio 969 eleva la chiesa beneventana alla dignità di Metropolitana e concede al vescovo il titolo di arcivescovo e l'uso del pallio col quale poteva fregiarsi nelle ricorrenze riportate nella bolla.

La medesima bolla, altresì, elenca le sedi vescovili immediatamente soggette alla Metropolitana beneventana, che sono: S. Agata dei Goti, Avellino, Quintodecimo, Ariano, Ascoli, Bovino, Volturara, Larino, Telese, Alife. L'arcivescovo Landolfo esercita questa sua nuova potestà immediatamente l'anno successivo consacrando vescovo di S. Agata dei Goti il beneventano Madelfrido.

Ricorre in questo mese anche il centenario dell'enciclica *Rerum Novarum* emanata da papa Leone XIII con esattezza il 15 maggio 1891. Il papa, rompendo con essa quell'isolamento attuato dal suo predecessore Pio IX, dava un notevole impulso all'intervento cattolico nel campo sociale e politico, gettando così le basi per il nascente movimento democratico cristiano. La sua analisi, in merito, veniva ulteriormente chiarita e analizzata con l'altra sua enciclica *Graves de communi* resa pubblica dieci anni più tardi, il 18 gennaio 1901.

Ebbene, non molti sanno, e va ricordato, che Leone XIII, papa Gioacchino Pecci, era ben conosciuto negli ambienti beneventani avendo vissuto qui in città come delegato apostolico dal marzo 1838 fino al 20 luglio del 1841. Durante la sua permanenza, la domenica del 26 maggio 1839, in assenza dell'arcivescovo cardinal Giovan Battista Bussi, Monsignor Gioacchino Pecci, assistito dal Capitolo Metropolitano, da tutto il clero regolare e secolare, alla presenza del Consiglio municipale e dinanzi ad una folla immensa di ogni sesso, condizione ed età, dava inizio alla solenne funzione della posa della prima pietra della costruenda Basilica della Madonna delle Grazie.

La basilica della Madonna delle Grazie, in una foto del primo decennio del Novecento.

Il 5 giugno 1688 Benevento fu distrutta dal terremoto

L'instancabile opera di ricostruzione del cardinale Orsini

Il 5 giugno 1688, sabato, vigilia di Pentecoste, erano appena scoccate le venti ore, all'incirca le 14,30 odierne, la città di Benevento fu abbattuta quasi totalmente da una violenta scossa di terremoto.

L'arcivescovo Orsini reggeva la chiesa beneventana da poco più di due anni. Era stato nominato arcivescovo da papa Innocenzo XI ed il 30 maggio 1686, vi aveva fatto solenne ingresso.

A cavallo di una *bianca chinea* aveva attraversato tutta la città e di certo ne aveva ammirato gli splendidi edifici che l'abbellivano non pensando che di lì a due anni la città sarebbe stata completamente distrutta e che anzi lui stesso avrebbe scampato miracolosamente la morte.

Dunque alle ore venti di sabato *la terra tremò tutta e si scosse dal basso all'alto, di vertigine e di ondulazione.*

A questa prima scossa ne seguì una seconda di maggiore intensità che *commosse la terra per la durata di un Miserere.*

Chi in quel momento di trovava fuori del perimetro urbano vide la città ridotta *un mucchio, una catasta, una massa di pietre mal composte e di altri materiali ridotti in frantumi e in minuzzoli tutti guasti e consumati.*

La città fu distrutta quasi totalmente, tanto che *salvo poche cose neppure le strade si distinguevano*

perché ricoperte dalle macerie. Cumuli dì rovine e di calcinacci si vedevano ovunque.

Sono le macerie trovarono la morte ben 1.367 cittadini e più di 200 forestieri.

Il danno subìto dalla città veniva quantificato in circa un milione di ducati.

Scampato miracolosamente alla morte, come abbiamo già detto, l'arcivescovo detterà alla presenza di tre testimoni una puntuale descrizione dell'accaduto al notaio Antonio Cirillo di Napoli dove aveva provvisoriamente trovato rifugio subito dopo il terremoto: *... trovandomi nella mia stanza situata nell'appartamento superiore del mio Episcopio, insieme discorrendo con un gentil huomo mio diocesano, attendendo l'avviso per calare in Chiesa al vespero, fu la mia stanza dal tremuoto abbattuta ed il pavimento dove io era ancora precipitato colle stanze di sotto ... ed io caddi col sopraccennato Gentiluomo fino al volto del granaio e fummo coperti dai sassi di tutti gli edifici, che ci precipitarono addosso con forte peso disuguale restando lui estinto ed io illeso difendendomi il capo alcune cannuccie che sopra di me fecero un po' di tetto ... Nella stanza da dove caddi vi era un Armario dì noce pieno di scritture dentro del quale io custodiva imortalate tutte l'effigi che esprimono istorialmente alcuni fatti più illustri della vita del glorioso mio*

Santo Protettore Filippo Neri ... Il medesimo armario venne a posarsi su quel tenue tettarello di cannuccie che mi difendeva il capo come ho detto e si aperse benché fosse chiuso con chiave ed uscirono le figure della vita del santo le quali si sparsero intorno a me e sotto il mio capo si fermò quella nella quale è delineato quando il santo orante vide la Beatissima Vergine che sosteneva colla sua santissima mano la trave della vecchia chiesa della Vallicella che era uscita dal suo luogo. Sopra il suddetto armario vi era caduta un'architrave molto pesante di marmo e con tutto ciò io per tutto lo spazio del tempo che dimorai seppellito tra quelle rovine non sentii incomodo alcuno, né peso, né gravezza...

L'Orsini, passati i primi attimi di sgomento, mise mano alla ricostruzione della città e valendosi di architetti e maestranze romane, napoletane e del luogo, rifece la città più bella di prima, sollecitando da più parti aiuti finanziari, avendo già ricevuto dalla Santa Sede due prestiti per un ammontare di 14.000 ducati, ed impegnando di suo un legato di 25.000 ducati lasciatogli dalla madre; si prodigò nella ricostruzione della città e il Comune a perenne ricordo volle eternare nel marmo la memoria dei suoi benefici chiamandolo *insigne ricostruttore, terzo fondatore* di Benevento.

anno III, n. 45 – 29 giugno 1991

L'ascesa ed il repentino declino del governatore Tiberio Pacca

Discendeva da una delle più antiche famiglie del patriziato beneventano

In un clima di grande serenità, con la partecipazione di tutte le forze politiche locali, in questo mese di giugno l'apposita Commissione composta da politici e da alcuni esperti, ha presentato la bozza del nuovo testo degli Statuti cittadini di cui, nel rispetto dei dettami della legge 142 dell'8 giugno 1990, devono dotarsi le Amministrazioni locali.

Questo evento ci ricorda una situazione analoga avvenuta circa quattro secoli or sono, esattamente il 30 giugno 1588.

L'allora pontefice Sisto V, con suo breve emesso nella suddetta data, ratificava definitivamente il testo degli Statuti della città di Benevento.

Il loro iter compilativo aveva però avuto una gestazione plurisecolare. Iniziato ai primi del 1200, con alterne vicende, sotto il continuo controllo dell'autorità pontificia, era giunta fino al 1588 appunto.

Nel corso dei secoli aveva conosciuto più stesure, di volta in volta approvate dal papa e di nuovo riviste ed adattate alle mutate esigenze di vita cittadina.

Ma non solo di questo vogliamo parlare in questo numero del giornale, Solo un accenno in concomitanza con i nuovi Statuti della città. Per quelli che volessero meglio conoscere l'origine e le vicende delle nostre istituzioni cittadine, consigliamo la lettura degli studi in proposito condotti da Gaetana Intorcia e Gianni Vergineo.

Vogliamo più compiutamente soffermarci, invece, sulla figura di un illustre beneventano morto, appunto il 27 giugno 1837 in Napoli: si tratta di mons. Tiberio Pacca, governatore di Roma.

Pacca discendeva da una delle più antiche famiglie del patriziato beneventano, nota fin dai tempi antichi. Le memorie storiche locali tramandano l'episodio di Guglielmo e Vesone Pacca che sacrificarono le loro vite nell'assedio che nell'agosto del 1240 Federico II di Svevia pose alla città pontificia, e di Nicola, regio coppiere, morto in Capua per quel veleno che altri avevano preparato per il re Ladislao.

Numerosi altri personaggi fiorirono nella loro famiglia: un Francesco, arcivescovo di Benevento, morto nel 1753; Bartolomeo, prosegretario di Stato al tempo di Pio VII, morto cardinal decano nel 1844; un secondo Bartolomeo anch'egli cardinale, morto nel 1880; Guglielmo, capitano dell'esercito italiano morto valorosamente in Adua nel 1896.

Tiberio nacque in Benevento nella casa paterna da Giuseppe e Teresa Crivelli. Di spiccata intelligenza, ancora in età giovanile, nella qualità di Cameriere segreto di papa Pio VII, fa latore della berretta cardinalizia allo zio Bartolomeo allora Nunzio apostolico a Lisbona. Di poi, affianco dei cardinali Consalvi e Pacca, cominciò a rendersi pratico dei più alti affari dello Stato pontificio. Attività questa che se da una parte lo rendeva caro al Papa, dall'altra gli creò cagione di di-

Tiberio Pacca

sgrazia. Infatti, allorché la città di Roma venne occupata dalle truppe francesi di Napoleone, per ordine di questi il 6 luglio 1809 subì la carcerazione e tradotto a Fenestrelle, presso Torino, assieme allo stesso papa Pio VII ed al cardinale Pacca pro-segretario di Stato.

Scarcerato nel 1811, si stabilì in Roma ed al ritorno del Papa nel 1814 fu nominato Delegato apostolico di Civitavecchia e poi ancora nel 1816, sempre grazie ai favori del potente zio, eletto governatore di Roma e Direttore generale della Polizia.

Ad una così celere ascesa seguì, però, un declino altrettanto rapido. Impelagato in vari intrighi politici a danno dello stesso pontefice, per evitare l'arresto, nell'aprile del 1820 lasciò precipitosamente la città per non farvi più ritorno. Trovò riposo prima a Parigi, presso il Nunzio apostolico cardinale Macchi e poi presso la corte di Torino dove ricoprì la carica di Intendente generale nella segreteria di Stato per gli affari esteri.

La disgrazia però continuò a perseguitarlo. Costretto a lasciare Torino, dopo un breve soggiorno a Firenze, riparò in Napoli dove condusse vita privatissima sotto la protezione della corte borbonica. Ed in Napoli, il 29 giugno 1837, morì di colera assieme a tanti altri colpiti dall'epidemia che si abbatté sulla città.

anno III, n. 46 – 13 luglio 1991

Durarono 18 anni i lavori per la costruzione della Rocca

È noto che con la morte di Landolfo VII, ultimo principe longobardo, nel novembre del 1877, il governo della città di Benevento, passato sotto la Santa Sede, fu affidato ai Rettori Pontifici. Questi, per l'amministrazione del proprio ufficio, si insediarono nel *Palazzo dei principi longobardi* all'epoca costruito da Arechi nel luogo appunto ancor oggi detto Piano di Corte.

In questo palazzo dunque, che tra l'altro vide ospiti molti pontefici, dimorarono i rettori pontifici per oltre due secoli. La loro permanenza tuttavia non fu sempre tranquilla e serena essendo disturbata dai continui episodi d'armi causati da diverbi fra arcivescovi e rettori, e dalle varie inchieste e punizioni di rapaci e prepotenti *officiales* o di malfidi tesorieri che ignorando le direttive pontificie estorcevano ai beneventani *immoderates pecunia quantitates* e li opprimevano *diversis iniuriis et gravaminibus.*

È facile pertanto supporre che nelle molte insurrezioni del po-polo contro i rettori e i loro vicari il vetusto Palazzo dei principi venisse abbondantemente danneggiato aumentando così lo stato di insicurezza già denunciato dal notaio Falcone nella sua cronaca quando ci dice che più volte nel XII secolo i rettori avevano dovuto trovare rifugio nel vicino monastero di S. Sofia.

Ultimo in ordine di tempo, nel 1316 un sanguinoso tumulto metteva in pericolo la vita dello stesso rettore Ugo de Layssac che si era reso inviso ai beneventani. La rivolta popolare capeggiata da due notabili beneventani Simone Mascambruno e Francesco di Tocco fu oltremodo violenta.

I rivoltosi, penetrati nel Palazzo vi assalirono i custodi, uccidendone buona parte, e appiccando il fuoco alle porte e all'archivio e lo stesso rettore a stento trovò salva la vita. L'episodio, molto cruento, suscitò l'indignazione di papa Giovanni XXII che da Avignone si ritorceva contro lo stesso Mascambruno mandato in esilio e colpito

La progettazione fu affidata ad architetti provenzali

La corte interna della Rocca in una foto del 1958

da indegnità assieme ai figli e ai nipoti fino alla terza generazione e contro gli stessi familiari; la stessa figlia di Simone, Bartolomea, eletta abatessa del monastero di S. Pietro, veniva dichiarata nulla nell'incarico, così come il fratello di Simone, Mascambruno de Mascambrunis, veniva destituito da canonico del Duomo.

L'inchiesta poi sul grave episodio venne affidata al francese Guglielmo de Balaeto che qualche anno dopo, nel marzo del 1318, dallo stesso Giovanni XXII veniva nominato nuovo rettore di Benevento.

Non mancarono nel frattempo, sempre da parte del pontefice, severi ammonimenti contro chiunque avesse ordito ancora una volta offendere e perturbare l'operato dei rettori di Benevento o di mancare ad essi il dovuto rispetto.

Fu lo stesso de Balaeto a proporre al papa, anche per dare una sede degna e più sicura al rettore, la costruzione di un nuovo fortilizio. Approvata la richiesta con data del 5 luglio 1320, allo stesso de Balaeto fu dato ordine di eseguirla. La scelta del luogo per la nuova costruzione cadde sullo spazio antistante la Porta Somma all'estremo limite della parte alta della città per motivo strettamente militare, da un lato si dominava la città, dall'altro la valle del Sabato con la via romana che da Benevento arrivava ad Avellino. La progettazione fu affidata ad architetti provenzali e per questo motivo l'intera costruzione risente di analogie con le grandi costruzioni militari del sud della Francia, Carcassone ed Avignone. I lavori per la costruzione del castello, inserito così nel circuito delle mura, durarono ben 18 anni dal 1321 al 1338. Dell'edificio si conserva una precisa descrizione, interessante anche sotto l'aspetto della storia dell'architettura militare medievale redatta da mons. Pierre Ricard incaricato nell'agosto del 1333 di completare i lavori del castello che poi come abbiamo visto durarono invece ancora alcuni anni.

Una ulteriore curiosità. Simone Mascambruno poi nel 1323, il 5 marzo, sempre per i fatti successi precedentemente, fu processato e condannato a morte, e il suo corpo fu «dismembrato, decapitato e sospeso nella pubblica piazza di Benevento».

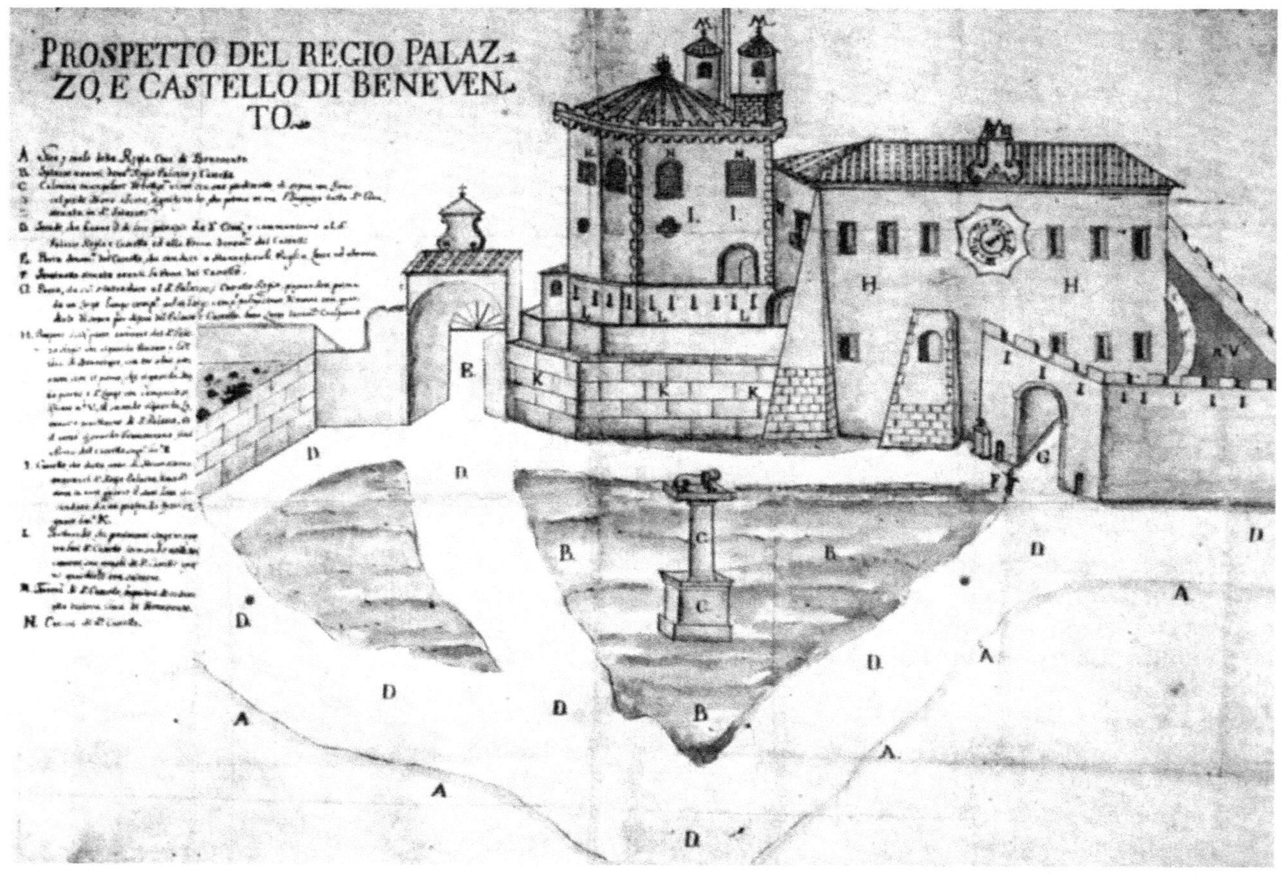

La Rocca dei Rettori in un disegno del XVIII secolo.

anno III, n. 47 – 7 settembre 1991

Il 27 agosto 787 moriva in Salerno il popolare duca beneventano Arechi

Il periodo più fulgido della millenaria storia beneventana è certamente quello longobardo.

Le vicende più importanti sono abbastanza note: la loro venuta in Italia, la loro discesa fino a Benevento al comando di Zottone, l'elevazione, a seguito della caduta del regno di Pavia nel 774 da ducato a principato, la fine del principato nel 1077. Chi non ricorda o non ha sentito almeno una volta raccontare la storia di S. Barbato e delle streghe o del valoroso Sessualdo morto decapitato sotto le mura della città.

Alcuni significativi monumenti rievocano la loro grandezza, l'intestazione di alcune strade ci ricordano grossi personaggi legati all'epoca longobarda: Sessualdo, Ursus, Grimoaldo re, Arechi. Molti forse non sanno che proprio di quest'ultimo, quindicesimo duca di Benevento certamente il più popolare dei duchi beneventani, ricorre in questi giorni la data della morte avvenuta in Salerno il 27 agosto del 787.

Alla caduta del regno longobardo dunque era duca di Benevento, come abbiamo detto Arechi, secondo duca di questo nome e genero di re Desiderio per averne sposato la figlia Adelberga. Per chiarezza è bene accennare in qual modo e con quali circostanze Arechi divenne duca e per questo dobbiamo andare un poco indietro nel tempo.

Profittando delle lotte per la conquista del trono di Pavia esplose alla morte di re Astolfo alla fine del 756, i duchi di Spoleto e Benevento, Alboino e Liutprando avevano cercato di svincolarsi dalla tutela regia chiedendo, tramite il papa Stefano II, cui avevano giurato fedeltà, l'appoggio del re dei franchi Pipino.

Nel frattempo veniva eletto Desiderio che appena rafforzatosi sul trono pensava bene di riconquistare Spoleto e Benevento e a capo di un forte esercito scendeva nel meridione. Vincendo ogni resistenza rioccupava Spoleto mentre senza colpo ferire entrava in Benevento aiutato anche da un forte partito di opposizione capeggiato da Arechi.

Questi veniva così nominato duca di Benevento con un atto di autorità di re Desiderio che ne premiava così la fedeltà e per acclamazione del popolo. Nei primi mesi del 758 quindi Arechi, appartenente a nobilissima famiglia probabilmente beneventana, saliva sul trono di uno dei più vasti ducati longobardi, giovanissimo, alla sola età di 24 anni e Desiderio per legarlo maggiormente a sé gli dava in moglie la figlia Coneperga.

Dei primi 16 anni di governo sino alla caduta del Regno abbiamo solo poche e frammentarie notizie, ma nel 774 appena informato della resa di Pavia e della scomparsa di Desiderio, deposto da re Carlo ed esiliato in Francia, Arechi si dichiarava indipendente, assumeva il titolo di principe,

Ribellatosi alla corte di Pavia assunse il titolo di Principe

Arechi II

si faceva consacrare dai suoi vescovi, ordinava che gli si attribuissero i titoli di *excellentissimus vir, gloriosissimus dominus, gloriosus princeps.*

Aggiungeva inoltre ai titoli le insegne del potere sovrano, il diadema, lo scettro, il trono dorato, e nel contempo eleggeva vescovi e abati e batteva moneta e ordinava che gli atti pubblici si emanassero in nome suo e recassero la formula *scriptum in sacratissimo palatio* come usavano i principi longobardi.

La sua corte diveniva il *sacrum palatium* di cui rimane il ricordo nel toponimo Piano di Corte. Durante il suo governo Benevento raggiungeva uno splendore mai conosciuto prima, coadiuvato in ciò dalla moglie Adelberga. Profondamente religioso faceva traslare a Benevento molte reliquie e corpi di Santi promuovendo altresì la costruzione di numerosi edifici religiosi: la chiesa di S. Pietro e Paolo a Salerno, quella di S. Salvatore ad Alife, il monastero femminile di San Vincenzo al Volturno sempre ad Alife. La sua fama resta legata alla costruzione della Chiesa di S. Sofia di Benevento che arricchita delle sue donazioni diverrà uno dei santuari della Longobardia minore.

Circondava quindi Benevento di mura e vi costruiva il *sacrum palatium* dove allocava la sua corte emula di quella di Pavia.

Nell'intenzione di dare al principato anche uno sbocco sul mare, faceva di Salerno una seconda capitale, costruendovi il castello nel quale troverà rifugio agli assalti di re Carlo e dove il 27 agosto 787 troverà la morte.

anno III, n. 48 – 21 settembre 1991

Con la cacciata dei gesuiti istruzione difficile e carente

I maschi beneventani costretti a rivolgersi da anziani e rari maestri

La soppressione dell'Ordine dei Gesuiti voluta da Papa Clemente XIII la loro cacciata via dalla città creò non poche difficoltà nell'ambito dell'istruzione pubblica beneventana.

Con la loro espulsione infatti, chiuso il Collegio che essi vi detenevano, vennero a mancare le scuole sia primarie maschili che quelle di lingua latina e greca. L'istruzione maschile era infatti totale appannaggio di questo istituto religioso e di quello delle scuole pie.

L'educazione femminile si esplicava invece presso l'antico orfanotrofio dell'Annunziata e solo più tardi, pochi anni dopo, cominciarono ad esercitare il nuovo orfanotrofio femminile di San Filippo, voluto dal Cardinale Domenico Spinucci e le scuole delle Orsoline che l'arcivescovo Francesco Pacca aveva voluto e che il suo successore cardinale Francesco M. Banditi, aveva aperto.

Per i maschi dunque non vi era nulla di simile e quando non erano in grado di avviarsi all'istruzione classica, potevano solo a mala pena imparare i rudimenti dell'alfabeto e della matematica da qualche raro e vecchio maestro.

La Comunità stessa, per venire incontro alle richieste cittadine, tentava in più sedute consiliari di trovare una soluzione idonea al problema.

Nel pubblico consiglio generale del 29 settembre 1776 veniva deciso che in città fossero aperte delle pubbliche scuole affinché la gioventù si allenasse nelle scienze.

E ancora, nel consiglio dell'11 marzo 1777, veniva deciso che li maestri dovessero essere cittadini. Veniva altresì approntato un piano che prevedeva l'apertura di quattro scuole: di grammatica, di umanità, di retorica e di filosofia con la geometria con le rispettive retribuzioni di 50 ducati per il maestro di grammatica, 60 per quello di umanità, 90 per quello di retorica e 100 ducati per il maestro di filosofia e geometria. Nella stessa seduta veniva anche deciso di istituire una cattedra di legge con la retribuzione, per il rettore, di 100 ducati annui.

Inoltre accanto alle prime quattro scuole inferiori ne venivano istituite altre quattro da affidarsi a maestri laici: filosofia e matematica con lo stipendio annuo di 80 ducati, umanità e retorica (120 ducati, grammatica (70 ducati), leggere, scrivere, declinar e coniugare (60 ducati).

Le ore di lezione giornaliere erano complessivamente cinque da suddividersi tra mattina e pomeriggio. La possibilità avanzata di comprare una casa *in luogo pubblico* per sistemarvi il suddetto complesso scolastico veniva accantonata perché enormemente gravosa per le dissestate finanze locali, per cui si decideva di optare per l'utilizzo dei locali del vec-

chio Collegio gesuitico occupato, al momento, dai Padri Missionari del SS. Redentore, con i quali, preventivamente interpellati, la comunità pattuiva un compenso annuo di 80 ducati.

Il piano elaborato, pur sostenuto dalla buona volontà dei consiglieri tutti, doveva rimanere, tuttavia, inevaso proprio per gli eccessivi costi che comportava, e pertanto la sua attuazione venne rimandata, *a nuova riunione e con migliore riflessione.*

Pochi anni dopo nel 1780 la questione veniva riaperta ad opera, non più della comunità ma del cardinale Banditi, forse sollecitato dallo stesso Pontefice Pio VI a cui si doveva anche la costruzione della porta sul ponte di Calore a da lui detta appunto Porta Pia. Di tanto interessamento veniva reso partecipe sia il Governatore Stefano Riva che la stessa comunità con una lettera inviata da Roma a firma del cardinale Casali e data-ta 23 dicembre 1780 che tra l'altro diceva: *Nostro Signore, considerato*

lo scapito prodotto a codesta gioventù dalla mancanza delle pubbliche scuole dopo l'espulsione dei Gesuiti seguito nell'anno 1768 commise a codesto cardinale arcivescovo che siccome codesti religiosi delle Scuole Pie esercitano per loro istituto le scuole inferiori di grammatica e di umanità così trattasse con i medesimi religiosi per istabilire presso di loro le altre cattedre di Rettorica, Filosofia e Teologia, a pubblico comodo e profitto.

La decisione suggerita dalla Sagra Congregazione e dallo stesso Banditi veniva unanimemente deliberata in Consiglio comunale finiva così il sogno della comunità di aver una propria scuola gestita non più da preti ma da maestri laici.

Mezzo secolo dopo, ancora un prelato, l'arcivescovo di Benevento cardinale Bussi, doveva risolvere definitivamente il problema dell'istruzione popolare chiamando in città i Fratelli delle Scuole Cristiane, i Lasalliani, sistemandoli nel monumentale complesso di S. Sofia. Era il 19 settembre 1834.

L'ex Collegio Gesuitù poi Liceo Classico.

anno III, n. 49 – 5 ottobre 1991

Con i Fratelli delle Scuole Cristiane riprende l'insegnamento a Benevento

Fu il cardinale Bussi a perorare la loro venuta

In calce alla nostra precedente nota sullo stato della Istruzione pubblica e popolare nella nostra città ai primi del XIX secolo, fuggevolmente ricordammo la presenza dei Fratelli delle Scuola Cristiane venuti appunto in Benevento sul finire del 1834.

Il Cardinale Giovan Battista Bussi, eletto arcivescovo di Benevento nel 1824, fin dai primi tempi era stato colpito dallo stato di abbandono in cui era lasciata la maggior parte della gioventù, e si adoperò pertanto a colmare quella che a lui pareva una grande mancanza.

Dopo lunghe e ripetute premure riusciva ad ottenere che venissero in Benevento i Fratelli delle Scuola Cristiane, i seguaci di San Giovanni Battista de La Salle, che sorte in Francia nella seconda metà del secolo XVII, avevano avuto larga diffusione nei diversi stati d'Italia.

Chiamati da Bussi con bolla del 19 settembre 1834, vi giungevano poco dopo e sempre per interessamento del cardinale arcivescovo trovavano degna sistemazione nel monastero di S. Sofia. A loro venivano assegnate parte delle rendite del Monte dei Pegni, del Monte dei Tetti, del Collegio dei Gesuiti e del Comune.

I corsi di insegnamento iniziavano subito il 3 novembre successivo. Ne era direttore superiore fratel Gioacchino e l'affluenza degli scolari fu così massiccia da sorpassare ogni previsione, con grande soddisfazione dello stesso Bussi che vedeva così consolidato nel tempo il suo operato.

Anzi alla sua morte, avvenuta pochi anni dopo, gli stessi Fratelli delle Scuola Cristiane vollero ricordare la sua iniziativa collocando nella chiesa di S. Sofia la seguente lapide: *Ioanni Baptistae Card. Bussi / Archiepiscopi Beneventani / S. Sophiae Aedis / Munifecentissimo Restitutori / Fratres Scholarum Christianarum / Posuerunt Anno Reparatae Salutis MDCCCXLIII.*

Nel 1837 Fratel Gioacchino veniva eletto vicario generale dell'ordine e gli succedevano nell'incarico fratel Crispino (1837-1840), fratel Tommaso (1840-1842), fratel Anselmo (1842-1852). A quest'ultimo seguiva fratel Antonio Lumel.

I moti rivoluzionari del settembre 1860 segnavano la fine del Governo pontificio sulla città, e con esso la fine dei Gesuiti e degli Scolopi e di tante altre Corporazioni religiose. Non veniva risparmiato lo stesso cardinale Domenico Carafa, successore di Bussi, che doveva lasciare la città e riparare a Roma ove rimaneva per più anni.

In questo clima innovativo per i Fratelli delle Scuola Cristiane fu osservato un trattamento particolare: infatti furono lasciati nella loro sede indisturbati e liberi di continuare l'operato che da più di trenta anni andavano svolgendo e puntualmente, come già negli anni addietro, il 3 novembre successivo riprendevano normalmente le lezioni.

Ed in seguito il Comune, a cui le nuove leggi del regno avevano demandato l'incarico di provvedere all'insegnamento elementare senza alcuna esitazione, con delibera del 10 novembre del 1861, *riconosciuto che i Fratelli delle Scuola Cristiane qui residenti hanno per lo innanzi dato non dubbia prova nell'insegnamento*, conferiva la nomina di maestri delle quattro classi vennero allora istituite ai Fratelli Gaetano Verrusio, Prospero Airenti, Michele Cecchetti, Emilio Naldini.

In tal modo le scuole di S. Sofia, già operanti da circa un trentennio sotto gli auspici del cardinale Bussi e del suo successore cardinale Carafa, passarono con successo a continuare la loro opera col nuovo Governo alle dipendenze del Comune.

Questo passaggio, pochi anni più tardi, doveva essere positivamente sottolineato da Stanislao Gatti, letterato, filosofo e anticlericalista, che intorno al 1870 fu prefetto di Benevento e, secondo la legge del tempo, presidente del Consiglio Scolastico Provinciale.

Questi, in una memoranda seduta del Consiglio Provinciale, si dilungò a tessere lodi a favore delle Scuole Orsoline e più ancora di quelle dei Fratelli delle Scuola Cristiane, sottolineando, con una punta di rammarico, come queste istituzioni fossero *ereditate da un passato che la storia aveva condannato e noi abbiamo distrutto*.

I Lasalliani quindi continuarono a svolgere la loro attività all'interno del complesso sofiano fino ai primi del 1900. Poi, avendo avuto la possibilità di poter acquistare, verso il 1904, il palazzo dei Marchesi De Simone, che era situato poco lontano dalla loro sede in un sito salubre e ben arieggiato, con un'ampia veduta sulle circostante campagne, essi potettero tramutare in realtà un loro antico progetto: aprire in città un collegio che potesse accogliere gli alunni delle scuole elementari e secondarie.

Trascorso pertanto il tempo necessario per gli opportuni lavori di modifica ed ammodernamento dell'antico palazzo immobiliare, il collegio fu aperto nell'ottobre del 1906, accogliendo fra le sue mura convittori non soltanto della nostra provincia o di quelle limitrofe, ma provenienti anche da altre province d'Italia, qui richiamati dalla bontà dell'educazione e dall'oculata vigilanza assicurate, che unite all'ottimo trattamento, fecero del Collegio «de La Salle» uno dei più rinomati e ricercati d'Italia.

Palazzo De Simone in una cartolina degli anni Venti, prima della demolizione della cappella e dell'innalzamento di un piano.

anno III, n. 50 – 19 ottobre 1991

Le opere di Giovanni de Nicastro preziose fonti di ricerca storica

La storiografia erudita settecentesca leva dall'oblio antichi carteggi

La moderna storiografia piglia le mosse da quella erudita settecentesca nata in Francia ad opera di vari ordini monastici e principalmente dei padri Maurini.

La nuova corrente, mettendo in dubbio il valore della tradizionale autorità si distingueva innanzitutto e soprattutto per la sistematica cura di ogni scienza ausiliare che potesse essere di supporto all'indagine storica.

Per la prima volta furono fatti tentativi di raccogliere in modo completo le fonti su determinati periodi storici e per la prima volta lo studioso veniva messo in grado di avere a portata di mano tutta la documentazione su certi periodi storici e di distinguere così, secondo principi metodici, i documenti veri dai falsi. Con l'ausilio di questi dettami si distinsero per ogni dove eruditi che, animati dal sano amore per le patrie memorie, non disdegnando umili fatiche e pazienti ricerche, illustrarono chiese e monasteri, monumenti sparsi nei musei, levando dall'oblio documenti antichi e moderni, e pubblicarono dissertazioni e disquisizioni scientifiche per contribuire alla conoscenza della storia patria.

Anche Benevento ebbe i suoi storici ufficiali; tra i tanti, uno dei più importanti fu certamente Monsignor Giovanni de Nicastro, di cui in questi giorni ricorre l'anniversario della morte avvenuta il 1 ottobre del 1738. Di nobile e antica famiglia originaria di Nicastro, da cui appunto prese il nome, nacque in Benevento il 24 maggio 1659.

Uomo ricco di cultura, frequentò gli studi di umanità, retorica e filosofia nel locale Collegio dei Gesuiti e compiuti in Napoli gli studi di Giurisprudenza, intraprendeva gli studi di Teologia nel Collegio romano. Chierico ad 11 anni, salito al sacerdozio nel 1683, veniva nominato canonico della Chiesa Metropolitana. In quest'anno metteva alla lice il suo primo lavoro, «Benevento sagro», dove tratta dell'origine e della fondazione della Chiesa Cattedrale, e di altre chiese le più importanti della città, descrivendone lo stato, illustrando i principali documenti e riportando le iscrizioni e le epigrafi che vi si conservavano.

Nel 1698 lo troviamo principe dell'accademia dei Ravvivati, e testimoniarono la sua attività le tante ricerche erudite, storiche, teologiche, alcune date alla stampa, ed altri ancora manoscritti conservati negli archivi locali.

Molte sono le opere scritte dal nostro e tutte costituiscono una ricca fonte di notizie per la storia di Benevento e delle sue famiglie. Notevole il *Teatro di Nobiltà* che si conserva manoscritto preso la Biblioteca Pacca dove l'autore discorre delle famiglie nobili della città e della sua, nell'ambito della quale traccia anche una personale biografia. Quest'opera, dedicata a Carlo III d'Austria, porta la data del 1708 ed è una fonte im-

---

DESCRIZIONE

Del celebre Arco, eretto in Benevento a MARCO ULPIO TRAJANO, XIV. Imperadore, dal Senato, e Popolo di Roma nell'anno del Signore 112.

COL COMPENDIO

Delle antiche, e moderne Memorie di detta Città di Benevento, e delle gloriose geste del medesimo Imperadore.

OPERA

DI GIOVANNI DI NICASTRO,

Patrizio Beneventano, e Sipontino, Dottor delle Leggi, ed Arcidiacono della S. Chiesa Metropolitana.

CONSAGRATA

All'EMINENTISS., E REVERENDISS. PRINCIPE,

MICHEL FEDERIGO DE CONTI DI ALTHANN

Della S. Romana Chiesa Prete Cardinale, del titolo di S. Sabina, Vescovo di Vaccia, Viceré, Luogotenente, e Capitan Generale del Regno di Napoli.

Nihil est enim aptius ad delectationem lectoris; quàm temporum varietates, fortunæque vicissitudines.
Cicero l. 5. fam. ep. 12.

Benevento, Nella Stamp. Arcivescovile MDCCXXIII. *Con licenza de' Superiori.*

Il frontespizio della Descrizione dell'Arco di Giovanni De Nicastro.

portante per la storia di Benevento e delle sue famiglie.

Frutto poi di pazienti e laboriose ricerche condotte su fonti piuttosto oscure e mal conosciute, è la *Beneventana Pinacotheca*: l'opera, scritta in latino, divisa in tre libri, illustra nel primo l'origine della città e l'importanza e l'estensione della Chiesa Beneventana; nel secondo l'autore parla dei Santi e dei vescovi e prelati nativi di Benevento; nel terzo infine parla degli uomini distintisi nel campo delle lettere e delle armi.

Questa, certamente la sua opera migliore e più conosciuta, fu molto apprezzata dagli studiosi contemporanei ed ebbe grossa notorietà su tutti i giornali letterari

dell'epoca. La sua attività di studioso e osservatore attento delle bellezze artistiche della città natale si evidenzia nella *Descrizione del celebre arco eretto in Benevento a Marco Ulpio Traiano* ed impresso con i tipi della locale Stamperia Arcivescovile nel 1723. Preceduta da una breve storia della città e dei tempi dell'autore, la descrizione dell'arco vuole magnificare il valore artistico e storico di quel capolavoro.

Sollecitata da un «milord inglese», che volle fosse eseguito anche un fedele disegno dell'arco, l'opera si avvale molto delle ricerche storiche condotte dal fratello Giordano e dagli studio di diversi autori antichi e moderni.

Al culmine di una prestigiosa carriera che lo aveva visto ricoprire le cariche più alte, dall'Orsini, da poco eletto papa, venne nominato vescovo titolare di Claudiopoli.

Nel settembre del 1730, a seguito della caduta del Card. Nicolò Coscia e delle sue dimissioni da arcivescovo di Benevento, fu dalla Santa Sede nominato vicario capitolare, incarico che mantenne fino alla nomina del Card. Sinibaldo Doria, e che costituì il suo ultimo incarico ufficiale.

Gli ultimi anni della sua vita trascorsero tra i suoi amati studi, approntando ed approfondendo le sue ricerche. Morì il 1° ottobre 1738.

anno III, n. 51 – 2 novembre 1991

Ricorre il 149° anniversario della visita di papa Pio IX

Corre quest'anno il 143mo anniversario della visita fatta a Benevento da Pio IX papa Mastai Ferretti e precisamente nei giorni 30 e 31 ottobre ed 1 e 2 novembre 1849.

Sono noti gli eventi politici che nel novembre del 1848 portarono il sommo Pontefice ad allontanarsi da Roma e trovare un rifugio sicuro a Gaeta, ospite di Ferdinando II. Qui lo raggiunse lo stesso cardinale Domenico Carafa, arcivescovo di Benevento, anche lui costretto ad allontanarsi dalla sua sede *mal sopportando gli aspri dissensi col partito progressista e la milizia nazionale cittadina* e che presso di lui rimaneva fino al gennaio dell'anno seguente.

Gli avvenimenti, tuttavia, non tardavano a mutarsi. Il 3 luglio dell'anno successivo 1849, i fran-

cesi, al comando del generale Oudinot, entravano in Roma ed il giorno successivo disperdevano i deputati dell'Assemblea Costituente che avevano sorretto l'eroica resistenza romana. Il papa poteva rientrare nella sua sede accompagnato dal compiacimento di tutto il mondo cattolico.

Lo stesso cardinale Carafa non mancava di inviare da Benevento, a nome suo e dell'intera città, espressioni di grazia e soddisfazione *per la restituita pace e tranquillità*.

Pochi mesi più tardi, nell'ottobre del 1849, lasciata Gaeta, il papa era ancora ospite della famiglia reale napoletana, nella Reggia di Portici. Da qui effettuava escursioni nelle zone limitrofe, come gli scavi di Pom-

A Benevento una sosta di quattro giorni d'intensi incontri

Papa Pio IX

pei, e la vicinanza a Benevento, antico dominio pontificio, del resto anche ben collegata con l'area napoletana, lo invogliava a trasferirsi a Benevento, dove poi soggiornava per ben quattro giorni. La mattina di martedì 30 ottobre il pontefice, dalla stazione ferroviaria di Portici, si portava fino a Cancello e da qui, accompagnato da buona scorta composta sia dalle truppe pontificie comandate dal Generale Barone Carlo Zucchi, quanto da un picchetto di reali ussari, attraverso Arienzo, Arpaia e Montesarchio il pontefice si dirigeva verso Benevento.

Al confine tra la provincia di Terra di Lavoro e quella di Principato Ulteriore incontrava una prima rappresentanza beneventana capeggiata dal delegato apostolico Mons. Pietro Gramiccia *che gli si era fatto incontro per accompagnarlo durante le due miglia che mancavano alla Porta Rufina.*

Qui giunto, alle due pomeridiane, il papa lasciava la carrozza e si apprestava ad entrare in città all'ingresso della quale il primo rappresentante della magistratura municipale beneventana, rappresentando espressioni di sudditanza, gli faceva omaggio delle chiavi della città. Di poi, nel medesimo luogo, incontrava il Cardinale Carafa, il Capitolo Metropolitano in pompa magna, cappellani, parroci e sacerdoti ed alla testa di un lungo corteo si avviava al Duomo sotto un prezioso baldacchino le cui aste erano sostenute da altrettanti rappresentanti del corpo municipale, tra una moltitudine di popolo che faceva ala al suo passaggio e che si affacciava dai balconi, dalle finestre, logge e terrazze tutte abbellite da colorati drappi di seta.

Nei due giorni di permanenza in città il sommo pontefice alternava alle funzioni religiose gli incontri con le varie delegazioni cittadine e le visite al tesoro della Cattedrale dove si conservavano ricchissimi paramenti sacerdotali nonché grande abbondanza di sacre suppellettili tra le quali la famosa Rosa d'Oro, dono di Papa Orsini, e non poche reliquie di Santi, ed ancora alla Biblioteca Capitolare esistente già nel X secolo, ricca di preziosi documenti e di diplomi di imperatori e principi, di bolle papali, arcivescovili ed altri documenti, appartenenti ai secoli XI-XIV, tutti raccolti in oltre 500 volumi. Il papa visitava inoltre i due monasteri delle Orsoline e delle Benedettine, l'ospedale Fatebenefratelli e quello di San Gaetano, nonché i due Orfanotrofi della Santissima Annunziata e di San Filippo Neri.

Il giorno 2 novembre, dopo una ennesima benedizione impartita dal balcone del palazzo arcivescovile alla folla gremita in piazza Orsini, alle ore 12, accompagnato dal suo solito seguito, il sommo Pontefice ripartiva dalla città. Una folla immensa di popolo lo accompagnava all'Epitaffio.

Il breve soggiorno di papa Pio IX resta comunque legato a due realizzazioni di grosso interesse per la città, da lui suggerite e da lui stesso sostenute con una personale elargizione di 1000 ducati, consegnati al delegato con una precisa destinazione: una riguardava l'apertura di una nuova arteria che, diretta dal Ponte di Calore, doveva portare davanti al Duomo; l'altra interessava l'abbattimento di alcune case a ridosso dell'Arco di Traiano in modo che così potesse maggiormente risplendere la bellezza di questo monumento, stupenda attenzione di un glorioso passato.

anno III, n. 52 – 18 novembre 1991

Il sindaco Donisi impose ed ottenne l'abbattimento della chiesa del Gesù

Anche i lavori di ripavimentazione di piazza Roma sono stati bloccati (e poi ripresi) dalla Soprintendenza a causa di preesistenze emerse allo strato superficiale. Si tratterebbe di un muro di fondazione di un edificio, ma quale? Si ipotizza possano essere i resti dell'antica chiesa del Gesù. Se così è, pubblichiamo dei documenti originali riguardanti l'abbattimento della chiesa nel convincimento che possano contribuire a chiarire l'arcano.

L'abbattimento della chiesa del Gesù, ubicata in quella che sarebbe poi divenuta piazza Roma, fu abbastanza sofferto.

Di proprietà del Convitto nazionale «Giannone» l'edificio sacro doveva scomparire per dare spazio alle opere di regime. Le resistenze del Convitto furono vinte anche con pressioni poste in essere dai fascisti; gli impegni assunti non furono mai rispettati; i vincoli elusi.

Con la trascrizione del verbale del Consiglio di amministrazione del Liceo e del Convitto «Pietro Giannone» del 15 marzo 1924 ha inizio la lunga odissea.

Nella precedente seduta il Rettore diede comunicazione al Consiglio della seguente lettera del Sig. Sindaco di Benevento e della deliberazione della Giunta cui la lettera si riferisce.

«Benevento, 8 maggio 1924. N. 5427 di protocollo.

La Giunta Municipale, nella seduta di ieri sera, ha deliberato di affidare a me l'incarico dello svolgimento delle pratiche per l'abbattimento

dell'ex Chiesa del Gesù di proprietà del Liceo e del Convitto Giannone, quest'ultimo da Lei degnamente retto.

Lo scopo di tale abbattimento, come è noto, è quello di rendere aperto ed in comunicazione più diretta con il Corso Garibaldi uno dei più importanti luoghi della città, cioè la Piazza Giannone. In questo dovrebbe sorgere il monumento ai Caduti e verrebbe costruito in fondo alla stessa da parte del Banco di Napoli un palazzo per i propri uffici. D'altra parte l'Amministrazione del Convitto ricavarebbe non poco profitto dalla cessione dei materiali per la costruzione del detto palazzo del Banco di Napoli mentre l'edificio del Convitto molto si avvanteggerebbe dall'avere sulla piazza sporgenti le proprie finestre.

Le trasmetto qui unita in copia la deliberazione stessa con preghiera di sottoporre il contenuto di essa all'esame di codesto On. Consiglio di Amministrazione provocando dello stesso parere favorevole nell'interesse del miglioramento estetico di questa Città.

Con ossequio. Il Sindaco Donisi.

Deliberazione della Giunta Municipale di Benevento n. 477. Adunanza del 7 maggio 1924. Presiede il Sindaco Cav. Uff. Donisi Avv. Matteo Renato. Sono presenti gli Assessori: Compatangelo Oreste, Ferrannini Gaetano, Aloia Cosimo. Assiste il Segretario Cav. Teinti Avv. Odoardo.

Il Presidente riferisce ampiamente sulla opportunità di far sorgere al centro della Città un'ampia piazza ove collocare il monumento ai glo-

I ritrovamenti in piazza Roma forse resti dell'antico edificio di culto

La chiesa del Gesù

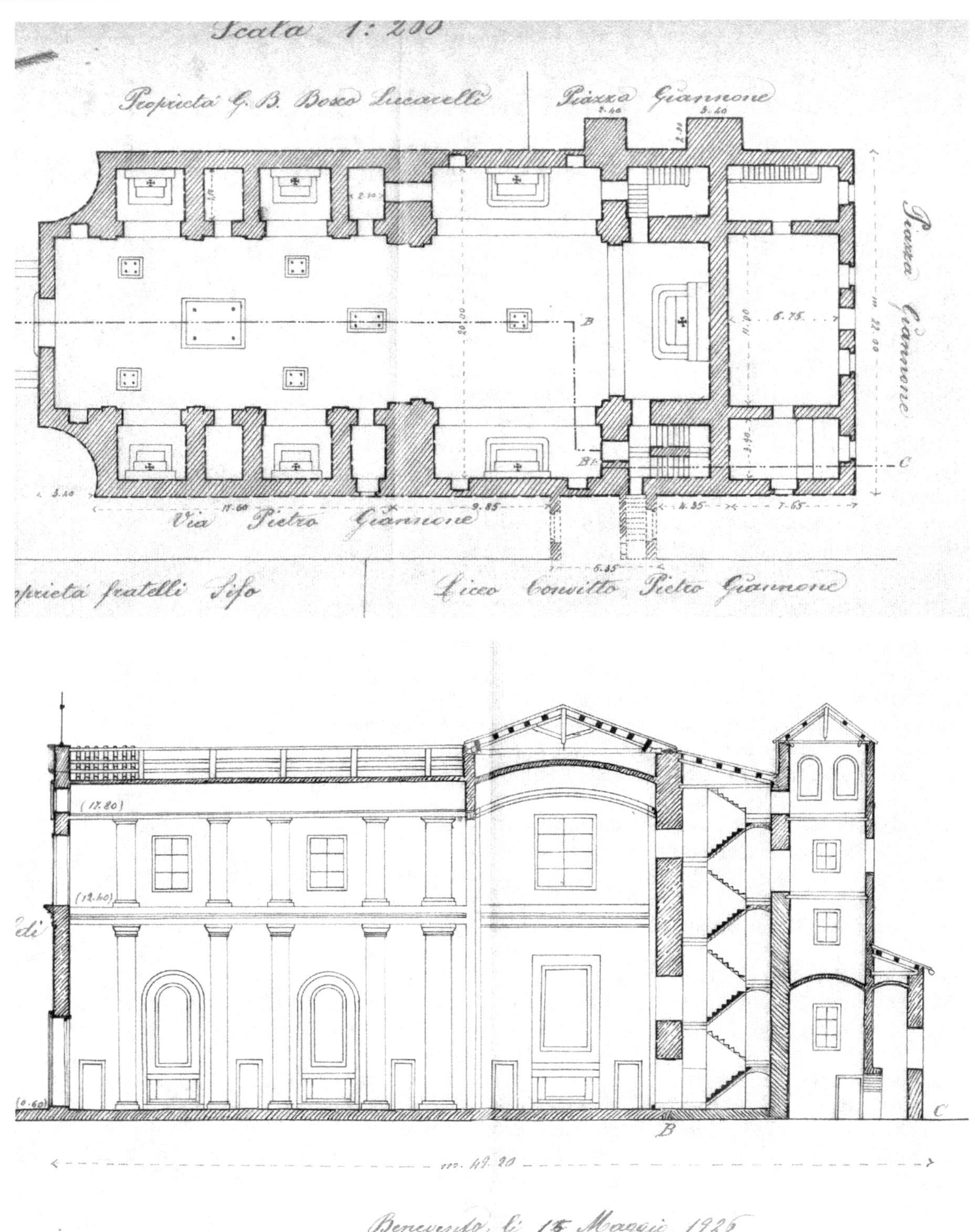

Pianta e sezione della Chiesa del Gesù, prima della demolizione.

riosi Caduti della regione del Sannio. Crede che il posto più adatto sia quello ove attualmente sorge l'ex Chiesa del Gesù, dietro la quale trovasi la piazza Giannone, che verrebbe direttamente collegata con il Corso Garibaldi.

Osserva che Benevento ha il dovere di mettere in rilievo uno dei più pregevoli monumenti della Roma Imperiale e dovrà in un avvenire, che si augura prossimo, ampliare la via Arco Traiano, già ...., onde rendere visibile dal Corso Garibaldi il trionfale Arco di Traiano.

Quando ciò sarà fatto, e dovrà essere fatto al più presto anche col concorso del Governo Nazionale e quando sulla nuova piazza sarà sorto il monumento a glorificazione dei Caduti, la nostra città metterà in rilievo due epoche gloriose della storia d'Italia: Roma Imperiale e l'Italia risorta all'antica grandezza e all'antica gloria dopo i fasti di Vittorio Veneto.

Crede perciò necessario di iniziare le pratiche presso il Consiglio di Amministrazione del Liceo e Convitto Giannone, onde promuovere dal competente Ministero della Pubblica Istruzione il decreto per l'abbattimento della ex Chiesa del Gesù.

È sicuro che per quest'opera magnifica, che l'Amministrazione Comunale fascista si propone di attuare, sarà fiancheggiata dal Consiglio di Amministrazione del Liceo e Convitto Giannone anche perché questo, con l'abbattimento della Chiesa, ricaverebbe una cospicua somma con la vendita del materiale di facile collocamento, in quanto che si sono già iniziate con la Direzione Generale del Banco di Napoli per la costruzione di un edificio ex novo in piazza Giannone, e ciò oltre allo scopo di dotare la nostra città di un nuovo e grandioso edificio, anche per conservare ad uso di abitazione il palazzo Perrotti già acquistato dal Banco stesso per adattarvi la sua sede.

Crede che la proposta non debba e non possa far ombra alle Autorità Ecclesiastiche perché, a prescindere dal sufficiente numero di Chiese aperte al culto esistenti nella nostra Città, per rimettere in efficienza la Chiesa suddetta, occorrerebbero varie centinaia di migliaia di lire per la ricostruzione del tetto e per riparare i danni prodotti dall'abbandono, dal tempo e dall'incendio di alcuni anni or sono.

Accenna in ultimo all'opportunità di una rettifica della linea della nuova piazza onde farla armonizzare col corso Garibaldi.

La Giunta

Udita la relazione del Presidente, mentre fa voti di vedere al più presto tradotta in atto la proposta:

Delibera

Dare incarico al Sindaco di iniziare le pratiche presso il Consiglio di Amministrazione del Liceo e Convitto Giannone per l'abbattimento dell'ex Chiesa del Gesù, e di intensificare le trattative con la Direzione Generale del Banco di Napoli per la costruzione di un edificio nella nuova piazza.

Chiedere l'autorizzazione al Ministero della Pubblica Istruzione perché la nuova piazza venga denominata Piazza della Vittoria.

Tale argomento, aggiunge il Sig, Rettore, non era all'ordine del giorno, se ne rimanda quindi la discussione ad altra adunanza esprimendo anche il desiderio di sentire personalmente il Sig. Sindaco per maggiori e più dettagliati chiarimenti in proposito.

Interviene pertanto il Sig. Sindaco nell'odierna seduta dando ampie spiegazioni sui motivi che indussero l'On. Amministrazione Comunale a prendere la deliberazione sopra riferita e trascritta. In seguito di che ritiratosi il Sig. Sindaco, il Consiglio prende in attenti esame il deliberato del Comune venendo alle conclusioni come appresso.

1. Considerando che la Chiesa del Gesù non fa mai aperta al pubblico e che dopo l'occupazione militare venne completamente devastata per modo che di essa non rimangono se non le opere in muratura;

2. Considerando che per ridurla al pristino stato occorrerebbero centinaia di migliaia di lire e che d'altra parte non difettano in città, a brevissima distanza, altre Chiese aperte al pubblico;

3. Considerando che a compimento dell'opera devastatrice della soldatesca sopravvenne, anni or sono, un incendio che distrusse quant'altro vi era rimasto, compreso quel quadro di scarso valore dichiarato opera d'arte; cose tutte constatate dall'Ill.mo Ispettore Generale Comm. Salvagnini nel Marzo del 1923;

4. Considerato l'utile economico ed estetico che ridonderebbe al Convitto facendo opera di risanamenti igienico in una delle migliori camerate attualmente oscura e gelida, la quale acquisterebbe sole, aria e luce con l'abbattimento della Chiesa, la cui vendita darebbe luogo, per altro verso, ad una cospicua somma che potrebbesi adibire al miglioramento igienico delle camerate, degli studi e di tutto l'ambiente del Convitto;

5. Considerando perciò che proposta dell'On. Giunta Municipale è meritevole di essere presa in considerazione per lo scopo patriottico e civile che la ispira e pel vantaggio che si propone a beneficio della cittadinanza Beneventana;

6. Considerato che tutto il prospetto del Convitto guadagnerebbe di luce e d'igiene cola sparizione dell'attuale vicolo immondo sito tra la Chiesa e il Convitto;

Ad unanimità delibera

la vendita della Chiesa del Gesù per i motivi su esposti, pregando le Superiori Autorità di concedere l'autorizzazione per la vendita e la demolizione della detta Chiesa nei modi di legge, tenendo presente che secondo gli intendimenti dell'Amministrazione Comunale l'area della Chiesa in discorso dovrebbe essere ceduta senza compenso per ragioni di pubblica utilità e per uso di piazza.

anno III, n. 53 – 30 novembre 1991

Un lascito diede l'avvio all'Ospedale S. Diodato

A gestire il nosocomio i religiosi di S. Giovanni di Dio

La struttura sanitaria maschile a Benevento alla fine del XVI secolo contava tre complessi ospedalieri, tutti gestiti da Enti religiosi: quello di S. Maria dei Martiri nell'attuale via Gaetano Rummo, di fronte al portone delle Orsoline; quello della Santissima Trinità o di Santo Spirito nell'area di Piazza Dogana; ed infine quello di San Bartolomeo situato in Piazza Orsini, all'incrocio tra via Gaetano Rummo e via Gaetano Rummo e via San Gaspare del Bufalo, nell'area dell'attuale Palazzo Perlingieri.

Ai primi del 1600 a queste tre strutture, già attive in città da più secoli, se ne affiancava una nuova tenuta dai religiosi di San Giovanni di Dio che provenienti dalla Spagna avevano aperto case religiose in Roma, Firenze, Milano. Più comunemente conosciuti col nome di «Fatebenefratelli», nel 1575 erano stati chiamati a reggere in Napoli prima l'ospedale di S. Maria della Vittoria, e poi le donazioni del Palazzo della famiglia Caracciolo, circostanze che permisero loro di fondarne una nuova e di dedicarla a S. Maria della Pace.

In quegli anni frequentava lo studio di Diritto in Napoli un giovane rampollo di una delle famiglie più antiche della città di Benevento, Paolo Capobianco. Qui, a Napoli, si legava in affettuosa amicizia col giovane e nobile napoletano Girolamo Caravita, suo compagni di studi *col quale in perfetta intesa e armonia di spirito* comincia a praticare l'ospedale di S. Maria della Pace.

L'impegno e l'animo posto dagli ospedalieri nel servire gli ammalati impressionarono profondamente i due giovani. Nell'ospedale di S. Maria della Pace, a contatto con la realtà caritatevole, viva e operosa dei frati di S. Giovanni di Dio, nei due giovani si faceva strada l'idea di vestire l'abito religioso, e nel novembre del 1588 Paolo, seguendo l'esempio dell'amico Girolamo, riceveva *l'abito umile e penitente del Fatebenefratelli.*

Il 25 novembre dell'anno successivo, all'insaputa dei familiari, prende solennemente i voti religiosi. La notizia, non gradita ai suoi, specialmente al padre che aveva già immaginato per il figlio un avvenire degno del suo rango sociale.

La scelta di fra Paolo è accet-

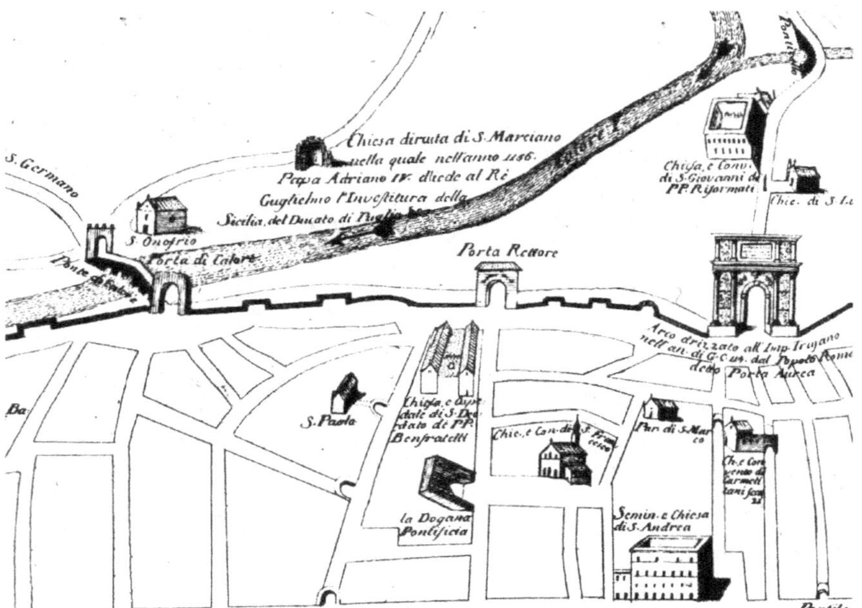

Particolare della pianta allegata al Borgia, con l'area dell'Ospedale di San Diodato.

tata solo dalla madre che segretamente *invia subito in Napoli mastro Nunzio Limata, un sartore amico di famiglia perché si informi dello stato di salute di Paolo e se li bisognava cosa per suo uso.*

L'incarico fu prontamente eseguito dall'amico sartore che ritorna a Benevento *misticamente contagiato dall'esempio di Paolo* e decisamente convinto che una iniziativa uguale potesse aversi anche in Benevento. Il pensiero di Nunzio Limata si concretizzava pochi anni dopo, alla presenza del notaio Ruggiero de Ruggiero. Il 20 agosto del 1602, nel Palazzo Arcivescovile, Nunzio Limata detta le sue volontà lasciando *ai padri che hanno fatto l'Hospedale in Napoli* tutti i suoi beni ed in particolare un magazzeno di sua proprietà, sito in parrocchia San Donato con l'espressa volontà che in detto

luogo se ne facesse *un Hospedale per l'infermi et malati poveri di questa città et se ne facci una Cappella dove se habbia a celebrare una messa ogni matina, acciò possano veder messa ogni matina li malati et altra gente che stanno in detto Hospitale.*

Ai primi di aprile del 1610 Nunzio Limata moriva ed il 25 aprile successivo il Sindaco di Benevento *nomina Hospitalis construendi* a seguito di decreto del Vicario Generale veniva nominato esecutore testamentario e immesso pertanto in possesso dell'eredità di Nunzio Limata. L'idea tuttavia di sistemare l'ospedale nel detto magazzino, veniva scartata in quanto essendo un vano terraneo e pertanto non igienicamente idoneo. Quindi il 22 settembre 1610 per duemila ducati veniva comprato il Monastero di S. Diodato nell'attuale via Ennio Goduti, dalle monache be-

nedettine e il 25 novembre dello stesso anno l'arcivescovo Pompeo Arigonio dà esecuzione al testamento di Nunzio Limata fondando in San Diodato *uno spedale per l'infermi e persone miserabili* e con un proprio decreto unisce alla nascente istituzione le rendite degli ospedali di S. Spirito, di S. Maria dei Martiri e di S. Bartolomeo. Veniva fondato, così, nel 1610, l'ospedale di S. Diodato, per i tempi certamente all'avanguardia, con la spaziosità degli ambienti, la disponibilità di ben 20 posti letto e l'assistenza che assicurava *all'infermi et malati poveri.*

Per un ospedale femminile si dovrà invece attendere circa 176 anni, quando l'Arcivescovo Banditi dava inizio alla fabbrica di un *ospedale per le povere dame inferme febbricitanti* che verrà inaugurato il 15 gennaio 1789.

anno III, n. 54 – 14 dicembre 1991

Bello eloquente pigro e raffinato. L'identikit di Federico II di Svevia

Bello, elegante, pigro, raffinato, intenditore di cibi, sofisticato donnaiolo, colto, politicamente lungimirante.

Questi era Federico II di Svevia così come ce lo descrive Eberard Horst nella biografia a lui dedicata e di cui in questo mese cade la ricorrenza della nascita e della morte.

Quello di dicembre possiamo ben dire che fu un mese fortunato e fatale per Federico II di Svevia.

Nacque il giorno di S. Stefano, il 26 dicembre del 1194 a Jesi e morì il 13 dello stesso mese, giorno dedicato a S. Lucia.

Era nato da Enrico IV di Svevia

e da Costanza ultima regina dei normanni, figlia del grande Ruggero II, e per diritto di successione diveniva pertanto erede, per parte paterna, della corona di Germania e quindi anch'egli candidato all'Impero e per parte materna di tutto il regno normanno nell'Italia del sud.

Il papa Innocenzo III nel 1198 dà l'assenso affinché il giorno di Pentecoste il piccolo Federico venisse incoronato e nello stesso tempo gli impose un Consiglio di reggenza di Vescovi.

Il cardinale Savelli venne incaricato di sorvegliare sull'incolumità del piccolo Federico. Nel 1221 scende in Italia dalla Ger-

Re delle Due Sicilie per 53 anni portò l'assedio a Benevento

mania per prendere possesso dei suoi beni e svincolare il suo Regno dalla sottomissione pontificia.

Sconfigge i Saraceni in Sicilia. Sottomette i Baroni, nel 1224 fonda l'Università di Napoli, costituisce la curia capuana, riordina il regno di Puglia e Sicilia e nell'agosto del 1231 nel castello di Melfi riunisce il grande parlamento e promulga le *Costituzioni augustali o melfitane* ritenute e giudicate un momento di grande valore per la civiltà e la cultura.

La raccolta delle leggi così ordinata, conosciuta anche col titolo *Costitutioni Regni* formano un corpo di leggi ammirate in tutto il mondo ed è ritenuta la più importante legislazione dopo Giustiniano.

Per la loro formulazione Federico si servì dei più grandi giureconsulti del momento: Pier delle Vigne, Taddeo di Sessa, Roffredo da Benevento.

La sua grandezza risplende anche come uno dei primi cultori e protettore delle lettere italiane: lui stesso parlava correttamente ben 9 lingue. Il suo palazzo diveniva così la sede ospitale per poeti, filosofi, lettori ed uomini eruditi del suo tempo.

I contatti che ebbe con Benevento furono quasi sempre improntati alla mutevolezza di contatti che intercorsero con la sede papale.

Così dalla concessione del diploma del 1239, col quale conferma alla città i privilegi già accordati dal padre Enrico IV relativamente alla facoltà di tagliare legna e pascolare nei dintorni della città e all'esonero di certi oneri comuni, rilasciato in clima di piena intesa con papa Innocenzo III, si passa alla occupazione militare della città nel febbraio del 1241.

L'imperatore colpito ancora una volta dalla scomunica papale da parte di Gregorio IX (già in passato era stato scomunicato da Innocenzo III e da Onorio III) dichiarando decaduto il potere del papa sul ducato di Spoleto e nelle Marche gli muove apertamente guerra ed eleggendo Montefusco a sede del suo quartier generale pone l'assedio a Benevento.

Presa per fame la città è costretta a capitolare: viene disarmata e le sue mura diroccate. In tale desolazione restarono abbattute anche alcune chiese.

Una antica leggenda, riportata dal Sarnelli, così dice: *Nel tempo di questa devastazione avvenne che un divoto cittadino si abbatté in piazza con certi uomini vestiti di candido e risplendente ammanto, che fra di loro parlavano; onde egli con santa semplicità appressatosi a un di coloro, dimandò chi erano ed udì dirsi: questo è Bartolomeo apostolo con alcuni santi, cui Federico ha diroccato le chiese di questa città, trattan fra loro qual pena al tiranno si debba, ed han conchiuso, che sia presto condotto al giudizio di Dio, ed ivi dia conto del male operato.*

La profezia sembrò avverarsi pochi anni dopo.

La lotta così aperta tra il papato e l'impero divide fatalmente le città italiane nelle fazioni di Guelfi e Ghibellini. La Lega Lombarda non teme Federico ed inoltre il papa gli solleva contro Genova, Venezia, Ferrara ed indice un nuovo terribile Concilio perché tutta la chiesa si unisca contro l'impero.

Vescovi e prelati vennero a Roma per incontrare il papa, per prendere accordi. Ma Federico li fa prigionieri nel castello di Melfi e li libera solo molto tempo dopo, soltanto in occasione del Conclave.

Papa Gregorio IX lo scomunica ancora e nel frattempo fa nominare Enrico a nuovo imperatore di Germania sollevando così l'ira di Federico.

Tutta l'Italia gli insorge contro; viene sconfitto presso Parma (i parmensi profittando della sua assenza distruggono Vittoria, la città di legno dinanzi a Parma per assediarla e distruggerla) ed i Guelfi bolognesi catturarono a Fossalta suo figlio Enzo il 2 giugno 1249.

Federico si ritirò in Puglia nell'intento di colpire il papa. Ordina severe rappresaglie contro Benevento.

La morte lo coglieva improvvisamente nel castello di Ferentino all'età di 56 anni.

Era il 13 dicembre 1250. Aveva regnato per 53 anni come Re delle due Sicilie e 39 come imperatore.

I suoi resti mortali furono tumulati nella cattedrale di Palermo.

Federico II di Svevia

anno III, n. 55 – 28 dicembre 1991

Il presepio di Borrelli

La Sacra raffigurazione conservata nel Museo del Sannio

La notte di Natale del 1223 ebbe origine la raffigurazione plastica della nascita di Gesù per opera di S. Francesco d'Assisi non solo in Italia ma in tutto il mondo.

La nascita dell'aspettato Messia colpì profondamente il serafico Patriarca a Roma, allora di ritorno dalla Palestina. Giovanni Velita di Greccio, nei pressi di Rieti, fu pregato da S. Francesco di allestire la Sacra scena del paesaggio di Betlemme con S. Giuseppe, Maria Santissima, il bue e l'asinello.

Si dice che l'arte sia l'emanazione morale di una civiltà.

Ma ogni arte non è arte se non produce una profonda sensazione, se non ci aiuta a dare ampia libertà all'immaginazione.

E quest'arte, irrorata di bellezza e di poesia ci ha riproposto la storia iconografica della natività di Cristo in tanti capolavori attraverso i secoli.

Essa ha inizio così nelle prima metà del secolo XIII. Quasi contemporaneamente, anzi qualche decennio prima, però in Benevento per opera di un ignoto artista, quello stesso mistero venne splendidamente scolpito sulla porta di bronzo del Duomo con una mirabile espressione.

E sempre nel Duomo alcuni secoli più tardi, l'arcivescovo Orsini faceva allestire un grandioso presepe ricco di aggeggi e pastori vari, incaricando un noto artista beneventano per la pittura di tutti i fondali che dovevano rappresentare i paesaggi della Palestina.

L'allestimento, che sicuramente ripigliava quello del presepe napoletano, comprendeva *20 case, un palazzo di Erode, una capanna, un ponte, 180 Reborre, 42 pastori di camino, 2 Eremiti, 17 femine, Erode con quattro consiglieri, 3 maggi, 3 cavalli, trombettiere e cavallo a mano, 14 servi per gli maggi, 14 schiavi, 1 asino, 21 tra vacche e bovi, 37 pecore e capre, 2 cani, 23 porci. Nella capanna trovavano posto un Bambino, la Madonna con corona d'argento, S. Giuseppe con diadema d'argento e bove e asino e 9 angioli.*

La tradizione di grandiosi presepi allestiti nelle chiese si è continuato per tutto l'Ottocento e sempre preparati da artisti beneventani. A metà di questo secolo assurse a grossa notorietà Gennaro Borrelli. Vissuto negli ultimi del secolo XVIII e nella prima metà del secolo seguente discendeva da una ben nota famiglia di artisti del legno, distintosi specialmente per la maestria dell'intarsio.

Sulla porta del Duomo distrutta dai bombardamenti ed oggi oggetto di un sapiente restauro si può ammirare il pannello della natività: il Bambino con il bue e l'asinello, la Vergine che stende amorosamente le braccia verso il Bambino e S. Giuseppe che riposa.

Poi, un'altra formella raffigura due pecorai che guardano in direzione della capanna: ed uno di questi sollevando il braccio sinistro indica al compagno l'angelo che annunzia la lieta novella della nascita di Gesù Bambino.

Il terzo pannello ci fa ammirare i Re Magi: tre figure a cavallo con la stessa foggia nel vestire e con la corona in testa, due con la barba ed uno più giovane senza, avanzano guidati da una stella a otto punte in alto a destra del pannello.

Al pannello che raffigura i Re Magi davanti ad Erode segue la scena dell'offerta dei doni al Bambino Gesù (oggi purtroppo privo della testolina) assiso in grembo alla Madonna. Seguono poi i pannelli della strage degli innocenti e quello della fuga in Egitto (anche questo gravemente danneggiato).

Da alcune vecchie foto ricaviamo la splendida raffigurazione: precede S. Giuseppe, con il Bambino sollevato e adagiato sulla spalla sinistra, reggendo con la destra le redini dell'asino sul quale è seduta la Madonna: segue il gruppo un uomo. E per la scultura in ebano – moltissimi lavori abbelliscono le nostre chiese – quasi certamente Borrelli dovette comporre qualche pastore per il presepe del Duomo. Certamente suo è il presepe conservato nel Museo del Sannio dono della famiglia De Cillis. Gennaro Borrelli, aveva la sua bottega di fianco al campanile di S. Sofia, bottega sormontata dal blasone pontificio.

Carico di anni morì il 27 settembre del 1866. La casa del Borrelli prima del 3 settembre 1860 godeva anche il diritto di asilo e di immunità.

nella pagina seguente:
Costume beneventano in
una litografia del 1827.

COSTUMES ITALIENS

(Benevent.)

A Paris chez Daudet, rue Marie Stuart N° 3

Il soggiorno beneventano di papa Alessandro III

Il ricordo delle recenti trascorse festività natalizie, ci ha portato indietro nel tempo a metà del secolo XII nella Benevento da pochi decenni passata sotto il dominio dei Sommi Pontefici.

Questi ultimi, essendo spesso impegnati anche militarmente a difendere i confini dei loro possedimenti dalle mire espansionistiche dei normanni e degli svevi, proprio in conseguenza della sua posizione geografica, utilizzarono Benevento come base di partenza per le loro spedizioni militari.

Non mancò, tuttavia, che Benevento, in altra occasione, dovesse offrire un sicuro rifugio allo stesso pontefice qualche volta costretto a lasciare precipitosamente la città di Roma.

Ed è quanto accadde a Rolando Bandinelli, figlio di Ranuccio, nato a Siena ed eletto papa col nome di Alessandro III nel 1159.

Il suo papato fu caratterizzato dal conflitto con Federico Barbarossa che spinto dalle sue idee assolutistiche, voleva instaurare in Italia la potenza imperiale e la signoria tedesca: idea tuttavia in antitesi sia con i grandi del suo regno, sia con le città italiane, sia con la Chiesa. Il grande e forte pontefice trovava ed otteneva in Italia l'aiuto di Guglielmo II: la lega lombarda lo nominò suo protettore: il re di Sicilia con una nave lo fece accompagnare in Francia dal re Filippo.

Qui, a Clermont papa Alessandro tenne un Concilio e scomunicò l'imperatore Federico che aveva occupato lo stato della Chiesa ed aveva confermato pontefice, in sua antitesi, l'antipapa Vittore IV (il cardinale romano Ottaviano di Monticelli) eletto da 3 cardinali, mentre, come è noto, il restante del Collegio cardinalizio, la maggioranza composta da 22 cardinali, aveva dato il voto al cardinale Rolando.

Federico Barbarossa frattanto, saccheggiava Tortona, spianava Milano, poneva l'assedio a Cremona; moriva nel frattempo l'antipapa Vittore IV e lo sostituiva con il cardinale Guido di Crema che prendeva il nome di Pasquale III.

Nonostante gli eventi, i romani, tramite i loro consoli, richiamarono Alessandro III in Italia. Giunse via mare in Sicilia e poi a Roma dove fu accolto con grandi feste e piacere di tutti.

Saputo del ritorno in Roma del suo mortale nemico, l'imperatore si accampò ai Prati di Nerone ed il papa, non essendo sicuro nel Laterano, temendo che di ora in ora potesse essere catturato dai tedeschi, riparò prima nelle case dei Francipane e poi, di nuovo, partì da Roma travestito e giungendo a Gaeta trovò poi sicuro rifugio a Benevento, nel palazzo apostolico, quasi sicuramente consigliato a tanto dal beneventano Alberto Morra, cardinale di S. Lorenzo in Lucina, di lì a pochi anni elevato anch'egli alla dignità pontificia.

Tra tutti i pontefici che dimo-

Papa Alessandro III

rarono in Benevento nel palazzo apostolico, Alessandro III supera tutti e vi esercitò tulle le funzioni connesse al sommo pontificato: ne fanno testimonianza i molti diplomi da lui spediti da Benevento. E nei pochi momenti in cui si trovava libero dai doveri pontifici, non mancò di amministrare la città.

Durante la sua permanenza aveva osservato che in città era proibito ai viandanti ed ai pellegrini, in caso di morte, di far testamento e di scegliersi una sepoltura a proprio arbitrio.

Il papa, con una suo breve, condannando tale abuso, restituì ai pellegrini ogni libertà.

Il fatto comunque più eclatante occorso nel periodo della sua permanenza a Benevento, fu certamente la venuta dell'ambasceria dei consoli di Alessandria. Ricevuti nel palazzo apostolico i consoli vennero ad offrire al papa la città di Alessandria così chiamata in suo onore, obbligandosi a pagare un annuo censo.

Intanto, sempre durante la sua permanenza in città, moriva l'antipapa Pasquale III e Federico Barbarossa lo sostituiva con l'abate vescovo di Struma che assunse il nome di Callisto III.

Gli eventi si succedevano. Inutili i tentativi di riconciliazione col pontefice operati dal vescovo Everardo, fiduciario del Barbarossa, richiamarono il papa in Veroli.

L'imperatore, per abbattere la lega lombarda, iniziò una nuova spedizione in Italia ma questa volta venne sconfitto definitivamente a Legnano nel 1176 e fu costretto quindi a chiedere poi la pace di Venezia nel 1177.

Nello stesso anno il papa ritornò in Benevento e vi si trattenne per tutte le festività del S. Natale, fino all'Epifania. Di qui si diresse quindi a Siponto e Vasto per imbarcarsi in direzione di Venezia.

E qui finalmente Federico Barbarossa, riconciliatosi con la Chiesa, dopo un contrasto durato ben 18 anni, venne assolto dalla scomunica.

Rientrato in Roma dopo comunque esser passato ancora una volta per Benevento dove lo raggiunse la notizia della morte del suo amico il cardinale Ugone da Bologna. Quindi si incontrò con l'antipapa Callisto III che riconoscendo le sue colpe si dimostrò pronto a qualunque penitenza. Accolto paternamente dal Pontefice veniva da questi nominato Rettore della città di Benevento.

Nel 1179 celebrò in Roma il suo terzo Concilio in San Giovanni in Laterano nel quale, tra le altre cose, memore della sua esperienza, decretava, per evitare ogni scissione, che l'elezione del Sommo Pontefice dovesse avvenire col voto dei due terzi dei cardinali presenti.

anno IV, n. 57 – 25 gennaio 1992

L'esaltante vita pastorale di mons. Beniamino Feuli

Nativo di Benevento divenne arcivescovo di Manfredonia

Tra i cittadini illustri della Benevento di fine Ottocento senza ombra di dubbio va ricordato Monsignor Beniamino Feuli, morto all'età di 64 anni, arcivescovo di Manfredonia.

Era nato a Benevento il 31 dicembre 1820 da civili genitori. Pur tuttavia la sua famiglia vantava antichi onori da poter benissimo chiedere di essere iscritta al patriziato beneventano: Carlo V dichiarava i signori Carlo e Giustiniano Feuli, insieme ai loro discendenti *in infinitum veri cavalieri e nobili a quatuor avis paternis et maternis* e concedeva loro per stemma l'uso dell'aquila imperiale.

Allievo del locale Collegio dei Gesuiti, giovanissimo eletto sacerdote, fu prima prefetto della Congrega di San Giovenale, che rimise in fiore in breve tempo dopo il decadimento di più anni, e subito dopo, nel 1844, con la venuta in Benevento del nuovo Cardinale Domenico Carafa dei principi del Traetto, fu nominato appena venticinquenne segretario della Visita diocesana, incarico prestigioso che in altri tempi veniva conferito a sacerdoti di età matura e di varia dottrina.

Dopo qualche anno, nel 1848, fu promosso vice Rettore del nostro Seminario Arcivescovile dove resse, per il breve periodo della sua permanenza, la cattedra di belle lettere, promuovendo un'Accademia letteraria sugli uomini illustri di Benevento. Sempre nello stesso anno, nel 1848, fu nominato canonico della Collegiata di San Bartolomeo, segretario particolare della stessa, ed infine canonico della cattedrale.

E quando in occasione di una specie di dimostrazione popolare fu istituito in Benevento un municipio modello, composto dalle persone più colte e probe di tutti gli ordini cittadini, fu anche il Feuli uno degli eletti e anzi, contando la sua bravura di latinista e la sua peripezia negli studi delle Belle Lettere, fu nominato presidente della Commissione Epigrafica, cioè di quella commissione cui spettava esaminare le iscrizioni da apporsi nel camposanto o in pubblici monumenti.

Nel 1860, fu compagno del Carafa nella sua cacciata via da Benevento e con lui visse 7 anni a Roma, in casa del principe Orsini.

Nel 1867 ritornava a Benevento dove attese tranquillamente alle consuete occupazioni. Iniziava anche la pubblicazione di un periodico, il Bollettino Ecclesiastico, scritto quasi interamente da lui, dove tra l'altro curava anche la pubblicazione di una serie di biografie di arcivescovi e di cardinali beneventani, opera purtroppo rimasta interrotta per la sua morte.

Nel 1878, alla morte di Pio IX, partecipò in qualità di segretario del Carafa al conclave da cui usciva eletto Leone XIII. Questi, memore della antica amicizia nata durante la sua permanenza a Benevento (1839-1841) volle che seguisse in qualità di segretario Monsignor Cataldi, che si recava in Francia per offrire la berretta cardinalizia all'arcivescovo di Tolosa. Ed in quella occasione fu decorato della Croce della Legion d'Onore dal Presidente della Repubblica francese Grevy.

Dopo qualche mese, sempre da Leone XIII veniva eletto prima arciprete del Capitolo e poi Arcivescovo di Manfredonia, e per essere cavaliere della Legion d'Onore fu consacrato nella Chiesa di San Luigi in Roma.

Moriva dopo 6 anni di episcopato. Tutti i suoi scritti, tranne la sua opera per l'istruzione del clero, rimasta incompiuta, furono raccolti in due volumi e pubblicati a cura del cognato, professore Enrico Isernia, nel 1884 e nel 1886.

anno IV, n. 58 – 8 febbraio 1992

Due secoli di lavoro per la chiesa di S. Bartolomeo

Nel 1112 sotto l'arcivescovo Landolfo de Garderisio iniziavano i lavori della nuova Chiesa di San Bartolomeo per dare così una più degna collocazione ai resti del Santo Apostolo che nel lontano 839 il principe Sicardo aveva sottratto ai Saraceni e che dall'isola di Lipari aveva trasportato a Benevento e sistemati nella chiesa metropolitana in un «oratorio» da lui stesso cominciato e portato a termine dal vescovo Orso.

Dicevamo dunque che nel 1112 avevano inizio i lavori della costruenda Basilica che era ubicata nella odierna piazza Orsini perpendicolarmente al Duomo. La costruzione della stessa si protraeva per oltre due secoli interessando sia gli arcivescovi che man mano si succedevano che gli stessi cittadini beneventani.

Ricordiamo che lo stesso arcivescovo Monaldo de Monalde-

Cominciata nel 1112 accolse le reliquie dell'Apostolo nel 1338

La distrutta basilica di San Bartolomeo in un disegno del 1599, presso la Capitolare.

schi, dell'ordine francescano, nobile orvetano, eletto di Benevento nel 1303, si attivava nel 1310 per reperire ulteriori fondi per continuare la costruzione, concedendo a Geronio Amatore la facoltà di poter questuare in città ed in diocesi *pro perficienda fabrica Ecclesiae S. Bartholomoei*. Sappiamo ancora di molti beneventani che con disposizioni testamentarie lasciarono cospicue somme *opere maioris Ecclesiae Sancti Bartholomoei*.

Dai documenti conservati presso gli archivi locali conosciamo le donazioni fatte nell'anno 1319 dal «miles» Nicola de Castrocielo, nel 1327 da «messer» Simone Manchiler e nel 1335 da donna Francesca, vedova del cavalier Riccardo de Bussi.

Alcuni anni dopo la chiesa comunque doveva essere ancora ultimata; ciononostante l'arcivescovo Arnaldo da Brusacco, nobile francese, anch'egli francescano e già abate di S. Sofia, chiedeva e otteneva dal papa Benedetto XII (1334-1342), da Avignone, dove risiedeva, con bolla dell'11 maggio 1337 il permesso di trasferire nella nuova chiesa il corpo di San Bartolomeo che stava collocato nella metropolitana dentro la *cappella cominciata da Sicardo e compiuta dal vescovo Orso*.

All'avvenimento veniva concessa l'indulgenza di 1 anno e 40 giorni a chi avesse visitato il corpo di S. Bartolomeo nel giorno della traslazione. Una bolla dello stesso Arnaldo riporta la descrizione dell'intera cerimonia e dalla stessa ricaviamo che il tutto avvenne *sub testimonio Dominorum Episcoporum Beneventanae Provinciae*, sotto la data del 25 agosto 1338.

L'arcivescovo Arnaldo chiudeva la sua vita terrena il 22 gennaio 1344, dopo aver retto la chiesa beneventana per ben 11 anni. Gli successe, nominato il 3 maggio 1344, anch'egli francescano, fra Guglielmo, traslato dall'arcivescovo di Brindisi. Il suo breve presulato, durato appena due anni, fu tutto teso all'assetto economico della Basilica di San Bartolomeo alla quale col consenso del Capitolo univa le rendite di alcune chiese.

Il suo successore Stefano patriarca di Costantinopoli, oltre ad incrementare il patrimonio con l'annessione direttamente all'altare maggiore di altre rendite, col consenso del Capitolo eresse la Chiesa di San Bartolomeo in Collegiata ed i dodici cappellani in canonici tra i quali capeggiavano due dignità, il priore ed il decano. Tanto si ricava da una sua bolla rilasciata in Benevento il 5 febbraio del 1350.

Di detto Collegio le cui dignità alla fine del XVIII secolo troviamo aumentate a 4: priore, prevosto, primicerio e decano, conosciamo anche una lunga controversia col collegio di S. Spirito in ordine alla precedenza nelle manifestazioni religiose.

anno IV, n. 59 – 22 febbraio 1992

Sette secoli fa ebbe luogo la Battaglia di Benevento

Il 26 febbraio trovò la morte Manfredi di Svevia

Fra qualche giorno, il 26 febbraio, ricorre l'anniversario dell'epica battaglia in cui, nelle immediate vicinanze di Benevento, con la sconfitta di Manfredi di Svevia ad opera di Carlo d'Angiò, tramontava il sogno degli Hohenstaufen di realizzare una Italia unita sottoponendo così, sotto una stessa bandiera, Comuni e Signorie, Repubbliche e Feudatari.

Manfredi, figlio naturale dell'imperatore Federico II di Svevia e di Bianca Lancia, legittimato alla morte del padre nel 1250, fu creato principe di Taranto e reggente del Regno di Sicilia dapprima in nome del fratellastro Corrado IV, erede dei domini paterni, morto prematuramente nel 1254, e poi del figlio di questi Corrado V, meglio noto col nome di Corradino di Svevia.

Manfredi, atteggiandosi a custode dei diritti di Corradino e grazie al proprio, personale prestigio di prode, colto e brillante cavaliere, conquistava le simpatie di buona parte dell'aristocrazia siciliana che, memore dei fasti di Federico II, lo aiutava ad emergere su tutti gli avversari. Veniva così incoronato a Palermo re di Sicilia il 10 agosto 1254.

La sua incoronazione segnava il culmine di una intensa attività politica ma era anche il primo passo di una nuova linea politica tesa a far uscire il regno di Sicilia dall'isolamento in cui era stato relegato.

E così Manfredi strinse alleanze con Genova e Venezia assicurandosi appoggi in Piemonte, in Lombardia, nelle Marche e soprattutto in Toscana facendo leva sui ghibellini ansiosi di recuperare le posizioni perdute dopo la scomparsa di Federico II.

Con opportune alleanze matrimoniali strinse poi rapporti con l'Oriente bizantino. Essendo infatti morta la prima moglie Beatrice di Savoia, sposò, in seconde nozze, Elena Angelo Comneno d'Epiro. Con l'Occidente iberico si collegò dando in sposa la figlia Costanza al futuro Pietro III d'Aragona.

Fece di Palermo una delle più belle città d'Europa. Alla sua corte, come già a quella di Federico II, trovavano ospitalità poeti, matematici, giuristi e scienziati. In linea di massima attuava e continuava in pieno la politica che fu del padre.

Il suo era un tentativo di riprendere le fila della grande politica italiana e mediterranea dell'antica monarchia normanno-sveva.

Il suo programma, oltre alle enormi difficoltà insite che presentava, veniva tenacemente osteggiato dal papato che non vedeva di buon occhio la ricostruzione di un forte stato nel sud dell'Italia.

Alla scomunica comminatagli, seguì l'accordo tra Clemente IV e Carlo d'Angiò, investito, nel frattempo, del regno di Sicilia e di poi, in Roma, il 6 gennaio 1266, solennemente incoronato *del Regno di Sicilia di qua e di là del faro.*

L'alleanza del papa con i francesi intimorì quasi tutti i fautori e sostenitori di Manfredi, nonché alcuni baroni del regno.

Solo con pochi uomini fidati si avviò a sostenere lo scontro con le truppe francesi ma non resse all'urto ed ai tradimenti e venne sconfitto nella battaglia di Benevento (26 febbraio 1266) nella quale perì combattendo valorosamente.

Più volte scomunicato, non gli venne concessa sepoltura in un luogo consacrato ma venne tumulato sotto *la grave mora* nelle vicinanze di un ponte nei pressi dei luoghi di battaglia.

Cronisti e storici nel corso dei secoli si sono a lungo appassionati nel cercare di stabilire, con esattezza, dove sia il luogo della battaglia ed il ponte dove aveva trovato sepoltura il nostro.

Ancora oggi, a distanza di sette secoli, non si può dire che la questione sia stata risolta.

Alcuni sostengono che la battaglia ha avuto luogo nella zona di ponte Valentino; altri invece sono propensi nell'ubicare il luogo dello scontro nella piana di Roseto (zona dell'ex campo di aviazione). Altri ancora nella pianura prospiciente, il ponte sul Calore. A questa ultima ipotesi, o comunque ad un ponte di poco lontano e detto della Maurella, doveva fare riferimento il professore Zazo nell'indicare il luogo della sepoltura di Manfredi.

Qui infatti in occasione della morte del poeta Dante fece apporre una lapide che così detta: *Qui cadde per non più risorgere se non nel sogno di Dante / Il fastigio del Sagro Romano Impero medioevale / sui ruderi restituiti alla luce / fuga di tempi / balenio di memorie sull'onda che passa e ammonisce.*

Giuseppe Bezzuoli, Il ritrovamento del corpo di Manfredi, 1838, Benevento, Museo del Sannio

anno IV, n. 60 – 7 marzo 1992

Nella chiesa di S. Marciano la pace tra papa e re

L'edificio di culto fu eretto in Benevento sulle rovine del Tempio di Ercole

Il solo inglese che sia salito al soglio pontificio fu Nicolas Breakspear nativo di Langley, nello Hertfordshire, dove era nato intorno al 1100.

Tenuto in grande considerazione da papa Eugenio III fu prima eletto cardinale di Albano e poi, dopo il breve pontificato di Anastasio IV, nel 1154 fu eletto papa prendendo il nome di Adriano IV.

La sua elezione, tuttavia, non riuscì molto gradita ai cittadini romani che, incitati da Arnaldo da Brescia, elevarono inutili proteste cercando di ottenere la rinuncia della sua elezione, spesso giungendo perfino a veri e propri atti di forza come quello che vide implicato in prima persona il cardinale Boso, connazionale del papa che, aggredito dalla folla tumultuosa, venne più volte ferito.

L'episodio provocò l'ira del pontefice che scagliò l'interdetto sulla città la quale, intimorita, cacciò via Arnaldo da Brescia e si sottomise al papa.

In quel tempo altri eventi preoccupavano enormemente il papa: la rivolta antinormanna nel sud dell'Italia era riesplosa con maggiore violenza. La morte di Ruggiero il normanno aveva posto fine alla breve pausa avutasi a seguito del trattato di Mignano (5 luglio 1139) col quale Innocenzo II aveva confermato appunto a re Ruggiero, col Regno di Sicilia, anche il ducato di Puglia ed il principato di Capua.

Dunque alla morte di quest'ultimo la lotta riprese con più acredine tra re Guglielmo, figlio e successore di Ruggiero, e papa Adriano IV che ritenendo *interesse della Santa Sede mettersi alla testa dell'insurrezione antiguglielmina si chiudeva in Benevento a sognar la vittoria all'ombra di S. Sofia.*

La vittoria però arrise a Guglielmo per cui il papa venne indotto a chiedere la pace.

Nel 1156 l'esercito normanno si accampò vicino Benevento ma non vi fu un vero e proprio assedio.

Portate a termine le trattative di pace Adriano IV si portò nella chiesa di S. Marciano dove l'attendeva re Guglielmo che dopo aver prestato ligio omaggio e fedeltà alla presenza di un gran numero di vescovi e di feudatari ottenne finalmente l'attesa investitura sul regno di Sicilia, sul ducato di Puglia e sul principato di Capua, mentre di rimando il papa oltre a numerosi doni ricevette in compenso dei danni subiti le terre di Morcone, Paduli e Montefusco.

La chiesa di S. Marciano venne prescelta come luogo dell'incontro proprio per la sua ubicazione quasi a ridosso della città, immediatamente fuori le mura, in posizione tale da poter soddisfare egualmente sia la dignità pontificia che il prestigio del sovrano.

La chiesa situata, come abbiamo ricordato, vicino alla città, si trovava nell'omonima contrada facilmente raggiungibile subito dopo il ponte vanvitelliano lungo via Valfortore. Essa era stata costruita sui ruderi di un antico tempio pagano dedicato ad Er-

Re Guglielmo I di Sicilia, detto Il Malo

cole.

Le prime notizie che si conoscono della chiesa, risalgono alla prima metà del secolo VIII.

Il principe Romualdo II (705-731) concesse alla chiesa e monastero di S. Sofia il diritto di pescare *in nostrum venerabilmen locum waldum de fluvio Calore hoc est usque vadum carrarum sancti Marciani* dal documento oltretutto si ricava l'esistenza di un passo carraio, di un guado nel fiume Calore nei pressi della chiesa e che da essa prendeva il nome.

Da un diploma di poco posteriore, poi, sottoscritto da Arechi nel 774, conosciamo anche il nome del fondatore, tale Garolino Abbate: *Qui a novo fundamine aedificare visus est.*

Nel XVIII secolo della storica chiesa e del precedente tempio non erano rimasti che notevoli residui e il solo toponimo che da popolo fu esteso a tutta la campagna circostante.

anno IV, n. 61 – 21 marzo 1992

Il 14 marzo 1702 il terremoto si abbatte ancora su Benevento

La città di Benevento nel corso dei secoli è stata colpita da numerosi terremoti. Alcuni, di gravissima entità, le hanno procurato ingenti danni. Uno di questi è quello che si verifica il 14 marzo del 1702.

Questo terremoto è passato quasi inosservato negli elenchi dei fenomeni sismici, pur tuttavia è da ritenersi uno dei più gravi che si siano abbattuti sulla città sannita. Precedentemente, pochi anni addietro, la città era stata colpita da una violentissima scossa tellurica, che quasi totalmente l'aveva rasa al suolo provocando la morte di 1367 cittadini, tanti se si pensa che la popolazione complessiva della città non superava le ottomila unità. Lo stesso Orsini, raccontano le cronache, sfuggì miracolosamente alla morte trovando rifugio sotto una enorme tela raffigurante San Filippo, il suo santo protettore.

Ed ecco a distanza di 14 anni ripetersi il luttuoso evento. Benevento, che era quasi risorta dopo il precedente sisma, veniva nuovamente colpita dal terremoto. L'esatto succedersi degli avvenimenti lo ricaviamo da una relazione compilata dall'arcivescovo Orsini e riportata da V. Vari: *Alle ore 11 del 14 marzo si sentì una fortissima scossa la quale incusse un enorme spavento negli abitanti che si riversarono per l'aperta campagna. Rimase spianata al suolo una piccola chiesa fuori città a pochi metri, dal convento di S. Maria degli Angeli intitolata a San Lazaro. Era appena trascorsi un quarto d'ora quando si sentì altra scossa più leggiera, seguita quasi ad eguale distanza da una terza disastrosa per le grandissime rovine cagionate.*

Il susseguirsi delle scosse fece in modo che la gente terrorizzata, abbandonate le case si riversasse nelle strade e nelle piane, alla ricerca di scampo per cui la terza e disastrosa scossa danneggiò *in maniera lagrimevole gli edifici* ma non causò un numero elevato di vittime.

Numerosi furono i feriti mentre il bilancio dei morti, contrariamente al terremoto del 1688, fu di 150 in tutte le otto parrocchie, di cui i due terzi localizzati nelle tre parrocchie della parte bassa della città: San Pietro de Traseris con 42 morti, San Giacomo dei Mascambruni con 51 morti e Santa Maria di Costantinopoli con 20 vittime.

Continua l'Orsini: *Le fabbri-*

Dopo il sisma devastante del 1688 la città torna a piangere i suoi morti

Papa Benedetto XIII

che sì ecclesiastiche, come pubbliche e private sono restate tutte lesionate (eccetto pochissime case) molte aperte, moltissime precipitanti, in gran numero le diroccate, ed affatto distrutte.

Si contavano in città 24 sagri edifici e 9 fuori delle mura e quasi tutti subirono danni ingenti. Alcune chiese, rifabbricate di nuovo dopo il terremoto del 1688, ricrollarono nuovamente come la chiesa di Santa Maria di Costantinopoli, o come la Collegiata di S. Bartolomeo eretta nuovamente *da' fondamenti atterrata.*

Il Duomo venne gravemente danneggiato *e le colonne quasi tutte offese ed alcune slegate,* mentre l'annesso Episcopio era *in parte precipitato o in parte precipitante.*

Danni gravi subirono le altre chiese della città. La chiesa di Santa Sofia rimaneva solamente lesionata con crepature in molte parti ma senza pericolo. Il monastero rimaneva inabitabile per essere in gran parte diroccato. Degli edifici civili e storici la relazione ricorda che *Castello e Rocca, nel cui recinto ha il palazzo Monsignor Governatore, è restato diviso in gran parte per lo mezzo e sprofondati tutti i volti. Il palazzo di monsignor Governatore è in parte sfondato, il resto tutto aperto e trinciato; il palazzo del magistrato è in due lati aperto in maniera che attualmente si abbatte per non far rovinare affatto la chiesa del Carmine. La scale colle volte per le quali si ascende all'edificio pubblico o precipitante o cadenti.*

Danni ingenti subiva il castello mentre le mura della città restavano *in più e varie parti rovesciate, in altre debitate o uscite dai sesti.* Dei ponti attorno alla città subirono danni il Ponte di Calore, il Ponte *Lebbroso* e il Ponte di Santa Maria degli Angeli che *si mantiene per la forma che vi si trova sotto altrimenti sarebbe finito di cadere.*

Si determinò comunque una situazione di grave disagio sia per le strade ingombrate dalle macerie sia per le abitazioni private di cittadini che specialmente nella parte meridionale della città *sono moltissimo diroccate mentre altre aperte in modo che dovranno abbattersi e le rimanenti con gravi lesioni ma con tante rovine* per cui la popolazione dovette abitare in baracche di fortuna.

La relazione dell'Orsini si chiude annotando con un pizzico di gioia che *In tanta rovina la Divina Misericordia ha preservato tutta la mia famiglia. Non vi è morto alcun Sacerdote, o Ecclesiastico in minoribus eccetto che tre religiosi laici, due francescani ed uno della Compagnia di Gesù.*

anno IV, n. 62 – 3 aprile 1992

La grandiosità della Roma antica investe con le sue opere Benevento

Basiliche, Terme, Archi, Teatro e Anfiteatro abbellirono la città

La sconfitta di Pirro nelle vicinanze di Malevento, nel 275 a.C., ad opera dei soldati romani, segnò il definitivo passaggio della città nell'orbita romana.

Il primo segno di questa nuova acquisita romanità, si evidenziò nel nome di Benevento, che auguralmente le venne dato da Roma. Da allora in poi furono molti gli imperatori che posero la città al centro delle loro attenzioni e pensarono pertanto di valorizzarla e quindi di arricchirla con sontuosi monumenti che ne avrebbero così fatto una città notevole e che avrebbero in seguito costituito un richiamo per illustri studiosi.

Già Augusto, oltre che ad attribuire alla stessa colonia beneventana gli appellativi di *Julia Concordia Augusta Felix,* applicando la sua politica di rinnovamento urbanistico fece costruire in Benevento importanti edifici rinnovati poi dal suo successore, l'imperatore Tiberio.

Lo stesso Nerone, poi, più volte ospite della città per assistervi ai famosi giochi gladiatori, avrebbe promosso la costruzione di monumentali opere, quasi certamente collegate a questo suo sport preferito. L'esistenza di una basilica adornata di pitture su tavola che raffiguravano lo spettacolo gladiatorio dato da uno sconosciuto quinquennale, è ricordato da una monca iscrizione conservata nel locale museo.

La basilica era preceduta da un portico, anch'esso adorno di pitture che raffiguravano lo spettacolo gladiatorio dato in città da un tale Lenate.

In Benevento, all'epoca dell'imperatore Commodo, furono erette le terme che da lui prendevano nome e delle quali un piccolo frammento marmoreo, riportato dal Garrucci, ci rende noto che la costruzione comprendeva bagni distinti per i due sessi.

Una iscrizione poi ci ricorda che l'imperatore Settimio Severo promosse la costruzione di un ponte che sorgeva lungo la via Appia.

Un'antica tradizione popolare attribuiva invece all'imperatore Valente la costruzione o quantomeno una sostanziale ristrutturazione del ponte sul Calore lungo la via Traiana che conduceva a Brindisi, conosciuto come Ponte Valentino. Tale tradizione documentaria è stata smentita dagli storici locali che sulla base del cronista Falcone Beneventano ricordano l'esistenza, nelle vicinanze del ponte, di una chiesa dedicata ad un San Valentino e dalla quale pertanto il ponte prendeva nome.

Anche altri imperatori lasciarono tracce della loro benevolenza verso questa città, ma certamente chi ha lasciato un segno più eclatante è stato l'imperatore Traiano che la tradizione ci descrive come uno degli uomini più giusti, tanto che lo stesso Dante lo pone nel *paradiso* tra coloro che anteposero l'interesse generale a quello personale. Traiano fu l'imperatore che fece costruire la via che conduce da Benevento a Brindisi riprendendo l'antico percorso verso Gnathia e rendendolo più agevole accorciava così le distanze con l'Oriente.

Varie sono le iscrizioni che lo ricordano, ma più di tutte ovviamente è il monumentale Arco a lui dedicato dal Senato e a ragione ritenuto uno degli archi più belli e meglio conservati della romanità. Sulle facciate dell'arco, oltre all'epigrafe, è la descrizione figurata di quanto Traiano fece durante il suo impero, dalle gesta vittoriose contro i Daci e i Parti alle opere interne a favore degli indigenti. Tante testimonianze monumentali sparse per la città attestano che il periodo di maggiore splendore per Benevento coincise con quello romano, e durante il quale Benevento gareggiò spesso in bellezza con quella Roma monumentale tanto illustrata.

Basiliche, terme, archi, teatro e anfiteatro abbellirono e resero importante Benevento, ed ancora oggi, di tanto in tanto, nuovi ritrovamenti ci restituiscono tracce di questo glorioso passato.

L'Arco di Traiano

anno IV, n. 63 – 18 aprile 1992

Un Tempio grande e bellissimo dedicato al culto di Iside

Restano cospicue tracce dell'edificio voluti da Domiziano

Nel precedente numero abbiamo parlato della grandezza della Benevento romana ed abbiamo fatto cenno alla magnificenza dei suoi edifici. Di alcuni di essi restano cospicue tracce che ancora oggi attestano la munificenza degli imperatori che li vollero erigere.

In pieno centro cittadino sorgono, oltre il magnifico Arco trionfale dedicato a Traiano, l'arco romano di via Carlo Torre meglio conosciuto come l'Arco del Sacramento, il Teatro Romano, rovine appariscenti dell'Emporio e delle Terme cittadine. Non ancora portate alla luce, ma conosciute attraverso le epigrafi e le testimonianze scritte raccolte dagli archeologi del passato, sempre all'interno del centro cittadino, tra la zona del Duomo e la Madonna delle Grazie, dovrebbero trovarsi i resti della Palestra di alcuni pubblici uffici del Foro e di tutti quei templi innalzati al culto degli dei sia indigeni che stranieri.

La posizione di Benevento, punto obbligato di passaggio dell'Appia verso l'Oriente, favorì nel corso degli anni la costruzione di molti templi di cui come dicevamo si sono perse sia le tracce che la memoria stessa. Ma di uno solo di essi, alla fine dell'Ottocento, furono rinvenuti cospicui resti tutt'oggi conservati nel locale Museo del Sannio. Si tratta del tempio dedicato ad Iside, costruito in

103

pietra dura di colore scuro: in esso veniva praticato il culto dedicato alla grande Iside, signora delle stelle, del cielo, della terra, del mondo sotterraneo.

Il tempio, sorto nel I sec. d.C., fu voluto da Domiziano Tito Flavio, ultimo imperatore dei romani delle famiglia dei Flavi, all'epoca del suo rientro dall'Egitto.

Era collocato nell'area del Duomo, e doveva essere grande e bellissimo come attestano le ricchezze di numerosi reperti che si conservano in città. La testimonianza più eloquente è data dai due obelischi che ancora oggi si ergono sulle basi antiche di granito rosso: uno in piazza Papiniano; l'altro nel museo del Sannio. Entrambi provengono dall'area del Duomo (quello più integro è quello conservato in piazza Papiniano) ed entrambi conservano le loro iscrizioni geroglifiche di eguale contenuto.

Altro grosso reperto che si conserva ancora in loco è la grossa scultura di granito egiziano situata all'inizio di viale San Lorenzo e meglio conosciuta come Bue Apis. Nel museo sono inoltre conservate ben 22 sculture che adornavano il tempio di Iside, alcune trasportate da templi egiziani più antichi oppure commissionate in Egitto dall'Imperatore Domiziano per il santuario di Iside in Benevento. L'insieme di questi reperti, tutti provenienti dal tempio isiaco, formano un complesso di grande importanza per Benevento, tanto che il professor H.W. Muller, insigne egittologo, direttore del Museo egizio di Monaco di Baviera, nel suo lavoro *Il culto di Iside nella antica Benevento*, ebbe così a dire.

…Accanto a Roma, la città di Benevento è il più importante centro di scoperte di sculture egiziane originali in Occidente e non condivide questa caratteristica con nessun'altra città fuori dell'Egitto. Se si considera che le statue egiziane di Roma – cioè di una città dall'area tanto più grande – provengono da molteplici santuari di Iside e se si paragona il numero dei pezzi egizi trovati a Roma – prescindendo dagli obelischi – con l'entità delle scoperte egiziane di Benevento, l'importanza di Benevento risalta in modo ancor più evidente. I monumenti conservati dal suolo di questa città – continua il professor Muller – una coppia di obelischi di granito egiziano con iscrizioni geroglifiche, ventuno sculture di materiale, di stile e di provenienza egizia, quattro statue egiziane di materiale egizio e di conio egizio-ellenistico, tre frammenti di bassorilievi di marmo, con rappresentazioni in puro stile egiziano e quattro singolari opere marmoree di stile ellenistico-romano – sono testimonianze dell'esistenza di un culto di Iside di primaria importanza…

anno IV, n. 64 – 2 maggio 1992

La dominazione francese lascia a Benevento il Liceo

L'attuale Convitto Nazionale inaugurato dal governatore De Beer

Uno dei primi atti contro il papato e quindi per procedere ad una totale liberazione del Regno di Napoli, fu quello di occupare Benevento e Pontecorvo, notoriamente riconosciuti come *fomiti di disordini per il Regno e farne due Ducati, il primo per Talleyrand, il secondo per Bernadotte.*

Il 5 giugno veniva pertanto firmato l'atto di nomina dello stesso Talleyrand quale principe di Benevento. L'occupazione militare doveva avvenire più tardi, il 16 giugno, ad opera di un distaccamento di cavalleria, al comando del generale Lanchantin. Queste, entrato in città, faceva subito abbattere gli stemmi pontifici e subito dopo faceva affiggere un proclama col quale, asserendo di prendere possesso del ducato per ordine di S. M. l'Imperatore dei Francesi e Re d'Italia, assicurava il più ampio riguardo per le persone, per la proprietà, per la stessa Religione ed i suoi ministri.

Iniziava così l'occupazione francese di Benevento che doveva avere fine a marzo del 1815. La presa di possesso in nome del Talleyrand veniva fatta da L. C. Alessandro Dufresne Saint-Leon, il quale rimase in carica pochi mesi in quanto il 15 agosto del 1806 veniva sostituito dal signor Louis De Beer, che rimaneva fino alla caduta dell'impero napoleonico.

Il nuovo governatore si dedicava di buona lena al nuovo incarico, di certo non lieve, lavorando non poco per introdurre in Benevento provvedimenti ispirati alle leggi ed agli usi francesi, prodigandosi instancabilmente e rovinando la sua salute in questo lavoro non eccessivamente semplice. Il suo compito comunque fu svolto egregiamente bene ed in tutti lasciava un così buon ricordo che anni dopo, da Benevento l'amico Fiorenza gli scriveva che tutti, anche quelli che non erano stati suoi amici, gli rendevano giustizia.

La sua lunga permanenza in città gli dava così modo di interessarsi tanto del fenomeno del brigantaggio, quanto delle belle arti, e poi ancora dell'assistenza pubblica e dell'organizzazione amministrativa del principato. Ma di tante iniziative intraprese, ad una sola è particolarmente legato il suo nome e quello del governo francese e di cui ancora oggi resta traccia: l'istituzione del liceo.

Tra le ordinanze attuate dal governatore Dufresne Saint-Leon secondo le istruzioni ricevute, vi era quella relativa alla soppressione dei vari ordini monastici i cui beni dovevano servire per accrescere le rendite del principe Talleyrand. Tra gli istituti soppressi vi era anche quello degli Scolpi che detenevano l'istruzione pubblica fin dai tempi dell'Orsini. Con la soppressione di questi ultimi, che si aggiungeva all'altra dei Gesuiti, avvenuta pochi decenni addietro, si creava in città uno stato di grave disagio. Tale fatto doveva lamentare il governatore Louis De Beer che volle provvedere senza indugio all'istruzione pubblica primaria e secondaria in un paese dove *la generalità degli abitanti non sa né leggere né scrivere.*

L'8 gennaio 1807 si aprivano nell'ex Collegio Gesuitico le scuole primarie ed altre ancora si aprivano nei villaggi del principato: San Leucio, S. Angelo a Cupolo, Perrillo, Pastene, Bagnara e Montorsi utilizzando, malgrado l'opposizione dell'arcivescovi, *gli economi delle parrocchie come altrettanti maestri di scuola con il diritto di succedere all'arciprete o al curato in caso di vacanza.*

Ma già nel febbraio del 1807 il governato pensava all'istituzione di un liceo che sostituisse le scuole religiose soppresse: *un liceo vivaio di funzionari e di uomini operosi, destinati a rinnovare la vita del principato.* Un liceo, dunque, che fosse contrapposto all'altro luogo di istruzione operante in città, che era il Seminario Arcivescovile e che *nel modo in cui l'Arcivescovo l'aveva organizzato era adatto a formare solo gli sciocchi e cattivi preti.*

Il nuovo istituto, così come era stato previsto dal Governatore, doveva esser un insieme di corsi per scolari esterni e non pensionati. *Sono stato allevato in una scuola militare ed ho avuto l'occasione di constatare che quando non si persegue il fine di formare dei soldati, l'educazione presenta più inconvenienti che vantaggi.*

Comunque, nell'aprile del 1808, il Consiglio Generale del Comune, condividendo il progetto di De Beer, indirizzava al Talleyrand analoga petizione suggerendo che le eventuali spese per il sostentamento della scuola potevano essere sostenute da una imposta sul vino. Il Talleyrand, tuttavia, assorto in altri impegni, dava il suo assenso nel 1810.

Il 27 aprile di quell'anno il Liceo veniva inaugurato con un discorso del De Beer, e a ricordo veniva murato sull'ingresso una lapide che tuttora conservasi all'intorno sotto il porticato. Nei primi giorni di novembre dello stesso anno un *Manifesto per l'apertura del liceo di Benevento* rendeva noti alla cittadinanza i nomi dei professori e l'insegnamento che avrebbero impartito: Lucchesi, retorica; Macion, belle arti: Francesco Macari, lingua italiana, latino e francese; Malpenga, storia e geografia; Anselmo Puccinelli, logica e metafisica; Domenico Bruschi, botanica; Barbato Mutarelli, leggi civili. Direttore del liceo era Michelangelo Vassalli, che insegnava Diritto naturale e delle genti e Diritto pubblico.

Un altro manifesto affisso a distanza di pochi giorni recante la data del 9 novembre invitava i cittadini a mandare i loro figli al Liceo. Questa istituzione da allora continua ancora oggi la sua attività essendo uno dei licei più prestigiosi della provincia. Il 14 maggio 1865, in esecuzione del Regio Decreto del 4 marzo 1865 che stabiliva l'intestazione dei Regi Licei, veniva intitolato allo storico Pietro Giannone.

La targa del Liceo del Principato, ancora esistente nel cortile del Convitto Nazionale.

anno IV, n. 65 – 16 maggio 1992

Particolarmente turbolenti gli ultimi anni del XIV secolo

Benevento vede acuirsi la lotta fra le fazioni

Gli ultimi anni del quattordicesimo secolo per Benevento furono molto turbolenti.

Le lotte civili che da sempre avevano travagliato la vita tranquilla della cittadina, in questo momento diventano più cruente, anche alla luce del particolare momento politico che regnava sul Reame di Napoli e sul Meridione diviso tra Spagnoli e Francesi. Già in passato, contraddistinte con diverse denominazioni, a seconda delle varie situazioni politiche della città (partito della rosa bianca e della rosa rossa, parte di sopra e parte di sotto), avevano creato sempre preoccupazioni ai vari governatori che si trovavano a reggere la città.

Alla fine XV secolo la città era divisa tra le fazioni degli Intrinseci e quella degli Estrinseci, e sia l'una che l'altra parte avevano *seguito sì grande di nobili e popolari, favoriti dai baroni circonvicini.*

Nel 1502 aveva da poco lasciato la città il Governatore e castellano Nicola Bonafede di Fermo, che in quei tempi a lungo si era adoperato per pacificare le due fazioni cittadine, che subito che era insorta una nuova lite. Il papa Alessandro VI inviava a Benevento nel giugno dello stesso anno il viterbese Giovanni Botonto, suo familiare, con il preciso incarico di Commissario contro i sediziosi, i quali in verità al suo arrivo in città, parte si allontanavano frettolosamente e parte venivano espulsi.

La pace sembrava ristabilita, ma solo per poco. La caduta del governo aragonese, poi, non aveva affatto sopito tutti quei rancori e brame di vendetta che animavano i fuoriusciti, anzi ad opera loro la quiete cittadina veniva sconvolta da una serie di fatti violenti e sanguinosi. Nel 1505 la città doveva subire un nuovo assalto da parte dei fuoriusciti c pochi anni dopo, il vicario del governatore, monsignor Francesco Dati di Trevi moriva assassinato per mano del notabile Lorenzo Capobianco.

Non si era ancora spenta l'eco dell'uccisione per motivi di onore della badessa del monastero di San

Diodato ad opera del nipote Giulio di Calabria, quando nel 1511 la città veniva violentemente sferzata dalla notizia dell'efferata uccisione del governatore Andreone degli Artusini, per mano ancora una volta di un nobile beneventano, Ettore Sabariani, capo del partito popolare, divenuto *il più pervicace e il più turbolento,* appartenente ad una delle famiglie più antiche della città.

Il crimine fu causato dalla energica attività operata dal governatore che aveva arrestato e rinchiuso nel castello i principali perturbatori della quiete pubblica.

Il Sabariani, riuscito ad evadere, penetrò poi, nottetempo, con alcuni suoi seguaci, nell'abitazione del governatore attigua al castello. Il governatore, decapitato, venne sistemato alla finestra in modo che *la mattina seguente fosse osservato dai passanti.*

Narra un'antica cronaca: *In un bel mattino di primavera alcuni agricoltori che solevano di buona ora recarsi nella campagna, per attendere ai loro cotidiani lavori, uscendo di Porta Somma, vedevano aperta la metà della finestra della stanza da letto del governatore Andreone, e la sua testa coperta del consueto berrettino che usava in casa, stare immobile nel vano della stanza ad un passo dalla finestra. I contadini a quella vista si levavano rispettosi il cappello, ma l'Andreone non pareva badare al loro saluto. Intanto, essendo trascorso assai tempo, senza che il governatore si fosse rimosso da quella attitudine, o avesse dato segni di vita, i suoi familiari sospettando di qualche sciagura penetrarono senza riguardi nella sua stanza e trovarono con raccapriccio il suo cadavere collocato in guisa da vedersene dai passanti solo il cucuzzolo.*

Dopo la feroce vendetta, il Sabariani si allontanava da Benevento per arruolarsi nelle milizie imperiali dove *dette prova di così ardimentoso coraggio da farsi annoverare tra i più valorosi soldati del suo tempo.*

La reazione dei consoli della città e del nuovo governatore, Luca Maso Albizzi, fu molto energica: l'abitazione del Sabariani fu fatta demolire mentre repressioni venivano messe in atto nei riguardi di coloro che avevano dato ricovero al fuggitivo.

Il nuovo governatore instaurati nuovi rapporti di collaborazione con il viceré di Napoli, riuscì ad ottenere la estradizione del Sabariani che trovavasi a Napoli rinchiuso in Castelnuovo. Trasferito a Benevento e di nuovo rinchiuso nel castello dal quale sei anni prima era evaso, il Sabariani, sottoposto a tortura conformemente alle procedure del tempo, finiva per confessarsi reo dell'uccisione del governatore e condannato alla decapitazione. La sentenza venne eseguita il 20 luglio 1516, giorno di mercato, nella piazza principale della città.

anno IV, n. 68 – 27 giugno 1992

La città «assediata» dai Borboni si sottomette pacificamente

Mai occupazione militare fu più tranquilla di quella del 1768

Il Governo Pontificio ha conosciuto, sulla città di Benevento, nel corso della sua lunga vita di ben otto secoli, poche interruzioni.

Una di queste fu la breve dominazione borbonica dal 1768 al 1774. In questi sei anni la città fu occupata dai granatieri di Ferdinando IV, a seguito della lotta ingaggiata da Clemente XIII con le regnanti case della famiglia Borbone, le quali, come è noto, avevano espulso l'ordine gesuitico dai loro regni.

A quell'epoca i Gesuiti già erano stati allontanati da molti stati europei: dal Portogallo, dalla Francia, dalla Spagna e da tutto il Regno di Napoli. Risiedevano ancora, invece, nei domini pontifici del Ducato di Benevento dove avevano un Collegio che avevano aperto nel lontano 1595. Il pontefice Clemente XIII assisteva impotente allo scioglimento della Compagnia. L'unica sua protesta fu quella di minacciare di scomunica il Duca di Parma qualora questi si fosse allineato alla politica dei parenti nel cacciare i Gesuiti dai suoi territori.

La reazione dei reali non tardò a manifestarsi e culminò con l'occupazione di Benevento. Nel marzo del 1768 alcuni reparti borbonici si acquartierarono nelle vicinanze di Benevento, tra Airola e Montesarchio, creando uno stato di tensione per la pacifica città. Ai primi di giugno, propriamente il quattro, veniva distribuito e affisso anche in città un proclama diretto *ai cittadini e abitanti di Benevento e suo territorio*, col quale Ferdinando IV dichiarava che *per gravissime e giuste ragioni a cui ci chiama la felicità dei Popoli dalla Divina Provvidenza alla nostra cura* aveva risoluto *di riunire la città di Benevento e sue pertinenze a questo nostro Regno di cui è stata sempre parte.*

Non dubitando affatto anzi fidando che i Beneventani *colla maggiore prontezza e con egual piacere* avrebbero concorso nel *riconoscerlo il vero e legittimo Padrone Signore e Sovrano* faceva sapere di aver deputato al Cav. Bartolomeo Falconcini, Brigadiere degli Eserciti Reali a ricevere *nel nostro Real nome il giuramento di fedeltà che dalle persone rappresentanti il Vostro Pubblico e dal Comune deputare sarà prestato.*

In verità mai occupazione militare fu più pacifica di questa. La mattina dell'11 giugno il brigadiere Falconcini, assieme al capitano Domenico Gherig ed alle due compagnie di granatieri, forti di settecento uomini, erano sotto le mura della città. Qui gli si fecero incontro i consoli che gli offrirono le chiavi della città e giurarono fedeltà al nuovo Sovrano. Il popolo assisteva tranquillamente alla cerimonia: seguiva la truppa che entrata in città occupava man mano gli edifici pubblici, le carceri, il castello. Anzi, acclamazioni di «Viva il Re» seguirono la lettura dell'editto che proclamava l'unione di Benevento al Regno.

In sostituzione del governatore pontificio Mons. Antonio Lante, prendeva possesso della città per l'amministrazione civile Biagio Sanseverino, già avvocato fiscale dell'Udienza di Montefusco, che aveva ricevuto ordini di *regolarsi in Benevento principalmente con le leggi municipali del luogo* dalle quali non doveva derogare se non nel caso di manifesta violazione dei diritti sovrani.

L'occupazione era così avvenuta. E in segno di ringraziamento al Signore, il nuovo governatore ordinava che fosse tenuto nel Duomo un solenne Te Deum, alla presenza dell'arcivescovo G. Colombini che, colto dalla morte il 3 febbraio 1774, non potette rallegrarsi della restituzione della città che Ferdinando IV faceva al pontefice Clemente XIV il 23 marzo dello stesso anno.

anno IV, n. 69 – 11 luglio 1992

La vicenda storica dell'antico convento dei padri domenicani

La sua fondazione risale alla seconda metà del secolo XIII

La nuova sistemazione, e la recentissima inaugurazione della opera paladiniana, l'*Hortus Conclusus* sull'area dell'antica ubicazione del giardino dell'ex convento domenicano ci da spunti per tracciare a grandi linee le vicende storiche di questo antico complesso.

La sua fondazione risale alla seconda metà del XIII secolo ed ha ospitato i padri domenicani fino alla loro espulsione da Benevento nel 1860, per essere poi trasformato e adattato a sede del Tribunale del nascente capoluogo di provincia.

Il convento interessava tutta l'area compresa tra via Annunziata e corso Garibaldi, tra via Tenente Pellegrini e via Delle Assise, e comprendeva oltre al grandioso complesso monastico anche la contigua Chiesa di San Domenico caratterizzata dai due ingressi, dei quali quello principale era sulla piazza.

La presenza comunque dei domenicani a Benevento va registrata a qualche decennio prima, come attesta l'epigrafe scolpita sull'architrave dell'ingresso laterale della chiesa di S. Domenico e che ci indica la presenza di un altro convento, una precedente costruzione sita immediatamente fuori città, nella zona di Ponticelli, la cui costruzione risale al 1233, voluta da Roffredo Epifanio. Quest'ultimo, esponente di una ricca e nobile famiglia beneventana che vantava illustri personaggi nonché cardinali ed anche un papa, Vittore III, era un dotto giurista beneventano, consigliere di Federico II e, assieme a Pier delle Vigne, uno dei fondatori dell'Università Federiciana di Napoli.

Il primo convento, la cui data di fondazione risale come detto al 1233 (fatto rilevante se si pensa che la sua creazione si verifica a soli 8 anni dalla morte di San Domenico) era ubicato, come dicevamo, fuori Port'Aurea, nei pressi di Ponticelli. E in questa zona i domenicani dovettero rimanervi fino alla venuta delle soldatesche angioine, nel febbraio del 1266. Costretti quindi ad entrare in città per trovarvi sicuro riparo, si rese necessario dar loro una degna sistemazione, che nei primi tempi trovarono in alcune casupole erette nell'area della distrutta chiesa di *Santa Maria ab antiqua* e donate loro da suor Registra, badessa del monastero di San Pietro. Nel documento, del 1268, stilato da un notaio beneventano, si legge chiaramente che la donazione delle case avviene *ad finem fundandi conventi*.

Nel corso degli anni nuove donazioni venivano sottoscritte da esponenti dell'aristocrazia beneventana. Nel 1336, da un lascito testamentario, sappiamo che la chiesa era già abbellita da numerosi altari patronali, e certamente un forte impulso alla sistemazione del complesso venne dai due domenicani Guglielmo Bourgeois e Ugone de Bruxeo, che si susseguirono sulla cattedra arcivescovile di Benevento dal 1362 al 1365.

Il cavallo nell'Hortus Conclusus di Mimmo Paladino

Nel 1440 l'arcivescovo Astorgio Agnesi concedeva al Convento nuovi privilegi. Certamente danneggiati dal terribile terremoto del 1456, dovettero risorgere in modo più bello e razionale tanto che sono numerose le concessioni di cappelle all'interno della Chiesa alle famiglie aristocratiche di maggiore prestigio, fatte tra il 1511 ed il 1601. Non a caso sulla fine del XVI secolo, precisamente nel 1581, esponenti della nobiltà locale chiesero ed ottennero l'aula dell'oratorio del S.S. Rosario, eretta nel chiostro del Convento per sede delle loro adunanze, e dove poi avrebbero trovato sistemazione fino ai primi del 1900.

Questo è il periodo di maggiore splendore che troverà l'apice con l'episcopato di Vincenzo Maria Orsini che tra il 1705 ed il 1707 provvederà al ripristino del complesso danneggiato dai terremoti del 1688 e 1702. Il Convento avrà vita fino al 1860, eccetto la breve parentesi del decennio francese.

Nel 1860, con la soppressione degli ordini religiosi, e in ossequio alle nuove esigenze della neo-provincia di Benevento, il complesso, opportunamente ristrutturato, ospitò il nuovo Tribunale. I lavori di ripristino dell'edificio furono diretti dagli ingegneri beneventani Dovara e Pasquale Zoppoli, cui succedette l'ingegnere Vincenzo E. Satriano che curò anche l'allestimento della facciata. L'assetto dato all'edificio in questo periodo rimase pressoché immutato fino ai giorni nostri. Fino al terremoto del 1980, quando si rese necessario il trasferimento degli uffici giudiziari nella nuova sede di via Raffaele De Caro.

Poi è storia dei giorni nostri. L'edificio, ristrutturato e sfrondato di tutte quelle sovrapposizioni avutesi nel tempo, ha ripreso in parte l'aspetto settecentesco ed oggi degnamente ospita gli uffici amministrativi dell'Università beneventana.

Mentre il giardino privato del convento, affidato alle sapienti mani di Mimmo Paladino, è diventato uno splendido spazio pubblico, dovè all'antico cantilenante orare dei monaci si è sostituito un silenzio quasi irreale, a tratti interrotto dalle sommesse esclamazioni di stupore di chi si avventura nel magico, suggestivo mondo paladiniano.

anno IV, n. 70 – 25 luglio 1992

Interrotta due volte la lunga dominazione pontificia

Per circa dieci anni furono i francese ad occupare la città

Il mese di giugno del 1806 fu un mese denso di avvenimenti per la Città di Benevento.

Napoleone, dopo aver conquistato mezza Europa, giunto all'apice della sua brillante carriera, si fa prima consacrare imperatore dei Francesi, alla presenza di Pio VII, nella cattedrale di Notre Dame, a Parigi, il 2 dicembre 1804, e nel maggio successivo del 1805 si nomina Re d'Italia.

Si inizia una lenta, graduale trasformazione dallo stato di regime a quello di una vera e propria monarchia, con la creazione di una corte e di un nobiltà imperiale.

Si inizia così la costruzione di un grande impero che faceva corona alla Francia e i cui sovrani erano parenti o alleati di Napoleone.

Anche le precedenti realtà politiche italiane subiscono delle variazioni e vengono assegnate a personaggi molto vicini a Napoleone. Così il fratello Giuseppe viene investito del Regno di Napoli, mentre Luigi è incoronato Re d'Olanda. Con decreto de 15 giugno 1806 il fedele maresciallo Bernadotte è eletto principe e duca di Pontecorvo mentre il Ducato di Benevento è dato al ministro degli Affari Esteri, vescovo di Autun, Carlo Maurizio Talleyrand Perigord, col titolo di principe e duca, che detenne fino alla caduta di Napoleone.

Il Ducato ebbe una vita quasi decennale e certamente fu il periodo più lungo di scissione dal plurisecolare dominio pontificio. Altra situazione similare, ma non così lunga nel tempo, si era tuttavia verificata alcuni secoli addietro, sul finire del secolo XV, esattamente nel 1497, e pure nel mese di giugno.

In quell'anno Benevento fu infeudato col titolo di duca nella persona di Juan Borgia e il suo ducato ebbe vita brevissima: soltanto sette giorni! Era papa in quei tempi Rodrigo Borgia, col nome di Alessandro VI; il suo papato durò dal luglio del 1492 fino al 1503 e fu uno dei periodi più brutti della Chiesa. Rodrigo, appartenente ad una ricca famiglia, era nipote della sorella di papa Callisto II Borgia di cui prese il cognome. Creato Cardinale in giovane età, ebbe tre vescovati ed incarichi vari che lo resero potente e ricchissimo. Costruitosi un grande palazzo a Roma (poi ceduto alla famiglia Cesarini Sforza) amava vivervi nel lusso più sfrenato non nascondendo tra l'altro di avere rapporti intimi con una donna di casa Cattanei: Vannozza dei Cattanei che gli fu devota per tutta la vita e che gli diede ben quattro figli: Cesare, il Valentino, duca di Valenza; Giovanni, duca di Candia; Goffredo, duca di Squillace; Lucrezia, duchessa di Ferrara.

Dei quattro figli di Alessandro VII, i più famosi furono certamente Cesare e Lucrezia. Il primo fu vescovo e poi cardinale, poi uomo d'arme ed ancora politico e divenne celebre *per le sue ribalderie che commetteva con animo calmo, senza turbamento, per ottenere dominio e grandezza.* Non da meno fu la sorella Lucrezia. Appena eletto papa, Alessandro VII si adoperò per dare una degna sistemazione ai figli e principalmente per Giovanni che lui tenne in considerazione più degli altri. Per questi aveva prima ottenuto il ducato di Candia e poi lo aveva fatto nominare Gonfaloniere della Chiesa e Rettore del patrimonio ecclesiastico, rimuovendo da questa carica il cardinale Alessandro Farnese che fu Arcivescovo di Benevento e poi papa Paolo III.

Altri piani aveva tuttavia progettato il papa-padre nella speranza di arricchire il figlio a spese dei beni e dei domini dei baroni del suo stato.

Erano questi gli antichi vicari che dalla Chiesa tenevano quali feudatari i loro possedimenti. Nel corso del tempo si erano resi indipendenti e spesso sorgevano armati contro il Papa. Non era quindi a riprovarsi il proposito di comprimerli ed anche torli di mezzo ed i Pontefici da tempo avevano iniziato e tentato l'opera. Tra questi signori potentissimi erano gli Orsini, che avevano vari domini nel Regno di Napoli e che aderenti agli aragonesi destavano sospetti e gelosia nell'animo di Alessandro. Con i loro beni, costui avrebbe voluto formare Principato al Duca di Candia.

Vennero così gli Orsini tutti dichiarati ribelli e contro di loro mosse guerra il Papa: ma le sorti della guerra non gli furono favorevoli e l'esercito pontificio, capeggiato dallo stesso Giovanni, fu sconfitto presso Doriano, e lo stesso duca ne restò ferito. Era il 25 gennaio 1497.

La disfatta di Doriano non fece dismettere il papa dai suoi avidi sogni. *Persa ogni speranza di ingrandire il duca con i possedimenti degli Orsini decise di dargli grandez*za e potenza nello stato della Chiesa; ed il 7 giugno 1497 lo nominò duca di Benevento, Pontecorvo e Terracina con facoltà di trasmettere tale nomina ai suoi eredi. *Benevento per la sua illustre storia e per essere già stata capitale di un potente ducato longobardo dovette lusingare l'ambizione del padre e del figlio, i quali dovettero anche pensare che, posto il ducato nel Centro del Reame di Napoli, poteva essere principio di maggiori fortune nel Reame stesso.*

Il duca di Candia fu investito del ducato due giorni dopo. Giovanni ricevé gli omaggi di Roma e fece feste, convivi, allegrezze. Ma non ebbe il tempo di occuparsi del nuovo ducato: cinque giorni dopo fu assassinato nella stessa Roma in un luogo poco lontano dal Vaticano.

Louis De Beer

anno IV, n. 71 – 19 settembre 1992

La lunga odissea dei resti dell'apostolo Bartolomeo

Le recenti note a stampa riportate lo scorso mese d'agosto da un quotidiano locale circa l'autenticità o meno di una particolare reliquie del Santo Patrono di Benevento incastonata in un prezioso reliquiario d'argento, oggetto di culto nel giorno della festività del Santo, hanno dato il via ad una accesa polemica tra l'estensore della nota e le autorità interessate, polemica ancora oggi non del tutto sopita.

Non entriamo nel merito della questione, ciò non toglie che il tutto ci da l'opportunità di poter ricordare, con brevi cenni, le vicende della reliquia del corpo di San Bartolomeo.

Bartolomeo, nativo di Cana, nella Galilea, fu tra i primi discepoli di Gesù. Alla morte di questi si adoperò molto per diffondere la parola del Maestro e fu riconosciuto come uno degli apostoli più attivi. Di lui si sa che effettuò molte missioni nella Mesopotamia, nella Partia e nell'Armenia dove ad Albanoboli, per ordine di Astiage, re di quella regione, fu martirizzato: secondo la tradizione, comunemente accettata, fu scuoiato vivo.

Le spoglie di San Bartolomeo subirono vari traslochi. Dall'Armenia passarono in Mesopotamia e poi in Erigia e quindi, intorno al 580, furono portate nelle isole Eolie e precisamente a Lipari, dove furono oggetto di venerato culto per circa 250 anni.

In quegli anni, siamo ai primi del nono secolo, l'intera fascia costiera tirrenica era oggetto di continue incursioni dei pirati saraceni. Costoro, nel nome di Maometto, combattendo i cristiani avevano esteso i loro domini a tutta la fascia costiera africana ed erano passati nella Spagna dove avevano fondato un regno e da dove con potenti e veloci navi compivano scorrerie piratesche sui mari assalendo i paesi delle coste.

Nell'838 erano approdati nell'isola di Lipari che fu messa a ferro e fuoco. La stessa tomba del Santo non fu risparmiata. Fu violata da mani sacrileghe ed i sacri resti furono dispersi nelle pubbliche fosse e lì restarono finché non furono pietosamente raccolte e custodite dal monaco Teodoro e dallo stesso successivamente consegnate a Sicardo che con le sue soldatesche era accorso in aiuto degli abitanti di Lipari. Da questi le sacre reliquie furono portate in Benevento: per dar loro degna dimora si ordinò che nella chiesa cattedrale fosse costruita una magnifica cappella che Sicardo, prevenuto dalla morte, non poté vedere terminata. La cappella fu comunque portata a termine dal vescovo Orso. Da allora sono circa undici secoli che le reliquie dimorano in Benevento, oggi nella omonima Basilica costruita lungo il corso Garibaldi, terza chiesa eretta dal popolo beneventano in onore del santo Patrono.

La prima infatti fu eretta nel 1338 dall'arcivescovo Arnaldo De Brusacco, nello spazio tra la fontana ed il Duomo, nell'attuale piazza Orsini, il quale vi trasferì il sacro corpo dalla Metropolitana.

Martirizzato e scuoiato vivo per ordine di re Astiage

Busto d'argento di San Bartolomeo

Demolita dal terremoto del 5 giugno 1688, il cardinale arcivescovo Orsini aveva provveduto a riedificarla, nello stesso posto, ricollocandovi le sacre reliquie dopo averne fatta solenne ricognizione nel 1698. La risorta Basilica doveva ricrollare dopo pochi anni a seguito del terremoto del 14 marzo 1702. Le spoglie trovarono asilo nella chiesa Metropolitana e da qui uscirono solo nel 1729, quando con solenne cerimonia furono riposte sotto l'altare maggiore dell'attuale basilica, costruita sempre a spese del cardinale Orsini, al momento papa Benedetto XIII.

Per ben undici secoli i resti sono rimasti a Benevento, ogget-to di venerato culto; non sono però mancati momenti in cui la città stava per perderli, come in occasione del tentativo fatto da Ottone III, che di ritorno da un pellegrinaggio al santuario di San Michele al Gargano, fermatosi in Benevento, aveva preteso di trasferirli a Roma, e poi di là forse in Germania. Il tentativo di Ottone III doveva rimanere senza effetto in quanto i Beneventani, incuranti delle minacce di assedio ventilate dall'imperatore, e concorsi con l'arcivescovo, ordirono un pietoso inganno e consegnarono in cambio del corpo di San Bartolomeo quello di San Paolino, che nella convinzione che fosse quel-lo richiesto fu portato a Roma e depositato nella chiesa a lui dedicata nell'isola tiberina. Del fatto, pienamente smentito dalla critica storica, resta memoria nella grande tela raffigurante appunto la consegna del simulato corpo di San Bartolomeo conservata nel coro della attuale chiesa.

Nel 1698, come abbiamo ricordato, i resti del santo, dopo una solenne ricognizione, furono deposti nella nuova chiesa voluta dall'arcivescovo Orsini. L'esame dei resti avvenne alla presenza dello stesso Orsini e di numerosi vescovi, di teologi e di due anatomisti: Antonio Volpe ed Angelo D'Auria.

anno IV, n. 72 – 9 ottobre 1992

L'antica chiesa di S. Lorenzo divenne il Tempio della città

Dal marzo del 1700 assume il nome di S. Maria delle Grazie

La chiesa di San Lorenzo fuori le mura, nella parte orientale della città, si raggiungeva uscendo appunto dalla città attraverso una porta che della stessa chiesa portava il nome: Porta San Lorenzo.

La porta, demolita nell'aprile del 1868, si trovava collocata quasi ai cantonali dei due palazzi marchesali dei Pacca e dei Pedicini, al culmine della stretta via Fragola che attraversa il popoloso quartiere di San Donato.

Sull'architrave della porta una cornice di stucchi barocchi racchiudeva un dipinto della Madonna delle Grazie e di San Lorenzo e sotto vi campeggiava una iscrizione sormontata dallo stemma del cardinale Orsini che ne raccontava all'*ignaro* forestiero l'antichità e che in tempi recenti era stata restaurata dalla munificenza dello stesso Orsini.

La lapide, crediamo, sia conservata fra i reperti del Museo del Sannio mentre recenti scavi archeologici, eseguiti pochi anni or sono alla fine dell'attuale corso Dante, hanno riportato alla luce cospicui resti dell'antica porta.

Oggi della porta e della stretta stradina non è rimasto che il ricordo. Un ampio corso conduce dal Duomo al viale San Lorenzo dove sul fondo campeggia la neoclassica facciata del Tempio votivo alla Madonna delle Grazie preceduto da un pronao di sei colonne classicheggianti.

Sulla destra di quest'ultimo si apre uno spazio, oggi aperto ma all'epoca chiuso da edifici successivamente abbattuti dai bombardamenti, dove nel 1630, per volere e devozione del Governatore Arcasio Ricci, nativo di Pescia, poi vescovo di Gravina, fu eretta una colonna poggiata su di un basamento recante la seguente iscrizione: *Alla Vergine Madre di Dio – Regina della città di Benevento – felicemente Arcasio Ricci di Pescia con insigne devozione dedicò l'anno 1630.*

Di fronte a questa colonna, corrispondente quasi all'ingresso dell'attuale convento, si trovava la porta dell'antica chiesa di San Lorenzo con sulla destra l'antico convento francescano, mentre sulla sinistra si trovava l'oratorio del Terz'Ordine di San Rocco.

Il soffitto era tutto di legno pitturato e indorato. Altrettanto ricche di stucchi dorati erano le mura perimetrali e l'abside al centro del quale, a spese dell'Orsini e dell'arcidiacono Finy, vi fu eretto uno splendido altare arricchito di finissimi marmi.

In alto, in una nicchia chiusa da vetri, vi era sistemata la statua lignea della Madonna, opera di Giovanni Meriliano da Nola, impreziosita da ori e da gemme.

Di essa l'Orsini fece fare in Napoli nell'anno 1698 una perfetta immagine a stampa su seta e su carta che veniva distribuita nel giorno della festività del 2 luglio.

Il rivestimento marmoreo ed il pavimento maiolicato di tutta la chiesa furono invece realizzati a divozione di D. Andrea Pastorale, abate della Collegiata di S. Spirito.

L'unica navata era arricchita da sei altari di patronato di altrettante famiglie nobili Bilotta, Morra, Capasso, Cassella, Pastorale, Pedicini.

Dell'antica chiesa oggi non esiste più traccia perché distrutta dai bombardamenti del settembre 1943.

Già esistente nell'VIII secolo con l'antico nome di San Lorenzo fuori le mura era un monastero ed apparteneva ai monaci dell'ordine benedettino. Alla loro andata via, chiesa e badia passarono prima alle consorelle benedettine e poi nel XIII secolo alle clarisse.

La sua collocazione fuori città, in luogo solitario, creava non pochi fastidi alle monache che passarono ad abitare in città nel convento di San Diodato lasciando quindi libero il vecchio monastero.

Nel 1427 su richiesta della città inoltrato a papa Martino V, il convento fu ceduto ai frati minori che vi si insediarono presumibilmente dopo la peste ed il terremoto del 1456.

Certo è che nel 1471 i consoli della città davano sussidi ai monaci per la riattazione del convento e forse per la ricostruzione ex novo della chiesa.

Danneggiata poi dal terremoto del 1688, nella fase di ricostruzione fu ridotta ad una sola navata.

Il 13 marzo 1700 un decreto della Sacra Congregazione dei Riti confermava la proclamazione a protettrice di Benevento della Madonna delle Grazie fatta dal popolo per mezzo del cardinale Orsini.

Da questa data la vecchia chiesa di San Lorenzo cominciò a denominarsi chiesa di S. Maria delle Grazie.

Il tempio della Madonna delle Grazie e di fianco l'antica chiesa di San Lorenzo, prima della sua demolizione.

anno IV, n. 73 – 17 ottobre 1992

Due volte distrutta dai terremoti l'antica chiesa del SS. Salvatore

Oggi l'edificio è nuovamente in fase di restauro dopo il sisma del 1962

Attraversando la città, immettendo in via Annunziata, così diceva Mons. Salvatore De Lucia nelle sue Passeggiate Beneventane: *Ecco, alla nostra destra la via intitolata a Stefano Borgia, Governatore di Benevento, poi cardinale. Salvo le proporzioni e lo scopo, questi può considerarsi come il Muratori della Storiografia Beneventana. La vicina chiesa a tre navate con doppia fila di vecchie colonne di granito bigio, è la parrocchia del SS. Salvatore. L'istituzione di questa parrocchia non è di epoca molto remota. Diroccata e rasa al suolo da scosse telluriche nel 1650, fu da Giovan Battista Roscio riedificata e ornata, ottenendone quindi il diritto di patronato. Distrutta nuovamente dal terremoto del 5 giugno 1688, fu riedificata ed indi consacrata dall'Orsini il 18 aprile 1696.*

Questi i brevi cenni che mons. De Lucia dedicava a questa antica chiesa parrocchiale della città. Dunque da non confondersi con la omonima longobarda Cappella di palazzo già nota in un documento del 966, che era situata nella parte alta della città, all'estremità orientale di essa, nelle vicinanze di Porta Somma dalla quale, come rilevasi in antichi documenti, ricavava pure il nome, San Salvatore di Porta Somma.

Il più antico documento che si conosceva di essa, riguarda la cerimonia della sua consacrazione avvenuta nell'anno 1161 ad opera dell'arcivescovo Enrico. A quei tempi sappiamo che la Chiesa era di patronato della nobile famiglia Maccabeo. Da questa data, e fino

al Cinquecento, poco o nulla si conosce. Certo è che sul finire del XVI secolo le sue condizioni statiche dovevano essere alquanto buone visto che nel 1581 mons. Pietro Lunel, visitatore apostolico, prescriveva pochi restauri e tutti relativi la suppellettile ecclesiastica. L'aula ecclesiastica a due navate misurava circa 100 metri quadri, tutta l'aula era divisa da una fila di quattro colonne ed era arricchita da tre altari: uno, quello principale, sulla parete di fondo, era dedicato alla Trasfigurazione di Nostro Signore. I due laterali erano dedicati uno alla Madonna delle Grazie l'altro alle Reliquie.

Il terremoto del 5 giugno 1688 arrecò notevoli danni in tutto il territorio parrocchiale, causando la morte di circa 120 parrocchiani e la stessa chiesa ne restò irreparabilmente danneggiata per cui se ne rese necessaria la ricostruzione con un nuovo impianto.

La Chiesa, con un piccolo pronao, fu costruita a tre navate. Nella volta della navata principale venne dipinto in un affresco ovale il SS. Salvatore in Gloria circondato da puttini ed angeli in Gloria.

Gli altari laterali sono dedicati quello di destra al Salvatore ascendente al Cielo raffigurato in una tela firmata che F. Capobianco esegue sul finire del XVIII secolo, mentre l'altro è intitolato a S. Anna, la Vergine e S. Gioacchino. Gli altari della navata di sinistra sono dedicati l'uno a San Francesco di Paola, l'altro alla Madonna con Bambino e ai lati San Nicola

e San Francesco. La chiesa, immutata nelle sue strutture settecentesche, insiste su via Stefano Borgia ed ha la sua facciata principale su di un piccolo slargo che si apre lungo la strada, di fronte alle case Parenti.

Una moderna costruzione ne occupa parte della facciata rendendola monca di una delle due finestre poste ai lati della porta d'ingresso. Danneggiata dal terremoto del 1962, la chiesa fu chiusa al culto e non più riaperta anche perché ulteriori danni provocati dal terremoto del 1980 ne danneggiarono ulteriormente la struttura. Nel 1985 venne soppresso anche il titolo parrocchiale. Oggi è oggetto di restauro da parte delle competenti soprintendenze.

Particolare della Chiesa del Salvatore.

anno IV, n. 74 – 31 ottobre 1992

Il 21 febbraio 1930 fu posta la prima pietra del Seminario

Utilizzati 7.800 quintali di ferro e circa tre milioni di mattoni

L'idea di aprire a Benevento un grande seminario diocesano ed interregionale, era venuta al Cardinale Camillo Siciliano di Rende; allo scopo, per l'ubicazione aveva intrapreso opportuni contatti sia con il Comune di Benevento per utilizzare l'allora disabitato convento di San Lorenzo fuori le mura, sia con i padri Cappuccini per il convento di Sant'Egidio a Montefusco.

Prevenuto dalla morte il 16 giugno 1897, non potette attuare il suo progetto.

Il successore, il Cardinale Donato Maria dell'Olio, fece suo questo progetto che riuscì a tramutare in realtà, riuscendo inoltre ad ottenere dal papa Leone XIII l'erezione canonica con due facoltà, l'una in Sacra Teologia e l'altra in Diritto Canonico, col privilegio di conferire i gradi accademici. Questa istituzione, dotata di propri statuti, fu inaugurata nel 1899 ed ubicata nei locali terranei dell'Archiepiscopio. Fiorì sotto la guida di valenti professori e dottori e sotto la vigile e premurosa assistenza degli arcivescovi che succedettero al fondatore: il dotto benedettino celebre giurista, autore di un prezioso vocabolario, vale a dire mons. Benedetto Bonazzi, che durante il suo episcopato consolidò l'opera avviandola a migliori auspici; ed il cardinale Alessio Ascalesi, che invece, prevedendo per il Seminario futuri traguardi e più ampi orizzonti, aveva vagheggiato una sede più

ampia e decorosa, lontano dai locali dell'Archiepiscopio. Allo scopo aveva acquistato un vasto terreno, nella zona alta della città, in località dell'Angelo, nella parte più alta della collina da dove era possibile ammirare la distesa della città contornata dalle cime montagnose – che le fanno corona – del Taburno, del Partenio e, poco più lontano, del Matese. È qui che mons. Ascalesi aveva progettato di costruire un grande edificio che accogliesse le scuole dell'ateneo pontificio e del seminario arcivescovile.

Intanto si faceva strada, da parte della Santa Sede, l'idea di una ristrutturazione più organica di tutti i seminari vescovili e quindi si avanzava la possibilità di raggruppare, laddove esistevano, i seminari delle piccole diocesi, in un seminario più grande, un seminario interdiocesano e venire così incontro alle esigenze di quelle piccole diocesi sprovviste di seminario e anche di mezzi finanziari per costruirsene uno.

Con questo indirizzo sotto il pontificato di Pio X, che aveva voluto questa ristrutturazione, nascevano i seminari di Catanzaro per le Calabrie, di Napoli a Posillipo per la Campania, di Chieti per l'Abruzzo, di Assisi per l'Umbria; sotto il pontificato di Benedetto XV prendevano vita invece il seminario di Fano nelle Marche e quello di Bologna per l'Emilia e per la Romagna.

Benevento, sotto l'efficace inte-

ressamento del cardinale Lavitrano, fu prescelta sede di Seminario Regionale dal nuovo papa Pio XI. Il 21 febbraio 1930, in occasione delle celebrazioni bicentenarie del cardinale Orsini, dal cardinale Lavitrano assistito dall'intero episcopato beneventano e da numerose autorità cittadine veniva benedetta e posta la prima pietra dell'erigendo Seminario Regionale, progettato dagli ingegneri locali cav. Michele Satriano e cav. Luigi Ciapparelli, coordinati dall'ing, commendatore Giuseppe Momo. I lavori furono appaltati all'impresa dell'ing. Leone Castelli. La direzione dei lavori fu eseguita dall'ing. Ciapparelli coordinato dall'ing. Carlo D'Ambrosio, esperto di costruzioni in cemento armato.

I lavori, dopo la breve forzata pausa dovuta al ruinoso terremoto del Vulture del luglio 1930, che duramente colpì anche Benevento, furono ripresi alacremente nella primavera del 1931. Nel mese di giugno dello stesso anno furono eseguiti i lavori di sterro e sbancamento e nel novembre dell'anno successivo, assecondando le aspettative del sommo pontefice, l'edificio, costruito a regola d'arte, veniva consegnato. Tutto il complesso è a più padiglioni e si sviluppo su due piani raggiungendo l'altezza massima di 12 metri; le murature sono in mattoni della fabbrica di laterizi dei Fratelli Fantozzi. Il padiglione centrale misura 105 metri di lunghezza e 17 di larghezza. Per l'esecuzione di tutta l'opera furono impiegati 7.800 quintali di ferro, 3.800 di cemento, mentre furono utilizzati 2.800.000 mattoni, 148.000 tegole per tetto, 11.000 quintali di calce. La realizzazione dell'edificio fu eseguita in 16 mesi, vi furono impiegati 200 operai, quasi tutti di Benevento e della provincia, per un totale di 95.371 giornate lavorative. Il 25 ottobre 1933 l'edificio fu solennemente inaugurato sotto il presulato dell'arcivescovo Piazza dal legato pontificio cardinale Bisleti.

Agli inizi degli anni Ottanta l'intero complesso fu venduto ai Ministero della Difesa che vi ha allocato la scuola allievi carabinieri, mentre a qualche centinaio di metri di distanza veniva avviata la costruzione di un grande e moderno seminario arcivescovile. Ma questa è un'altra storia.

Il Seminario Regionale Pio XI, subito dopo la sua inaugurazione.

anno IV, n. 75 – 14 novembre 1992

Beneventani arditi ma pazienti si liberano dello Stato pontificio

Molti i moti rivoluzionari soffocati dai «papalini»

Il plebiscito del 21 ottobre 1860, oltre a sancire l'annessione di Benevento al nascente Regno d'Italia, fu *la consacrazione storica di un avvicendarsi di ideali politici-carbonari, mazziniani, neoguelfi, liberali, che per sessanta anni avevano alimentato la vita politica dell'antico ducato e che nell'ultimo quarantennio aveva portato, fra non oscuri episodi di sacrificio e di ardimento, il suo contributo alla causa nazionale.*

Queste parole del prof. Zazo attestano quanti sacrifici dovettero sopportare i Beneventani per raggiungere la sospirata liberazione dal dominio pontificio, e nell'ultimo quarantennio, molti furono gli episodi che turbarono la vita della tranquilla città pontificia, non

ultimi in ordine di tempo i fatti tumultuosi che si registrarono in città sul finire del 1855, causati dal malgoverno degli amministratori locali ma che, certamente, contribuirono anch'essi a far accrescere l'odio dei Beneventani verso la Santa Sede.

Le cause di questa sommossa trovano le radici in alcuni fatti avvenuti pochi anni prima, proprio nell'estate del 1853. Lo scarso raccolto e la penuria di cereali induceva, appunto, Re Ferdinando II a proibire con decreto dell'11 luglio 1853 l'esportazione all'estero dei grani, delle avene e degli orzi.

Tale decreto colpiva particolarmente il ducato beneventano chiuso com'era nel Regno e di li-

mitate risorse agrarie.

Lo spettro della fame che da più anni minacciava la popolazione povera di industrie e di commercio spinse i rappresentanti della città ad inviare una deputazione in Napoli per esporre al Re le minacciose conseguenze del provvedimento e cercare così di ottenere che almeno ne fosse mitigata l'asprezza.

E Re Ferdinando, sollecitato dal suo ministro degli Esteri, Luigi Carafa di Traetto, fratello del cardinale arcivescovo di Benevento Domenico, venendo incontro alle richieste della delegazione, prometteva *intera libertà per l'importazione e l'esportazione dei grani,* cosa che in realtà non avvenne e che anzi diede inizio ad una lunga contesa doganale finita nel gennaio del 1854.

Questo stato di fatto ebbe ripercussioni negative per la non florida situazione economica della città sannita ed anzi diede luogo ad altri episodi di violenza, ad altre agitazioni popolari sollecitate dal perdurare di uno stato di miseria della popolazione e dalla cattiva amministrazione della città.

Gli uomini preposti alla cosa pubblica erano del tutto estranei al benessere dei cittadini ed al miglioramento della città, ma miravano solamente a soddisfare ogni proprio interesse e a favorire le loro personali ambizioni.

La popolazione, già angosciata ed impoverita, non poteva certamente essere sottoposta ad un nuovo balzello che, del resto, non serviva a migliorare le finanze comunali, ma solo ad impinguare le tasche dei dirigenti. La nuova tassa municipale verteva sui generi di consumo e doveva avere applicazione dall'1 novembre 1854.

Alcuni sconsiderati dell'ultima classe del popolo, circa le ore otto meridiane del giorno 1, si unirono in numero di venti circa, e cominciarono ad aggirarsi per la città profferendo parole ingiuriose contro la rappresentanza comunale. I gendarmi, prontamente accorsi per disperdere i tumultuosi, furono ricevuti a colpi di sassi. Pur tuttavia in poco tempo la calma fu ripristinata e i facinorosi tradotti nelle pubbliche carceri. Il giorno seguente, essendosi rinnovata in modo più inferocito la stessa dimostrazione, il Municipio credette opportuno sospendere l'esazione della tazza anzidetta fin tanto che non avesse avuto opportune istruzioni dal Governo di Roma, che non tardarono ad arrivare non senza aver disposto l'invio di numerosa truppa di rinforzo che giunse in città il 25 novembre. Nel frattempo il Delegato nominò una commissione d'inchiesta che dopo aver ascoltato la corte comunale disponeva la scarcerazione degli arrestati mentre, come di uso, ordinava lo scioglimento del Consiglio Comunale con pubblico bando e a suono di tromba.

anno IV, n. 76 – 29 novembre 1992

L'insurrezione di Benevento favorì l'avanzata di Garibaldi

Il Comitato di liberazione aveva anche un suo giornale «L'ordine»

L'anno 1053 significava per Benevento una data importante: in quell'anno, infatti, la città entrava a far parte dello stato pontificio. Quell'anno segnava pertanto l'inizio di questo piccolo dominio nel cuore del Regno di Napoli, continuamente conteso dai Reali Napoletani e proprio per la sua posizione geografico-politica, più volte tagliato fuori dai commerci e dagli scambi, più volte agitato da continue lotte interne, fu oggetto di un lungo ed incessante processo d'impoverimento dal quale seppe liberarsi solo quanto, otto secoli più tardi, importanti avvenimenti mutarono il quadro politico del Mezzogiorno.

Tuttavia non bisogna dimenticare che Benevento conobbe anche momenti felici e forieri di luce dovuti principalmente a personaggi di eccezione (come l'arcivescovo Vincenzo Orsini poi papa Benedetto XIII) che tanto fecero per la città e lasciarono un grato ricordo per le nobili istituzioni create a favore delle classi indigenti.

Nel 1860, l'anno delle imprese garibaldine, Benevento venne a trovarsi al centro degli avvenimenti rivoluzionari nelle nostre zone. Nel momento in cui Garibaldi iniziò la sua fortunosa ed avventurosa impresa nei più grossi centri del Meridione si costituivano i Comitati per la liberazione che, sostenuti da pochi ardimentosi, lavoravano alacremente per agevolare lo sviluppo dell'impresa e collaboravano per portarla alla vittoria finale.

In Campania, a Napoli, fu costituito un comitato nazionale con diramazioni in sottocomitati nei vari grossi centri della regione. Ed anche nei dintorni di Benevento, promosso da Giuseppe De Marco, Filippo Iadivisio ed Achille Iacobelli, fu costituito un comitato di liberazione che con un proprio giornale, *L'Ordine*, faceva opera di propaganda e divulgazione delle idee liberali. Questo comitato entrò in contatto con l'altro comitato che nel frattempo si era formato nel Ducato di Benevento e che faceva capo a Salvatore Rampone e a Domenico Mutarelli, ed insieme diedero vita ad un solo partito che, mantenendo i contatti con Garibaldi ed i suoi fedeli, promosse ed attuò l'annessione di Benevento al Regno d'Italia.

All'interno di questo nuovo comitato le due correnti presero rispettivamente i nomi di comitato d'ordine e comitato d'azione e tra varie polemiche fu dato corpo all'idea di quest'ultimo che era propenso a che proprio Benevento si mettesse a capo del movimento insurrezionale nell'intera provincia sollecitando e sostenendo la rivolta nelle altre terre e far sì che in un secondo momento potesse far valere lo sforzo compiuto e l'esempio dato, ottenendo un pratico riconoscimento, quello cioè di essere riconosciuto capoluogo di una provincia.

Quest'ultimo disegno prevalse e all'alba del 3 settembre 1860 la città fu invasa dalle truppe volontarie al comando del maggiore De Marco e del De Blasis e dai rivoluzionari armati che si erano dati appuntamento nella casa di Domenico Mutarelli. Allontanato il delegato pontificio, monsignor Agnelli, fu costituito un Governo provvisorio con a capo Salvatore Rampone, affiancato dai vari Mutarelli, Vessichelli, Collenea, De Simone, che nei giorni seguenti con proprio decreto dichiarava decaduto il Governo Pontificio. Con successivi atti fu dato incarico ai padri Scalzi di provvedere all'insegnamento tenuto prima dai padri Gesuiti, fu abolito il Tribunale ecclesiastico, la tassa sul macinato, ed altre iniziative.

L'insurrezione beneventana ebbe come effetto immediato una più rapida avanzata di Garibaldi verso Napoli, dove entrò il 7 settembre successivo.

Dopo vari contatti avuti poi in Napoli con lo stesso Garibaldi, la deputazione beneventana ottenne che il 25 settembre 1860 Benevento fosse dichiarato capoluogo di provincia.

Il 17 febbraio 1861 il decreto fu tradotto in atto sovrano e così dopo otto secoli di denominazione pontificia la città di Benevento si incamminava verso un nuovo destino.

anno IV, n. 77 – 12 dicembre 1992

Cento anni fa moriva Federico Torre

Ingegnere e soldato lottò per far emergere la sua città

Il 4 dicembre 1892, all'età di 77 anni, chiudeva la sua vita terrena il generale Federico Torre.

Nato a Benevento nel 1815 dall'architetto Giovanni e da Vittoria Zoppoli, compiuti i primi studi nel locale Liceo Gesuitico, si portò poi a Roma dove, entrato a far parte dell'Accademia di San Luca veniva iscritto alla Scuola Teorico-Pratica degli ingegneri di acque e strade. Si laureò ingegnere nel 1843, dopo che aveva già conseguito la laurea in Filosofia e Matematica, tre anni prima.

L'amore per le scienze matematiche non gli faceva trascurare gli studi per le materie classiche, e contemporaneamente si dava al apprendere anche le lingue inglese, francese e spagnolo. Versato nello studio della letteratura patria iniziava una proficua collaborazione con vari giornali della penisola.

Notorietà raggiungevano i suoi molti articoli su *L'Architettore*, giornale di scienze e arti che si pubblicava in Roma, mentre nel 1846 fondava con altri, sempre in Roma, *Il Contemporaneo*, col quale patrocinò in diverse occasioni l'istituzione di asili infantili: non a caso ebbe la soddisfazione di vedere aperto il primo asilo al rione Trastevere di Roma nel gennaio del 1848.

Durante il soggiorno a Torino, si accingeva a redigere un dizionario Latino-Italiano e viceversa, incarico che gli era stato affidato… *dal Ministero della Pubblica Istruzione per servir di guida ai Ginnasi e alle scuole della Gioventù Sabauda.*

Note sono anche le sue imprese militari. Da tenente della Guardia Civica di Roma (era in Artiglieria) veniva nominato Capitano sotto il generale Durando (ai cui ordini prese parte anche alla Prima Guerra d'Indipendenza), partecipando via via alle campagne del 1849, 1858, 1859, 1860, raggiungendo il grado di tenente colonnello e poi di tenente generale. Il precedenza, aveva preso parte alla seconda guerra d'Indipendenza col grado di maggiore dell'esercito piemontese, agli ordini del generale Mezzacapo. Nel 1861, il 27 gennaio, veniva eletto, praticamente con unanimità di voti (501 su 509) deputato di Benevento e rieletto poi nel 1864, 1867, 1870, 1874. Il 10 maggio del 1884 entrava invece a far parte del Senato. Intanto entra a far parte dei ruoli del Ministero della Guerra prima a Torino, poi a Firenze e a Roma, dove reggeva la Direzione del Reclutamento dell'Esercito Italiano, incarico che mantenne fino a pochi mesi dalla morte, avvenuta, come detto il 6 dicembre 1892.

A quel tempo la città, memore nei riguardi di questo suo illustre figlio, volle dedicargli la piazza antistante la Chiesa di San Bartolomeo e decretò l'erezione, nel primo anniversario della sua morte, di un busto marmoreo, opera dello scultore Michelangelo Parlato, da collocarsi nella villa comunale, cosa che fu poi rimandata a circa 60 anni dopo.

Oggi, nel primo centenario della morte, la figura di questo illustre personaggio è stata ricordata con una conferenza del conte Enzo Capasso, pronipote di Federico Torre, tenutasi il 5 dicembre scorso presso il Museo del Sannio. Il nostro giornale lo ricorda con la ristampa del necrologio di V. Jannace apparso sul giornale *La Provincia*.

anno IV, n. 78 – 26 dicembre 1992

Le Accademie letterarie a Benevento nel XVI secolo

La più antica è quella dei «Ravvivati» del 1550

Nel Rinascimento, alla ripresa degli studi sull'antichità classica, nacquero le Accademie, cioè delle congregazioni di persone colte che avevano scopo principale quello di incrementare la cultura. Alcune accademie erano diciamo miste, cioè di arti e di scienze, mentre altre raccoglievano solo scienziati o solo artisti.

La prima Accademia Scientifica e certamente la più nota è quella dei Lincei, fondata a Roma nel 1603 e che annoverò fra i suoi soci Galileo Galilei. L'Accademia dei Lincei è ancora oggi attiva e rappresenta uno dei maggiori veicoli di cultura.

Le discipline delle prime accademie scientifiche erano innanzi tutto la fisica e la matematica, ma anche le altre scienze erano oggetto di studio: l'anatomia, la botanica, la zoologia, la mineralogia, la chimica. I membri delle accademie portavano il contributo delle proprie esperienze ed i risultati delle loro ricerche che venivano discussi e dibattuti in seno all'accademia. Normalmente, i membri delle accademie vivevano nella città in cui aveva sede l'accademia; erano tuttavia riconosciuti dei soci chiamati corrispondenti, soci, cioè, che vivevano in altre città ma che inviavano per iscritto il frutto delle loro esperienze, che veniva letto da un membro locale. In tal modo anche persone lontane potevano prendere parte alla vita dell'accademia e far pervenire, valutare e dibattere i propri esperimenti e le proprie osservazioni. Verso la metà del Settecento le memorie degli accademici cominciarono ad essere date alle stampe.

Quanto quelle scientifiche, ebbero vita e si svilupparono anche le accademie letterarie. Molto nota è l'Accademia della Crusca, ancora oggi rappresentata. Famosa è quella dell'Arcadia.

Anche a Benevento si ebbero manifestazioni di tal genere. In verità per quanto ci risulta proliferarono maggiormente le accademie letterarie che quelle scientifiche: per queste ultime troviamo qualche traccia solo nella prima metà del XIX secolo nella persona del dottor Gennaro Polvere, nativo di Ceppaloni, autore di alcuni saggi medici e socio corrispondente dell'Accademia medico-cerusica napoletana.

Per le accademie letterarie le tracce invece vanno ricercate nel lontano XVI secolo. Le cronache del tempo riportano infatti attiva ed operante già al 1550 l'Accademia dei Ravvivati, mentre nella prima metà del 1600 si trovano memorie dell'Accademia degli Antipodi, di cui comunque si conoscono poche cose. Sappiamo che ne era «principe» nel 1636 Cesare Macabeo, di antica e nobile famiglia beneventana, canonico della cattedrale e «dolcissimo poeta» imitatore della poesia del Tasso. Tra i soci va ricordato anche Giovanni Bertrando, autore di una tragedia in versi «La vidua costante», data alla luce a Cremona nel 1646. Vita più famosa ebbe l'Accademia dei Ravvivati, che come abbiamo già ricordato – già esistente a metà del Cinquecento – annovera fra i suoi soci oltre a Gian Pietro Carafa, il futuro Paolo IV, Nicolò Franco, il giurista Bartolomeo Camerario, i giureconsulti Luigi De Leo e G. B. Bilotta, Giulio Cesare Baricelli di San Marco dei Cavoti, Pietro Piperno filosofo e medico, autore del «De Magicis Affectibus», Mario Della Vipera, storico.

Nel 1682 ne era principe Nicola Villani e nel 1685 veniva eletto Giovanni De Nicastro, che ne resse le sorti fino al 1699. Di quest'anno si conserva un raro opuscolo a stampa dove si riportano gli atti di una accademia celebrativa le glorie dell'invittissimo martire San Gennaro, cittadino vescovo e protettore della Città di Benevento. L'Accademia, molto folta, contava 31 soci.

Provincia di Benevento.

Federico Torre e le ragioni della Provincia sannita

All'indomani della rivoluzione del 3 settembre 1860, una delle prime difficoltà tra le tante sorte era quella di assegnare un territorio al neo-capoluogo di provincia. In poche parole si poneva il problema di costituire la provincia di Benevento il cui piccolo territorio all'interno del Regno di Napoli era circondato dalle province di Capitanata, Terra di Lavoro, Contado di Molise, Principato Ultra. Era pertanto giocoforza che il territorio dovesse essere formato con la cessione di alcune parti delle dette province. Del resto era inaccettabile che la nuova provincia rimanesse circoscritta al piccolo territorio del soppresso ducato con una popolazione di circa 25.000 abitanti.

La scelta e la definizione dei territori che avrebbero formato la nuova provincia aprì un contenzioso che si spostava nell'Aula Parlamentare e vide divisi deputati rappresentanti le varie province. Il dibattito ebbe luogo per la durata di ben 5 mesi e si chiuse definitivamente alla fine del mese di maggio del 1861.

In questa sede si ripropone la memoria preparata dall'allora colonnello Federico Torre e presentata al Ministro dell'Interno alla Camera a Torino. Sulla base di questa memoria la Camera dei Deputati, il 15 maggio 1861, approvava la Circoscrizione della provincia di Benevento.

«Io non conosco né punto né poco che cosa pensi il Signor Ministro dell'Interno intorno alla circoscrizione delle Province del Regno, ed in che modo e sino a qual punto egli intenda valersi della facoltà accordatagli dal Parlamento di recarvi quelle modificazioni che potessero condurre ad una maggiore economia e ad una migliore amministrazione. Credo però mio debito, nella qualità di Deputato di Benevento, sottoporre al di lui senno alcune considerazioni che potrebbero forse giovargli, ove credesse opportuno rivolgere il suo pensiero anche sulla circoscrizione territoriale di questa Provincia. A questo ufficio mi induco, anche perché credo mio dovere disingannare il Governo sulle voci e sui rumori di malcontento che sorsero fin dal momento della formazione della Provincia.

La materia è molto vasta, e però voglia egli scusarmi se mi indugio sull'argomento.

Nello stato attuale delle cose bisogna innanzi tutto guardare ad un buon sistema di amministrazione, né chi intende a questo scopo deve preoccuparsi dell'importanza storica di questo o quel paese: tuttavia – per noi Italiani specialmente che abbiamo avuto un'antica civiltà – non si potrebbe del tutto trascurare questo elemento, quando il medesimo va unito ad altri elementi di non minore importanza.

Ciò premesso, il Signor Ministro mi permetterà che io, di volo, gli dica che la città di Benevento possiede appunto tutti questi elementi: importanza storica, locale e topografica, e importanza religiosa.

Federico Torre

Nella pagina precedente:
Lo stemma della Provincia di Benevento
in una foto dei F.lli Pensa del 1880.

Benevento è città antichissima, e di 432 anni anteriore alla fondazione di Roma: fu capitale del *Sannio Irpino*, e sostenne con altre città *Sannitiche* la guerra dei Cento anni contro i Romani. Conquistata da questi, divenne Colonia Augusta, governandosi a Repubblica. In quel tempo si arricchì di monumenti, fra i quali è quasi integro il bellissimo *Arco* innalzato a *Traiano*.

Nel 571 dell'era volgare, Zotto o Zottone, con l'investitura di Autari Re dei Longobardi, fondò il grande Ducato di Benevento che, più tardi, abbracciava quasi tutta l'Italia Meridionale, e perciò fu nominato *Italia Cistiberina* o *Longobardia Minore*. Durò cinque secoli questa Signoria che aveva a capitale Benevento. Fu diviso lo Stato tra Radelchi e Siconulfo, in due Principati, di *Benevento* e di *Salerno*: divisione che poscia diede il nome, che ancora oggi vive, alle due Province di *Principato Ultra* e *Principato Citra*.

Nel 1503 Benevento passò sotto il dominio dei Pontefici, cedendo il Papa, in compenso, all'Imperatore Enrico II i censi sulla città di Bamberga (Franconia); ma non vi signoreggiarono stabilmente i Papi che dal 1080, dopo la pace conclusa con Roberto Guiscardo.

D'allora in poi Benevento fu capoluogo d'una delle Province dello Stato Pontificio, ed il suo territorio andò di giorno in giorno assottigliandosi per le usurpazioni dei Re di Napoli. Dal 1807 al 1814 fu Feudo imperiale a favore del Principe di Talleyrand; e nel 1815 il congresso di Vienna lo restituì alla S. Sede, che conservò la città capoluogo della *Delegazione* che ne ritenne il nome. Finalmente, con deliberazione del Parlamento Italiano, nel 1861, fu mandato ad effetto il Decreto di S.A.R. il Principe Eugenio di Savoia-Carignano, che, allargando i termini dell'antica *Delegazione*, costituiva l'attuale *Provincia* di Benevento.

anno V, n. 80 – 23 gennaio 1993

Tutti contro la Provincia sannita ma il Parlamento premiò Torre

Nel centenario della morte di Federico Torre proponiamo l'ultima parte della sua «memoria» alla Camera

La relazione del Torre, di cui di seguito pubblichiamo la seconda parte (la prima è stata pubblicata sul numero scorso della «Gazzetta») fu inviata al Ministro dell'Interno alla Camera a Torino pochi giorni prima del 15 maggio 1861, data in cui fu approvata definitivamente la Circoscrizione territoriale della Provincia di Benevento. Si chiudeva così il lungo iter politico relativo alla costituzione della nuova provincia che era iniziato all'indomani del 3 settembre, quando, animati da eccessivo spirito garibaldino, i reazionari facenti capo a Salvatore Rampone e a Domenico Mutarelli, con l'ausilio del geometra Francesco Mozzilli prepararono con empirica semplicità una «mappa geografica» che ponendo al centro la città di Benevento aveva come limiti estremi i territori comunali di S. Giorgio la Molara, Morcone, Sant'Agata, Ariano.

Il progetto, così articolato, unito anche all'approvazione del neo governatore Carlo Torre, fu presentato al prodittatore Giorgio Pallavicino, che in data 25 ottobre 1860 emanava da Napoli il decreto costitutivo della provincia di Benevento rimandando «ad un'apposita legge» la determinazione della nuova circoscrizione, nel fine di ampliare il territorio proporzionalmente alle altre Province». E sulla scorta di questi dati, una apposita commissione luogotenenziale sotto la guida del ministro Liborio Romano, modificava il progetto che con decreto del 17 febbraio promulgava quello che sarebbe stato il nuovo assetto circoscrizionale, dando così vita a «una provincia il meglio possibile terminata e configurata». La nuova provincia realizzata a spese delle limitrofe province di Principato Ultra, Terra di Lavoro, Molise e Capitanata, suddivisa in venti circondari, comprendeva 74 Comuni, e contava una popolazione di 224. 275 abitanti, ripartiti nei tre distretti di Benevento, Cerreto e San Bartolomeo in Galdo.

La nuova provincia, divenuta così realtà, iniziava la sua vita tra mille difficoltà, non ultimi i dissensi di tutti quei paesi che avrebbero voluto continuare a vivere con le originarie province di appartenenza da una parte, e dall'altra i malumori di quei Comuni che ne avrebbero voluto far parte e che videro respinte le loro aspettative.

Questo stato di cose diede possibilità ad una delegazione parlamentare composta da deputati molisani, casertani, irpini e pugliesi, capeggiata dall'on. Beniamino Caso, deputato di Piedimonte, di presentare un progetto di legge per far sospendere gli effetti del decreto luogotenenziale in attesa di una ridefinizione delle circoscrizioni nell'ambito dell'«organamento generale del Regno». La proposta Caso, tenacemente contrastata dal Gen. Federico Torre, fu respinta in sede parlamentare il 15 maggio 1861. Quattro giorni più tardi, il 19 maggio, si tennero le prime votazioni provinciali con l'elezione di 40 componenti il primo Consiglio provinciale di cui il primo presidente fu il cerretese Michele Ungaro.

«Dalla storia quindi appare chiaramente che Benevento fu sempre o centro di Governo, o almeno centro di Provincia; e questo fatto storico ha naturalmente la sua principale ragione nella postura geografica di quella città: postura favorevolissima, riconosciuta or ora ancora dal Governo, proponendo passaggi per quella città di strade ferrate.

I centri naturali del commercio e delle ferrovie nella penisola non potendo essere che dove si allarghino sufficientemente le valli con più facili sbocchi nei due versanti, la posizione di Benevento e del suo territorio non trova riscontro per siffatto lato nel Mezzogiorno d'Italia; e risponde e forse anche supera per questo le conche dell'alto Tevere e dell'Arno superiore nell'Italia centrale, le quali hanno più difficile passaggio all'Adriatico. Per questa sua naturale postura il Governo oltre le linee passanti per Benevento già approvate dal Parlamento, ha messo egli stesso (e fu il Ministro attuale dei Lavori pubblici, Comm. Jacini) il disegno di un altro tronco di ferrovia che da Avellino faccia capo a Benevento per la facile valle del fiume Sabato che viene a porre foce nel Calore, meno di mezzo miglio fuori della città; e di più lo stesso Ministro accettò l'obbligo di studiare una ferrovia che prolunghi quella che da Foggia è costrutta sino a Candela, la quale, per le alture di Nusco, si volga dalla valle dell'Ofanto a quella del Calore per mettere capo a Benevento. Questi fatti, senza che io oltre mi dilunghi, mostrano all'evidenza l'importanza della posizione centrale di questa città.

Dissi già da principio che la città di Benevento ha anche una importanza religiosa: con ciò voglio intendere che la sua Chiesa oltre ad essere antichissima, ha altresì una giurisdizione estesissima.

La Chiesa di Benevento fu la prima nelle province dell'Italia meridionale ad essere elevata a Metropoli, e ciò accadde sotto il pontificato di Giovanni XIII, il quale, con bolla del 25 Giugno dell'anno 969, la dichiarò Arcivescovile.

Benevento dunque è sede Metropolitana; ed ha per suffraganei 12 Vescovi: quelli, cioè di *Avellino – Ascoli e Cerignola – Bojano – Bovino – Cerreto – Telese ed Alife – Larino – Lucera – S. Agata de' Goti – S. Severo – Termoli*. La sua propria Diocesi è amplissima, estendendosi su moltissimi paesi delle circostanti Provincie.

Ho voluto parlare di questa sua importanza religiosa non per altra ragione, se non che per rendere anche presente, fin d'ora, al Governo questo elemento. Il Governo, presto o tardi, dovrà venire ad una nuova sistemazione delle Diocesi, e diminuirne il numero. È naturale che in questa circostanza egli, togliendo le minori, mantenga le Diocesi più vaste e che abbiano una giurisdizione più estesa. Quindi questi centri religiosi per lo meno debbono essere nei Capoluoghi di Provincia; e sarebbe strano che l'Arcivescovo di Benevento – ch'è sempre un Cardinale – dovesse essere sotto la giurisdizione d'uno de' suoi Suffraganei che risiede nel Capoluogo delle Province contermini.

Oltre di che, anche le chiese hanno la loro storia, e la Metropolitana di Benevento è delle più illustri.

Chiarito che Benevento possiede questi tre elementi – importanza storica, cioè, importanza topografica, ed importanza religiosa, – per i quali elementi va in essa conservata la sede della Provincia, debbo aggiungere che la *Provincia* di Benevento, anche come è costituita attualmente, conta un tal numero di abitatori che se non è delle più popolate, non è certo tra le più piccole Province.

Contando la *Provincia* di Benevento 240,771 abitatori, è superiore per popolazione a molte Province del Regno. Ed in vero basta a provarlo il seguente confronto:

Provincia di Grosseto: 85,540, – di Sondrio: 105,922, – di Livorno: 113,309, – di Porto-Maurizio: 121,020, – di Massa e Carrara: 147,838 – di Caltanissetta: 184,592, – di Siena: 193,883, – di Ferrara: 194,161, – di Ascoli; 202,398, – di Pesaro e Urbino: 234,039, – di Trapani: 205,556, – di Ravenna: 206,018, – di Sassari: 209,903, – di Piacenza: 210,134, – di Forlì:

218,433, – di Arezzo: 222,654, – di Reggio (Emilia); 230,246, – di Pisa: 235,613.

Sono 18 dunque le Province che hanno una popolazione minore di quella di Benevento.

Ciò premesso, o il Signor Ministro dell'Interno, prevalendosi della facoltà ottenuta, vuole di poco diminuire il numero delle Province, o vuole portare una radicale riforma nella circoscrizione attuale delle Province del Regno. Nel primo caso, essendovi 18 altre Province di una popolazione minore, quella di Benevento va conservata anche sotto l'aspetto della sua popolazione. Nel secondo caso, qualora cioè si voglia diminuire di molto il numero attuale delle Province, resta ad esaminare se il solo elemento della popolazione basti per questa operazione, e non si debba aver riguardo agli altri elementi ancora.

È dimostrato come Benevento tra le Province che la circondano, se ne eccettui Napoli, è quella che ha la maggiore importanza storica, topografica e religiosa. In questo fatto non è ignoto a quelle Province, che sebbene Benevento sia stata tenuta, sino al 1860, segregata perché appartenente al Governo Pontificio, tuttavia la memoria della sua passata grandezza è ancor viva in quelle contrade, e la posizione sua è talmente centrale che ognuno vede qual prospero prossimo avvenire le sia riservato.

Benevento è l'Alessandria del Sud d'Italia, per riguardo alla giacitura; e le posizioni non possono crearsi per formarne grandi centri di commercio e di vita, ma sono dalla natura stabilite, e l'uomo deve saperne usufruire. Benevento è in una delle più felici posture; quindi qualora si trattasse di diminuire di molto il numero delle Province, quale dovrebbe essere il capoluogo della nuova Provincia?...

Sotto il Governo Francese non fu scelta Benevento, perché, come si disse, era posseduta dal Talleyrand quale Feudo Imperiale...

Il grande centro di affari lo diverrà Benevento: centro ove converranno uomini e cose, dove è più d'uopo che sia la sede del disbrigo degli affari ed il Rappresentante del Governo...

Benevento è quella da cui venne il nome storico di *Principato Ultra*, è quella che trovasi al centro del territorio, è quella che avrebbe un centro di strade-ferrate; e se vuolsi anche aggiungere, per venerazione al passato, è quella che ha un'importanza storica e monumentale, è quella che anche attualmente ha più importanza religiosa...

Quando fu formata o per meglio dire allargata la *Provincia* di Benevento, la Capitale si trovò senza comunicazioni rotabili col territorio, e la più parte dei paesi aggiunti ad essa, nel punto che rompevano le loro abitudini che li tiravano prima per gli affari altrove, fu naturalmente malcontenta di essere legata ad una città a cui, sebbene più vicina, era malagevole l'andare, eccetto dalla Valle-Caudina.

Ma questo malcontento scemò tosto che la Provincia si diede in fretta a costruire le strade necessarie, ed è già riuscita a compiere le principali.

Oltre a ciò, è bene che si conosca che l'attuale Prefetto, l'egregio Signor Cler, di unita alla Deputazione Provinciale, si è dato gran moto per costituire i consorzi dei Comuni per una rete completa di strade carreggiate in tutta la Provincia. I Comuni si mostrano tutti disposti a fare le loro parti, e fra breve questa Provincia sarà così ricca di strade, da sfidare il confronto anche di quelle della media ed alta Italia, e sarà certo in questo superiore alle altre meridionali.

Non è a temere che quello che rimane dei rumori passati nei paesi circostanti possa fare ancora impressione sull'animo del Ministro dell'Interno, e fargli credere che abolendo del tutto la Provincia, si potesse fare un risparmio, e contentare alcuni paesi: giacché con le nuove strade, e più specialmente con l'aprirsi delle ferrovie che mettono capo a Benevento, quegli stessi paesi rimuterebbero parere, sentendosi tratti per necessità, per vicinanza e per comodità, verso questo loro centro naturale.

La prova della verità di ciò che asserisco è che attualmente, al solo decretarsi delle ferrovie, l'intero Circondario di Ariano mostra grandissimo desiderio di essere aggregato alla Provincia di Benevento, piuttosto che rimanere nella circoscrizione della Provincia cui ora appartiene.

Io pongo termine a questo mio scritto, forse troppo prolisso, dichiarando che non per affetto ad una Città che mi diede i natali, propugnai gli interessi della medesima, ma nell'intima persuasione di chiarire una causa giusta, e di pagare anche il mio debito verso il Governo, illuminandolo sul vero stato delle cose, e concorrendo così all'assetto definitivo e regolare dell'amministrazione di questa parte d'Italia».

Il Deputato
Generale FEDERICO TORRE

Ecco da quali province furono «attinti» Comuni per quella sannita

Con 74 Comuni e 20 Circondari nasce la provincia di Benevento

Per una migliore chiarificazione ed a completamento della nostra nota rievocatoria dell'operato del Generale Torre come rappresentante della Provincia di Benevento in seno al Parlamento Nazionale di Torino, riportiamo qui di seguito il decreto del Luogotenente Generale di Sua Maestà Vittorio Emanuele II, il principe Eugenio Savoia Carignano che con suo atto del 17 febbraio 1861 decretava la Circoscrizione della Provincia di Benevento. Tale decreto, avrebbe poi detto il Governatore della neo-provincia «compiva la dolce promessa» già annunciata dall'altro similare decreto del 25 ottobre 1860.

Il decreto luogotenenziale, dunque, apparve sui muri della città di Benevento sul finire del febbraio 1861. Era preceduto da un indirizzo di saluto e di augurio agli abitanti della città e della nuova provincia di Benevento a firma, come abbiamo accennato, del Governatore Carlo Torre e del vice governatore Luigi De Gennaro. Seguiva una nota del ministro Liborio Romano la quale in parte modificava ed in parte integrava il progetto Torre. Seguiva ancora l'elenco dei «Circondari e Popolazione che costituiscono la nuova provincia di Benevento», creato ovviamente a spese delle province di Principato Ultra, Terra di Lavoro, Molise e Capitanata.

Le decurtazioni operate sulla provincia di Terra di Lavoro a favore della nuova provincia che si vedeva sottratta di ben 10 Comuni per una popolazione di 124.920 abitanti veniva giustificato col fatto che essa con i suoi 727.100 abitanti era inferiore come popolazione solo a quella di Napoli e pur decurtata, restava comunque di gran lunga superiore a molte altre province del Regno.

Analoghe considerazioni venivano fatte per la provincia di Capitanata che «per estensione è una delle maggiori e per popolazione una delle medie, superando essa ciascuno degli Abruzzi ed anche la Calabria ulteriore». Nel nuovo assetto essa perdeva 5 Comuni di cui 2 soli venivano aggregati alla

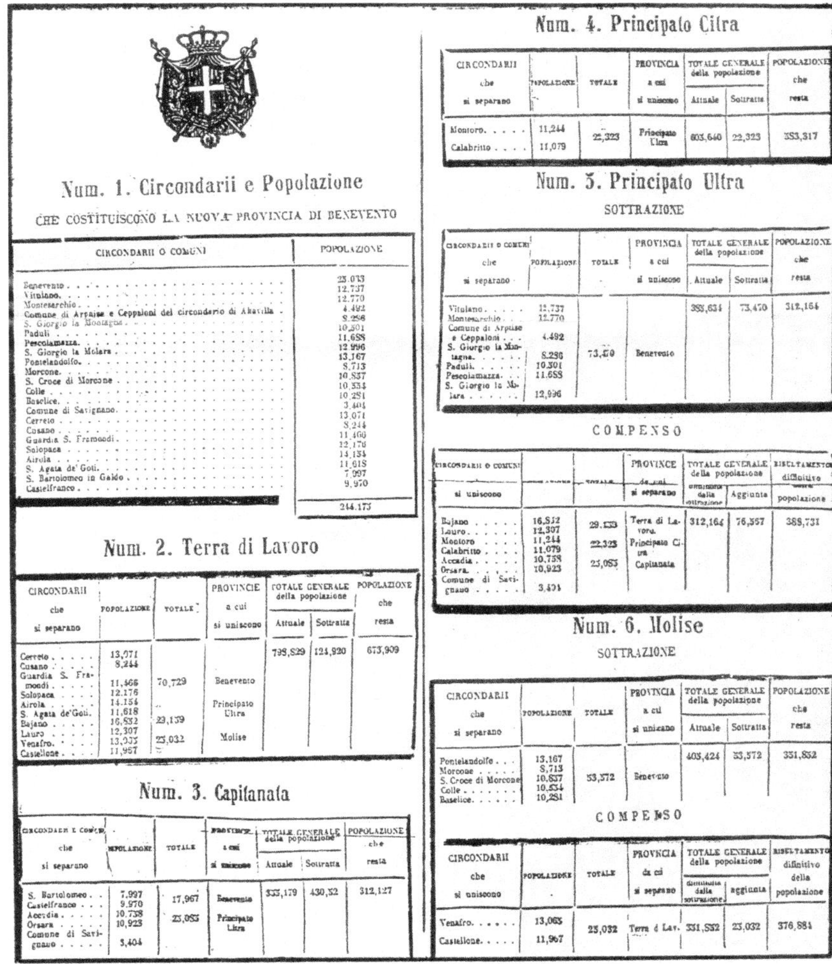

Num. 1. Circondarii e Popolazione
CHE COSTITUISCONO LA NUOVA PROVINCIA DI BENEVENTO

CIRCONDARII O COMUNI	POPOLAZIONE
Benevento	23.033
Vitulano	12.737
Montesarchio	12.770
Comune di Arpaise e Ceppaloni del circondario di Altavilla	4.492
S. Giorgio la Montagna	8.296
Paduli	10.301
Pescolamazza	11.688
S. Giorgio la Molara	12.996
Pontelandolfo	13.167
Morcone	8.713
S. Croce di Morcone	10.837
Colle	10.534
Baselice	10.281
Comune di Savignano	3.404
Cerreto	13.071
Cusano	8.244
Guardia S. Framondi	11.460
Solopaca	12.176
Airola	14.134
S. Agata de' Goti	11.618
S. Bartolomeo in Galdo	7.997
Castelfranco	9.970
	244.173

Num. 2. Terra di Lavoro

CIRCONDARII che si separano	POPOLAZIONE	TOTALE	PROVINCIE a cui si uniscono	TOTALE GENERALE della popolazione — Attuale	Sottratta	POPOLAZIONE che resta
Cerreto	13.071			798.829	124.920	673.909
Cusano	8.244					
Guardia S. Framondi	11.466	70.729	Benevento			
Solopaca	12.176					
Airola	14.154					
S. Agata de' Goti	11.618					
Bajano	16.532	23.139	Principato Ultra			
Lauro	12.307					
Venafro	13.035	23.032	Molise			
Castellone	11.957					

Num. 3. Capitanata

CIRCONDARII E COMUNI che si separano	POPOLAZIONE	TOTALE	PROVINCIE a cui si uniscono	TOTALE GENERALE della popolazione — Attuale	Sottratta	POPOLAZIONE che resta
S. Bartolomeo	7.997	17.967	Benevento	333.179	21.052	312.127
Castelfranco	9.970					
Accadia	10.738	23.085	Principato Ultra			
Orsara	10.923					
Comune di Savignano	3.404					

Num. 4. Principato Citra

CIRCONDARII che si separano	POPOLAZIONE	TOTALE	PROVINCIA a cui si uniscono	TOTALE GENERALE della popolazione — Attuale	Sottratta	POPOLAZIONE che resta
Montoro	11.244	22.323	Principato Ultra	603.640	22.323	581.317
Calabritto	11.079					

Num. 5. Principato Ultra

SOTTRAZIONE

CIRCONDARII O COMUNI che si separano	POPOLAZIONE	TOTALE	PROVINCIA a cui si uniscono	TOTALE GENERALE della popolazione — Attuale	Sottratta	POPOLAZIONE che resta
Vitulano	12.737			388.634	73.470	315.164
Montesarchio	12.770					
Comune di Arpaise e Ceppaloni	4.492					
S. Giorgio la Montagna	8.296	73.470	Benevento			
Paduli	10.301					
Pescolamazza	11.688					
S. Giorgio la Molara	12.996					

COMPENSO

CIRCONDARII O COMUNI che si uniscono	POPOLAZIONE	TOTALE	PROVINCE da cui si separano	TOTALE GENERALE della popolazione — diminuita dalla sottrazione	Aggiunta	RISULTAMENTO difinitivo della popolazione
Bajano	16.532	29.139	Terra di Lavoro	315.164	76.397	388.731
Lauro	12.307					
Montoro	11.244	22.323	Principato Citra			
Calabritto	11.079					
Accadia	10.738	25.065	Capitanata			
Orsara	10.923					
Comune di Savignano	3.404					

Num. 6. Molise

SOTTRAZIONE

CIRCONDARII che si separano	POPOLAZIONE	TOTALE	PROVINCIA a cui si uniscono	TOTALE GENERALE della popolazione — Attuale	Sottratta	POPOLAZIONE che resta
Pontelandolfo	13.167			405.424	53.572	351.852
Morcone	8.713					
S. Croce di Morcone	10.837	53.572	Benevento			
Colle	10.534					
Baselice	10.281					

COMPENSO

CIRCONDARII che si uniscono	POPOLAZIONE	TOTALE	PROVINCIA da cui si separano	TOTALE GENERALE della popolazione — diminuita dalla sottrazione	aggiunta	RISULTAMENTO difinitivo della popolazione
Venafro	13.065	25.032	Terra d Lav.	351.852	25.032	376.884
Castellone	11.967					

Prospetto dei movimenti necessari per la costituzione della Provincia di Benevento.

provincia di Benevento mentre i rimanenti 3 a quella di Principato Ultra. Complessivamente essa veniva sottratta di 43.052 abitanti di cui solo 17.967 (la popolazione complessiva dei Comuni di San Bartolomeo in Galdo e Castelfranco) passavano con la provincia di Benevento.

Le due precedenti province proprio perché le più numerose dovettero concorrere anche alla ricostruzione delle province di Principato Ultra e di Molise che avevano subito grossi tagli territoriali a favore di quella di Benevento. Il Molise contribuiva a favore della nuova provincia cedendo 5 Comuni per una popolazione di 53.572 abitanti. A sua volta il Principato Ultra si vedeva separato di ben 8 Comuni per un totale di 73.470 abitanti mentre come compensazione si vedeva aggregati 2 Comuni da Terra di Lavoro, 2 Comuni dal Principato Ultra, 3 dalla Capitanata.

La nuova provincia era così formata da 20 Circondari: Benevento, Vitulano, Montesarchio, Comuni di Arpaise e Ceppaloni, S. Giorgio la Montagna, Paduli, Pescolamazza, S. Giorgio la Molara, Pontelandolfo, Morcone, S. Croce di Morcone, Colle, Baselice, Comune di Savignano, Cerreto, Cusano, Guardia Sanframondi, Solopaca, Airola, S. Agata dei Goti, S. Bartolomeo in Galdo, Castelfranco. Contava 74 Comuni con una popolazione di 244.175 abitanti.

anno V, n. 82 – 20 febbraio 1993

«La nostra Provincia è costituita»

Così scriveva il 24 febbraio 1861 il governatore Torre

Carlo Torre

Continuano le nostre indagini retrospettive sugli avvenimenti che nella prima metà del 1861 portarono alla costituzione della provincia di Benevento.

Nella passata puntata abbiamo visto come questa provincia, disegnata sulla carta da Garibaldi, fu costituita territorialmente aggregando comuni dalle limitrofe province. Abbiamo altresì visto come questo stato di fatto non fu bonariamente accettato dalle province di Terra di Lavoro, Capitanata, Contado di Molise, Principato Ultra, i cui rappresentanti parlamentari, guidati dall'on. Beniamino Caso, eletto nel Collegio di Piedimonte Matese, aprirono un lungo dibattito alla Camera dei Deputati tentando di rendere nullo il decreto luogotenenziale del 17 febbraio 1861.

Cosa che in effetti, grazie anche alle memorie del Generale Torre, rappresentante il Collegio di Benevento, non fu accolta dal Parlamento di Torino che sulla questione, in data del 15 maggio 186, si espresse contrariamente «lasciando fermo il decreto luogotenenziale del 17 febbraio in quanto alla circoscrizione della nuova provincia di Benevento».

Sull'ultimo numero della «Gazzetta» facemmo cenno al fatto che questo decreto fu affisso sui muri della città sul finire del mese di febbraio, esattamente nella mattinata del 24 febbraio. Era preceduto da una nota di augurio inviata dal Palazzo del Governo di Benevento dall'allora Governatore di Benevento Carlo Torre, cui seguiva una lunga relazione inviata a sua Altezza Reale, stilata dal ministro Liborio Romano.

Si riportano di seguito, per maggiore intelligenza di quei fatti, i testi dei due interventi.

GOVERNO DELLA PROVINCIA DI BENEVENTO AGLI ABITANTI DELLA CITTÀ E DELLA NUOVA PROVINCIA DI BENEVENTO

La nostra Provincia è costituita. Il Decreto de' 17 febbrajo ha svolto appieno il principio contenuto già in germe nel Decreto de' 25 Ottobre 1860; ed è così compiuta la dolce promessa che da quello vi era fatta. Quegli atti segnano per voi un'epoca veramente nuova; e nella nostra Storia saranno addidati ai posteri, come l'alba sospirata della nostra ottenuta rigenerazione.

Quando la povera Italia sperperata dal feudalismo era preda infelice del più astuto o del più forte, i nostri Padri lottarono animosi contro le superbe prepotenze e la cupidigia degli strani conquistatori. Fieri della patria indipendenza mal soffrivano la temuta signoria di Carlomagno; e di poi da strenui scossero dalle loro cervici il giogo esoso degli evirati suoi successori. Scadute ognor più le Italiche sorti, il nostro Paese, come un domestico retaggio, passò di mani in mano, ceduto, barattato, venduto, non mai per le nostre aspirazioni, pe' nostri interessi, o pe' nostri diritti! La provvidenza, però, con arcano consiglio, o prima o poi rialza la caduta fortuna de' popoli oppressi. Otto secoli di oscurità e di servaggio succeduti all'età del nostro splendore, passarono tristemente silenziosi su questa nobile contrada, la quale chiude ancora nel seno miracoli di antica grandezza. Il Nome Augusto e la spada dell'invitto Re VITTORIO EMANUELE furono gl'istrumenti de' quali Iddio si valse per redimerei. Quella spada e quel nome, simboli del vostro riscatto, non sarà mai che rimanghino obliati da noi, da nostri più lontani avvenire!

Il Governo mi commise l'onorevole incarico di proporre l'assesto territoriale della nuova Provincia. Applicando l'animo, il meglio che seppi, al grave subietto, e facendo tesoro de' lumi di ragguardevoli personaggi, presentai un progetto, togliendo per elementi di esso, le ragioni topografiche, i confini naturali, la omogeneità delle tendenze e de' caratteri, non che la

comunanza di usi, di abitudini e di interessi. Esso ha meritato di essere tradotto in atto governativo, salvo al Parlamento Nazionale ampliare, quando che sia, le proporzioni della nuova Provincia; e mentre voi, o Cittadini di Benevento, siete oggi lieti di entrare nella gran famiglia Italiana, io dal mio canto ne son lietissimo, e sento palpitarmi il cuore di quel soave compiacimento onde l'agricoltore coglie le primizie di quella pianta ch'educò con amorose cure, e che bagnò de' suoi sudori.

Ma se il mio compito è finito, comincia ora il vostro, o genti della nuova Provincia. Spetta a voi sapervi affratellare per guisa da costituire quella compattezza di morali e materiali rapporti, nella quale sta la Provinciale autonomia. Abnegazione di ogni spirito di municipalismo, o di esigente predominio, sentimento di legalità e di ordine, schietto amore alle conseguite libertà, temperanza di opinioni e di modi, fede e riverenza alla magnanima Casa di Savoia: ecco le virtù che possono condurvi all'agognato scopo. Siate convinti che senza sagrifici non si raggiunge alcun fine politico o sociale; e che nessuna istituzione, per eccellente che sia, non mette salde radici tra popoli, i quali con l'opera loro non aiutino i divisamenti di liberale Governo.

Dal Palazzo del Governo di Benevento addì 24 febbraio 1861.

IL GOVERNATORE
CARLO TORRE
IL VICE-GOVERNATORE
LUIGI DE GENNARO

Questa invece la prima parte della relazione stilata dal ministro Liborio Romano ed inviata a sua Altezza Reale. La parte conclusiva della stessa verrà pubblicata sul prossimo numero della «Gazzetta».

ALTEZZA REALE! Dopo il Decreto dei 25, ottobre 1860, che proclamava la Delegazione di Benevento (indicata in quel decreto col nome di antico Ducato di Benevento) incorporata al nuovo Regno Italiano, era mestieri provvedere che di quella nobile contrada venisse costituita tale una Provincia, che per territorio e popolazione, se non pareggiasse le altre Province meridionali d'Italia, non fosse almeno per riuscire troppo a queste inferiore. Le aspirazioni e gli sforzi di quel paese ad unificare le sue sorti politiche con quelle degli altri paesi italiani, meritavano cotesta sollecitudine del Real Governo; il quale avendo già fatto di Benevento il centro delle varie branche di pubblica amministrazione, che si trovano in ogni capoluogo di Provincia, non potrebbe più oltre, e senza gravi inconvenienti, dispensarsi di fare, che quella regione si allargasse in regolare e ben conformata Provincia.

A tale bisogno ispiratosi questo Dicastero, commetteva al Governatore Signor Carlo Torre il mandato di elaborare un progetto, il quale dichiarasse quali delle limitrofe o vicine Province dovessero mettersi a contribuzione, e quanto dovesse ciascuna conferire, perché, senza che quelle si sfregiassero, si creasse la nuova Provincia di Benevento, circoscritta e configurata in guisa da presentare quella disposizione di circostanze e limitazioni territoriali, che son pure utilissime condizioni al più libero ed al più spedito maneggio della cosa pubblica. Divisava il Signor Torre di aggregare a se nell'importante lavoro un valoroso Uffiziale Superiore del Genio, delle cui ricerche avvalevasi in quanto risguardava la parte topografica. Erano poi uditi i rappresentanti dei Comuni, che venivano designati come elementi della nuova Provincia; ed inoltre il già Consigliere di Luogotenenza signor Marchese d'Afflitto, con saggio consiglio istituiva una Commissione consultiva, destinandola a rappresentare, e disaminare gli interessi delle diverse Province, che dovevano sottoporsi a contributo.

Dopo gli accurati studi e lavori del nominato Governatore Signor Torre, e dopo le disamine fatte dall'anzidetta Commissione, il Dicastero ha trovato la materia così maturamente preparata e discussa, da potersi avventurare allo scioglimento del problema. Dai vari suggerimenti, dalle diverse opinioni, dai differenti partiti, che i ripetuti esami han fatto nascere, esso ha scelto ciò che gli è parso il più conducente a costituire una Provincia il meglio possibile terminata e configurata, il meno dannoso alle limitrofe che subiscono questa indispensabile sottrazione; e con animo tanto indipendente da principi di predilezione, o di municipalismo, quanto predominato dalla realtà delle condizioni e degli accidenti topografici, si è fermato in un progetto diffinitivo, che si onora di rassegnare nell'infrascritto Decreto dell'A.V., perché lo degni della Sua Suprema sanzione.

anno V, n. 83 – 6 marzo 1993

«Maestà... ecco il Sannio»

Don Liborio Romano scrive all'Altezza Reale le ragioni dell'istituzione

La travagliata nascita della Provincia sannita, come abbiamo avuto modo di sottolineare in questi ultimi numeri della «Gazzetta», venne ufficializzata dal Decreto Luogotenenziale del 17 febbraio 1861, confermato dal Parlamento in Torino il 15 maggio 1861.

Il 24 febbraio 1861 sui muri di Benevento comparve un manifesto di augurio firmato dal governatore Carlo Torre, manifesto da noi pubblicato integralmente sul numero scorso del giornale. A completamento del carteggio, di particolare pregio è la relazione del ministro Liborio Romano inviata all'Altezza Reale di cui la prima parte è stata da noi pubblicata pure sul numero scorso. Quella che segue ne è la parte finale.

Don Liborio, come usavano chiamarlo, era nato a Patu, in provincia di Lecce, nel 1795. Si era laureato in giurisprudenza a Napoli e giovanissimo aveva ottenuto la cattedra di Diritto Civile e Commerciale in quella stessa Università.

Avendo preso parte ai moti rivoluzionari del 1820-21, fu destituito dall'insegnamento e dopo un breve periodo di prigione fu mandato in esilio. Ritornato a Napoli nel 1848 ebbe una parte di rilievo negli avvenimenti che portarono alla concessione della Costituzione da parte di Ferdinando II.

Dopo alterne vicende nella parte finale del regno di Ferdinando, ricoprì dapprima la carica di prefetto di polizia e poi, dal 14 luglio 1860, quella di ministro dell'Interno e di Polizia.

In quelle poche settimane che precedettero il crollo della dinastia borbonica, pienamente convinto della inevitabilità di tanto, intraprese contatti con Cavour e con lo stesso Garibaldi dal quale fu confermato nella carica di ministro dell'Interno, carica che mantenne fino al 24 settembre 1860 entrando così a far parte del Consiglio di Luogotenenza fino al 12 marzo 1861.

Don Liborio, dicevamo, fu strenuo assertore della formazione della nuova provincia di Benevento. Lo attesta la sua precisa, puntuale e circostanziata relazione, di cui pubblichiamo l'ultima parte, preparata con l'aiuto del suo collaboratore, il direttore Emilio Civita.

Benevento è la Capitale della nuova Provincia. Città storica, città di antiche memorie, di generosi fatti, di patite sventure, città che improntava del suo nome il Ducato, non era altra che potesse contrastarle l'onore, che il progettato Decreto le riconosce più che le concede. La Provincia le sta disposta d'intorno, ed ella siede come nel centro, quasi equidistante dai diversi punti del perimetro, il quale nella più gran parte è determinato da confini naturali.

Per capoluoghi di Distretti sonosi destinati Cerreto e S. Bartolomeo in Galdo, soli Comuni che dopo Benevento meritino il titolo di città.

Cerreto sede di Vescovado, città edificata con vaste proporzioni di architettonico disegno, offre oltre a ciò il vantaggio di essere nel centro del suo Distretto. Questa medesima combinazione non ha potuto ottenersi per S. Bartolomeo in Galdo, il quale rimane piuttosto verso il confine; ma a prescindere che è stato impossibile di far meglio, tale svantaggio è in gran parte compensato dalla importanza che ha quel Comune.

Le Province, che contribuiscono sono il Principato Ultra, il Molise, la Terra di Lavoro e la Capitanata.

Posta la di già Delegazione di Benevento, quasi nel cuore del Principato settentrionale, non si è potuto altrimenti svilupparlo in regolare provincia, che obbligando questo a cedergli una quota maggiore, che non gli danno le altre. Ma co' compensamenti, di cui or ora si parlerà, il Principato tornerà ad essere una delle più importanti province del Napoletano, e non che perdere guadagnerà dalla proposta ricomposizione.

Una popolazione di 244175 abitanti distribuita in tre Distretti, compone la nuova Provincia, come dall'annesso specchietto N. 1. Per numero di Comuni, per territorio e per popolazione ella è una delle più piccole tra le meridionali; ma è quanto basta perché abbia la legale esistenza, il dritto e l'autonomia di Provincia come tutte le altre.

I notevoli precedenti storici della città di Benevento, e più di tutto la fede e le opere dei Beneventani nella causa comune, hanno indotto il Dicastero a proporre che la nuova Provincia sia dichiarata di prima classe.

L'Augusta Casa di Savoja, così egregiamente rappresentata dall'A.V. voglia con questa prerogativa segnalare una prima creazione amministrativa, giudiziaria e politica, che si fa nel suo nome in questa parte del Regno Italico.

Applicava poi l'animo il Dicastero ad esaminar la quistione dei compensamenti alle risecate province. Su di che primamente proponevasi il dubbio se tutte indistintamente fossero da ammettere a questa legge, o se soltanto quelle che hanno sofferto più significante diminuzione.

Osservava il Dicastero, ché la provincia di Terra di Lavoro, e per territorio, e per popolazione è una delle più vaste di questa parte meridionale d'Italia. La eccessiva estensione, il soverchio numero di abitanti sono circostanze, che intralciano e ritardano il corso di un'amministrazione provinciale. Malgrado le cessioni che quella provincia viene a fare a Benevento, ella rimane tuttora fornita di 727100 abitanti, numero inferiore soltanto a quello della provincia di Napoli, e di gran lunga superiore a quello di molte altre province.

Presso a poco le stesse osservazioni valgono per la Capitanata, la quale per estensione è una delle maggiori, per popolazione una delle medie, superando essa ciascuno degli Abruzzi, ed anche la Calabria Ulteriore 1. L'attual numero de' suoi abitanti è di 355179; perdendone 17967, che cede a Benevento, rimane tuttora di 337212.

Onde il Dicastero ha conchiuso, che Terra di Lavoro e Capitanata, anziché ricever compenso possono ancora tollerare una nuova riseca in favore del Principato Ultra e di Molise, le quali hanno sofferto maggior sottrazione, per concorrere a creare la provincia di Benevento. Con la nuova cessione, che Terra di Lavoro fa al Principato Ultra ed a Molise, la sua popolazione rimane tuttavia di anime 673909, numero che è pur sempre non inferiore che soltanto a quello della provincia di Napoli. Lo specchietto num. 2 indica le sottrazioni fatte, ed il numero di abitanti, che le rimane. Similmente la Capitanata, cedendo due Circondari ed un Comune al Principato Ulteriore, non perde che altri 25085 abitanti; per guisa che la sua popolazione resta di anime 312127 (secondo lo specchietto num. 3): il qual numero non la rende ultima tra le napoletane province, essendo sempre molto minori di essa l'Abruzzo Ulteriore Primo e la nuova di Benevento.

Delle altre province la sola che ha potuto chiamarsi a contribuire a' compensamenti è il

Principato Citeriore con la piccola quota che si rileva dallo specchietto num. 4.

In quanto alle altre province limitrofe al Molise ed al Principato Ultra, cioè l'Abruzzo Chietino, l'Aquilano e la Basilicata, si è creduto conveniente non sottoporle a veruna riseca, con quelle che son divise da' confini naturali di montagne, o di fiumi, ed i cui abitanti hanno minore omogeneità di abitudini e di usanze con quelli delle altre province, tra le quali si opera la nuova circoscrizione.

Adunque la Terra di Lavoro, la Capitanata ed il Principato Citeriore, daranno proporzionati compensi al Principato Ulteriore ed a Molise.

Le condizioni topografiche, e la forza di ciascuna provincia hanno regolato questi nuovi risecamenti; e la ragione delle perdite, che le due province da compensare hanno fatte, non che la opportunità degli aggregamenti ed il voto espresso da' Commissari delle ridette province, hanno proporzionato e diretto le diverse attribuzioni, le quali son dichiarate negli specchietti num. 5 e 6. Molise riceve un compenso minore, perché la situazione topografica non ha permesso di fare altrimenti. Nulladimeno la sua popolazione riman sempre di anime 376884, numero per quale ella è superiore a ciascuno de' 3 Abbruzzi, alla Calabria Ulteriore Prima, alla Capitanata ed alla provincia di Benevento.

Con le progettate modificazioni territoriali il governo, mentre da un lato rende omaggio al decreto dittatoriale, che dichiarava la già Delegazione di Benevento provincia del Regno Italiano, e prometteva di ampliarne il territorio proporzionalmente alle altre province; dall'altro compie un atto, senza di cui sarebbe inconseguente a se stesso. Imperciocché per effetto di quel medesimo decreto già trovansi nominati, e costituiti in Benevento i diversi funzionari ed agenti, che rappresentano il potere nelle varie branche della pubblica amministrazione; e costoro rimangono pressoché oziosi, e quasi vano simulacro, né possono esplicare la rispettiva Autorità, sino a che non abbiano veramente una Provincia da governare.

Del rimanente, con questa parziale modificazione alla preesistente circoscrizione delle province meridionali, il governo della Luogotenenza non può intendere, né intende menomamente di stabilire un fatto assolutamente ed irrevocabile. Ogni volta che con nuova legge, da proporsi e discutersi nel Parlamento Nazionale, si stimerà espediente di rimaneggiare la divisione, e circoscrizione del Napoletano, l'assestamento, che si fa con l'infrascritto decreto tra le province di Benevento, di Terra di Lavoro, dei due Principati, di Molise e di Capitanata, non sarebbe certamente di ostacolo alle nuove limitazioni, che la sapienza dell'Assemblea Legislativa fosse per reputare più utili al maggior bene de' popoli, ed al miglior esplicamento dell'autorità governativa.

Castello, ora Palazzo della Prefettura.

Incisione tratta da «Le Cento Città d'Italia», 1891

anno V, n. 84 – 20 marzo 1993

A Michele Ungaro la guida del primo Parlamentino sannita

La costituzione della provincia di Benevento comportò l'immediata soluzione di alcuni problemi. Fra i tanti, la scelta di una sede opportuna che potesse ospitare il Consiglio provinciale che si andava ad eleggere.

E prima questione fra tutte, restava proprio la elezione del Consiglio provinciale.

Il primo passo fu fatto col decreto luogotenenziale del 2 gennaio 1861 che promulgava e rendeva esecutiva nelle province meridionali la legge del 23 ottobre 1859 sull'Amministrazione provinciale e comunale vigente nelle altre province del Regno.

Con successiva Circolare del 2 marzo 1861 vennero fissati i tempi ed i modi per approvare, dichiarare e rendere pubbliche le liste elettorali.

A termine del quinto comma dell'art. 15 della legge amministrativa del 23 ottobre 1959, il diritto elettorale era conferito indistintamente a tutti coloro che *erano insigniti di qualsivoglia grado, così degli inferiori che dei supremi, fra quelli che concedono facoltà di insegnare e di esercitare le discipline liberali, nonché tutti i proprietari con una annua rendita.*

La suddetta legge, poi, specificava *che esercenti di attività liberali per conferimento di gradi minori* potevano intendersi anche i notai, i ragionieri, i liquidatori, i geometri, i farmacisti, i veterinari.

Con decreto del 1 aprile 1861, a Benevento fu approvata la tabella di ripartizione dei 40 consiglieri provinciali per ogni mandamento (oggi Collegi) e nel successivo mese di giugno si passò alle votazioni.

Gli eletti furono proclamati con decreto del 21 giugno dal Governatore Carlo Torre.

Ecco i nomi degli eletti a comporre il primo Consiglio provinciale di Benevento.

Andreotti marchese Giovan-Battista fu Pietro; Capilongo Paolo fu Tommaso; Mutarelli Giuseppe di Barbato; Zamparelli Pasquale di Michelangelo; Procaccini Vincenzo fu Crescenzo; Rivellini Fortunato fu Antonio; Cocozza-Campanile Carlo fu Nicola; D'Ambrosio Vincenzo di Bartolomeo; Bifano Marco fu Pietro; Montella Pietro fu Giorgio; Verli Giuseppe di Nicola; Rainone Achille fu Scipione; Del Conte Francesco fu Tommaso-Antonio; Pennucci Filippo fu Lorenzo; Bosco Giovanni di Celestino; Mazzei Gabriele di Giuseppe; Parente Onofrio fu Giuseppe; Riceio Antonio fu Lorenzo; Ungaro Michele di Giovan-Battista; Amato Andrea di Francesco.

Piccerillo Domenico fu Luigi; Foschini Carlo di Gaetano; Iacobelli Achille fu Gregorio; Perugini Giovanni di Domenico-Antonio; Colasanti Luigi fu Giovanni; Cusani Pasquale fu Filippo; Gisondi Cosmo fu Vincenzo; Rainone Francesco fu Isidoro; Picone Giovanni fu Domenico; Martini Luigi fu Giovanni; Galanti Aurelio fu Gianvincenzo; De Mariarosa Giuseppe fu Sebastiano; Costantini Giuseppe fu Vincenzo; Ielardi Nicola fu

Con decreto del governatore Torre il primo Consiglio provinciale

Michele Ungaro

Giovanni; Forte Ferdinano fu Albino; Moscatelli Antonio fu Carlo; Polcini Giacomo di Giuseppe; Paolucci Francesco di Salvatore; Cirelli Giuseppe-Maria fu Bartolomeo; Ragina Giovanni.

Il Consiglio così composto si insediò ai primi di settembre del 1861. Ne fu eletto presidente l'avvocato Michele Ungaro di Cerreto.

Chi era Michele Ungaro.

Michele Ungaro era nato a Cerreto Sannita il 4 ottobre 1819 da Giambattista e Mariantonia Savoia. Effettuò i primi studi a Cerreto e poi nel seminario di Capua dove prese pure gli ordini minori. Anzi, nel 1837, a soli 18 anni, predicò nella chiesa di San Martino le tre ore di agonia lasciando sperare che divenisse un celebre oratore sacro.

Abbandonato l'abito clericale e laureatosi in Giurisprudenza, entrò in magistratura e quindi esercitò tale funzione a Napoli, a Casoria, a Sora e poi di nuovo a Napoli.

Non soddisfatto di questo lavoro, lasciò la magistratura per darsi all'avvocatura che esercitò a Napoli ed a Benevento dove si diede anche alla politica.

Fervente liberale, nel 1848 istituì, in quel di Cerreto, la Guardia Nazionale ed assieme a Giacomo Tofano partecipò alle tumultuose vicende di quegli anni. Nel 1861 poi fiancheggiò Carlo Torre nel cercare di dirimere gli ostacoli che nascevano e si frapponevano alla costituzione della nuova provincia.

Venne quindi eletto primo presidente del Consiglio provinciale, carica che ricoprì fino al 1864. Venne poi eletto deputato per ben tre legislature. Morì in Cerreto nel 1890.

anno V, n. 85 – 3 aprile 1993

Il Municipio dipende dal senno di quelli che lo governano

Le regole del governatore Carlo Torre sulle prime elezioni comunali

Il prossimo, ennesimo appuntamento con le elezioni, stavolta referendarie, ci ha ricordato le prime libere elezioni celebratesi in Benevento e provincia.

Nel numero scorso abbiamo ricordato le elezioni per il Consiglio provinciale svoltesi nell'aprile del 1861 e che videro tra gli eletti l'avv. Michele Ungaro che raccolti anche il maggior numero di voti fu eletto, nella seduta dell'8 settembre, presidente del Consiglio provinciale.

Va comunque ricordato che Michele Ungaro di Cerreto, fu anche compilatore di un Regolamento per il Consiglio provinciale di Benevento adottato nella seduta successiva del 9 settembre.

Stavolta vogliamo invece ricordare qualcosa delle prime elezioni comunali, indette dal governatore Carlo Torre.

Questi *poiché si tratta di seguire per la prima volta una legge nuova, sentendosi in debito di dare qualche avvertenza che riguardano la forma e la pratica*, si rivolse alla cittadinanza, sprovvista di ogni elemento di legge elettorale ed ignara di tutti i meccanismi che regolavano una pubblica elezione, con un manifesto dato alle stampe il 13 maggio 1861 e distribuito ed affisso nei giorni successivi.

In 18 articoli venivano dati e spiegati i punti salienti della legge elettorale.

Saranno utile ricordo a chi sa la legge; istruzione a chi la ignora.

IL GOVERNATORE
DELLA
PROVINCIA DI BENEVENTO
AGLI ELETTORI COMUNALI

La prosperità del Municipio dipende in gran parte dal senno e dal carattere di quelli che son preposti a governarlo. Nel tempi scorsi essi erano imposti da un potere pressocchè arcano ed invisibile: meritassero, o no, la fiducia del popolo, bastava che fossero graditi al Principe, perchè acquistassero il dritto di rappresentare il Comune, di amministrarne il patrimonio, di maneggiarne gl'interessi. Ma ora è mestieri che sieno accetti a voi, che rappresentate il popolo; e per meritare che i vostri voti li chiamino all'onore di reggere il vostro Comune, fa d'uopo che dai precedenti della loro vita si argomenti la probità, la fermezza loro e l'affetto alla cosa pubblica. È questo, tra tanti, il primo degl'inestimabili vantaggi che le nuove istituzioni vi concedono e garentiscono. Sappiate usarne con temperanza, savio accorgimento e coscienza. È da voi stessi che quind'innanzi l'avvenire del vostro Municipio dipende. Come son liberi i vostri suffragi, del pari sieno dati con dirittura e serenità di giudicio.

Dal mio canto, poichè si tratta di eseguire per la prima volta una Legge nuova, mi sento nel debito di darvi alquante avvertenze, che riguardano la forma e la pratica, più che la sustanza delle elezioni. Saranno utile ricordo a chi sa la Legge, istruzione a chi la ignora.

1. Ogni elettore riceve dal Sindaco un certificato attestante la sua iscrizione nella Lista; chi non lo abbia ricevuto prima del 19. giorno delle elezioni, faccia istanza nella Segreteria del Comune per riceverlo. E ciascuno lo conservi e lo porti seco nell'assemblea, per esibirlo al Presidente ond'esser riconosciuto come elettore.

2. Niun elettore può presentarsi armato nella sala dell'adunanza. Questo precetto della Legge non fa eccezione per chicchessia. Può bensi il Presidente richiedere che una forza armata sia collocata in detta Sala, o nelle sue adjacenze.

3. Prima di cominciarsi le votazioni, ciascun elettore riceve dal Sindaco, Presidente dell'Ufficio provvisorio, tre schede, l'una bianca, l'altra rossa, la terza verde. La prima è destinata alla elezione dell'Ufficio definitivo; la seconda, dei Consiglieri comunali; la terza, dei Consiglieri provinciali. Può benvero ogni elettore ritirare anche prima le sue schede dalla Segreteria comunale, mostrando l'anzidetto certificato d'iscrizione.

4. L'Ufficio definitivo si compone di un Presidente e di quattro Scrutatori. Laonde ogni elettore dee scrivere nella scheda bianca cinque nomi. Il Segretario è nominato dall'Ufficio e non dagli elettori.

5. Il Consiglio comunale di Benevento va composto di trenta Consiglieri. Sicchè ciascuno degli elettori beneventani dee scrivere nella sua scheda rossa trenta nomi.

6. I Consigli degli altri Comuni della Provincia si compongono ciascuno di quindici Consiglieri.

Per lo che ogni elettore di quei Comuni dee scrivere solo quindici nomi nella sua scheda rossa.

7. Il Consiglio Provinciale consta di quaranta Consiglieri. Ma il Mandamento di Benevento dev'eleggerne soltanto cinque. E perciò ognuno degli elettori di Benevento e dei Comuni di S. Leucio, di S. Angiolo a Cupolo, di Pastene, di Bagnara, di Montorso, di Perrillo e di S. Marco a Monti, scriverà cinque nomi nella sua scheda verde. La Tabella approvata dal Decreto 1. Aprile determina anche il numero assegnato agli altri Mandamenti.

8. Ogni elettore scrive o porta scritti nelle sue schede i candidati, a cui intende dare il suo voto. Gli elettori analfabeti ve li fanno scrivere da coloro nei quali più ripongano la loro fiducia.

9. Badi ciascuno a scrivere con chiarezza i nomi e cognomi dei candidati. Qualora i soli nomi e cognomi possano ingenerar dubbiezza (come accadrebbe, verbigrazia, se due o più eleggibili avessero lo stesso nome e cognome), si aggiungano le indicazioni della paternità o dei titoli, o altra qualunque che bastasse a dinotar chiaramente chi sia il candidato.

10. Sono eleggibili all'ufficio di Consiglieri comunali gli elettori iscritti nella Lista. Ma possono essere elettori e non eleggibili i seguenti Ordini di cittadini:

1. Gli Ecclesiastici e Ministri dei culti, che abbiano giurisdizione o cura di anime; coloro che ne fanno le veci; i Membri dei Capitoli e delle Collegiate.

2. I funzionari del Governo incaricati d'invigilare su l'amministrazione comunale.

3. Gl'impiegati nei loro uffici.

4. Quelli che ricevono stipendio o salario dal Comune, o dalle istituzioni che esso amministra;

5. Coloro che hanno il maneggio del danaro comunale;

6. Coloro che non abbiano reso il conto di una precedente amministrazione;

7. Coloro che abbiano lite pendente col Comune.

11. Non possono essere contemporaneamente Consiglieri comunali gli ascendenti e discendenti, i fratelli, il suocero ed il genero.

12. Non possono venir eletti Consiglieri Provinciali:

1. Quelli che non posseggano nella Provincia, o non vi hanno domicilio;

2. I minori di anni 25;

3. Gli Ecclesiastici e Ministri del culto indicati nell'articolo precedente;

4. I funzionari ai quali competa la sorveglianza delle Province;

5. Gl'impiegati dei loro uffici;

6. Coloro che hanno il maneggio del danaro provinciale, o lite pendente con la Provincia;

7. Gl'impiegati e i contabili dei comuni e degl'istituti di carità, di beneficenza e di culto della Provincia;

8. Gli analfabeti, e tutti coloro ai quali l'articolo 23. della Legge nega la capacità di elettore e di eleggibile.

13. Si hanno come non iscritti nelle Schede quei nomi che non portino sufficienti indicazioni delle persone a cui debbano riferirsi, come anche i nomi di persone non eleggibili, e gli ultimi che eccedono il numero dei Consiglieri da eleggere. Le Schede sono valide per gli altri nomi.

14. Le schede non debbono portare firme o altre designazioni che facciano conoscere l'elettore a cui appartengono. Tali schede sono nulle.

15. Ciascun elettore si presenta a deporre le sue schede allorchè l'appello nominale lo chiama. Egli le porge piegate al Presidente, e questi le pone nelle analoghe urne. Alla votazione per l'Ufficio, porge la sola Scheda bianca; alla votazione per i Consiglieri porge ad un tempo, ma separate, la rossa e la verde, le quali il Presidente depone in due urne distinte.

16. Chi con finto nome avrà dato il suo suffragio nell'adunanza elettorale in cui non dovesse intervenire, o che si fosse giovato di falsi titoli o documenti per essere iscritto nelle liste elettorali, perde per dieci anni l'esercizio di ogni dritto politico, senza pregiudizio delle pene che potessero per lo stesso fatto essergli inflitte ai termini del Codice penale.

17. Chiunque sia convinto di avere al tempo delle elezioni causato disordini, o provocato assembramenti tumultuosi, accettando, portando, inalberando o affiggendo segni di riunione, od in qualsiasi altra guisa, è punito con un'ammenda di lire 10 a 50, e sussidiariamente con l'arresto, od anche col carcere da sei a trenta giorni.

18. Sono puniti con la stessa pena coloro che, non essendo elettori, nè membri dell'ufficio, s'introdurranno durante le operazioni elettorali nel luogo dell'adunanza; e coloro che, non curando gli ordini del Presidente, volessero far discussioni, dar prove di approvazione o di disapprovazione, od eccitassero altrimenti tumulto.

Mi è grato sperare che le adunanze riusciranno non solo numerose pel completo intervento degli elettori, ma altresì dignitose e solenni per calma e compostezza, come l'esercizio di un prezioso quanto antico diritto italiano richiede, e come la Legge, la schietta libertà ed il vero spirito di amor patrio comandano.

Dal Palazzo del Governo questo di 13 Maggio 1861

IL GOVERNATORE
C. TORRE
IL VICE-GOVERNATORE
P. AQUARO

Benevento ☙ Tipografia di Luigi de Martino ☙ Piazza Orsini, Stretto dei Pellegrini Numero 132.

anno V, n. 86 – 17 aprile 1993

Il programma della Giunta

Anche più di cento anni fa finanze comunali allo sfascio

In uno dei precedenti numeri abbiamo dato notizia circa l'elezione e la composizione del primo Consiglio provinciale che ebbe come presidente l'avvocato Michele Ungaro di Cerreto Sannita.

Oggi invece diremo qualcosa circa le prime elezioni al Consiglio comunale di Benevento.

All'indomani dell'insurrezione per guidare le sorti della città si formava un «Governo Provvisorio» alla guida di Salvatore Rampone nella qualità di presidente e dai cittadini Giuseppe De Marco, Domenico Mutarelli, Nicola Vessichelli, Giovanni De Simone e Gennaro Collenea.

Tale governo amministrava la città in un momento molto particolare e difficile e fino alla data del 25 ottobre 1860 allorquando con i voti plebiscitari l'antico Ducato di Benevento veniva dichiarato provincia del Regno italiano.

A sostituzione del Governo Provvisorio veniva eletto il Consesso composto da 27 consiglieri e rappresentato dal sindaco Pietro De Rosa.

Il De Rosa, già consigliere con voto consultivo del Governo Provvisorio, reggeva la città fino al 21 agosto del 1861. Gli succedeva il barone Celestino Bosco Lucarelli.

Le prime elezioni libere della Benevento italiana si svolsero nel luglio del 1861.

Ne risultarono eletti il sindaco barone Celestino Bosco Lucarelli, gli assessori Francesco Mozzillo, Silvio Mele, Antonio Schinosi, Antonio Criscoli e Gaetano De Longis supplenti.

In data 25 luglio veniva affisso il seguente programma di lavoro dal quale si ricava anche una panoramica di quelle che erano le condizioni delle cose municipali dell'epoca.

Le parole sono insufficienti ad esprimervi la nostra gratitudine, studieremo di ringraziarvi con i fatti...

Ora ci stiamo occupando in un esatto inventario degli effetti comunali: sarà pur nostra cura esaminare il deplorabile stato di finanze, in cui il comune si trova e renderlo di pubblica ragione...

Gli affari comunali non saranno più, come per lo passato, avvolti fra le tenebre... e saremo fermi nelle nostre risoluzioni, prese con ponderatezza, e per giustizia... e accoglieremo di buon grado i consigli da chiunque a tale uopo ci venissero.

Un programma dettato, dunque, da solidi sentimenti di amore verso la città e certamente accreditati di vasti consensi visto che il sindaco Bosco Lucarelli governò ininterrottamente fino al 30 luglio 1869 legando il suo nome a numerose iniziative.

Manifesto per l'indizione delle elezioni del primo Consiglio Comunale di Benevento

PROGRAMMA

MUNICIPIO DI BENEVENTO

Beneventani! Il massimo orgoglio di ogni buon cittadino stà nell'amore del popolo, voi lo destaste in noi con eligerci a vostri rappresentanti nella comunale amministrazione, e mentre vi ringraziamo per la confidenza in noi riposta, siamo pur lieti di poter consacrare l'opera nostra al bene della patria comune.

Le parole sono insufficienti ad esprimervi la nostra gratitudine, studieremo di ringraziarvi coi fatti, giacchè sarà nostro proposito corrispondere con zelo alla fiducia avuta verso noi. Ora ci stiamo occupando in un esatto inventario degli effetti comunali: sarà pur nostra cura esaminare il deplorabile stato di finanze, in cui il comune si trova e renderlo di pubblica ragione: abbiamo di certo molte difficoltà a superare per ripianarne il vuoto, ma nutriamo speranza di riuscirvi colla vostra docilità, e coll'ajuto di voi, che ben conoscete, perchè fatto, per opera di chi, ed a quale epoca rimonti.

Gli affari comunali non saranno più, come per lo passato, avvolti fra le tenebre, noi col farli pubblici, vi terremo di tutto consapevoli, onde possiate darvi anche il vostro giudizio.

In ogni circostanza per quanto siamo arrendevoli alle voci della ragione, altrettanto saremo fermi nelle nostre risoluzioni, prese con ponderatezza, e per giustizia.

Non trasanderemo di patrocinare i bisogni del Paese ed in qualunque occasione accoglieremo sempre di buon grado i consigli da chiunque a tale uopo ci venissero.

Da Palazzo Municipale questo di 25 Luglio 1861.

IL SINDACO
BARONE CELESTINO BOSCO LUCARELLI
Assessori
FRANCESCO MOZZILLO
SILVIO MELE
ANTONIO SCHINOSI
ANTONIO CRISCOLI Supplente
GAETANO DE LONGIS Supplente

Benevento)(Tipografia di Luigi de Martino)(Piazza Orsini, Stretto dei Pellegrini Num. 132.

anno V, n. 87 – 1 maggio 1993

La Benevento italiana ha il suo primo giornale

La plebiscitaria annessione del 25 ottobre 1860 diede un forte scossone alle tranquille abitudini dell'antico ducato di Benevento.

La città così abbandonò il sonnacchioso e trascinato modo di vivere trascorso per secoli sotto l'ala protettrice della Chiesa e viene proiettata nel pieno fervore dei mille programmi che animano l'esistenza del nascente Regno.

Sono per la città anni pieni di attività tutte intese ad abbellirla ed a renderla degna del nuovo ruolo che andava ad accampare.

In questi giorni uomini ricchi di iniziativa e di amore per la propria città si adoperano per illustrare al meglio le bellezze e gli splendori architettonici e d'arte conservate nel suo tessuto urbano.

Il barone Celestino Bosco Lucarelli, nominato sindaco di Benevento commissionò al fotografo napoletano Pasquale Biondi vedute d'insieme e particolari dell'arco di Traiano da inviare agli altri suoi colleghi sindaci di altre città del Regno.

Le fotografie, incollate su di un grosso cartoncino, erano incorniciate da lunghe didascalie illustrative della storia dell'Arco quasi certamente dettate dal sacerdote don Giuseppe Pallante, profondo studioso delle cose archeologiche della città.

Accanto a questa immagine fotografica del monumento più bello della città, si affianca la prima guida storica di Benevento. In essa, in 16 pagine, senza note tipografiche, sono succintamente narrate le vicende storiche della città fino agli anni '60.

Queste note, quasi certamente sono da attribuirsi ad un giovane professore di storia e giornalista, Enrico Isernia, che alcuni anni più tardi pubblicherà, più estesamente, in due volumi, oggi molto

Il primo numero del giornale Il Sannio, con la testata:

Num. 1. Anno 1. — **Martedì 8. Gennaro 1861.**

IL SANNIO

GIORNALE LETTERARIO, SCIENTIFICO, POLITICO ED ARTISTICO

DELLE PROVINCIE DI BENEVENTO E CAMPOBASSO

Il primo numero del giornale Il Sannio.

rari, la storia di Benevento.

Ad Isernia si deve anche la paternità della prima testata giornalistica della Benevento italiana.

Si tratta del settimanale *Il Sannio*, giornale letterario, scientifico, politico ed artistico della provincia di Benevento.

Il giornale, un poco più piccolo del formato tabloid, veniva stampato presso la tipografia De Martini. Il primo numero venne distribuito martedì 8 gennaio 1861 al prezzo di 4 grani.

Questo giornale nacque dalla fusione di altre due testate locali che ebbero una brevissima vita: *Il Morale Educamento del popolo* e la *Strega*. Con questi si fuse anche il *Corriere del Sannio* di Campobasso.

Anche i primi due giornali la cui vita, ripetiamo, fu brevissima, appena di due mesi, venivano stampati dalla tipografia di Luigi De Martini che ne era anche direttore e gerente.

Tutte e tre le testate diedero vita a *Il Sannio* e questo fu il primo e l'unico caso di «fusione» di Benevento con Campobasso.

anno V, n. 88 – 15 maggio 1993

Re Vittorio Emanuele giunge da Napoli e a Benevento per due giorni è festa

Il lungo corteo dal palazzo del Governo giunge fino alla chiesa del Gesù

Abbiamo avuto modo in passato di ricordare ed esaminare brevi ma luminosi squarci di vita beneventana nei primi mesi e nei primi anni successivi all'ammissione al Regno d'Italia.

Abbiamo visto come quei momenti frequenti di amore per la città natale e di amor per la patria, furono anni determinanti per Benevento. Da essi si dipanano tutti quegli avvenimenti che, nel bene e nel male, hanno interessato la città.

In questo decennio fu dato un notevole impulso alle opere pubbliche. Quindi si porta a termine il Teatro Comunale incominciato nel 1855 e poi lasciato a metà, e si pose mano alla costruzione del Camposanto. Si inaugurò l'asilo infantile, il nuovo carcere, l'asilo di mendicità. Nel Convento degli scolopi in via Camerario, donato alla città, trovarono degna sistemazione gli uffici dell'amministrazione provinciale.

Fu portata quindi a termine anche la Villa Comunale, mentre nell'ex Convento dei domenicani in piazza Guerrazzi si insediava il nuovo Tribunale raggruppando così tutti i suoi uffici sparsi per la città.

Venne potenziata l'erogazione di acqua potabile e si iniziò l'allargamento di corso Garibaldi.

La vita cittadina si snodava così tranquilla e calma tra vicende nazionali ed amministrative; la città sembrava essere ritornata ai suoi periodi migliori di orsiniana memoria. Le manifestazioni pubbliche si susseguivano a ritmo sostenuto: inaugurazioni di monumenti si alternavano ad inaugurazioni di edifici pubblici ed a tutti la cittadinanza partecipava coralmente.

Una prima manifestazione pubblica si registrava appunto nel dicembre del 1860, a pochi mesi dall'annessione ed a poche settimane dalla nomina di Carlo Torre a Governatore della città.

L'occasione fu data dall'ingresso ufficiale di Sua Maestà Re Vittorio Emanuele in Napoli avvenuto il 30 dicembre del 1860.

Anche Benevento pensò bene di unirsi al coro di voci che salutarono festanti tale avvenimento.

Quindi il 30 dicembre nella chiesa del Gesù l'ingresso di Vittorio Emanuele nella capitale dell'Italia meridionale fu salutato con solenne pompa. Sentiamo quanto riporta un testimone oculare.

I benemeriti padri scolopi celebravano la messa solenne e intuonavano l'inno Ambrosiano: la maestà del sacro rito, la gioia colma e completa delle varie classi del popolo, che in gran numero occorreva, la presenza delle autorità governative e municipali e della Guardia Nazionale rendevano veramente solenne la festa.

Alla cerimonia spiccava la totale assenza del clero secolare. *Esso non solo rifiutavasi parteciparvi in modo alcuno, salvo pochi chierici che assistevano all'augusto sacrificio ma, come in un giorno di pubblica sciagura tenevasi chiusi in casa.*

Per amore della verità tre sacerdoti domenicani i fratelli Gabriele e Benedetto Palmieri e padre Lorenzo Vessichelli erano intervenuti alla cerimonia ed *erano pronti ad intonare il Te deum e a celebrare la*

PROGRAMMA

PER LA FESTA IN BENEVENTO

AD ONORE DEL RE D'ITALIA

VITTORIO EMMANUELE

IN OCCASIONE DEL SEGUITO INGRESSO DELLA MAESTÀ SUA IN NAPOLI

Nel dì 7 Novembre 1860.

Il giorno 30 dell'andante mese sarà di pubblica letizia per questo Capoluogo, poichè viene destinato a solennizzare il seguito ingresso in Napoli della Maestà del Re Vittorio Emmanuele, nel dì 7 Novembre 1860.

Laonde le armonie della banda musicale e lo sparo de'mortaretti, annunzieranno fin dalla sera del 29 volgente la lietissima occasione.

Nel palazzo del Governo tra eleganti parati, verrà esposto al pubblico ossequio la Effigie della Maestà Sua, e vi presterà servigio di onore la Guardia Nazionale per l'intero giorno 30.

Tutti gl'impiegati civili, giudiziari e finanzieri vestiranno l'abito nero, con cravatta bianca. I militari il grande uniforme.

Le Autorità, gli Ufiziali ed i Pubblici funzionari, chiamati o nó a far parte delle pubbliche cerimonie, alle ore 9 1/2 a. m. converranno nel ridetto palazzo del Governo e presenteranno al Governatore le felicitazioni pel Sovrano. Nel largo dello stesso Governo si troverà schierata la Guardia Nazionale.

Indi il corteggio muoverà per la Chiesa del Gesù, stabilita per solennizzarsi la Sacra cerimonia, procedendo come appresso:

Il Segretario Generale	**IL GOVERNATORE DELLA PROVINCIA**	Il Maggiore Comandante la Guardia Nazionale
Il 1. Eletto	Il Sindaco seguito dal Consigliere Municipale	Il 2. Eletto
Signor Giudice Supplente Capilongo	Il Procuratore Fiscale ff. da Procuratore Generale seguito dal Cancelliere Criminale	Signor Giudice Supplente Mazziotti
Il Giudice Regio seguito dal Cancelliere del Giudicato Regio	L'avvocato de'Poveri	Il Giudice Istruttore seguito dal Cancelliere d'Istruzione

Ufiziali tutti da Capitano in giù per rango di grado ed anzianità

Il Corpo Decurionale col Giudice Conciliatore

Il Cancelliere di Polizia	Il Commissario di Polizia	L'Ispettore di Polizia

Impiegati Civili, Giudiziari e Finanzieri

Giunti in Chiesa, ove sarà il corteggio ricevuto da Deputazione stabilita dal Municipio, e quando la prima Autorità avrà preso il posto, tutti faranno altrettanto col medesimo ordine.

Si troverà collocato elegante toelle coll'Effigie dell'amato Sovrano, con sentinelle della Guardia Nazionale.

Si darà allora principio alla funzione, estraendosi dall'urna il nome d'una donzella per ciascuna delle 8 Parrocchie della Città, su votamenti fatto eseguire da due notabili, di accordo con ciascun Parroco ed alle quali giovinette oneste e povere, competerà a non peritura ricordanza della festa, un maritaggio di Ducati 20, che il Sindaco avrà cura di soddisfare.

Verrà poi celebrato un Messa solenne ed indi recitato apposito discorso, ed infine cantato l'Inno Ambrosiano, sarà impartita la Benedizione Eucaristica fra voti i più fervidi di conservazione e prosperità della Maestà del Re, e per la Unità completa d'Italia.

Finita la sacra funzione il corteggio ritornerà al palazzo del Governo coll'istesso ordine.

In tali lietissimo giorno, a richiesta del Governatore, la Maestà del Re ha messo a di lui disposizione Ducati 500. Perlocchè saranno distribuiti a' poveri in domicilio Ducati 240:00 e nel Palazzo del Governo Ducati 60:00.

Gareggeranno i privati in altre opere di pietà e di filantropia verso i miseri.

Anche le Orfane dell'Annunziata avranno una sovvenzione in Ducati 30:00, e Ducati 10:00 gli ammalati negli Ospedali.

I detenuti nelle prigioni avranno un pranzo.

Nelle due sere la prospettiva del Palazzo del Governo, la Casa Municipale e tutti gli altri edifici pubblici risplenderanno di copiose luminarie; ed in tal contrassegno di omaggio gareggeranno i privati nelle loro rispettive abitazioni.

La banda musicale farà incessantemente udire i concenti della pubblica esultanza nelle piazze e nelle strade della Città.

Da ultimo nella sera del 30, sarà eseguito lo sparo d'un fuoco artificiale, ad allietare vieppiù il popolo.

Il Sindaco di questo Capoluogo è incaricato dell'analoga esecuzione nella parte che lo riguarda.

Dal Palazzo del Governo li 28 Dicembre 1860.

IL GOVERNATORE

CARLO TORRE

IL SEGRETARIO GENERALE

LUIGI DE SANDRO

Manifesto sui festeggiamenti per l'arrivo di Vittorio Emanuele II a Napoli, nel 1860.

solenne messa se non fossero stati in antecedenza invitati i religiosi delle scuole Pie, prevedendosi la totale assenza del clero.

Comunque, tranne questo piccolo contrattempo, tutto andava per il meglio.

Alla cerimonia erano presenti le massime autorità governative, in numero di 18, capeggiate dal governatore Carlo Torre. Questi, anzi, per rendere tutto più solenne fece affiggere un foglio sul quale era stabilito l'ordine di disposizione del corteo che dal palazzo del Governo doveva scendere dinanzi alla chiesa del Gesù.

Il corteo, aperto dal Governatore, con al lato sinistro il segretario generale e destro il maggiore comandante la Guardia Nazionale, era chiuso dalla folla degli impiegati civili, giudiziarii e finanziarii per disposizione governativa. *Tutti in abito nero e cravatta bianca mentre i militari vestivano la grande uniforme.*

Alla chiesa il corteo veniva ricevuto dalla delegazione municipale. Per l'occasione furono distribuiti ai poveri 300 ducati messi a disposizione da Sua Maestà, mentre i privati avrebbero *offerto altre opere di pietà e di filantropia verso i miseri.*

Per due sere *la prospettiva del palazzo del Governo, la casa municipale e tutti gli altri edifici pubblici risplen-**deranno di copiose luminarie mentre la banda musicale farà incessantemente udire concerti della pubblica esultanza nelle piazze e nelle strade cittadine.*

Insomma, questa può definirsi la festa ufficiale che sanciva l'annessione al Regno. Una festa che nell'apparato generale, nella sontuosità del corteo che, finita la cerimonia *sarebbe ritornato al palazzo del Governo rispettando l'istesso ordine* nella presenza totale delle autorità pubbliche, nella partecipazione di tutto il popolo richiamava alla mente la più nota settecentesca cavalcata dell'Assunta.

anno V, n. 89 – 29 maggio 1993

Il Cinquecento: un secolo avaro di scrittori di storie di Benevento

Mario Della Vipera si dedicò essenzialmente alla storia sacra

CATALOGVS
SANCTORVM.
QVOS ECCLESIA BENEVENT
Duplici, ac Semidupl. celebrat Ritu,
ET ALIORVM SANCTORVM
Beneuentanæ Ciuitatis Naturalium, quorum
nulla certa, præstitutaue die festum colit.
Adiecta sub vnoquoq breui ipsius Historiæ narratione.
In duas Partes diuisus.
A MARIO DE VIPERA
Archidiacono Beneuent. selectus.
NEAPOLI,
Ex Typographia Lazari Scorigij, M. D

Frontespizio del Catalogus Sanctorum di Mario de Vipera.

Scrittori di storie, cronache di annali si contano nel secolo XVI a centinaia.

Così scriveva il Flamini nella sua opera sul Cinquecento.

A Benevento tutta questa abbondanza di storici non c'è, e pochi anzi furono gli scrittori di storie nel '500 ma ognuno ebbe un carattere proprio perché ciascuno seguì le tendenze umanistiche del tempo per quel tanto che si confaceva alla propria inclinazione.

Nel Cinquecento, dunque, si distinguono a Benevento Niccolò Franco che può senz'altro ascriversi tra i migliori scrittori di storia contemporanea; il dottor Giulio del Sindico o de Sindicis tra i più appassionati indagatori di fonti storiche medievali e Mario Della Vipera o La Vipera, anch'egli signore della tradizione umanistica ed autorevole scrittore di biografie e di storia municipale.

Anche il Sarnelli, che pure si giovò del lavoro del Della Vipera per la sua opera sullo stesso argomento *Memorie dei vescovi ed arcivescovi di Benevento* ne criticò con logica stringente e documentazione probante, gli errori, affermando che *ne faceano stare del vero anziosi*: tuttavia il Sarnelli difende, cadendo nello stesso errore, le affermazioni del Della Vipera sull'origine della Chiesa beneventana fondata nel '40 da S. Fotino, discepolo di S. Pietro e quindi anteriore alla Chiesa di Capua, affermazione oppugnata invece già da Camillo Pellegrino e moderatamente da F. Lanzoni nella sua *Origine delle Diocesi d'Italia* e, negli ultimi tempi da Ferdinando Grassi ne *I pastori della Cattedra beneventana* e da tutti gli altri storici che si sono occupati del problema.

L'opera è indubbiamente piena di mende ed errori cronologici ma oltre ad illuminare un torbido e confuso periodo medievale della città pontificia, offre la prima cronotassi più o meno completa dei vescovi ed arcivescovi di Benevento, del resto attendibilissima per la parte più vicina all'autore.

Dal Borgia sappiamo che il Della Vipera, *il quali prima di tutti scrisse con molta erudizione ed accuratezza delle cose beneventane* fu un appassionato studioso dei documenti conservati nella biblioteca beneventana e di cui se ne servì sia per scrivere la Cronologia dei vescovi quanto maggiormente per l'altro suo lavoro: *Il catalogo dei Santi che sono celebrati nella Chiesa beneventana.*

Anzi il Borgia gli rimprovera di aver solo citato e non pubblicato i documenti contenuti in quel tempo nella biblioteca che, in seguito, *per vari incidenti andò piuttosto sce-*

mando che crescendo.

Della Vipera, vissuto tra il '500 ed il '600 (nacque nel 1566 e morì nel maggio del 1636) si può considerare un vero cinquecentista.

Nobile beneventano, dottore in ambedue le leggi, abbracciò la carriera ecclesiastica e fu arcidiacono della Chiesa metropolitana di Benevento; quattro volte vicario (nel 1607 alla morte di Massimiliano Palombara, nel 1616 alla morte del cardinale Pompeo Arigonio ed ancora nel 1633 e nel 1635).

Godé fin da giovane età un canonicato nella sua Metropolitana e dopo essere stato promosso alla dignità di arcidiacono fu molto apprezzato e per la predica della divina parola e per utili servizi resi ai suoi arcivescovi ed alla Chiesa.

L'ambiente ecclesiastico in cui egli visse influì molto sulla sua personalità tanto che la maggior parte delle opere sue trattano di «Storia Sacra».

Scrisse, infatti, una *Chronologia episcoporum et archiepiscoporum metropolitanae ecclesiae* in cui traccia per ogni vescovo una breve biografia aggiungendovi alla fine il *De capituli beneventani antiqui-*

tate priulegiis et canonicorum numero, cioè una breve esposizione sull'antichità ed i privilegi del Capitolo beneventano.

Quest'opera, pubblicata in Napoli nel 1636, suscitò le aspre critiche dell'Ughelli che lo giudicò un lavoro molto poco veritiero, pieno di errori e di sviste tanto che *a stento, corretto sembra posso riuscire sopportabile* accusando il Della Vipera di una evidente superficialità e di poca diligenza nel riferire le notizie storiche.

L'opera sua migliore resta comunque la *Dissertazione sulle famiglie nobili di Benevento.*

Mai data alle stampe, conservata manoscritto nella Biblioteca arcivescovile Pacca e datata al 1632, il lavoro è interessante per le notizie relative a personaggi suoi contemporanei e per i riferimenti alla situazione politica e civile della città.

Dalla lettura dei discorsi delle varie famiglie emerge non solo l'intento laudativo che qualche volta si fa adulatorio, ma anche il senso di consapevolezza critica con il quale l'autore traccia aspetti di costume del suo tempo.

anno V, n. 90 – 12 giugno 1993

Sconforto per la perdita della «Storia di Benevento»

Continuando la nostra carrellata sulla storiografia erudita del XVII secolo, incontriamo Alfonso De Blasio, uomo d'armi, discendente da nobilissima famiglia, autore di una *Storia di Benevento* divisa in quattro parti purtroppo andata smarrita e la cui perdita fu molto lamentata dai suoi contemporanei e dai posteri.

Il De Blasio resta, ancora oggi, una personalità ignorata.

Pochi bibliografi ne ricordano il nome e l'opera; pochissimi si sono curati di ricercare nei polverosi archivi notizie riguardanti la sua vita; quasi nessuno ha dato peso all'autenticità ed al valore della sua produzione storiografica. Dimenticanza, questa, in verità

La monumentale opera fu scritta dall'erudito Alfonso De Blasio nel secolo XVII

tà facilitata dalla mancanza, negli archivi locali, di documenti diretti ma anche dei suoi stessi scritti cui certamente *ambiva di poter legare duramente il nome e donde certo più sicura gloria gli sarebbe venuta.*

Alcune notizie sul De Blasio e la sua famiglia ce le fornisce lo stesso manoscritto oggi conservato presso la Biblioteca Provinciale.

La famiglia De Blasio era antichissima e di essa se ne trova traccia già al tempo dei longobardi. Nel corso dei secoli la famiglia si era imparentata con nobili casate come la Orsini, la Lagonessa, la Dell'Aquila. Dal Della Vipera venne inserita nel numero delle famiglie nobili.

Nel 1596 Giovan Battista De Blasio, figlio di Enodio, aveva sposato Lelia Dell'Aquila dal quale matrimonio era nato Alfonso.

Di carattere irrequieto, educato in ambiente militare e cavalleresco – suo padre era capitano d'armi: sotto le insegne spagnole aveva prestato servizio per ben 48 anni in Fiandra, Lombardia, Sicilia e nel Regno – abbracciò pure lui la carriera militare e giovanissimo, nel 1617, sempre al servizio della Spagna prese parte all'assedio di Vercelli dando prova di grande coraggio ed ardore.

Restò al servizio di Sua Maestà Cattolica fino al 1632. Ritornato in patria gli venne affidato, da papa Urbano VIII Barberini, il comando della Compagnia dei Nobili facendosi apprezzare per le sue capacità militari specialmente nella lotta contro il brigantaggio che, a quei tempi, infestava il territorio beneventano.

Eletto console cedette la sua carica di capitano della Compagnia dei Nobili al figlio Geronimo che purtroppo gli premorì nel 1651. Stroncato dal dolore otto anni più tardi morì vittima della terribile pestilenza che infestò la città.

La sua esperienza di cittadino partecipe delle vicende della sua patria, non fu priva di delusioni e di umiliazioni e forse solo nello studio delle antichità patrie trovò il necessario conforto.

Una descrizione del suo lavoro ce la dà lo stesso autore in una sua lettera del 10 settembre 1650 indirizzata al napoletano Nicolò Toppi e da questi pubblicata nella sua Biblioteca Napoletana.

Significativo il testo della lettera dal quale traspare l'ansia frenetica di colui che aveva speso tutto se stesso, salute e denari, per un arco di tempo di circa trent'anni per ricercar e dare vita ad antichi documenti che illustrassero la sua città.

Nella lettera è spiegata anche la ripartizione del lavoro notevole per la vastità e l'importanza della materia.

In quattro volumi, suddivisi per capitoli, narrò i fatti di Benevento dalla sua edificazione fino ai suoi giorni.

E quanto importante fosse questa ricerca e quanto meticolosamente ci avesse lavorato, lo dice lo stesso De Blasio: *Ho avuto grandissime emottioni di vedere bellissime cose, con le mie buone amicizie e lunga stanza di Roma, e particolarmente posso dire di non esservi istorico stampato, greco o latino, che io non habbia letto, e considerato. E quanto ho radunato d'inscritioni, e scritture a penna, il tutto ho inserito nei mentionati volumi.*

E non dà gran peso alla forma letterale non sempre felice. Nella dedica ad Alessandro VII l'autore confessa di essere più uso alle anni che alla penna. A lui importa solo aver portato a termine una ricerca che attraverso le testimonianze varie raccontasse la storia della sua Benevento.

La perdita di questo studio fu deprecata dal Toppi, dal De Nicastro e da Giannone che lamentandone la mancata pubblicazione affermò che *l'autore ne avrebbe acquistato fama immortale.*

Poche notizie sulle vicende del manoscritto le ricaviamo da alcuni autori locali. L'avvocato Enrico Isernia nella prefazione alla sua Storia di Benevento (1875) asseriva che durante le ricerche condotte per la stesura del suo libro aveva rinvenuto nella biblioteca dei Baroni dell'Aquila due libri del primo volume e pochi altri frammenti che per interessamento dell'avvocato Giovanni Principe, *poiché le vestigia del sapere meglio che a celato ornamento in una famiglia devono rimanere affidate ad istituti pubblici* furono offerte in dono al nascente Archivio Storico della Provincia di Benevento.

Qui li trovò Antonio Mellusi che negli anni 15 di questo secolo *dopo molte fatiche ed esitazioni* li riordinò per una edizione provvisoria per la Rivista Storica del Sannio.

La città, per ricordarne la memoria, ha intitolato ad Alfonso De Blasio una traversa di corso Garibaldi.

anno V, n. 91 – 26 giugno 1993

Giovanni De Nicastro nel «solco» di De Blasio

Nell'anno stesso della morte di Alfonso De Blasio, cioè nel 1659, esattamente il 24 maggio, non ancora risorta dagli orrori della peste che aveva troncato tra le tante vittime anche l'opera e la vita del De Blasio, nasceva in Benevento un altro illustre storico, quasi che il destino non permettesse che la continuità agli studi storici venisse mai interrotta nella nostra patria. Facciamo riferimento a Giovanni de Nicastro, la cui nascita erroneamente Francesco Soria (Memorie storiche critiche degli scrittori napoletani) e Camillo Minieri Riccio (Memorie storiche degli scrittori nati nel Regno di Napoli) riportano al 1654. *La sua tempra austera, l'attività dell' ingegno e soprattutto l'amore per la città natale* si *profilano*, dice il professore Zazo, *sullo sfondo di quel fosco periodo di storia italiana che rinchiuse la sua esistenza.*

Triste periodo anche per Benevento che travagliata dalle sue contese politiche sia interne che di carattere giurisdizionale col confinante Regno di Napoli, anche dal punto di vista letterario non riusciva a produrre opere di grande rilievo ma solo una enormità di opere di *erudizione religiosa, scientifica e storiografiche e non tutte da riporsi ancora oggi nell'oblio:* e le opere del De Nicastro furono indubbiamente fra queste.

La sua famiglia, antica e nobile, era originaria di Nicastro, da cui prese il nome, e vantava molti giuristi, uomini d'arme e di chiesa. Ai primi del XVII secolo si trasferiva nella nostra città dove l'avo del nostro traeva in matrimonio (1618) Diana Gentilcore, non nobile ma bella e ricca, e mettendo su casa in un antico palazzo nella parrocchia di S. Maria Abate Arnone. Dal matrimonio nasceva Ottavio, sposatosi poi nel 1657 con Maddalena Villani da cui nel 1659 nasceva il nostro e a distanza di un anno il fratello Giordano, anch'egli letterato e storico.

Nel 1665 la famiglia fu ascritta alla nobiltà beneventana per intercessione del papa Alessandro VII, con grande ripicco dei Nobili della città, contrariamente a quanto afferma il nostro *nel Teatro di nobiltà* che *la sua famiglia con universale giubilo e applauso non solo della Nobiltà ma di tutta la città, fu posta nel bussolo dei Nobili.*

Giovanni De Nicastro, ordinato chierico in Benevento dall'arcivescovo Foppa, attese ai primi studi di umanità, rettorica e filosofia e passò a Napoli dove trascorse vari anni tra lo studio delle leggi *sotto la disciplina del celeberrimo Francesco Verde*, le ricerche erudite e le letture nella Biblioteca dei padri predicatori, formandosi così un ricco corredo di dottrina che gli giovò poi per la carriera ecclesiastica.

Creato da Innocenzo XI nel 1677, alla morte del padre, canonico di S. Bartolomeo, appena diciottenne si recò a Roma a studiare teologia nel Collegio Romano dove fu anche ordinato sacerdote nel 1683. Ritornato in patria nominato Canonico della

Scrittore del XVII secolo, proseguì gli studi storici cittadini

Frontespizio de Il Vicecristo di Giovanni de Nicastro, Benevento 1700.

chiesa Metropolitana ed in questo periodo iniziò il suo primo lavoro *Benevento Sagro* in due libri, mai completato per il terremoto del 1688 che distrusse molti edifici sacri; in esso l'autore trattò dell'origine, della fondazione delle chiese, monasteri ed ospedali.

Nel 1686, presso l'Università di Napoli si laureava in legge e dall'Orsini, da poco eletto arcivescovo di Benevento, benché *in età immatura*, veniva nominato giudice ed esaminatore sinodale, convisitatore ed infine vicario generale della terra di San Lupo.

Scarsa la sua produzione letteraria in questo periodo interrotto sia dagli impegni nelle varie cariche sia poi dal terremoto del 1688 nel quale perdevano la vita la madre e la cognata. Riprende nel 1692 con le *Memorie storiche della Santa Chiesa Beneventana* e da questo momento proseguono senza sosta fino agli ultimi anni della sua vita.

Maggiore rinomanza tuttavia gli venne dalla sua attività di forbito oratore e particolarmente da tre panegirici recitati quasi in successione tra il 1688 ed il 1700, uno dei quali *La culla di S. Bartolomeo*, in occasione del II Concilio provincia le fu letto alla presenza dell'Orsini e di altri 15 vescovi presenti per la traslazione delle reliquie di S. Bartolomeo.

L'altro *Il Vicecristo* ebbe una enorme diffusione tanto che a distanza di pochi mesi se ne dovette approntare una ristampa (siamo nel 1700!).

Nei *Trionfi del Sannio* pubblicato nel 1699 e che si possono definire una delle sue numerose composizioni spicciole scritte accanto a ricerche erudite, storiche e teologiche, egli ricorda l'Accademia dei Ravvivati, fondata nel 1550, e di cui lui ne fu Principe.

Dopo aver, nel 1704, preso possesso dell'arcidiaconato compose il *Teatro di Nobiltà* dedicato a Carlo VI d'Austria che benché incompleto è fonte notevole per la storia di Benevento e delle sue 86 famiglie patrizie e dove tra l'altro traccia anche una sua biografia.

Nel 1710 pubblicava nella stamperia arcivescovile *La spada di Salomone* che doveva decidere la disputa intorno alla patria di San Gennaro.

Frutto di pazienti e laboriose ricerche condotte su fonti piuttosto oscure e malconosciute, l'opera *Pinacoteca beneventana* pubblicata nel 1720.

anno V, n. 92 – 10 luglio 1993

Solo un caso riportò alla luce il Chronicon

La scoperta fatta dallo studioso Giovanni De Nicastro nel 1724

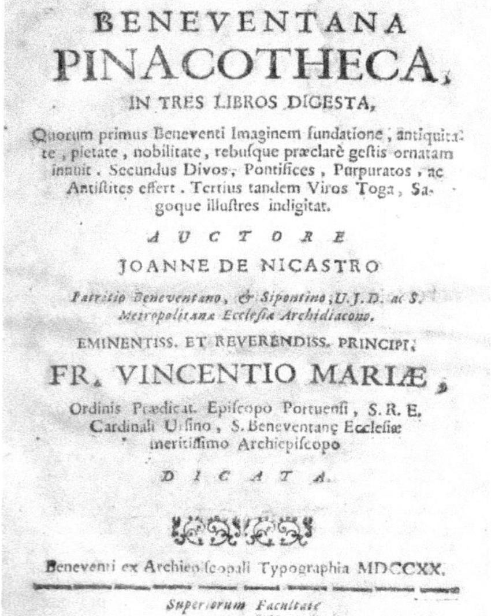

Frontespizio della Beneventana Pinacotheca di Giovanni de Nicastro, Benevento 1720.

Di seguito pubblichiamo la seconda ed ultima parte della vita e delle opere di Giovanni De Nicastro, studioso e storico cittadino del XVII secolo.

Frutto di pazienti e laboriose ricerche condotte su fonti piuttosto oscure e mal conosciute, l'opera *Pinacotheca beneventana* pubblicata nel 1720.

A quest'opera, che può forse considerarsi la maggiore delle sue produzioni, egli si preparava fin dal 1701, con appunti presi attraverso numerose e minuziose ricerche di fonti illustranti la storia gloriosa, ma oscura, della sua città natia ed attingendo dati e notizie dagli archivi polverosi ma anche da lavori di scrittori con temporanei o quasi come il Ciarlanti, il Della Vipera, l'Ughelli. L'opera, che doveva essere dedicata a Carlo VI d'Austria, per la contesa e scissione fra la corte di Roma e S. Maestà cattolica, fu invece riservata all'Orsini e con la dedica anche una epistola assegna la riconoscenza del nostro verso il vescovo e benefattore.

Scritta in un latino sobrio e conciso la *Pinacotheca è* divisa in tre libri.

Il primo tratta dell'origine della città, dei suoi eventi più notevoli e dell'importanza ed estensione della chiesa beneventana; il secondo dei suoi Santi e dei vescovi; il terzo degli uomini illustri nelle lettere e nelle armi.

Il lavoro fu molto apprezzato dai contemporanei specie dal *Giornale dei letterati d'Italia* che si pubblicava a Venezia e che recensiva lodevolmente l'opera.

La sua passione per le bellezze artistiche e archeologiche traspare nella *Descrizione del celebre Arco eretto in Benevento a Marco Ulpio Traiano*, dato alle stampe due anni dopo, nel 1722, sempre presso la stamperia arcivescovile.

Nel 1724 un fortunato caso lo metteva in possesso di una copia del *Chronicon monasterii S. Sophiae Beneventi* rinvenuto per caso in una cassetta di stagno nella demolizione di un muro attiguo alla sua abitazione.

Il Chronicon era opera del XII secolo di un monaco dell'insigne monastero *che raccolse tutte le antiche carte dello stesso monastero*, le trascrisse e dispose in sei parti a modo di cronaca. Questo cartolario costituisce una considerevole raccolta documentaria, cui deve largamente ricorrere chi intenda ricercare le vicende di queste regioni nei secoli VIII - XII.

Il Codice trovato dal nostro aggiunse e corresse il Chronicon conservato presso la Biblioteca Vaticana e che era stato pubblicato da Camillo Pellegrino e poi da Ludovico Antonio Muratori.

In quello stesso anno il cardinale Orsini veniva eletto papa e si apriva per lui un periodo di anni tristi in cui si vide, nella nomina ad arcivescovo di Benevento, posporre al Coscia sotto il cui arcivescovato Benevento visse una vita torbida e convulsa, tra un malcontento sempre più vivo, mentre lui, senza più poteri in città (nel frattempo era stato nominato vescovo di Claudiopoli) dovette arrendersi e rassegnarsi.

Solo alla morte di Benedetto XIII nel 1730 ritornò in auge ricoprendo per circa un anno la carica di vicario apostolico, sino all'entrata in città del nuovo arcivescovo Sinibaldo Doria.

Poco sappiamo degli ultimi suoi anni; morì in Benevento il 1° ottobre 1738 *e ben presto sul suo nome, come su quello dei buoni, si distese l'oblio.* Non *è* facile dare un giudizio sulla sua varia personalità: certo, come uomo non fu immune da difetti e pregiudizi, proclivo all'ossequio dei potenti, non alieno dai trionfi e lodi letterarie.

Amante della vita tranquilla, tutto studio e lavoro, fu fertilissimo, vario ed eclettico nella sua produzione letteraria e scrisse di diritto, teologia, oratoria e principalmente di storia, ampliando specie in questo ultimo campo le conoscenze che fino ad allora si avevano di Benevento.

E la città dedicò a lui la strada ove egli visse *tra la breve piazza che ricorda il Sacrum Palatium dei principi longobardi e l'Arco Traiano; non senza significato per lui il luogo posto in mezzo alle tracce di due dominazioni che egli tentò in prevalenza di illustrare col solo miraggio dell'esaltazione della sua patria.*

anno V, n. 93 – 24 luglio 1993

Anni Trenta: si sviluppa il viale degli Atlantici

Si realizza la nuova arteria e l'imponente Seminario

È il 1931, anno X dell'Era fascista. Un anno certamente importante per la nazione ed un anno caratterizzato da una impresa sbalorditiva che richiamò su di essa l'attenzione di tutto il mondo.

In partenza da Orbetello, in provincia di Grosseto, 11 idrovolanti guidati dall'allora ministro della Regia Aeronautica, Italo Balbo, volarono dall'Italia fino a Rio de Janeiro. Era questa la prima trasvolata di gruppo dell'Oceano Atlantico meridionale.

Mussolini ne fu talmente entusiasta tanto da riproporre la stessa manifestazione due anni dopo, nel 1933, per celebrare il decennale dell'istituzione della Regia Aeronautica Italiana.

E puntualmente il 1° luglio del 1933, sempre in partenza da Orbetello, ha inizio la «Crociera del decennale». Otto squadriglie (denominate nere, rosse, bianche e verdi), cento aviatori con alla testa Italo Balbo; 25 idrovolanti (24 di formazione più uno di riserva) partono da Orbetello e puntano verso Amsterdam, la prima tappa della trasvolata che, dopo circa un mese, termina a New York dove gli audaci pionieri furono accolti con calorosissimi festeggiamenti che si ripeterono anche a Chicago.

Per la cronaca, gli idrovolanti erano i Savoia S55 progettati dall'ing. Marchetti.

La trasvolata, che aveva richiesto due anni di preparazione, per scegliere la rotta più idonea, mettere in piedi una rete efficiente di assistenza, apriva nuovi orizzonti al mondo intero e fu osannata in ogni paese civile. Grandi festeggiamenti ed onori, abbiamo visto, ebbero gli «atlantici» tanto a New York e Chicago, ma riconoscimenti ufficiali furono loro tributati al loro rientro in Italia ad Ostia da parte di Mussolini e ad Orbetello dove ricevettero la gradita visita di Sua Maestà il Re. Per l'occasione il generale Balbo fu insignito del titolo di Maresciallo dell'aria.

Anche la città di Benevento plaudì la grossa impresa ed anzi volle fermarne il ricordo nella toponomastica cittadina dedicando ai valorosi transvolatori una delle sue strade più belle: il viale degli Atlantici.

Il bellissimo viale, incorniciato da ombrosi alberi era la prima grossa arteria se si eccettua l'insediamento industriale della stazione, che si apriva oltre il medievale circuito delle mura. La città, infatti, fino ad allora ancora non aveva incominciato il suo processo di espansione oltre il ponte di S. Maria degli Angeli (Rione Liber-tà) e nella zona alta, oltre il Castello. Negli anni Trenta la zona era tutta aperta campagna e su tutto predominava la splendida Villa Comunale. Ogni tanto qualche casa: il palazzetto nobile contiguo alla Villa, la villetta di campagna dei Meomartini in stile liberty e più sopra la casina di campagna l'amministrazione comunale decise all'epoca la progettazione di una nuova arteria che ricalcando l'antica via Appia salisse lungo la dorsale della collina in linea retta verso la seicentesta cappella di S. Michele servisse meglio le case già preesistenti ma che permettesse anche nuovi insediamenti urbanistici per una città votata ad un futuro sviluppo. Ed a chi intestare la nuova strada se non agli «Atlantici» che con la loro impresa avevano segnato una svolta nello sviluppo del mondo? Indubbiamente un augurio migliore per la capitale dell'antico Sannio non poteva essere formulato.

Ma il 1933 data anche un altro avvenimento importante per Benevento. Pochi mesi più tardi, nell'ottobre dello stesso anno, si inaugurava, quasi alla fine della nuova arteria, il nuovo Seminario Regionale dedicato a Pio XI (oggi sede della Scuola Allievi Carabinieri). Un'opera voluta dall'Archidiocesi di Benevento, progettata da due professionisti beneventani: l'ing. Michele Satriano e l'ing. Luigi Ciapparelli. La grossa realizzazione, che apportava nuovo decoro alla città di Benevento, fu completata utilizzando le risorse locali.

Si impiegarono 474 giorni lavorativi con l'utilizzo di ben 201 operai di cui per 3/4 beneventani o dei paesi vicini. Per le murature furono utilizzati mattoni delle fabbriche di laterizi dei fratelli Fantozzi. La facciata principale dell'edificio aveva l'intero corpo centrale rivestito in pietra da taglio delle cave di Pietrelcina.

Anche questo un primato d'altri tempi.

anno V, n. 94 – 11 settembre 1993

Instancabile sacerdote autore di tanti libri

Pompeo Sarnelli nel solco dei letterati del XVII secolo

La cultura beneventana alla fine del XVII secolo oltre che da mons. Giovanni De Nicastro, come precedentemente abbiamo visto e, con minore incisività, dal fratello Giordano, di cui parleremo, era rappresentata anche da un altro sacerdote non nativo di Benevento ma beneventano di adozione: mons. Pompeo Sarnelli.

Barese di nascita, era nato a Polignano in provincia di Bari nel 1649 da Francesco e Maddalena Lepore. Discendente da antichissima ed illustre famiglia originaria della città di Sarno dalla qua-le prendeva nome, terminati gli studi di grammatica a nove anni indossava l'abito clericale e dopo aver ricevuti gli ordini minori si stabiliva a Napoli, ove fu nominato prete nella chiesa di S. Vitale.

Qui, all'età di 14 anni, faceva profitto nelle scienze e nel diritto sotto l'insegnamento di F. Verde, di poi vescovo di Vico Aequense, e nella teologia sotto la guida del padre Tommaso Maria Ferrari, che fu poi cardinale di Santa Romana Chiesa.

Nominato sacerdote ed insignito del titolo di Protonotaro apostolico, continuava, come già aveva fatto, a dare alle stampe sempre nuove opere tanto che, ci riferisce un suo studioso, *fu dal Clero napoletano aggregato al suo corpo, e dagli spensierati di Rossano Calabro ascritto alla loro Accademia.*

La sua fama si era tanto diffusa che già nel 1675 Nicola Toppi lo aveva inserito nella sua «Biblioteca Napoletana» elencando, fra l'altro, tutte le opere già da lui date alle stampe, e pochi anni più tardi, nel 1679, il cardinale Vincenzo Maria Orsini, di fresco nominato arcivescovo di Manfredonia, lo sceglieva quale «aiutante di studio» e lo faceva trasferire nella sua sede dove dava alle stampe la *Cronologia dei vescovi ed arcivescovi sipontini*.

Sempre dal suo biografo, sappiamo che si trasferiva al seguito dell'Orsini prima a Cesena e poi nel 1686 a Benevento dove fu deputato a prenderne possesso e per l'occasione dalle autorità municipali venne ascritto alla cittadinanza beneventana.

Nel 1686 assisteva l'Orsini nel Conclave di Alessandro VIII da cui ebbe l'onore di essere creato *aulae lateranensis et sacri palatii apostolici miles et comes*. Nello stesso tempo gli veniva proposto il vescovado di Termoli che rifiutava avendo delle mire su quello di Caserta.

A Benevento il nostro ricopriva vari e importanti incarichi. Fra l'altro quello di uditore generale e di segretario nei sinodi del 1686 e 1687 e nel 1688 veniva eletto abate della collegiata di S. Spirito. Scampato miracolosamente al terremoto del 5 giugno si rifugiava, con l'arcivescovo, a Montesarchio, dove scriveva le *Memorie dell'insigne Collegio di S. Spirito*.

Pochi anni dopo, nel 1691, papa Innocenzo XII lo nominava vescovo di Bisceglie dove resterà fino alla morte nel 1724. Autore fecondo il Sarnelli diede alla luce una vasta produzione letteraria (il Soria fa ammontare a 25 le opere scritte dal Sarnelli *tutte trattate con facilità nonostante la diversità degli argomenti*; a queste il Minieri Riccio ne elencava altre 11, alcune

delle quali sono ancora oggi utili ed interessanti.

Appassionato erudita, studioso delle cose di antichità, profondo conoscitore della lingua latina, greca ed ebraica spesso si cimentava nell'interpretazione di antiche epigrafi.

Poligrafo per natura il Sarnelli scriveva sia opere profane che sacre: tra l'altro prestava la sua penna anche nei molti scritti che il Bulifon pubblicava col proprio nome e anzi per lui componeva le guide di Napoli e di Pozzuoli.

La sua fama comunque è legata a due opere: una è la *Posilicheata*, opera in dialetto napoletano e l'altra sono le *Memorie cronologiche dei Vescovi e Arcivescovi della Santa Chiesa di Benevento*.

anno V, n. 95 – 25 settembre 1993

Pompeo Sarnelli autore di volumi di successo

Ricca e varia fu la produzione letteraria di Pompeo Sarnelli. Come abbiamo visto negli articoli precedenti, tra quelle citate da Francesco Soria e quelle riportate da Camillo Minieri-Riccio se ne contano oltre cinquanta. Indubbiamente quella a cui ha maggiormente legato il suo nome e forse quella che ha raggiunto una più grande diffusione è certamente la *Posilicheata* (nell'ultimo trentennio oggetto di una duplice riedizione entrambe a cura di Enrico Malato, la prima volta nel 1962 - Firenze, Sansoni - la seconda nel 1987 nella «Collezione di testi dialettali napoletani» dell'editore Benincasa di Roma).

Quando venne data alle stampe nel 1684 in Napoli presso Antonio Rosselli a spese di Antonio Bulifon il Sarnelli era già noto negli ambienti letterari napole-

tani per aver curato la ristampa nel 1674 dell'opera di Giambattista Basile «Lo cunto de li cunti» a cui aveva dato il fortunato titoli di Pentamerone.

Questa attività di curatore di edizioni d'autori antichi e moderni (tra l'altro va ricordata la ristampa della Storia di Napoli del Summonte sempre per il Bulifon) il Sarnelli la esercitò a lungo proprio grazie all'amicizia di Antonio Bulifon lo stampatore più dinamico della Napoli di quel tempo dotato, tra l'altro, di un fiuto imprenditoriale notevole essendo stato il primo ad intravedere la possibilità di un nascente «turismo culturale» e a commissionare proprio al Sarnelli una famosa *Guida dei forestieri* curiosi di vedere e riconoscere le cose più memorabili di Napoli, che fu tradotta pure in francese insieme con quella successiva, e

Nel secolo XVII «Posilicheata» fu un vero best-seller

Pompeo Sarnelli

sempre scritta dal Sarnelli di *Pozzuoli, Baia, Cuma, Miseno, Gaeta e altri luoghi circonvicini.*

La Posilicheata si sviluppa mantenendo lo stesso impianto dell'opera del Basile. I cinque racconti che costituiscono il volumetto narrano la preistoria e la storia di alcuni famosi monumenti napoletani.

Ogni fiaba si occupa di un monumento partenopeo tranne la terza che tratta di diversi monumenti. Tutta l'opera è scritta con la lodevole intenzione di voler *conservare la memoria di alcuni antichi monumenti della nostra città diventati quasi sacri per noi* come scriverà anni dopo Ferdinando Galiani. Ciò nonostante all'operetta non arrise il grosso successo che toccò al Pentamerone.

Prima di chiudere con questa esperienza napoletana del Sarnelli vogliamo solo ricordare che l'autore conscio forse di fare una operetta leggera e frivola, non la firmò col suo nome ma con lo pseudonimo di Massillo Reppone de Gnanopoli cioè l'anagramma del suo nome e della sua città natale.

Dopo questa lunga chiacchierata, ricordiamo invece che il Sarnelli è conosciuto agli studiosi beneventani per la sua massiccia produzione letteraria su personaggi e fatti locali ma principalmente per due opere: *Memorie dei Vescovi ed Arcivescovi beneventani con la serie dei duchi e principi Longobardi* e per le *Memorie del Collegio di Santo Spirito.*

Alla prima fu indotto dal cardinale Vincenzo Maria Orsini al cui seguito era venuto a Benevento nel 1685.

Come egli stesso afferma nella prefazione all'opera: *Volle con rigoroso squittinio indagare la verità.* Prima del Sarnelli, infatti, sia il Della Vipera, sia l'Ughelli con l'*Italia Sacra* avevano scritto sui vescovi beneventani. Ma le opere di costoro presentavano molte lacune e pullulavano di errori onde il Sarnelli afferma nella prefazione: *erano le memorie dei Pontefici beneventani così incerte, benché da due eruditi scrittori raccontate che havendone uno (il Vipera) l'altro più il dovere havendane risecato (l'Ughelli) ne facevano stare del vero anziose.*

Nell'introduzione, dopo una breve rassegna delle glorie della città sotto i romani ed i longobardi nella cultura e nelle arti, l'autore si sofferma compiaciuto ad elencare i privilegi concessi a Benevento dai vari Pontefici.

Nonostante i molti errori che egli nota nell'opera del Della Vipera sullo stesso argomento, e da lui messi in evidenza con logica stringata e documenti, il Sarnelli è d'accordo col beneventano su molti punti come per esempio nel riconoscere l'origine apostolica della chiesa beneventana facendola fondata da S. Fotino discepolo di S. Pietro nel 40 d.C.

Nel corso della stesura dell'opera il Sarnelli ebbe degli spunti polemici con Cesare Baronio, Camillo Pellegrini e Michele Monaco che affermavano l'anteriorità della Chiesa capuana su quella di Benevento. Egli dimostra e afferma il contrario citando la bolla di papa Giovanni XIII.

Non mancano nelle sue memorie notizie autobiografiche come quando riporta che papa Alessandro VIII gli concesse come abate di S. Spirito, il diritto di usare le insegne pontificali.

La serie cronologica dei vescovi ed arcivescovi si chiude col cardinale Orsini nel 1691. L'opera è completata da una serie di notizie storico-geografiche riguardanti i paesi della provincia di Benevento.

È poi da aggiungere l'altra opera illustrante le vicende del Collegio di Santo Spirito del quale, come abbiamo visto, il Sarnelli fu abate, ma che spesso si allarga ad episodi riguardanti Benevento in generale come avviene col racconto del terremoto del 1688 di cui egli ci narra le terribili conseguenze.

La fama del Sarnelli si dipana attraverso i secoli e anche se talvolta da qualcuno è detto scrittore mediocre, le lodi del Borgia, del De Vita e del Minieri Riccio, dell'Isernia e di tanti altri ed il continuo ricorso che si è fatto e si fa tuttora dei suoi scritti da parte di scrittori di fama, sono sufficiente omaggio alla sua erudizione ed alla scienza dell'illustre storico.

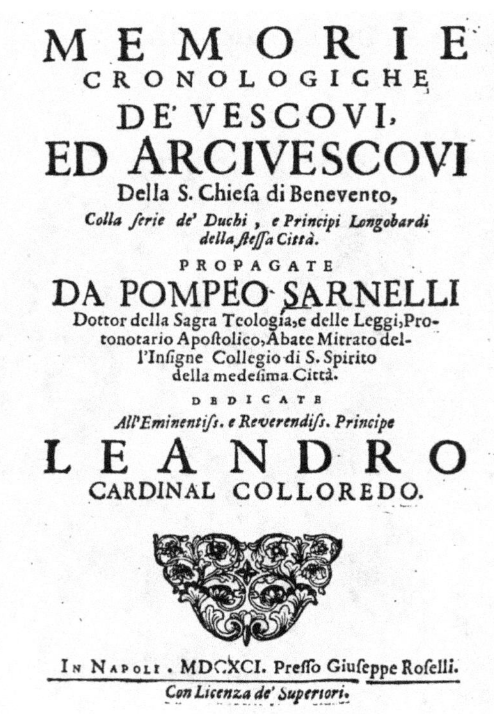

Il frontespizio delle Memorie di Pompeo Sarnelli.

anno V, n. 96 – 9 ottobre 1993

Giordano De Nicastro tra gli eruditi del '600

Le sue Memorie su Benevento rimaste inedite ed incomplete

Prima di chiudere questa nostra breve sintesi sui maggiori eruditi beneventani del XVII secolo non possiamo omettere di ricordare, anche se sommariamente, un altro autore, troppo spesso dimenticato o forse oscurato dalla fama del più illustre fratello.

Si tratta di Giordano De Nicastro. Storico municipalista, anch'egli come il fratello, fu comunque una figura di secondo piano rispetto all'autore della Beneventana Pinacotheca.

Nato a Benevento il 25 ottobre 1660 fu profondo studioso delle memorie patrie e collaborò con l'epigrafista Mario Verusio alla raccolta delle antiche iscrizioni beneventane che trascrisse poi nelle sue inedite memorie storiche.

Giovanni De Nicastro nella sua opera maggiore, parlandone con molta indulgenza lo definì degno non solo di lodi ma sempre di applausi. Un affetto profondo ed un senso vivo di protezione unì sempre Giovanni a Giordano, pur di solo un anno a lui inferiore; affetto che lo vide schierarsi a favore del fratello e prenderne anche le difese quando questi fu accusato di alcuni abusi. All'epoca (1710) Giordano De Nicastro eletto governatore della chiesa e orfanotrofio della Santissima Annunziata distrutta dal terremoto del 1688 ne aveva, con la sua provvida opera, curato la ricostruzione e ne aveva anche guadagnato le lodi dell'Orsini. Un anonimo libricino (ma di Gregorio Buoncompagni luogotenente del governatore mons. Giovanni Antonio Cansacco) dato alle stampe nel 1711, lo accusava di aver sottoposto la chiesa e l'ospedale della Santissima Annunziata a cui sovrintendeva e che erano di ius patronato civico, alla giurisdizione dell'ordinario, e inoltre di non aver reso i conti di una grossa somma spesa per la ricostruzione del tempio.

Giordano si difese con più fogli come afferma il fratello che gli venne incontro con una *Risposta alla sciocca e menzognera accusa fatta da un Anonimo* e poi ancora con una *Pendice alla scrittura e manifesto contro l'Anonimo*. L'aspra contesa che si concluse con l'allontanamento di mons. Giovanni Antonio Cansacco da Benevento e con la fine della sua carriera, contribuì di certo ad abbattere l'esile fibra di Giordano che non poté portare a termine il suo lavoro storico su Benevento e morì nel 1713 lasciando al fratello la cura dei suoi tre figli. L'opera, rimasta incompleta, si intitola *Memorie storiche della città di Benevento* ed era divisa in quattro libri. Essa è poco nota. Dirà più tardi il professore Enrico Isernia nella prefazione alla sua *Istoria della città di Benevento*: benché *levata al cielo dai suoi contemporanei non fu però mai pubblicata.*

Fu conservata per lunghi anni nella biblioteca della famiglia Pedicini *che si sarebbe resa più benemerita dei suoi studi ed avrebbe aggiunto nuova gloria al casato De Nicastro se in cam-bio di custodire gelosamente una tale opera come oggetto da museo, l'avesse data alla luce, com'era desiderio del germano dell'autore Giovanni, cui morte prematura tolse di mandare ad effetto il suo divisamento.* Fu così eluso l'ultimo sogno dell'infelice Giordano visto che la sua opera, su cui si era affaticato fino all'esaurimento di ogni sua forza fisica e da cui forse aveva sperato quel riconoscimento negatogli in vita, come già era avvenuto per il De Blasio, finì invece sepolta e dimenticata ed è ancora oggi tra le storie della nostra città una delle meno conosciute.

L'opera è divisa, come abbiamo già detto, in quattro libri e si chiude col primo capitolo del libro quarto che tratta di *Come i longobardi vennero in Italia e di S. Gregorio in Benevento.*

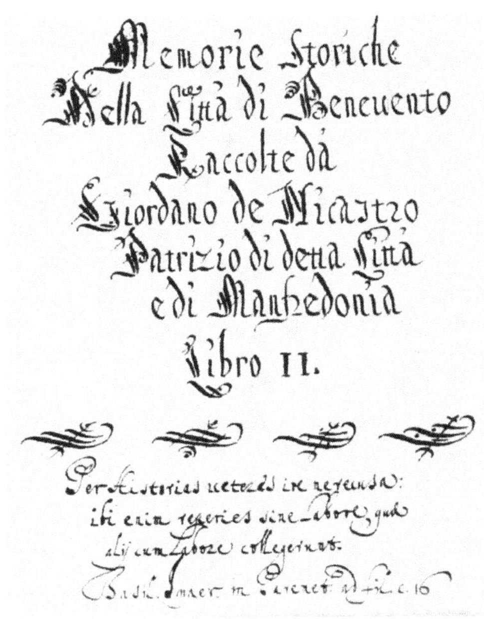

Le Memorie di Benevento di Giordano de Nicastro.

anno V, n. 97 – 24 ottobre 1993

Diatriba tra eruditi sull'opera di Ughello

«Italia Sacra» prima storia delle sedi vescovili italiane

Per rendere completa questa indagine sugli storici beneventani del secolo XVII non basta inquadrarla solo nel contesto delle condizioni generali della storiografia nella nostra penisola, ma sarà bene porre specificamente in rilievo i rapporti avuti da essi storici con eruditi non beneventani, rapporti siano essi veri o di colleganza ideale, ma che comportano il fascino esercitato da Benevento su tutta la penisola.

L'abate cistercense Ferdinando Ughello (Firenze 1594 – Roma 1670), autore della prima storia delle sedi vescovili italiane, l'*Italia Sacra*, in 9 volumi pubblicata a Roma tra il 1644 ed il 1662, e successivamente a Venezia nel 1717, si servì, per la stesura della sua opera, della *Chronologia Episcoporum* di Mario della Vipera, ma non ne parla troppo benevolmente tacciandola di superficialità e poca diligenza nella ricerca.

E comunque, che l'abate Ughello fosse a conoscenza delle nostre vicende medievali e della ricca documentazione cartacea conservata negli archivi locali e romani, è attestata nella pubblicazione della sua *Italia Sacra* del *Chronicon S. Sophiae*.

In quest'opera, che del resto è l'opera sua più famosa, l'autore, come abbiamo detto, diede una serie completa dei vescovi italiani raggruppati per diocesi con notizie biografiche di ciascuno, cenni storici delle chiese da loro rette e documenti inediti relativi ad essi.

È normale che la vastità dell'opera lo costrinse per varie diocesi a servirsi di collaboratori, il che spiega le disuguaglianze dell'opera stessa ora diffusa e ricca di ragguagli e documenti, ora povera di notizie ed inesatta.

Tutte queste motivazioni e la continua richiesta dell'opera, spinsero l'editore Nicolai Coleti, veneziano, a ripubblicare l'*Italia Sacra* nel 1717 in 10 volumi. Anche questa volta fu chiesta la collaborazione, diocesi per diocesi, di vari storici locali e per Benevento l'incarico di rivedere il tutto fu affidato a Giovanni de Nicastro. Quest'ultimo, anzi, come egli stesso afferma, proprio a causa delle richieste di notizie su vari personaggi beneventani e della diocesi, ecclesiastici e non, che gli venivano fatte sempre più numerose dai vari Coleti, Chioccarelli, Ciarlanti, Toppi, Nicodemo ed altri, poté portare a termine la sua *Beneventana Pinachoteca*.

L'edizione della cronaca beneventana dell'Ughello poi, in particolare, non mancò di suscitare, anni più tardi, critiche anche da parte di mons. Giovanni De Vita, storico beneventano del Settecento e di Stefano Borgia, altro storico beneventano di adozione, contemporaneo del De Vita, che ne prese le difese pur non essendo entusiasta di quell'edizione.

Infatti il Borgia nel volume III delle sue *Memorie storiche della pontificia città di Benevento*, pur dissociandosi dal De Vita *il vescovo di Rieti (De Vita) desiderato avrebbe che noi ci fossimo lanciati anche contro l'Ughello che di quel documento fece un'edizione guasta e scorretta* non può fare a meno di riconoscere che *tali e tanti sono gli errori che sembra aver piuttosto, chi per sua commissione trascrisse quella cronaca, inventato che copiato dall'originale il testo della Vaticana.*

Il Borgia, poi, poco più avanti, continuando nella difesa dell'Ughello, contro le aspre critiche del De Vita dice... *non avremmo ora occasione di prendere le difese di un uomo benemerito cotanto dell'istoria ecclesiastica se il chiarissimo avesse attentamente riflettuto a ciò che scrive l'abate Ughelli avrebbe anche avvertito che non esso Ughello ma il dotto Celestino Guicciardini, aiutato dal degno bibliotecario Mario De Vita e dell'abate Giovanni Giordano, quegli si fu che alle preghiere dell'Ughello trascrisse i documenti tutti beneventani.*

Tuttavia, qualunque sia il valore critico della cronaca pubblicata, è interessante notare come quel documento non solo interessava gli storici locali ma anche storici estranei a Benevento come l'Ughello e come il Pellegrino Camillo.

Scrisse di Benevento lo storico Pellegrino

Camillo Pellegrino era nativo di Capua (1527-1603) e l'enorme passione che ebbe per gli studi storici ed archeologici lo spinse a descrivere ed illustrare la storia d'Italia nell'alto medioevo. Fu egli autore della famosa *Historia Principum Langobardorum* inserita poi dal Muratori nel *Thesaurus Antiquitatum Italiae* e nei *Rerum Italicarum Scriptores*.

In questa opera, come ebbe poi ad affermare il Tafuri nella sua biografia, il Pellegrino pubblicò per la seconda volta, dopo il Caracciolo, il *De Gestis Principum Beneventanorum Epitome Chronologica*, l'*Epitome Chronologica* di Erchemperto e la *Chronica* di Falcone con dotte note in cui accennò alla figura storica di Falcone stesso e si oppose all'opinione del Baronio sul di lui ufficio di chierico. Il Borgia aggiunge che in quest'opera il Pellegrino riportò l'*Historia* dell'Ignoto monaco di Montecassino vissuto nel secolo IX ed il frammento che ci è rimasto della *Storia dei Longobardi* dell'Anonimo beneventano.

Già quindi benemerito della storia di Benevento per tali pubblicazioni, Camillo Pellegrino lo fu ancora di più per una nuova edizione della *Cronaca di S. Sofia*, data alla luce non senza errori e confusioni e trascritta dall'originale codice conservato nella Biblioteca Vaticana.

Nella nuova edizione della storia del Pellegrino fatta da Francesco Maria Pratilli, per quanto riguarda la cronaca beneventana questi vi aggiunse alcune notizie da un Codice trovato ed a lui consegnato (e per somma disgrazia da lui pubblicato) da Giovanni De Nicastro *patrizio ed arcidiacono di Benevento, in cui erano altresì scritti, Acta S. Barbati, Sancti Secundini Episcopi aecanensis, eaque notis illustrata typis dabimus.*

Dopo queste operette v'era il Chronicon Autographum de rebus gestis in Ducato Beneventano e da questo aggiunge notizia alla Cronaca di S. Sofia.

Lo ha fatto, direi, per farci come dispetto.

È noto, infatti, che ebbe fama d'essere non solo superficiale e negligente ma anche falsificatore di documenti antichi.

Il Pellegrino, invece, è stato già precedentemente da noi ricordato come uno dei più tenaci avversari di Mario Della Vipera per quanto riguarda la famosa questione di San Gennaro.

In contatto con lo storico Alfonso De Blasio, fu poi l'archivista dell'Università di Napoli, dottissimo in giurisprudenza e storiografia ed autore dello *Biblioteca Napoletana ed apparato agli uomini illustri in lettere di Napoli e del Regno* nel quale spesso sono ricordati ed elogiati gli eruditi napoletani del tempo. Ci riferiamo a Nicola Toppi che nella sua opera riportò la lettera inviatagli da Alfonso De Blasio che a lui per primo diede notizie del suo poderoso lavoro. Il rincrescimento che trapela dalle parole del Toppi per la perdita del lavoro del beneventano, rivela non solo il suo interessamento per una storia di tanto male ed importanza, ma anche l'amicizia vera che dovette unirlo allo sventurato contemporaneo.

Il Toppi, tra l'altro, fu molto lodato dal vitulanese Biagio Cusa-

Di particolare interesse la riedizione di «Cronaca di S. Sofia»

HISTORIA
PRINCIPVM
LANGOBARDORVM
Quæ continet antiqua aliquot Opuscula de rebus
Langobardorum Bencuentanæ olim Prouinciæ
quæ modò Regnum ferè est Neapolitanum.
CAMILLVS PEREGRINVS
ALEX. FIL. CAMPANVS
Recensuit atque carptim illustrauit.
AD EMINENTISS. PRINCIPEM
FRANCISCVM
BARBERINVM
S. R. E. CARDINALEM
ET VICECANCELLARIVM.
NEAPOLI Anno Sal. MDCXLIII.
Ex Typographia Francisci Sauij Impressoris
Curiæ Archiepiscopalis.

L'Historia Principum Langobardorum di Francesco Barberini, Napoli 1643.

no, poeta della scuola del Marini che nel suo stile magniloquente, seicentista ad oltranza, ne ammira l'acutezza dell'ingegno e la spiccata personalità.

Alla *Biblioteca Napoletana* del Toppi, colma, nonostante l'indiscutibile serietà con cui fu impostata e composta, *di molte lacune e parecchi errori*, fece delle aggiunte Francesco Nicodemo, letterato napoletano del secolo XVII, pubblicandole a Napoli nel 1683 sotto il nome di Lionardo col titolo di *Additioni copiose di Lionardo Nicodemo alla Biblioteca Napoletana del Toppi.*

In quest'opera, afferma il Tafuri, l'autore ricorda spesso la cronaca del beneventano Falcone; anch'egli del resto fu amico del De Nicastro, che con gli altri incitò alla composizione della Pinacotheca.

Sia in quest'opera di esortazione nei riguardi dello storico beneventano, sia nella correzione e ampliazione del lavoro del Toppi, il Nicodemo ebbe l'aiuto del dottissimo bibliotecario della Palatina, Antonio Magliabechl, benemerito della cultura, nonostante il suo strano carattere, sia perché personaggio molto noto e molto disponibile alle numerose richieste che gli venivano da molti illustri studiosi da varie parti d'Europa, sia per aver aperto al pubblico la sua Biblioteca, la Magliabechiana, ricca di trentamila volumi e divenuta poi in unione con la Palatina, la Biblioteca Nazionale di Firenze.

E con quest'uomo straordinario fu in contatto epistolare, come abbiamo già visto, il nostro Pompeo Sarnelli.

anno V, n. 99 – 23 novembre 1993

De Vita e Borgia eruditi nel solco del Seicento

Vissuti nel Settecento completano la storiografia anteriore

GIORNALE
DE'
LETTERATI
D'ITALIA.
TOMO TRENTESIMOTTAVO
PARTE PRIMA
ANNI MDCCXXVI. MDCCXXVII.
SOTTO LA PROTEZIONE
DEL SERENISSIMO
GIO. GASTONE,
GRAN DUCA DI TOSCANA.
IN VENEZIA, MDCCXXVII.
Appreffo Gio. Gabbriello Hertz.
CON LICENZA DE' SUPERIORI.
E CON PRIVILEGIO.

Il Giornale de' Letterati d'Italia, Venezia 1727.

Non è possibile concludere il nostro sintetico resoconto sulla erudizione e sugli eruditi beneventani vissuti fino al secolo XVII, senza accennare a due storici che, se pur trascendono i limiti di tempo prefissati, si riallacciano, però, idealmente a tutta la storiografia anteriore e sembrano completarla: parliamo di Giovanni de Vita e Stefano Borgia, quest'ultimo non di Benevento ma da asciversi tra gli stessi beneventani, ambedue vissuti nel secolo XVIII.

Questo secolo, che spesso viene giudicato come una età priva di veri valori e contenente solo gli elementi e le scorie di una società fiacca e decaduta, ha invece in sé i germi ed i fermenti di un'epoca che già si apriva al risveglio della vita civile e può paragonarsi ad un ponte che dalla vecchia società in disfacimento ci porta all'età nuova, all'alba del Risorgimento italiano.

Iniziatosi con l'Arcadia, sorta come reazione al secentismo tronfio e magniloquente, il Settecento finisce per cadere, nello sforzo di tornare al semplice, al naturale, in un mondo egualmente artificioso ed irreale, sorto solo per sforzo letterario.

Il Metastasio ne è l'esponente maggiore, ma già i tempi nuovi si preannunciano nelle satire vigorose del Parini, rivendicanti i santi diritti del lavoro e della dignità umana: già l'idea nazionale si affaccia nell'opera dell'Alfieri: già il teatro si rianima e si fa ricco di vita e realtà con il Goldoni e finalmente col Vico e col Muratori nasce, veramente seria ed austera, la storia.

Il Croce, e con lui tanti altri, non sono d'accordo nel riconoscere una vera rinascita della storiografia nel secolo XVIII, spostandola invece nel secolo seguente.

Benedetto Croce, infatti, nella sua *Storia della storiografia italiana nel secolo XIX* scrive *la perorazione del Foscolo nella sua prolusione accademica (1809) con quelle celebri parole «O italiani, io vi esorto alla storia», sembra ora a noi quasi un grido cui accorsero caterve sempre più folte di uomini. Il bisogno di conoscenze storiche suscitava un sentimento di povertà circa il presente, ed il Foscolo notava in quel suo discorso che pur possedendo annali e commentari, biografie ed elogi, cronache e genealogie, mancava una Storia d'Italia degna continuazione di quelle di Livio o del Machiavelli.*

Difetto che non sfuggiva agli stessi studiosi stranieri che definivano la nostra dovizia di libri eruditi un tesoro morto cioè senza alcuna efficacia sul pensiero e sull'educazione eticosociale...

A noi, a fronte di queste opinioni, pare che non ci sia stata una vera mancanza di storiografia, innanzitutto perché senza quel movimento preparatorio di *Annali e commentari, biografie e volumi di erudizione, cronache e storie municipali,* movimento predetto ed alimentato proprio da quei chiostri tanto disprezzati non si sarebbe mai avuto quella perfezione che permise di qualificare il secolo XIX come *secolo della storia* come il Croce stesso li definì.

Inoltre le accuse di decadenza su accennate possono, a nostro parere, limitarsi ai secoli precedenti al XVIII, secolo in cui lo stato di dipendenza politica e ristrettezza di vedute e di orizzonti, si rispecchiarono fatalmente sulla produzione letteraria di quei tempi e principalmente sui lavori storici: a questo destino sfuggirono solo i grandissimi come appunto il Machiavelli ed il Guicciardini.

Nel secolo XVIII l'Italia sotto il duplice gioco del gesuitismo e dello spagnolismo, aveva spesso rinnegato e dimenticato le tradizioni del passato, anche per difetto di coscienza civile. Ma nel Settecento le cose erano mutate anche perché favorite dalla politica riformatrice della nuova monarchia asburgica iniziatrice di quelle riforme seguite poi da tutti i sovrani e gli uomini di stato italiani.

Le idee degli enciclopedisti introdotte anche in Italia producevano un terreno fertile e propizio ad un nuovo rifiorire di studi in genere ed anche storici.

La caratteristica di questa età è appunto lo studio dell'antichità e principalmente del Medioevo.

Le ricerche, le trascrizioni, le annotazioni di antichi documenti, iniziate nel Cinquecento, continuarono per tutto il Settecento, non però col solo carattere di erudizione fratesca ma anche per un risveglio della coscienza civile e nazionale suffragate anche dal pensiero innovativo del Vico con la sua *Scienza nuova,* vera filosofia della storia.

Sorsero così le opere universali dei grandi; opere di risonanza ed efficacia immortale. Accanto ad esse in ogni regione si risvegliarono quasi *si facesse un inventario del passato per avanzare sbrigati e sicuri dell'avvenire e così con sempre più larghi intendimenti rimisero insieme le storie municipali.*

E tra queste, ottime quelle riguardanti la città pontificia di Benevento in cui una corrente erudita non era mai venuta meno come dimostrano l'interesse per la cultura e gli studi beneventani riservato anche dai giornali letterari fra cui il noto *Giornale dei letterati d'Italia* fondato e diretto dal veneziano Apostolo Zeno, sia, infine, da studiosi e storici di tutta Italia dei cui rapporti con la storia e gli storici beneventani, parleremo in seguito.

anno V, n. 100 – 6 dicembre 1993

Lo scrittore De Vita esalta la sua città

Storico del XVIII secolo fu anche apprezzato giurista

Scrittore e storico di riconosciuta importanza, appassionato studioso del passato e delle glorie della città, fu Giovanni De Vita, nobile beneventano nato nel 1708 in parrocchia S. Marco dei Sabariani. Dopo aver studiato con straordinario profitto grammatica, umanità e retorica presso i padri scolopi di Benevento, continuò gli studi di filosofia e teologia presso i domenicani, acquisendo così una cultura varia ed eclettica.

Il Soria, inoltre, ci fa sapere che presso l'avvocato Carlo Sambucci di Benevento apprendeva i rudimenti di giurisprudenza mentre poi continuava i suoi studi sul diritto in Napoli sotto la direzione di Domenico Bruno e di Domenico Caravita. E in questa materia raggiungeva una preparazione tale da poter, a soli 21 anni, riassumere le leggi del codice in un volume intitolato *Compendium in omnes leges quae extant in codice.* Più tardi terminava gli studi in giurisprudenza in Roma dove conseguiva la laurea dell'una e dell'altra legge. Tornato a Benevento nel 1730 apriva in casa sua una pubblica scuola di legge civile e canonica ed iniziò un commentario delle leggi municipali senza però portarlo a termine.

Dopo aver trascorsi più anni nella pratica dell'avvocatura, considerato già dai più come *oracolo della giurisprudenza*, passava dal Foro alla milizia Ecclesiastica e nel 1734 fu *ordinato sacerdote passando successivamente al canonicato della Metropolitana ed alla carica di Rettore del Seminario, senza però tralasciare lo studio delle patrie antichità, nelle quali si sentiva ben addentro, né la professione di avvocato dell'Ecclesiastica Curia.*

Ripresosi da una grave malattia cominciò a lavorare all'opera sua più importante il *Thesaurus Anti-quitatum Beneventanarum*, opera che dagli studiosi tutti viene citata come un vero tesoro di erudizione e di sana critica e *tenuta in grande stima nella Germania, tanto che testimoni di veduta certificarono che qualvolta tra le opere di antiche biblioteche, messe in vendita a Roma, venne fatto trovarne qualche esemplare, accadde sempre che da dotti tedeschi se ne commise a qualsivoglia prezzo l'acquisto.*

Il primo volume, per la cui stesura si avvalse dell'aiuto e della collaborazione di mons. Gennaro De Simone, fu pubblicato in Roma nel 1754.

Intanto, nuovi incarichi gli venivano affidati. Fu prima vicario Abbaziale di S. Lupo mentre sotto l'arcivescovo Colombini fu nominato uditore pro-Vicario Generale e le nomine si susseguirono fino a quando nel 1764 da Clemente XIII fu eletto vescovo di Rieti.

La molteplicità delle cariche non lo distolse dall'amore per lo studio e la ricerca. E nel mentre continuava le ricerche per completare un secondo volume di studi storici, nel 1759 dava alle stampe a Roma il *De origine ed jure Decimarum ecclesiasticarum*, opera di diritto molto elogiata dai suoi contemporanei.

Due anni più tardi inserendosi e continuando la discussione anni addietro circa la patria di S. Gennaro, pubblicava la dissertazione *De Sancti Januari Martiris ed Episcopi Beneventani Patria Repetitae Vindiciae*, dedicandola a mons. Stefano Borgia in quegli anni Governatore della città. Ed allo stesso Borgia dedicava, poco tempo dopo, l'altro suo lavoro circa la traslazione delle reliquie di S. Bartolomeo.

anno V, n. 101 – 18 dicembre 1993

Lo studioso De Vita fu vescovo di Rieti

Al suo «Thesaurus» mancò l'annunciata «Appendice»

Quando nel 1764 veniva eletto vescovo della Chiesa reatina il nostro Giovanni De Vita si trovava ancora impegnato nella stesura del II volume del suo *Thesaurus* meglio noto agli studiosi col titolo di *Thesaurus Alter*. Dunque, a questa data, il lavoro non era stato ancora ultimato. Il volume mancava, e manca, di quella «Appendice» che lo avrebbe impreziosito e di cui troviamo traccia nella prefazione allo stesso volume. Secondo le intenzioni dell'autore, come il primo volume era stato anch'esso arricchito con una «Appendice» sulle epigrafi romane, note e non note, di quelle ancora esistenti e di quelle di cui si conservava solo la memoria, così questo secondo volume sarebbe stato arricchito da una «Appendice» di documenti cartacei del periodo medievale dei quali alcuni già citati e menzionati nel corso della stesura dell'opera.

Evidentemente la ricerca e la ricognizione dei documenti dovette risultare molto più lunga e laboriosa del previsto e lo dovette impegnare per oltre due anni visto che la dedica ai consoli riportata nel libro reca la data del marzo 1762.

Comunque avuto sentore della prossima nomina, nei primi mesi del 1764, o quanto meno nel breve periodo che intercorse tra la consacrazione e l'effettivo insediamento, con frettolosità, licenzia per la stampa questo suo secondo volume, munito degli opportuni «imprimatur».

Il volume reca la dedica a Clemente XIII che lo aveva elevato al rango vescovile. Questo sarà l'ultimo suo lavoro di genere storico.

L'importanza del nuovo ministero e la molteplicità dei doveri che comportava fecero maturare in lui la decisione di dedicare tutto il suo tempo e le sue energie all'esplorazione di questo nuovo incarico, a tutto vantaggio dei suoi fedeli e della sua diocesi.

Ed infatti, tutte le sue opere successive furono indirizzate a tali nobili scopi. Preceduto com'era dalla fama della sua santità e della sua erudizione, il 23 dicembre 1764 faceva solenne ingresso nella città di Rieti accolto festosamente dall'entusiasmo del popolo e dei nobili.

Le cronache locali del tempo ci ricordano che fece il suo solenne ingresso in città attraverso la Porta Romana che per l'occasione fu addobbata ad uso di Arco Trionfale con iscrizioni che risaltavano le virtù ed i pregi del nuovo presule. Dopo dieci anni di caritatevole vescovato in Rieti, quando già per intercessione del suo amico don Giuseppe De Simone era prossima la sua nomina e promozione nella sua città natale, improvvisamente se ne moriva all'età di 66 anni. Era il 1° aprile 1774.

Fu quella del nostro una vita dedicata alla pietà ed allo studio; i giornali letterari dell'epoca non mancarono di riportare splendidi elogi sulla sua figura di uomo e di letterato.

Come uomo il De Vita lasciò fama di carità e di bontà da elevarsi al di sopra dei suoi contemporanei, del suo ambiente e per l'erudizione e per l'amore verso la sua città natale trasfuso nei suoi scritti, egli è considerato il più grande storico beneventano. Il Giornale dei Letterati di Pisa così ne conclude l'elogio: È cosa mirabile che un uomo applicato di molte e serie occupazioni ed aggravato da faticosissimi impieghi abbia potuto tanto studiare e con universale applauso, tanti scritti dare alla

luce, pieni di squisita erudizione, specialmente avendo dovuto se non sempre, almeno ben spesso, combattere con ostinati incomodi della sua inferma salute. Cosicché al nostro De Vita sembra con ragione potersi adattare l'*encomio fatto al grande Pontefice S. Gregorio: «Mirabili sono quelle cose che disse, fece, scrisse e decretò nonostante la salute sempre cagionevole e malaticcia».* E così continua parlando del suo profondo sapere.

Era veramente un grande e ricco tesoro, in cui si vedevano le cose vecchie e nuove, le doti naturali e soprannaturali, le ricchezze dei due testamenti, l'erudizione antica e moderna, la conoscenza profonda dei SS. Padri e degli scolastici, la scienza dell'antichità e dello stato presente della Chiesa, con i loro necessari rapporti.

Tavola con l'incisione della porta di bronzo del Duomo di Benevento, inserita del volume di Giovanni De Vita Thesaurus Antiquitatum Beneventanarum

*nella pagina seguente:
Androne della casa di
Giovanni De Vita nella via
omonima di Benevento.*

153

Il più grande erudito del Settecento beneventano

Mons. Giovanni De Vita fu anche vescovo di Rieti

Come studioso e letterato Giovanni De Vita è certamente il più grande erudito del Settecento beneventano.

Molte sono le sue opere.

Francesco Soria, che quasi certamente fu uno dei suoi primi biografi, nelle sue «Memorie Storico-Critiche degli Scrittori Napoletani», date alle stampe nel 1781, a soli sette anni dalla morte del De Vita, elenca tra quelle edite e quelle inedite ben 21 titoli riportati pure dal Giornale dei Letterati di Pisa.

Di interesse storico locale ricordiamo dissertazioni Sulla patria di San Gennaro e Sulla traslazione del Corpo di San Bartolomeo da Lipari a Benevento.

Alcuni storici vogliono che sia attribuita a lui anche una Difesa dell'arcivescovo di Benevento uscita anonima nel 1738 in risposta ad un'altra di Pietro Giannone, che uscì pure anonima col titolo: «Ragioni per le quali si dimostra che l'arcivescovato di Benevento, non ostante che il dominio temporale fosse passato ai Romani Pontefici, sia sottoposto al Regio exaquatur, come tutti gli altri arcivescovati del Regno».

La sua opera maggiore comunque resta il Thesaurus Antiquitate Beneventanae che lo stesso Borgia, nella prefazione della sua opera storica, definisce una miniera inesauribile su Benevento per ciò che si appartiene ai secoli migliori.

L'opera è divisa in due volumi.

Il primo tratta di Benevento in epoca romana, ed è dedicato a Benedetto XIV, che lo gradì tanto da ascriverne l'autore a tutte le Accademie da lui create nel Quirinale.

La motivazione primaria che aveva spinto il De Vita a dare alle stampe quest'opera definita dal Soria invero eruditissima, scritta con senno e pulizia e ricca di curiose investigazioni la ricaviamo, per mano dell'autore della stessa prefazione. Scopo del De Vita era quello di riunire in un sol volume tutte le glorie che la sua città aveva tramandato alla memoria dei posteri dagli antichi monumenti celebrati da vari autori, ma fino ad allora disgiunte e quasi dimenticate.

Il primo volume è diviso in undici dissertazioni nelle quali si tratta delle origini della città e della ragione del suo nome, delle colonie portate qui dai romani, della religione degli antichi romani e del tempo in cui i beneventani passarono al cristianesimo.

E poi si parla ancora delle antiche magistrature e dei Collegi delle arti in Benevento. L'oggetto della sesta dissertazione è la via Traiana mentre nella settima si parla degli imperatori che prima e dopo fecero visita alla città. E quindi ancora si esamina la cultura a Benevento in epoca imperiale, e si parla delle «cose militari», delle opere pubbliche dell'antica Benevento, mentre l'ultima dissertazione riguarda i monumenti esistenti degli antichi cristiani.

Segue, infine, in appendice, un capitolo a cui lo stesso autore attribuisce una singolare importanza e dedicata alle antiche iscrizioni citate nelle dissertazioni, da lui stesso a lungo studiate ed esaminate e di cui rende nota l'ubicazione.

Il secondo volume Thesaurus Alter Antiquitatum Beneventanarum Medii Aevi rimasto, come abbiamo visto, interrotto dalla sua improvvisa nomina al vescovato di Rieti, fu dall'autore terminato durante l'intervallo tra la sua consacrazione e la sua partenza da Roma: non potette però l'autore, ormai preso da altri uffici, completare l'opera con un'appendice sui monumenti antichi. Il volume, dedicato a Clemente XIII, si compone di sette dissertazioni o capitoli. Nella prima si parla dell'origine dei longobardi e della loro venuta in Italia; nella seconda della religione dei longobardi e del simulacro aureo della vipera da loro adorata e di San Barbato; nella terza si fa la storia dei Longobardi, dei Principi, dei Duchi e della Zecca beneventana; nella quarta delle leggi dei Principi longobardi; nella quinta della Chiesa beneventana; nella sesta degli studiosi beneventani del periodo medievale, filosofi, teologi e storici offrendo così notizie sicure e vasto materiale per la ricerca sulla cultura beneventana di quel periodo.

Nell'ultima dissertazione, infine, ricorda il tramonto del Principato longobardo di Benevento.

Questa è la sua opera maggiore e certamente la più importante per la storia di Benevento. Non a caso il De Vita può annoverarsi tra quegli scrittori di storia patria che meritano, come dice l'Isernia, specialissima menzione sia per l'integrità e la correttezza della sua figura morale che per la scrupolosità con cui condusse il vastissimo lavoro, a niente altro destinato che all'esaltazione della sua patria e al miglioramento culturale dei suoi concittadini.

anno VI, n. 103 – 15 gennaio 1994

Il papa disse sì al finanziamento dell'opera letteraria del De Vita

La città contribuì generosamente alla edizione della sua storia

La nota rievocativa sul Giovanni De Vita, conclusasi con la precedente puntata, ci ha dato ancora una volta l'opportunità di effettuare alcune ricerche negli archivi locali e così illustrare, con la documentazione originale, quando esistente, alcuni fatti ed aspetti della storia locale: in questo caso aspetti inerenti il mondo della stampa nel Settecento e degli autori che vi si avvicendavano e delle vicissitudini cui andavano incontro.

«Dalle polverose carte» emerge così che lo stesso De Vita portata avanti la stampa del primo volume sostenendo in prima persona il costo della stessa che ammontava e superava gli ottocento scudi romani; che per lo stesso volume l'autore chiedeva ed otteneva dalla città di Benevento un piccolo «sussidio» di 200 scudi romani pari a 252 ducati.

Questo il tenore della documentazione conservata nel locale archivio civico. Ai primi giorni del mese di gennaio del 1754, il canonico De Vita rendeva partecipe i consoli della città della stampa in corso che aveva in Roma del primo volume del *Thesaurus* e delle difficoltà economiche in cui versava.

I consoli, cui ben note erano la persona e gli scritti di mons.

De Vita non esitarono a stanziare allo stesso un contributo quasi sufficiente per ultimare la stampa del volume. Allo scopo inoltrarono in Roma, al papa, la seguente petizione.

Beatissimo Padre, gli attuali Consoli della Vostra Città di Benevento umilissimi servi e sudditi della Santità Vostra prostrati ai suoi santissimi Piedi riverentemente l'espongono essere mancato finora alla loro illustre Patria qualche scrittore, che di proposito raccogliesse e dichiarasse i di Lei pregi, e prerogative così ne l'antichità sacra come profana.

Con che presentemente si è felicemente eseguito da Giovanni de Vita Canonico della Chiesa Metropolitana il quale avendo già composto un volume in foglio, assai pregevole per le materie, per la erudizione, e per i frammessivi che ha già cominciato in Roma la stampa, arrivata quasi alla metà del detto volume: Ad un cittadino molto cospicuo, e così benemerito, che oltre le gravi fatiche del proprio ingegno, si trova nel... (lo) spendio di quasi ottocento scudi per illustrare la sua Padria, essi servì in nome di essa desiderando mostrare la dovuta gratitudine con un donativo di scudi romani duecento per opportuno sosidio a compiere detta stampa: Per tanto la somma onesta a giustizia della causa fa sperare ad essi oratori il Clementissimo Bene-

Frontespizio del Thesaurus Antiquitatum Beneventanarum di Giovanni De Vita

placito della S.V., di cui istantemente la pregano a titolo di singolarissima grazia: Giambattista Ursolupo, Domenico Sabariano, Giovanni Verusio, Tommaso Marano, Pasquale Rispoli, Luigi Baccari. Così è not. Carlo Sbordone Segretario.

L'assenso pontificio non tardava ad arrivare se gli stessi Consoli il 18 febbraio sottoscrivevano il mandato di pagamento per 252 ducati dando ordine al tesoriere Giovanni D'Auria di provvedere a pagare la detta somma a mons. Giovanni De Vita che materialmente l'incassava il 21 febbraio del 1754 rilasciandone debita ricevuta scritta di suo pugno.

Sig.re Gio. d'Auria tes.e pagarete al Rmo Sig,e n. Gio. de Vita di questa S. Metrop.na Chiesa Can.co du.ti dugento cinquantadue valuta di scudi romani 200: li med.mi che per atto di gratitudine si donano ad esso S. e Can.co per la stampa del Vol: in foglio sopra le antichità ben.ane.

Per il quale donativo vi è la facoltà sple di N.S. med.te lett.a del S.e Card.e e Segretario di Stato in data de 6 del spirante mese, rimessa a questo Mons.e Ill.mo Gov.re, da cui di già si è data l'esecuz.e con un suo rescritto in data in questo infratto giorno copie della quali inferius ponete a conto. B.ento 18 feb.o 1754.

Otto anni più tardi il canonico De Vita pressato dagli impegni che comportava la nuova nomina alla sede vescovile di Rieti, chiudeva frettolosamente le ricerche per il secondo volume del *Thesaurus.*

Anche questa volta indirizzava ai Consoli della città una richiesta di contributo per le spese di stampa. Il «dono» di 300 ducati puntualmente veniva concesso dalla città e accordato dal Sommo Pontefice come si ricava dalla lettera con la quale il card. Torrigiani pregava mons. Governatore Stefano Borgia di partecipare ai consoli la «benevola condiscendenza di Sua Santità». Era il 2 febbraio 1762.

anno VI, n. 104 – 29 gennaio 1994

Il Governatore Borgia favorì arte e cultura

Per meriti anche letterari fu eletto Patrizio Beneventano

Di qualche anno posteriore al De Vita fu l'altro storico di cui ora parleremo, non beneventano, ma degno d'essere ascritto tra i nostri per l'amore che egli portò alla città nostra: parliamo di mons. Stefano Borgia, dotto e animoso prelato, nato a Velletri il 3 dicembre del 1730 da una antichissima famiglia originaria di Valenza, città della Spagna.

Dallo zio Alessandro Borgia, arcivescovo di Fermo, fu iniziato alla carriera ecclesiastica quanto agli studi e in questo ultimi egli seppe distinguersi fra i contemporanei tanto da essere conteso tra le varie società accademiche del tempo: dalla società Etrusca di Cortona alla Colombaria di Firenze; da quella degli Immobili di Alessandria a quella delle Scienze e Belle Lettere di Napoli;

all'Accademia del Buon Gusto di Palermo fino a divenire segretario dell'Accademia dei Raffrontati di Fermo *le cui leggi saviamente riformate e distese uscirono con erudita preazione alla luce nel 1754*, e durante il suo soggiorno a Roma, fu iscritto con gran plauso nell'Arcadia sotto il nome di «Erennio Melpeo».

Nel 1759 fu eletto da Clemente XIII, di cui era prelato domestico, Governatore di Benevento dove rimase fino al 1764 distinguendosi oltre che per la repressione del banditismo e del contrabbando, per la realizzazione di notevoli opere pubbliche, per la difesa offerta al popolo contro le pressioni delle classi privilegiate, per il generoso soccorso ai diseredati, per il forte impulso che dette alle attività culturali della città.

Stefano Borgia

Per questo e per altri meriti fu allora eletto Patrizio Beneventano aggiungendo questo titolo ai patriziati di Roma, Fermo e Velletri.

Altrettanto brillante fu la sua carriera ecclesiastica.

Nel 1764 fu nominato Segretario della Congregazione delle indulgenze; nel 1770, poi, ascese al sacerdozio, fu segretario della Congregazione di Propaganda Fide; nel 1789 eletto cardinale da papa Pio VI ricoprì importanti cariche di Stato ma fece pure utili regolamenti. Tolse molti abusi e creò opportunità di lavoro. Nel turbinoso periodo della invasione francese, come Governatore di Roma, mantenne la alma nella città e con grande sapienza seppe provvedere ai bisogni dello stato e del popolo senza che gravi danni funestassero la città e la provincia di Roma.

Nel marzo del 1798, al sopraggiungere dei francesi, dopo la cacciata da Roma del Papa, subì prima l'arresto e poi fu esiliato. Trova rifugio in Padova dove fondò un'Accademia erudita e quindi passò a Venezia dove organizzò opere veramente ammirevoli in favore delle missioni estere.

A Venezia partecipava anche al Conclave del 14 marzo del 1800 nel quale fu eletto al Soglio Pontificio il cardinale Barnaba Chiaromonti col nome di Pio VII.

Tornato a Roma il Borgia fu valido sostegno di Papa Pio VII *nel riorganizzare il Governo ed i pubblici servizi, caduti nel massimo disordine durante i moti rivoluzionari e l'invasione francese.*

Il Pontefice per restaurare le esauste finanze dello stato, creò una Congregazione Economica e ne affidò la presidenza al cardinale Borgia.

Nel 1804 Napoleone I volle che Pio VII si recasse a Parigi per l'incoronazione imperiale. Il Borgia prescelto ad accompagnare il Papa si ammalò durante il viaggio ed il 23 novembre morì all'età di 74 anni.

Si disse di lui quello che si era detto del Magliabechi: *Valer da solo una biblioteca.* Infatti, dall'età di 19 anni il suo amore per l'erudizione fu tale da spingerlo a raccogliere manoscritti medaglie e reperti vari che lui sistemò nel suo palazzo di Velletri formando così il più ricco museo che forse mai potesse esser visto in una casa di un privato. Questa meravigliosa raccolta poi per quando riguarda le cose egiziane, passò, venduta dal nipote Camillo ai Borboni di Napoli, nell'Accademia Reale degli Studi di Napoli, mentre tutte le altre cose, consistenti in medaglie, pietre incise, antiche pitture, mappe codici di ogni nazione anche provenienti da paesi non europei, e anche giapponesi, cinesi, indostani e così via, raccolte durante la sua permanenza alla Congregazione di Propaganda Fide, passarono a Roma al Vaticano.

I più insigni uomini contemporanei desideravano l'amicizia del Borgia sia per averlo protettore dei loro studi, sia per essere ammessi a studiare i monumenti del museo Borgiano.

anno VI, n. 105 – 12 febbraio 1994

Le Memorie del Borgia sulla storia della Città

In tre parti la più ricca ed articolata ricerca dell'epoca

La ricca collezione, sistemata nel palazzo di Velletri, iniziata già, come abbiamo ricordato nel numero scorso della «Gazzetta», fin dall'età di 19 anni, fu notevolmente arricchita tra il 1770 ed il 1780 quando cioè Stefano Borgia ricopriva la carica di segretario della Congregazione Propaganda Fide.

Tale carica lo metteva in relazione con missionari che da tutte le parti del mondo gli inviavano manoscritti e rarità; si acquistò così, ben meritata, una fama europea sia perché nel XVIII secolo non si avevano esempi di collezioni così complete ed ordinate di documenti e cimeli interessanti la storia di tutti i tempi, di tutte le civiltà, anche le più remote, e dei popoli e paesi più lontani; sia per i suoi libri scritti con molta erudizione in messo a grandissime cure di governo e difficili amministrazioni, sia, ancora, per le generose facilitazioni che procurava a studiosi e scienziati emulando così per l'erudizione e l'amore per l'antichità, il più famoso Magliabechi.

La passione per gli studi di antichità gli fece dare alle stampe numerose opere. Tra le tante però è da ricordare, sia perché interessa la storia della nostra città, sia perché effettivamente costituisce il suo capolavoro, l'opera in tre volumi *Memorie istoriche della Pontificia città di Benevento dal secolo VIII al secolo XVIII* che, iniziata durante il suo governatorato di Benevento, fu pubblicata in Roma tra il 1763 ed il 1769 e che resta comunque la prima, in ordine di tempo, della sua ricca produzione di storico, archeologo ed erudito.

In questo lavoro profuse tutta la sua passione di studioso attento, di ricercatore assiduo. Condusse le sue ricerche in tutti gli archivi cittadini: archivio di S. Sofia, archivio Capitolare ed in quello di San Modesto, in quello di casa Pedicini e di alcune famiglie nobili beneventane, nonché negli Archivi Vaticani.

Le «Istorie» del Borgia sono importanti non solo per il valore intrinseco ma hanno anche il merito di aver offerto un valido aiuto a tutti quegli studiosi, italiani e stranieri, che hanno dato il loro contributo per illustrare le vicende di Benevento fino alla metà del secolo XVIII.

Nell'introduzione all'opera l'autore afferma di averla scritta per non defraudare il pubblico delle nuove e singolari scoperte da lui fatte attraverso un'ampia raccolta di antiche carte inedite e continua dicendo che ha preso come inizio per la sua opera il secolo VIII *considerando che alla storia della città di Benevento si era soddisfatto per ciò che appartiene ai*

secoli migliori dell'eruditissimo canonico Giovanni De Vita colo dotto suo libro intitolato Thesaurus Antiquitates Beneventanarum.

L'opera è divisa in tre parti: nella prima l'autore tratta dell'origine del dominio temporale dei papi nella città di Benevento. Nella seconda parte il Borgia narra la maniera con la quale i papi conseguirono nel secolo XI il naturale dominio della città, e la garantirono da altre occupazioni. Nella terza parte infine lo storico espone la serie dei Governatori pontifici e fa la storia di Benevento da quando in essa incominciò il libero dominio della Santa Sede fino ai giorni del pontificato di Clemente XIII.

Ogni volume è arricchito da incisioni e cartine varie: interessantissima è la *Pianta della Pontificia Città di Benevento* inserita nel secondo volume. Dell'importanza del lavoro del Borgia lo stesso

dovette essere conscio se nella prefazione dal tomo I così scriveva: *Quantunque inutile a primo aspetto sembrerà la lettura di queste memorie, come quelle, che trattando l'istoria particolare della Città di Benevento da che venne in dominio pontificio, cioè dal secol VIII fino ai nostri giorni, par che non possano somministrare notizie necessarie e proficue a chi non vi ha alcuna parte ed interesse; pur tuttavia ci lusinghiamo, che assai diverso giudizio ne formeranno coloro, i quali avran pazienza di leggere tutta l'opera. Imperciocché le Memorie che noi pubblichiamo sono talmente connesse colla storia del dominio temporale della Sede Apostolica, ed in più cose con quella della Chiesa universale eziandio, che non solo da queste prendono lume, ma anche a queste in qualche modo lo rendono per i molti antichi documenti che daremo alla luce ripieni d'un tesoro d'ecclesiastica e civile erudizione.*

Frontespizio delle Memorie Istoriche di Stefano Borgia

anno VI, n. 106 – 25 febbraio 1994

Un sussidio a Borgia e alle sue Memorie

La Città contribuisce con un esborso di 300 scudi

Similmente a come era stato già deciso per il De Vita, anche per il Borgia la comunità di Benevento fu sollecitata ad aiutarlo disponendo che gli fosse concesso un congruo contributo che, almeno in parte, coprisse le ingenti spese per la stampa delle *Memorie storiche* ed ottenendo per lo stesso l'assenso della Congregazione del Buon Governo.

Tra i mandati di pagamento dell'Archivio Civico si conserva la documentazione intercorsa all'epoca fra mons. Stefano Borgia, i Consoli e la Sagra Congregazione.

L'assenza nel carteggio di una eventuale richiesta di contributo inoltrata dall'autore ai Consoli ci induce a pensare che la comunità, di propria iniziativa, abbia voluto favorire l'illustre personaggio,

Ricevuta per il contributo dato al libro di Stefano Borgia.

all'epoca Governatore della città, avendo anche presente che pochi mesi prima il tesoriere Nicola Zoppoli aveva avuto l'ordine, per la stessa motivazione, di versare a favore di mons. Giovanni De Vita la somma di ducati 300 come contributo alle spese di stampa del secondo volume delle *Antichità Beneventane*.

Comunque, in data 24 aprile 1762, il cardinale Lante da Roma informava monsignor Stefano Borgia che la Sagra Congregazione del Buon Governo, aderendo alle richieste della comunità, approvava l'erogazione *in sussidio* della somma di 300 scudi pari a ducati 340.

Questo è il tenore della missiva.

Illustre e Molto Reverendo Signore, la storia di codesta città dai tempi in cui venne in dominio della Sede Apostolica, che con zelo, fatica ed impegno è Vs. signoria felicemente compilata, non è dubbio che dandosi alle stampe porterà seco una spesa considerabile.

A questa riflettendo la Sagra Congregazione, e aderendo ancora all'istanza promossa da tutto codesto Pubblico, che con sommo piacere attende di vederla alla luce è di sentimenti che in benemerenza di tanta fatica, ed in sussidio di detta stampa se Le somministri da codesta città la somma di scudi 300.

Si contenterà ella pertanto renderne intesi li Rappresentanti, ad effetto possa godere il frutto di tale preziosa

condiscendenza; a Dio la prosperi. Roma, 24 aprile 1762. Di V.S. come Fratello il Cardinale Lante.

Il Borgia sollecitamente ne informava i Consoli che in data del 2 maggio davano ordine al tesoriere Nicola Zoppoli di provvedere a versare a favore dell'illustre prelato la somma autorizzata.

Sig. d. Nicola Zoppoli tesoriere pagherete al sig. d. Giuseppe Piccirilli agente in Roma del nostro monsignor Ill.mo e Rev.mo Stefano Borgia Governatore Generale di nostra Pontificia città ducati 390 valuta di scudi 300 romani in sossidio della stampa di detta città da' tempi in cui venne in dominio della Sede Apostolica, che per i vantaggi maggiori di questo Pubblico ha l'anzi detto Prelato con interessato zelo, fatica ed impegno ridotta al termine sì di darla alla Pubblica luce: pel cui sussidio vi è la licenza della Sagra Congregazione del B.G. come dalla lettera sotto la data de 24 del caduto mese Aprile di questo corrente anno. Benevento 2 maggio 1762.

Circa un mese più tardi, 4 giugno, è la ricevuta rilasciata a Roma dal sig. Giuseppe Piccirilli. Dichiara lo stesso di aver ricevuto, per conto di mons. Borgia, dal sig, Nicola Zoppoli di Vito, tesoriere della città di Benevento. 300 scudi romani come contributo per la stampa del testo delle Memorie *a qual fine sarà da me a suo tempo d'ordine del detto Monsignor impiegata la riferita somma.*

anno VI, n. 107 – 12 marzo 1994

Borgia non solo erudito. Anche buon Governatore

Il ricordo di mons. Stefano Borgia è vivo nei beneventani non solo come autore delle famose *Memorie istoriche* o come governatore pontificio della città ma anche, principalmente, perché legato ad alcuni fatti socialmente rilevanti accaduti sotto il suo governatorato.

Correva l'anno 1764. Su tutto il Regno di Napoli imperversava una forte carestia che andava mietendo fame e morte.

Le prime avvisaglie cominciarono a sentirsi in Benevento già negli ultimi mesi del 1763 per aggravarsi nei mesi di gennaio e febbraio successivi.

In tale occasione il Governatore Borgia seppe dimostrarsi all'altezza della situazione e con una serie di editti e ordinanze seppe fronteggiare così egregiamente la calamità tanto da evitare alla città gli sviluppi tanto disastrosi che furono invece registrati nella vicina Napoli e in altre città del Regno.

Premunitosi di un'autorizzazione Pontificia, con la quale gli si consentiva, per quell'occasione, di poter agire ed operare come meglio avesse creduto senza darne conto alcuno, con decreto del 7 gennaio, pena sanzioni severissime, il Governatore ordinava *a tutti di qualunque sorte, condizioni e stato, tanto laici quanto ecclesiastici che entro il termine di otto giorni dovevano dichiarare la reale quantità di grano, granodimadia e ogni qualunque sorta di vittuaglio,* legumi e altro in loro possesso.

L'inadempienza di tale decreto comportava, come abbiamo detto, pene severissime, ducati cento di ammenda, la perdita del grano e in qualche caso erano prescritte anche pene corporali.

I risultati della suddetta soluzione, furono molto incoraggianti. Accumulando tutto quanto reperibile in città dei detti cereali, si ricavava che l'intera città aveva cibo sufficiente per abbondanti 3 mesi.

A questo primo editto ne seguiva subito uno nuovo del 19 dello stesso mese che proibiva a chiunque di vendere parti delle cibarie in suo possesso e finanche di trasportarle fuori città. Ogni spostamento di un pur piccolo quantitativo di grano doveva essere fatto sotto sua esplicita autorizzazione.

Fu regolamentata la panificazione e la vendita del pane tanto per i cittadini quanto per i forestieri, utilizzando cinque spacci dislocati in città. Ad evitare poi che dalla città potessero uscire quantitativi di pane maggiori del consentito, fu istituito un rigido controllo alle porte della città.

Tale stato di cose faceva giungere alle porte della città folle innumerevoli di poveri, provenienti dalle terre circostanti i quali, essendo stato proibito l'accesso in città, venivano sistemati in quattro caseggiati o taverne esistenti nel largo fuori Porta Rufina che il Governatore, d'accordo con l'Arcivescovo, aveva preso, allo scopo, in affitto.

Ad essi veniva così assegnata

Salvò la città dalla carestia del 1764

Ingraziamento pubblico e solenne a Maria Vergine Potente Misericordiosa per la grazia impetrata da Dio nel corrente anno 1764 alla Pontificia Città di Benevento d'essere immune dal flagello della fame celebrato nella Chiesa di S. Lorenzo nel giorno 2 di Luglio dedicato alla Festività della Visitazione, sotto il qual titolo è venerata la Vergine, e la di lei miracolosa Statua, che in detta Chiesa si conserva, come principal Padrona della Città.
Napoli 1764
Nella stamperia di Francesco Morelli

una idonea sistemazione e veniva distribuito un mezzo rotolo di pane (circa mezzo chilo) e un piatto di minestra.

La città, così organizzata, pur stremata dal flagello – nell'occasione si contarono numerosi morti tanto che fu necessario *formare una sepoltura in campagna, lontano dalla città* (in località S. Clementina) – superò il brutto momento e poi con l'avvicinarsi della primavera e coi primi raccolti lo spauracchio della fame fu definitivamente allontanato.

Nel Consiglio comunale tenutosi il 17 maggio fu deliberato di tributare alla Protettrice Maria SS.ma delle Grazie un pubblico ringraziamento da tenersi il 2 luglio, giorno dedicato alla Madonna, e fu deciso di rilasciare al Governatore Borgia un pubblico attestato di benemerenza che fu dato alle stampe assieme al testo dell'orazione del ringraziamento letto da padre Rallerio nella chiesa di S. Lorenzo.

Nella lettera dedicatoria, sottoscritta dai Consoli della città, fu ricordato lo zelo adoperato da mons. Borgia per tener lontano dalla città la fame e tutta la carità prodigata tanto ai cittadini beneventani quanto ai forestieri.

Nel citato Consiglio fu deliberata – a perenne ricordo – anche l'erezione di un monumento marmoreo a lui dedicato come *Salvatore della patria nella quale neppure uno è di fame languito o morto.*

Il monumento, lastra marmorea con iscrizione, fu murato nella facciata del pubblico Palazzo di Benevento nella mattina del 20 giugno e poi con i restauri fatti al palazzo alla fine del XIX secolo, rimosso e murato all'interno del cortile (palazzo Paolo V) dove è tutt'ora conservato.

anno VI, n. 108 – 29 marzo 1994

Oltre i confini del Ducato va la storiografia locale

Ludovico Antonio Muratori ne esalta qualità e quantità

Ludovico Antonio Muratori

La storiografia locale, così come nei precedenti articoli abbiamo accennato, ebbe risvolti anche fuori dai ristretti confini del Ducato e specialmente a Napoli.

Utili notizie sulle condizioni della cultura napoletana del tempo ci vengono offerte da Michelangelo Schipa che ci ricorda sia la presenza in Napoli, nel Settecento di personalità come il Vico e come Pietro Giannone, che nelle sue *Istorie Civili* afferma che *veramente meravigliosi sono i progressi fatti a quel tempo dalla giurisdizione, dalla filosofia e da altre scienze.*

Questi fatti ed altri ancora di progresso intellettuale stanno a dimostrazione che la corrente erudita napoletana si andava arricchendo di sempre nuovi elementi.

La prova maggiore del rifiorire di studi nella Napoli settecentesca è offerta, secondo lo Schipa, da frequenti contatti avuti dal grande bibliotecario modenese Ludovico Antonio Muratori con numerosi eruditi del Regno a cominciare da Giuseppe Valletta, ben noto come precursore di questa nuova primavera culturale.

Iniziato dal Valletta, dice lo Schipa, il Muratori si dimostra entusiasta della storia napoletana e di tutto quanto Napoli aveva custodito contro l'inquisizione.

Del suo immenso carteggio solo una piccola parte noi conosciamo.

Della prima lettera che di lui, si conosce, inviata a Napoli ed indirizzata a Nicolò, figlio di Giuseppe Valletta, si ricava già essersi formata una cerchia di amicizia di cui è impossibile ritrarre l'origine ed i particolari.

Comunque, indubbiamente, ci furono continui contatti e scambi culturali.

Basti solo pensare che spesso il Muratori chiese ed ottenne contributi alle sue opere da studiosi di Napoli ed in genere del Mezzogiorno d'Italia come Nicolò e Francesco Valletta, Costantino e Gregorio Grimaldi, G. Bernardino Tafuri. Numerosi furono i giudizi critici che i napoletani diedero dei lavori (si ricorda che la prima opera critica sul Muratori fu fatta da Nicolò Amenta) o che il Muratori ebbe per i loro studi. Lo Schipa ricorda che il Muratori lodò molto l'opera di G. Bernardino Tafuri *come buon pezzo per la storia letteraria d'Italia.*

I rapporti del grande erudito e storico non si limitarono solo ai napoletani ma, come si ricava dal suo epistolario che consta di circa seimila lettere indirizzate a 420 corrispondenti, egli intrecciò scambi epistolari con il Borromeo, l'Arisi, il Leibniz, il Fontanini per quel che riguarda la numismatica, l'archeologia, la storia; col Magliabechi, Maffei, Crescimbeni, Orsi, Zeno per quanto concerne notizie letterarie e filosofiche, con Benedetto XIV, Lambertini, ed altri prelati del Mezzogiorno d'Italia per questioni teologiche e morali; col Ramazzini, Newton, Morgagni per le scienze fisiche e mediche e con altri ancora.

Quello però che dalla produzione del modenese ci riguarda direttamente non è l'*Epistolario* perché attraverso esso non si rivelano contatti con studiosi beneventani, ma l'opera storica *Rerum Italicorum Scriptores*, la più grande raccolta di storia nazionale pubblicata fino ad allora e comprendente le fonti della storia d'Italia dal 500 fino al 1500, consistente in circa duemila tra diplomi, cronache, storia, poemi, statuti tratti da archivi di famiglia, di città, di monasteri, di vescovati, da biblioteche pubbliche e private.

L'opera tocca direttamente la storia di Benevento perché fra quelle scritture che l'autore prese da anteriori edizioni, ben due riguardano la città; ma è la celebre opera dello storico beneventano Erchemperto *De Gestis Principum Beneventanorum Epitome Chronologica* pubblicata prima nel secondo e poi nel quinto tomo dell'opera del Muratori, dopo le due precedenti edizioni del Caracciolo e del Pellegrino.

L'altra è la cronaca di Falcone Beneventano dal Muratori inserita nel quinto tomo dell'opera stessa, anch'essa dopo le precedenti edizioni del Caracciolo, del Pellegrino e del Caruso.

anno VI, n. 109 – 9 aprile 1994

Giannone divulgatore della nostra storia

Ludovico Antonio Muratori, di cui ci siamo già occupati nel precedente numero della «Gazzetta», nel primo volume dell'altra sua opera storica *Antiquitates Italiae Medii Aevi*, dove ampiamente discute su vari punti della storia medievale italiana, da lui opportunamente rivalutata, illustra il *Chronicon Monasterii S. Sophiae Beneventi*, che tanto aveva appassionato storici beneventani come il De Nicastro e non beneventani come Ferdinando Ughelli e Camillo Pellegrino, studiandolo però direttamente dalla copia del «Chronicon» conservata nella Biblioteca Vaticana.

Se il Muratori dunque dimostrò il suo interessamento per la storia e le cronache beneventane studiandole, pubblicandole ed illustrandole, Pietro Giannone (nella immagine accanto), d'altra parte, ne conobbe così bene le più meritevoli da tributare ad esse il giusto riconoscimento.

Il grande storico, che per la sua opera anticurialista intitolata *Storia civile del Regno di Napoli*, ed esaltata da uomini come il Montesquieu, il Voltaire, il Gibbon è posto nel novero dei più originali ed audaci storici d'ogni tempo, rimpiange col Toppi la perdita dell'opera del beneventano Alfonso De Blasio, opera che nel quarto tomo narrava appunto le vicende della città sotto il dominio Pontificio.

E lanciando con amore un'aspra accusa ai contemporanei

Al grande storico intitolati anche il Liceo Classico ed il Convitto

163

Pietro Giannone

dello storico beneventano che non si erano presi *cura e pensiero di fare imprimere i manoscritti* dell'opera stessa, manifesta, così e meglio che con qualsiasi altro elogio, l'alta opinione che s'era formata sui meriti del disgraziato autore.

Profondi studi sugli eruditi beneventani furono pure coltivati da

Giovanni Bernardino Tafuri, erudito settecentesco nativo di Nardò e di cui abbiamo già ricordato la collaborazione data al Muratori. Nella sua *Istoria degli scrittori nati nel Regno di Napoli*, pubblicata a Napoli in vari volumi dal 1744 al 1770, egli infatti menziona e giudica sempre favorevolmente vari scrittori beneventani da Bartolomeo Camerario a Mercurio Della Vipera; da Marco da Benevento a Giovambattista Pino; da Niccolò Franco a Donato Marra a Giovanni Camillo Bilotta ed altri ancora.

Analogamente al Tafuri, per tutto il Settecento, altri autori fecero riferimento a studiosi locali come G. M. Mazzucchelli, *Gli scrittori d'Italia*, Brescia 1753; F. A. Soria, *Memorie storico critiche degli scrittori Napoletani*, Napoli 1781; E. D'Afflitto, *Memorie degli scrittori del Regno di Napoli*, Napoli 1782; L. Giustiniani, *Biblioteca storico topografica del Regno di Napoli*, Napoli 1793.

E lo stesso fece nel secolo seguente Camillo Minieri Riccio,

storico napoletano studioso di diplomatica, bibliografia e altro, il quale nelle sue *Memorie Storiche degli Scrittori nati nel Regno di Napoli* e nelle *Notizie Biografiche e Bibliografiche degli Scrittori Napoletani*, si interessò di studiosi beneventani come i Bilotta, Giovanni Camillo, Scipione, Giovan Battista, Ottavio e di storici beneventani e non come Erchemperto, De Blasio, Basso, Sarnelli ed altri. Questi per ricordare alcuni eruditi (tra i più recenti si menzionano D. Capasso, *Fonti per la storia delle province napoletane*, Napoli 1902; L. Ferrari, *Onomasticon. Repertorio Bibliografico degli scrittori italiani dal 1500 al 1850*, Milano 1947) che nei secoli trascorsi compresero e valutarono, più o meno esattamente ed in base a criteri storici più o meno imparziali ed imperfetti, tutto ciò che di grande e di utile aveva prodotto la nostra città nel campo della cultura prevalentemente storica fino al secolo XVIII.

anno VI, n. 110 – 23 aprile 1994

Le Accademie sannite nei secoli XVII e XVIII

A Benevento la più nota fu quella dei Ravvivati

La cultura erudita a Benevento non è solo quella espressa dai personaggi finora esaminati, che fecero della indagine storica l'oggetto dei loro studi e delle loro ricerche e che con essa riuscirono ad imporsi all'attenzione di studiosi di più grande rinomanza come il Muratori, il quale utilizzò per le sue opere i loro scritti.

Attorno ad essi ruotano una serie di personaggi che potremmo definire minori, perché offuscati da altri personaggi, ma che minori non lo sono affatto e che pur allontanandosi dall'indagine

storica produssero dei lavori ritenuti ancora oggi interessanti e ricercati.

Nella *Istoria degli scrittori nati nel Regno di Napoli* del Tafuri, sono ricordati con favorevoli giudizi molti beneventani illustri nelle lettere, nelle scienze, negli studi sacri già precedentemente citati da Giovanni De Nicastro nella sua *Beneventana Pinacotheca* alla quale il Tafuri e tutti gli altri storici successivi hanno ampiamente attinto.

Agli inizi del XVII secolo, isolata nei suoi confini, la città che era riuscita a respingere i continui assalti spagnoli, attraversava un periodo di tranquillità politica tanto che il Gregorovius ebbe a dire che *per secoli unici avvenimenti di pubblico interesse per Benevento furono il succedersi dei Cardinali nel Castello e degli Arcivescovi nella Cattedrale.*

Un giudizio certamente esagerato in quanto in realtà la città in quei tempi attraversava forse il periodo suo più brutto, dilacerata com'era da lotte intestine e sconvolta da disordini e soprusi. Era essa continua meta e asilo di banditi e perseguitati che vi trovavano rifugio rendendo la vita difficile. Purtuttavia il suo stato rappresentava analoghe condizioni di vita del vicino Regno di Napoli. Era pur vero però che a Napoli si registrava anche un certo movimento culturale nelle scuole, nei conventi e case gesuitiche, nelle biblioteche, nei musei, nei tribunali e soprattutto nell'università. Ma anche questa che era l'unica scuola mantenuta dal governo, dice lo Schipa, *rimaneva ammuffita e irretita dai pregiudizi del tempo.*

Ciononostante Napoli rimaneva un grande centro di lettere e di studi dove numerosi beneventani erano costretti a recarsi per addottorarsi in quella famosa università.

Ciò comportò per Benevento che moltissimi studiosi si diedero a ricerche di documenti inediti, a profonde riflessioni su scrittori dell'antichità classica, greca e latina, a correzioni di libri maltrattati dall'incuria degli amanuensi.

Tutto questo comunque non si faceva isolatamente: anzi si cercava di riunirsi per avere uno scambio di idee e di opinioni.

È di questo periodo, infatti, il sorgere in Benevento di numerose accademie.

Le fonti più ricche ed attendibili circa la presenza delle Accademie che fiorirono in Benevento, restano gli studi del Minieri Riccio e di Alfredo Zazo.

Dalle più recenti ricerche condotte da quest'ultimo, si ricava che nella seconda metà del '600 e nei primi del '700 erano attive nella diocesi di Benevento ben quattro accademie con sedi in Montefusco, Morcone, Vitulano e Montesarchio, quest'ultima detta dei Dubbiosi.

Nello stesso arco di tempo ebbero vita in Benevento le Accademie degli Antipodi, dei Rozzi e dei Ravvivati. Della prima, che aveva per emblema un uomo incatenato ad una roccia, poco o niente si conosce. Della seconda, invece, si sa che era in auge nella prima metà del XVII secolo e che ne era principe Cesare Macabeo, patrizio beneventano e primicerio della Cattedrale *praeclaro in sacra teologia dottore in utroque iure.*

L'ultima, quella dei Ravvivati, è certamente la più nota ed anche la più antica essendo sorta intorno al 1550.

Alzava per emblema l'impresa della Fenice rinascente dal rogo col motto «Parturienti rogo». Fioriva per tutto il secolo seguente e forse anche per il XVIII. Ebbe membri illustri tra cui Giovanni De Nicastro. Questi nella sua *Beneventana Pinacotheca* così scriveva: È noto a tutti che la città di Benevento diede i natali non solo a uomini chiari per valore militare ma anche a illustrazione nel campo delle lettere. Perciò non risuona fuori del Sannio solo la tromba guerresca ma anco la fama letteraria. Indubbiamente in quella città si segnalò la vetustissima Accademia dei Ravvivati, fiorentissima in ogni età, alla quale diedero il loro nome cittadini e forestieri e ne furono ornamento, onorati nel tempo stesso di appartenervi ...

Insegna dell'Accademia dei Ravvivati.

anno VI, n. 111 – 7 maggio 1994

Bartolomeo Camerario testimone della cultura

Fu anche chiamato Temerarius per la sua audacia

Abbiamo ricordato, nella precedente puntata, come per Benevento la fine del XV secolo e gli inizi del secolo seguente furono particolarmente infelici. Abbiamo anche accennato che, forse, anche peggiori erano le condizioni del Regno di Napoli, nonostante quest'ultimo fosse interessato da numerosi movimenti culturali.

I nobili stessi, cui sarebbe spettato di occuparsi della vita intellettuale del paese, profondevano ricchezze in futili divertimenti; il disordine e la corruzione erano imperanti; le tasse enormi; l'autorità della legge menomata.

Il Governo vicereale spagnolo a Napoli era fiacco ed avaro, bigotto e facile ai sospetti che talvolta lo rendevano duro e crudele; le conseguenze di questo disastro-

Bartolomeo Camerario

so stato di cose non tardarono a ricadere su tutti gli uomini più in vista, naturalmente più esposti a invidia e calunnie.

Fu questo il caso di un giurista famoso Bartolomeo Camerario vissuto tra la fine del XV secolo e quello seguente.

Benché nato nel secolo precedente (1497) Bartolomeo Camerario può ben dirsi un cinquecentista e, come tale, appartenente anch'egli, sia pur idealmente, a quel filone di novello fervore di vita e di cultura che caratterizzò il XVI secolo facendolo definire il secolo d'oro del Rinascimento in Italia.

Di mente versatile, fu infatti giurista, professore, uomo di governo, teologo ed asceta e fu senza dubbio uno dei più distinti ed eminenti personaggi di Benevento nel corso dei secoli.

Theologus et iurisconsultus è chiamato dal De Nicastro che ne discorre ampiamente nella sua *Beneventana Pinacotheca* affermando che egli nacque a Benevento dai signori di Pietrelcina e di Pesco, che s'addottorò nell'Università napoletana in legge ed in seguito, tornato a Pietrelcina, *per lo spazio di tre lunghi anni* si dedicò allo studio delle leggi e del diritto feudale impegnandosi, riporta il De Nicastro, *per ben 16 ore al giorno*.

Lasciata quindi Pietrelcina, ristretto teatro al suo meraviglioso ingegno, si portò a Napoli, insegnando pubblicamente all'Università il Diritto Feudale almeno

fino al 1548. Promosso nel 1529 presidente della Regia Camera, nel 1541 Carlo V lo dichiarò Luogotenente della Sommaria.

Aveva nel frattempo curato la correzione del Commento delle Costituzioni Feudali di Andrea d'Isernia, altro grande giurista vissuto nel periodo angioino, deturpate dagli errori dovuti all'imperizia degli amanuensi e da quelli dovuti poi da una cattiva stampa.

Ma la sventura cominciava a perseguitarlo: caduto infatti in disgrazia del viceré di Napoli Pietro di Toledo, marchese di Villafranca, col quale aveva avuto accesi scontri verbali, giudicato ribelle, privato dei suoi beni, chiese giustizia all'imperatore Carlo V ed in un primo momento l'ottenne.

Ma il Toledo, accusatolo di complicità con Enrico II di Francia che si preparava ad attaccare Napoli, lo fece processare dall'avvocato Antonio Barattuccio ed egli, costretto a fuggire, riparò prima a Roma, sotto la protezione di Camillo Colonna (1548) e poi trovò rifugio in Francia, protetto dal successore di re Francesco I ed alla corte di quest' ultimo fece parte di quella schiera di illustri personaggi che tennero alto il nome del nostro Paese oltre le Alpi.

Qui si impegnò a fondo nella difesa della dottrina ortodossa, contro le teorie dei protestanti che allora sconvolgevano il mondo religioso. Questi ed altri principi ortodossi del Camerario, svolti con vigore e calore in opere ascetiche quali il libro *De Predestinatione*, il *De Gratio et Libero Arbitrio cum Johanne Calvino Disputatio*, il *De Purgatorio Igne*, il *De Vera Ecclesia*, il *De Hominis Justificatione* ed altre opere minori gli valsero la benevolenza di Papa Paolo IV Carafa, promotore tenace della controriforma e rigidissimo ordinatore dell'Inquisizione, onde il Camerario, che in Francia non aveva visti riconosciuti i suoi meriti, si recò a Roma (1556) ove fu nominato Prefetto dell'Annona essendo in atto in quel momento la guerra tra il Papa ed il Re di Spagna ed essendo la città assediata dal duca d'Alba.

E qui, nonostante i nuovi incarichi, l'illustre professore di Ragion Feudale volle tornare agli studi giovanili e scrisse e pubblicò il Commento di una Costituzione che è nel Libro dei feudi e relativa al divieto di farne alienazione. La morte, infine, lo tolse al mondo ma non alla gloria.

Questa ardente figura di beneventano, questo personaggio dall'eccezionale dirittura morale, dall'animo audace e fiero tanto che fu appellato *Temerarius* invece di *Camerarius*, dal carattere irruente ed impetuoso che pur tuttavia, all'occorrenza, si sottopose a studi laboriosi e pazienti applicandosi ai quali, per circa 16 ore al giorno, ne riportò (dirà il Giustiniani) il vantaggio della perdita di un occhio; dall'ingegno versatile e multiforme tanto scrisse di scienza sacra e profana, di diritto, di dissertazioni in materia feudale, non ci interessa però soltanto per la sua vita avventurosa e per la sua vivace personalità, ma anche perché testimonia che agli inizi del XV secolo la città di Benevento, benché sottoposta a duri travagli, non era morta alla cultura ma coltivava invece spiriti vivaci.

anno VI, n. 112 – 21 maggio 1994

La famiglia dei Bilotta erudita per antonomasia

Assieme a Bartolomeo Camerario, da noi ampiamente descritto sullo scorso numero del giornale, incontriamo anche una vasta schiera di studiosi che, pur non raggiungendo come lui alti traguardi, svolsero anch'essi la loro attività in tutte le branche del sapere allora conosciuto.

Studi sacri di coltivarono a Benevento nel secolo XVI, studi svolti principalmente da ecclesiastici che in questo secolo, come nei precedenti, furono in Italia all'avanguardia del sapere, sia che appartenessero alla famosa Compagnia di Gesù, come padre Bartolomeo Belvedere *Theologus et orator* di tanta fama che Cosimo II, Duca di Toscana, lo giudicò degno del nome di Belsentire, a padre Pietro Blanca *Humanis divinisque literis ornatissimus* e il fratello Paolo, uomo famosissimo per *Literis facundia ac probitate*.

Di entrambi, appartenenti alla Compagnia di Gesù, e dello stesso padre Belvedere è serbata degna memoria nella *Neapolitana societatis Jesu Chronografia* commentata da Francesco Schinosi, patrizio di Bisceglie, sia che fossero frati degli Eremiti di S. Agostino, come fra' Donato Marra insigne teologo e oratore sacro. Provinciale di Terra di Lavoro, fondatore in Napoli del Convento di S. Agostino ed autore delle *Dottissime Narrazioni sopra tutti gli inni* in uso nella Chiesa pubblicate in Napoli nel 1578. Morto all'età di 60 anni il 5 luglio 1580 fu sepolto in S. Agostino di Benevento. Appartenente all'ordine degli agostiniani va ricordato anche fra' Adeodato, maestro di sacra teologia e *preceptor laudatissimus*. Ma studi svolti anche da laici come Alfonso Avendano,

Una vasta schiera di studiosi beneventani nel secolo XVI

Giovan Battista Bilotta

autore di un *Commentario sul salmo 118* pubblicato a Venezia nel 1857 e di altri studi sulle Sacre Scritture.

Tra le scienze civili poi la più coltivata nel '500 fu certamente la giurisprudenza che ebbe molti seguaci come i Bilotta, nobile famiglia che vantava illustri studiosi di diritto, fra i quali nel secolo in questione ricordiamo Girolamo, che godette dell'amicizia di Giampietro Carafa, il futuro papa Paolo IV, e l'ancor più noto Giovan Camillo che addottoratosi in legge a Napoli, e divenuto in breve tempo uno dei migliori avvocati napoletani, nominato prima Giudice della Gran Corte della Vicaria e poi, per meriti insigni, Avvocato Fiscale della Regia Camera della Sommaria e ricordato principalmente per aver scritto nel 1562 il *De absolutione juramenti* e dall'omonimo pronipote date

alle stampe in Napoli nel 1610.

Quest'opera gli valse il seguente elogio del Giustiniani: *Chiunque rivolga la sua opera ci conoscerà sulle prime un che sapea ben maneggiare la materia del Foro, e non tanto addotto a quel basso gusto del suo secolo.* Va ancora ricordato Scipione Bilotta, figlio di Antonia addottoratosi in Napoli ed assurto a sì gran fama che gli fu conferita la carica di Commissario Generale di tutto il Regno… per estirpare tutti quei malviventi che con le loro insolenze mettevano in disturbo e in sconcerto la quiete dei popoli. Ed egli disimpegnò tale incarico con tal prudenza e sapienza da riceverne lode ed applausi e venne anche insignito con la toga di Giudice della Gran Corte della Vicaria, succedendo così al fratello Giovan Camillo.

Morto nel 1581 lasciò scritto i *Consilia legalia* pubblicati a Napoli nel 1637 in appendice alle *Conclusioni feudali* di Giovan Battista Bilotta.

Altri componenti illustri della stessa famiglia vissero nel secolo XVII.

Ma anche prima del Bilotta fiorirono illustri giureconsulti che tennero alti gli studi legali della nostra città. Vanno ricordati Gabriele De Blasio, vissuto fra il secolo XV ed il XVII in Napoli, dove fu giudice della Gran Corte della Vicaria nel breve periodo di dominio di Carlo VIII e degli ultimi due sovrani aragonesi. Passò poi nel viceregno come avvocato fiscale e godendo del favore

di Ferdinando il Cattolico nel 1507 fu nominato regio consigliere: Paolo Mascambruno *Archipresbiter beneventanus* e Vicario Generale del Cardinale Galeotto Franciotto e in pieno secolo XVI di Nicola De Gennaro *Jureconsultus praestantissimus* anno 1530; di Antonio Sorice eletto Vicario Generale a Napoli nel 1549 dal Cardinale Farnese, nipote di papa Paolo III; di Bartolomeo Condestabile, insegnante di diritto in Napoli, maestro di molti dotti a proposito del quale il De Nicastro scrive: *non può essere roso dal dente vorace del tempo ciò che è costruito sapientemente*; di Gian Vincenzo Rotondo, uomo di somma integrità oltre che giurista di fama esercitò la professione in Napoli e in Roma, la cui memoria è ricordata perennemente nell'antica campana di bronzo situata sulla torre campanaria del Duomo e dal popolo chiamata «La Scarana», distrutta nel 1687 fu di nuovo rifatta.

Fu autore di un commento al breve di Pio V del 1° febbraio 1566 su i banditi ed i fuoriusciti del Regno di Napoli che si rifugiavano in Benevento protetti dal diritto di asilo; del Tricarlenio di Girolamo Ruscelli giureconsulto e poeta insieme, di Tommaso Geremia vissuto ben oltre i 100 anni, e di tanti altri ancora che, tutti assai apprezzati ai loro tempi, come provano gli incarichi e gli uffici cui furono chiamati fuori dalla città natale, dimenticati forse dai loro stessi concittadini, sono invece meritevoli sia di memorie che di encomio per aver infoltito le file degli studiosi, file scompaginate degli eventi e rese rade dalla superficialità del tempo, se non come un apporto veramente geniale, almeno con una effettiva serietà e severità di studi, esempio così agli studiosi e stimolo agli inoperosi.

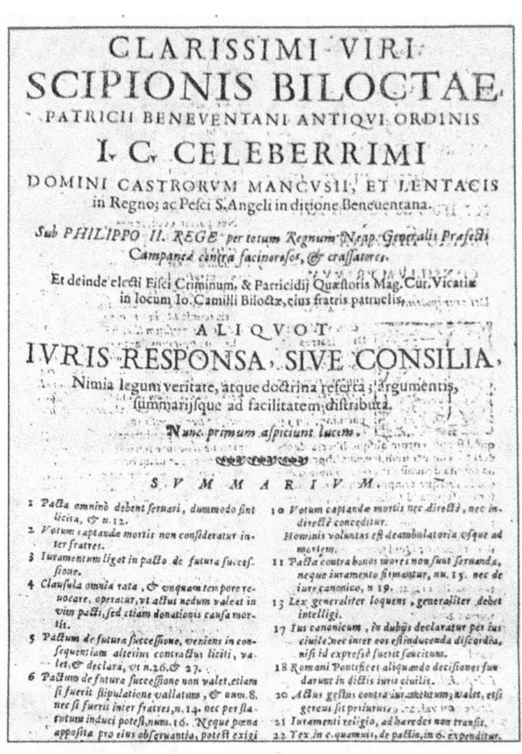

Frontespizio del libro di Scipione Bilotta.

anno VI, n. 113 – 4 giugno 1994

Nicolò Franco scrittore che riceve 9 coltellate

Tra tanti studiosi non mancò chi predilesse lo studio della medicina e della matematica.

Tra i primi merita particolare menzione Orazio Albino, insigne soprattutto per i suoi studi sui sintomi dell'avvelenamento, dato alle stampe da Leonardo Vairo nella sua opera *De Fascino*. Un suo biografo, suo contemporaneo, molto enfaticamente lo definiva il Coclite della Medicina.

Tra i secondi va ricordato Marco monaco Benedettino, dell'ordine dei Celestini, teologo, filosofo ed astrologo oltre che matematico di fama, tanto da essere celebrato *a più voci e con molto plauso la Fenice dei matematici di Italia.*

L'elogio del De Nicastro è indubbiamente esagerato. Tuttavia rispecchia l'entusiasmo che pur nel secolo seguente, fra un rigoglio anche maggiore di cultura, entusiasmava quest'altro grande beneventano al solo ricorso di così illustri predecessori.

Una menzione particolare merita Nicolò Franco, storico umanista, scrittore di storia contemporanea oltre che poeta, traduttore e scrittore di vari argomenti in prosa la cui fama supera i ristretti confini beneventani.

È difficile conoscerne intimamente e valutarne la bizzarra personalità: ha tentato di farlo una vasta letteratura, ma si può dire che il primo e più completo biografo del Franco sia egli medesimo, perché ci ha parlato così spesso ed ampiamente di

sé, nelle sue molte opere, che si può formarne una vera autobiografia.

Nato a Benevento da umile famiglia probabilmente nel 1515, fratello di Vincenzo, maestro di scuola, seppe farsi, incoraggiato forse da questi che, conoscendone l'ingegno ne aveva concepito le più belle speranze, una meravigliosa cultura classica, tanto greca quanto latina, secondo il costume del tempo. Ma questa cultura fu forse la causa prima della sua cattiva sorte. Conscio del suo valore, intollerante com'era di ogni freno e ristrettezza, sembrandogli la città un limite troppo angusto per il suo ingegno iniziò il suo pellegrinaggio di città in città, in cerca di fama e di fortuna.

Passato così da Benevento a Napoli, con la pubblicazione della *Hisabella*, scritta in lode di Isabella de Capua moglie di Ferrante Gonzaga, signore di Ariano e Governatore di Benevento, e l'amicizia del beneventano Bartolomeo Camerario, allora Presidente della Regia Camera, riusciva ad introdursi nei salotti culturali della città di cui facevano parte personaggi come il Tansillo, il Rota, il Pino e altri.

L'attrattiva che esercitava Venezia, in quegli anni, divenuta con il Bembo, versatissimo nelle lettere e con il Tiziano, mago della tavolozza, il centro più importante di cultura e di arte lo indussero a lasciare Napoli.

Nel 1537 raggiungeva così Venezia e nell'agosto di quell'anno

Smanioso di potenza ma non incline alle «protezioni»

Nicolò Franco

si incontrava con Pietro Aretino che chiamandosi suo protettore gli apriva la strada a nuove amicizie ma nel contempo se ne serviva per la pubblicazione delle sue lettere volgari e nella composizione di libri ascetici e religiosi facendosi tradurre le leggende dei S. Padri della Chiesa.

In questo periodo il Franco scriveva il suo *Tempio d'Amore* dedicandolo a tutte le donne veneziane. L'amicizia tra due personalità così simili tra loro non poteva durare a lungo.

Il Franco, smanioso di potenza e non incline ad essere protetto e sorvegliato, dichiarò guerra all'altro; e la guerra non si combatté solo a suon di sonetti e di rime, ma anche di ferro, poiché, avendo il beneventano schernito ed offeso un servo dell'Aretino Ambrogio Ruscio che aveva sposato una delle *Aretine* questi, col favore del padrone, ricambiò l'offesa con ben nove pugnalate.

anno VI, n. 114 – 18 giugno 1994

A farlo tacer fu di bisogno un laccio stretto al collo

Sul Ponte di Castel S. Angelo si spense la vita di Nicolò Franco

Nicolò Franco, *riprendendo così il discorso dove lo abbiamo lasciato col numero scorso della «Gazzetta»*, nel mentre aveva iniziato a scrivere le sue *Pistole Volgari*, decise di recarsi in Francia ma durante il viaggio, si fermò a Casale Monferrato ospite del Governatore Sigismondo Fanzino. Qui, nel sicuro asilo piemontese, diede sfogo alla sua esasperazione contro il suo nemico l'Aretino che riteneva mandante dell'aggressione subita da parte di Ambrogio Eusebi, scrivendo le *Rime contro l'Aretino*, una raccolta di cinquecento sonetti frementi di odio e di rabbia e i non meno osceni sonetti della *Priapea*.

Intanto, il suo proposito di raggiungere la Francia viene fugato dalla ripresa della guerra tra Francesco I e gli spagnoli nel 1542, guerra già precedentemente interrotta dalla tregua di Nizza. Lasciato frettolosamente il Monferrato – per offese ricevute – dopo aver rifiutato varie offerte d'asilo, come dirà più tardi in una sua lettera del 1546, riparò a Mantova, ospite dell'Arrivabene; qui rimase a lungo e portò a termine nel 1547 il romanzo la *Philena* che aveva iniziato nel 1536. Pubblicò un poemetto sul *Duello* e scrisse la nota lettera all'Alighieri di cui aveva studiato la *Divina Commedia*.

Lasciato Mantova, iniziò il periodo più movimentato della sua esistenza. Al seguito del conte di Popoli, Guglielmo Cantelmo, nipote del futuro Papa Paolo IV, va prima in Germania, ritornato in Italia soggiornò a Firenze, Popoli, Napoli ed infine a Catanzaro e quindi a Cosenza dove il Cantelmo si recò in qualità di viceré di Calabria.

A Cosenza dovette godere molte libertà tra cacce e allegre brigate; ma, pur tra gli svaghi di questa vita ideale, non depose mai la penna e in un buon latino scrisse i *Commentari* che furono una storia dei suoi tempi. L'opera, che andò distrutta quasi interamente e per il resto dispersa con le altre del Franco durante il processo intentatogli a Roma, doveva avere una grande importanza in quanto resoconto intelligente, anche se non imparziale, degli avvenimenti salienti del suo tempo, nonché certamente una cronaca minuziosa di pettegolezzi e di intrighi.

Le speranze, le delusioni, le

Frontespizio del libro le Pistole Vulgari di Nicolò Franco.

amarezze che fino ad allora avevano accompagnato il Franco non erano però finite.

Nel 1552 è di nuovo a Napoli come segretario del Principe di Bisignano e la elezione a papa di Giampietro Carafa (Paolo IV) che negli anni della fanciullezza era stato discepolo di suo fratello Vincenzo, lo spingono a chiedere al nipote di questi, il suo vecchio amico Carlo Carafa – che nel frattempo era stato eletto cardinale – di potersi recare a Roma. La sopraggiunte morte del fratello Vincenzo lo trattenne ancora per poco tempo e nel giugno del 1558, dietro le assicurazioni del cardinale Carlo Carafa, poté raggiungere Roma dove trovò ospitalità in casa di Bartolomeo Camerario.

Dopo appena un mese di permanenza il Franco fu arrestato come sospetto di tradimenti nei riguardi del Pontefice e chiuso nel carcere di Ripetta, ad dove ne uscì libero otto mesi più tardi ma carico di odio contro il Pontefice e tutti i Carafa. E mesi dopo, sotto il pontificato di Pio IV, in pieno clima di avversione contro la famiglia Carafa, egli non mancò di parteciparvi con un violentissimo commento sopra la *Vita et i costumi di Giovan Pietro Carafa che fu Paolo IV chiamato e sopra le qualità di tutti i suoi e di coloro che con lui governarono il Pontificato* e poi con l'atroce pasquinata contro don Carlo Carafa contribuendo, con questi suoi scritti, alla stesura di quel processo che si chiuse con la condanna a morte di tutti i nipoti di Paolo IV.

Con l'elezioni di Pio V, tuttavia, il processo fu riaperto, riveduto ed il Franco, inviso a molti per la sua lingua pungente ed il suo sarcasmo, fu carcerato il 1° settembre 1568, processato ed impiccato l'11 marzo 1570 sul ponte di Castel S. Angelo in Roma.

La sentenza, ricavata dal registro dei giustiziati, dice esplicitamente che egli fu condannato *non per causa di eresia* onde qualche autore più tardi poté affermare, giustamente, che *il Franco perdette la vita per poca prudenza politica.*

Un bell'ingegno gli compose questo epitaffio: *Qua giace il Franco e la sua fama vola poiché a farlo tacer fu di bisogno che un laccio al collo.*

anno VI, n. 115 – 2 luglio 1994

Obiettivo su De Sindicis un trascrittore del '500

Di risonanza indubbiamente minore, ma non meno interessante sotto alcuni aspetti, è la figura di Giulio De Sindicis o Giulio Del Sindico, illustre protomedico beneventano del secolo XVI, noto come primo trascrittore delle *Cronache* di Falcone Beneventano.

Intorno alla figura del *beneventanus patritius*, come lo chiama il De Nicastro, dell'insigne medico del suo tempo, che Sisto IV onorò del titolo di *Protomedico di Benevento*, intorno alla fatica che gli costò la trascrizione, per le cattive condizioni dell'originale manoscritto in caratteri longobardi, intorno all'aspetto esterno di questa copia (era manoscritta, coperta di carta pergamena di circa 50 carte scritte e numerate), preziosi particolari ci sono forniti da un documento beneventano, una copia della quale del XVII secolo si conserva alla Biblioteca Vaticana.

Il De Sindicis è infatti ivi chiamato *homo probus, sapiens literatus bonae vitae, famae ed conditionis prothomedicus veridicus et nobilis dictae civitatis.*

Sono queste le uniche notizie dirette che noi abbiamo di questo nostro concittadino nato intorno al 1460.

Gli studiosi infatti che ne hanno parlato se ne sono interessati solo in funzione di trascrittore della Cronaca di Falcone, senza

Si occupò per primo delle Cronache di Falcone Beneventano

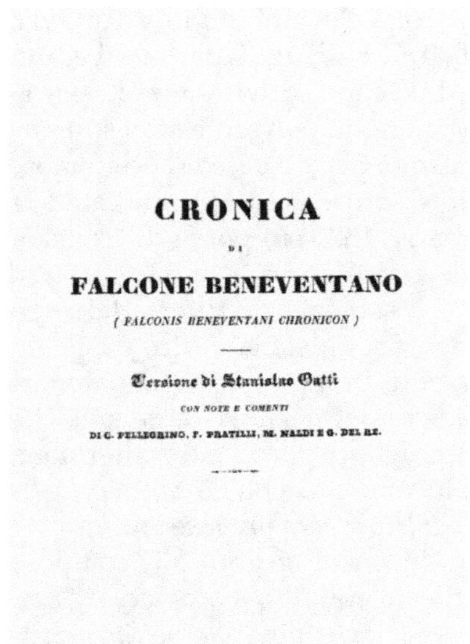

La Cronaca di Falcone nell'edizione di Stanislao Gatti.

soffermarsi a lasciare notizie di lui.

Se il documento è quindi interessantissimo per noi sotto questo riguardo, certo però la parte più significativa di esso è quanto riporta nella parte introduttiva... *quod vidimus et legimus, non vitiatum non cancellatum, non abrasum, neque in olia sua porte suspectum.* A tanto fa seguito la trascrizione dell'interno anno 1137 della Cronaca di Falcone.

Da queste parole parrebbe che la copia fatta dal De Sindicis, come ebbe a dire la Gervasio, per tutti gli anni estranei al 1137, fosse piena di cancellature e di correzioni, che dipendevano certamente dall'essere la cronaca nel suo insieme in condizioni poco buone. Bisogna pur tuttavia tener conto che la predetta copia si avvicinasse il più possibile all'originale longobardo che, scritto in carattere non latino, poteva facilmente indurre in errate interpretazioni, corrette poi in letture successive.

Molti scrittori lodano il beneventano per aver conservato mediante un pazientissimo e laborioso lavoro di trascrizione da un testo longobardo *la cronaca di Falcone che altrimenti sarebbe ita certamente alla fatal predizione, per dissipamento dell'inchiostro e per le tarle.*

Un lungo elogio gli è tributato da De Vita nel suo *Thesaurus*, al quale tuttavia manca l'accenno alla pubblicazione della Cronaca di Falcone da parte del Caracciolo e del Pellegrino. Una copia della trascrizione del De Sindicis, fatta nel secolo XVII da don Fabrizio Griuffo beneventano, venne nel 1626 in mano di Antonio Caracciolo, erudito abruzzese e fu pubblicata insieme alle cronache di *Herempertus Longobardus, Lupus Protospata, Anonimus Cassinensis.*

Da essa provengono tutte le posteriori edizioni. Nell'edizione del Caracciolo è riportata la prefazione del De Sindicis alla sua trascrizione della Cronaca di Falcone dove tra l'altro il nostro fa palese il suo rammarico nell'annunciare che l'opera che sta per far conoscere è mutilata del principio e della fine, rammarico che testimonia l'interesse e l'amore con cui egli si era accinto a quel lavoro di trascrizione, certo non agevole, né di lieve entità.

Ci sembra perciò che la figura di questo beneventano, nonostante le molte lodi tributategli, non sia stata finora esattamente valutata e che soprattutto non si sia mai badato ad un suo aspetto caratteristico.

Costui, infatti, non potrebbe chiamarsi storico perché niente di proprio produsse; merita però questo titolo in quanto fu nel suo campo un innovatore e quasi un ribelle.

Mentre, infatti, gli umanisti del tempo, seguendo le orme degli eruditi del '400, si erano dedicati sì a ricerche profonde di autori, ma esclusivamente di autori classici greci e latini, ricerche considerate come avvenimenti importantissimi; mentre qualche scoperta di manoscritti inediti del periodo classico provocava deliri di entusiasmo ed immediatamente si passava alla pubblicazione, tanto che, dice il Tiraboschi *quasi tutti gli autori classici furono per la prima volta pubblicati in Italia,* la ricerca delle fonti storiche medievali era invece completamente trascurata e messa da parte.

Il De Sindicis ebbe quindi, opponendosi alla corrente culturale del tempo che certamente non l'oppressò e forse lo disistimò, il merito di aver iniziato tale ricerca e studio di documenti e fonti sconosciute latino-medievali, conservando così ai beneventani tutto ciò che rimaneva di una storia del valore della Cronaca di Falcone.

Fu un caso sporadico ed isolato ma utile.

Gli studiosi del tempo, infatuati da tesori dell'antichità classica, sembravano dimentichi che anche il medioevo aveva prodotto tesori di erudizione ed opere significative degne di essere riportate alla luce prima che andassero perdute.

anno VI, n. 116 – 16 luglio 1994

Cesare Baronio indagò sulla storia del Sannio

Con lo scorso numero della «Gazzetta» abbiamo visto come il Se Sindicis fu l'iniziatore di un nuovo filone di studi; sulla sua stessa scia altri continuarono ad indagare, come il Baronio, sminuzzatori di fonti medievali, o il Caracciolo, che pubblica documenti medioevali e nel secolo seguente il Pellegrini, ed altri, fin quando nel '700, specialmente col Muratori, la ricerca di fonti storiche e di documenti medioevali divenne il centro dell'interesse mondiale degli studiosi.

Su tutti rifulge la figura di questo nostro misconosciuto concittadino, ancora oggi non sufficientemente apprezzato ricercatore (di lui si conoscono solo i brevi cenni riportati da Zazo nel suo *Dizionario*) che appare come un anticipatore di più grandi studiosi.

Scrittori di storia, cronache ed annuali, dirà più tardi il Flamini, *si contano nel secolo XVI a centinaia.*

A Benevento tanta abbondanza di storici non c'è stata, e pochi anzi furono gli scrittori di storia nel Cinquecento, ma ognuno ebbe un carattere proprio perché ognuno seguì le tendenze umanistiche del tempo, per quel tanto che si confaceva alla propria inclinazione: ad esempio mentre il Franco può senz'altro ascriversi fra i migliori scrittore di storia contemporanea, il De Sindicis va annoverato tra i più appassionati ricercatori di fonti storiche, non classiche, ma medioevali.

Tra questi pochi comunque un posto di rilievo occupa l'arcidiacono Mario Della Vipera, autore di numerose opere di storia sacra, molto attivo in città tra la seconda metà del XVI secolo e la prima metà del XVII, e del quale già in passato ci siamo interessati a lungo.

Al ricordo di questi storici locali operanti in città a cavallo dei due secoli XVI e XVII sarà bene, per concludere, aggiungere quello di alcuni il cui nome ha una risonanza ben più vasta, perché legata ad opere di valore universale, ma che ci interessano direttamente per aver rivolto la loro attenzione alla storia di Benevento fino a scrivere o a pubblicare cronache e documenti e ad intessere rapporti con eruditi e storici beneventani.

Innanzitutto va ricordato Cesare Baronio, cardinale di Sora, alunno spirituale di S. Filippo Neri, predicatore famoso, e infine Padre della Storia Ecclesiastica, come viene concordemente chiamato.

I suoi *Annales Ecclesiastici*, in dodici volumi, narranti le vicende della Chiesa Cattolica dall'anno Uno fino ai suoi tempi, nonostante i molti errori, inevitabili per la mole di lavoro, per l'importanza e la vastità dell'argomento, per le analisi delle fonti medioevali, per l'inserzione nel corso dell'opera di documenti inediti, restano, nel loro campo, una vera pietra miliare.

Baronio, nel corso della sua

Cardinale di Sora fu alunno spirituale di S. Filippo Neri

Cesare Baronio

opera, si interessò direttamente della storia di Benevento e degli storici beneventani.

In quanto alla storia della nostra città Baronio si cura specificamente del periodo longobardo e tra l'altro contro l'opinione di Paolo Diacono che incolpò *Narsete* della chiamata dei Longobardi in Italia e fu il primo a prenderne le difese, atteggiamento questo condiviso anche dal Muratori e dal De Vita.

Fra gli storici beneventani poi l'interessò uno storico medioevale, Falcone Beneventano, di cui era venuto per le mani una copia della *Cronaca* mandatagli dall'arcivescovo beneventano Massimiliano Palombaro, della quale fece molto uso nei suoi studi ritenendo l'autore *quello che con grande esattezza registrò le cose avvenute nei tempi suoi a Benevento e nelle province che in oggi compongono il Regno di Na-poli, oltre a ciò che degli avvenimenti di Roma e dei Romani Pontefici con tutta diligenza notò secondo l'ordine dei tempi in cui accaddero.*

L'interesse del Baronio verso la nostra storia è la prova più evidente dell'importanza che le vicende della città suscitarono non soltanto nei concittadini ma negli italiani tutti.

anno VI, n. 117 – 10 settembre 1994

Il Teatro Comunale riapre restaurato

Paragonato al Bellini di Napoli venne realizzato nel 1852 sotto papa Pio IX

Rinviamo la prevista ripresa di articoli sulla cultura beneventana nei secoli XV – XVI – XVII e XVIII per parlare della inaugurazione di un recuperato spazio culturale, inaugurazione che, come è ormai tradizione da qualche anno (Teatro De Simone, Auditorium Calandra e così via) coincide con la rassegna settembrina di Città Spettacolo. Stavolta si tratta del Teatro Comunale.

La visita di papa Pio IX a Benevento tra il 30 di ottobre ed i primi di novembre del 1849, fu fautrice di numerose iniziative in artistico, urbanistico ed amministrativo.

La notificazione del 31 dicembre 1849, voluta dal papa e che aveva per oggetto il risanamento ed il miglioramento della rendita comunale, tra le tante cose auspicava e suggeriva una più idonea sistemazione di tutto il palazzetto magistrale. Si auspicava la sistemazione in nuovi locali dei due tribunali, di prima e di seconda istanza, degli uffici di cancelleria, delle magistrature comunali, del pubblico consiglio, degli archivi e del pubblico teatro comico.

La necessità di trovare una degno sistemazione a tutti gli uffici della macchina amministrativa all'interno del Palazzo magistrale fu possibile solo a danno della struttura del teatro comico.

Questo era sistemato al primo piano del palazzo Paolo V, in un grosso ed ampio locale che misurava palmi 86, circa 19 metri, di lunghezza, palmi 36, circa 8 metri, di larghezza a palmi 40, circa 9 metri, di altezza.

Il teatro comico, certamente molto attivo per tutta la fine del XVII secolo ed i primi del XVIII secolo e dove si sa per certo che erano state rappresentate le commedie di Nicolò Piperno e di Pompeo Sarnelli e qualche sacra rappresentazione, versava intorno al 1760, in uno stato di abbandono con grave pericolo per i membri del Consiglio comunale che dovevano frequentarlo per la normale amministrazione.

Tale stato di cose venne evidenziato in una delibera comunale del 1770 nella quale si auspicava anche il ripristino di tutta la struttura. Il restauro venne autorizzato e fatto nel 1774 sotto la direzione dell'ingegnere napoletano Gennaro Mazza e comportò una spesa di 2.200 ducati.

La nuova sistemazione interna del teatro comprendeva 39 palchi ripartiti su tre file ciascuna di 13 palchi. La prima e la terza fila erano destinate al popolo mentre la seconda era riservata alla nobiltà. I posti erano venduti dal Comune al prezzo rispettivamente di 57 e 61 ducati.

Al tempo della visita di papa Pio IX il teatro era del tutto inservibile. L'accademia poetica e musicale in onore di Pio IX fu tenuta il 1° novembre 1849 nel Convitto delle Orsoline.

La scelta dell'ubicazione del suolo per impiantarvi il nuovo teatro cadde su di un giardino a lato della chiesa e convento di S. Sofia di proprietà dei signori Perillo e Stragazzi.

La costruzione del nuovo teatro su progetto dell'architetto napoletano Pasquale Francesconi fu eseguita dall'impresa napoletana Fortunato Grimaldi. I lavori iniziati nel 1852 subirono una interruzione nel 1855 a seguito di una violenta sommossa popolare causata da una ulteriore ed eccessiva pressione fiscale. L'amministrazione comunale beneventana, impegnata a reperire fondi per la realizzazione delle opere pubbliche, aveva imposto nuove ed onerose tasse. Si qui l'origine della rivolta subito domata dopo due giorni da un battaglione di guardie giunto appositamente da Roma. Il governo pontificio nominò una commissione d'inchiesta per indagare sulla conduzione poco pulita dei lavori: alcune voci riferirono che alcuni consiglieri comunali avevano stipulato illeciti accordi con l'appaltatore al fine di gonfiare i costi dei lavori.

I lavori furono ripresi dopo l'Unità d'Italia e portati a termine nel 1862. Il nuovo teatro, costruito sul modello del Teatro Bellini di Napoli fu inaugurato nel novembre dello stesso anno e dedicato a Vittorio Emanuele II. Ricco di stucchi dorati, con quattro ordini di palchi, con uno spazioso palcoscenico aveva il grande sipario dipinto dal cavaliere Tommaso De Vivo e rappresentava il giuramento che i Baroni diedero a Re Manfredi sotto le mura di Benevento.

Il Teatro venne subito a colmare una lacuna nell'edilizia pubblica locale e contribuì a rinnovare a tutti i livelli sociali la passione per la musica e per la prosa tanto che nella seconda metà dell'Ottocento il beneventano Giuseppe Petrosini, direttore d'orchestra e per molti anni membro della deputazione teatrale, fondò la Società dei Mandolinisti ed il Circolo Filodrammatico.

Nel corso del primo Novecento l'opera Iarba, in tre atti, musicata dal beneventano Gaetano Rummo, dopo la prima nazionale tenutasi il 17 novembre 1900 fu rappresentata nei principali teatri nazionali.

Tra gli attori che ci hanno recitato una menzione va al grande Ermete Novelli che qui tenne l'ultima sua recita.

Ricorda uno storico coevo che il teatro *malgrado le piccole dimensioni veniva considerato tra i più belli ed eleganti delle province meridionali.*

Con la seconda guerra mondiale il Teatro, dopo un dubbio restauro che alterò sostanzialmente l'arredo, venne utilizzato come sala cinematografica fino al terremoto del novembre 1980 che vi arrecò notevoli danni.

Definitivamente chiuso riapre oggi dopo un lungo lavoro di restauro che lo ha riportato agli antichi splendori.

Il Teatro Comunale in una cartolina degli anni Venti del .

anno VI, n. 118 – 24 settembre 1994

Da un nucleo di poche case nasce Palazzo De Simone

*Il complesso marchesale, già sede del Collegio de La Salle,
venne ristrutturato dai Frati agli inizi degli anni Trenta*

La storia del Palazzo e del Teatro De Simone è strettamente legata alle vicende dei Fratelli delle Scuole Cristiana. I Lasalliani (l'ordine prende il nome da S. Giovanni Battista de La Salle) erano venuti a Benevento nel 1834, chiamati dall'arcivescovo del tempo mons. Giovanni Battista Bussi che affidò loro l'incarico dell'istruzione elementare dei giovani fanciulli beneventani.

La scuola, denominata degli Ignorantelli, fu sistemata nei locali dell'ex Abbazia sofiana. Qui i frati rimasero per circa ottanta anni. Agli inizi del nuovo secolo, con l'intento di dare alla scuola una sistemazione più dignitosa, più ampia e funzionale, trattarono e comprarono il palazzo marchesale dei De Simone. Esso sorgeva giusto alle spalle della chiesa di S. Sofia ed apparteneva alla famiglia De Simone di origine francese, venuta nel Regno al seguito degli Angioini e poi stanziatasi a Trapani ed iscritta a quella nobiltà.

Ai primi del XVII secolo, un rappresentante della famiglia, Oliviero De Simone, si era trasferito a Benevento ed aveva cominciato ad acquistare un gruppo di case nella parrocchia del Santissimo Salvatore, case che formeranno poi il nucleo del futuro palazzo con l'annesso Teatro capace di circa 250 posti a sedere.

La sua costruzione fu portata a termine già nel 1679 da Vincenzo De Simone il quale a ricordo della data murò sulla parete nord del

Il Teatro De Simone in una cartolina degli anni Trenta.

palazzo una lapide e nel grande giardino-terrazza mise a dimora un pino allusivo dello stemma di famiglia.

Ulteriori restauri al palazzetto furono fatti dopo i terremoti del 1688 e del 1702 mentre il marchese Francesco, a metà del '700, terminava la facciata baroccheggiante e dava una sistemata alla piazza antistante chiedendo al Comune l'autorizzazione ad abbattere alcune casupole danneggiate dal terremoto e quindi realizzando lo slargo che tuttora si vede.

Il palazzo si sviluppava con pianta ad «L» ed era chiusa sul lato più corto dalla facciata della chiesa patronale dedicata a S. Rosa che si sviluppava lungo tutta l'attuale via Niccolò Franco. Il palazzo così descritto venne in possesso dei Lasalliani ai primi del secolo XX. Dopo una permanenza di oltre un ventennio, agli inizi degli anni Trenta, essi apportarono a tutta la struttura notevoli cambiamenti.

Fu demolito il primo piano dell'edificio ed al suo posto vennero innalzati altri tre piani destinati ad ospitare la scuola ed il collegio.

Con un basso e massiccio muro di cinta, sormontato da un'alta inferriata, veniva delimitato lo slargo davanti al palazzo che si ritrovava così suddiviso in giardino di ingresso del Collegio e via pubblica.

Altra grossa modifica fu la rotazione di circa 90 gradi della vecchia chiesa di famiglia dedicata a S. Rosa.

Il nuovo edificio che veniva così a formarsi, si sviluppava perpendicolarmente a via Niccolò Franco e veniva suddiviso in un piano terraneo nel quale veniva ricavato il Teatro ad uso dei convittori e nella parte superiore utilizzata a cappella pubblica.

Al Teatro vi si accedeva e tuttora si accede dal giardino di ingresso e, opportunamente sistemato, dal grande giardino terrazzo.

Negli anni Ottanta, con l'andata via dalla città dei Lasalliani, tutto l'immobile venne acquisito al patrimonio del Comune. Attualmente, opportunamente restaurato, lo stabile è per una parte anche sede del Conservatorio Statale di Musica.

anno VI, n. 119 – 8 ottobre 1994

La peste venne dall'India e spopolò in tutta Europa

La disastrosa vicenda che ha colpito l'India e le drammatiche notizie che i giornali hanno riportato e riportano in merito, ci rievocano analoghe mortali vicende avvenute nel Regno di Napoli e nello nostre zone.

Nell'antichità il nome della peste stava ad indicare ogni sorta di epidemia con alto tassò di mortalità. La storia ce ne documenta varie a partire dalla prima avvenuta nel 542 d.C.

La più terribile comunque fu certamente quella che imperversò sull'Europa, spopolandola tutta, tra il 1347 ed il 1352.

Dall'India, dove anche allora era scoppiata, l'epidemia si propagò per tutta l'Asia ed attraverso la Polonia si diffuse nell'Europa tutta: dall'Inghilterra alla Francia, alla Germania all'Italia.

Numerosi ed incalcolabili furono le morti.

Su una popolazione, in Asia ed Europa, di circa 100 milioni di abitanti, si calcola che l'epidemia provocò la morte di circa 55 milioni di persone.

Le cronache ce ne ricordano altre pure molto terribili nel 1466, nel 1500, quella del 1600 di Milano, mirabilmente descritta dal Manzoni, quella del 1656, comunemente conosciuta come la peste di Napoli, perché in quella città scoppiò per poi diffondersi in tutto il Regno di Napoli.

Le cronache raccontano che il contagio fu portato a Napoli da una nave di soldati spagnoli pro-

Nel secolo XIV il terribile morbo dimezzò la popolazione di due Continenti

venienti dalla Sardegna. Da qui, complice la superficialità delle autorità che, volutamente, ignorando il fatto *per non rompere i rapporti commerciali*, dilagò per tutto il Regno favorita anche dal repentino esodo dalla città della popolazione e principalmente dei nobili partiti per cercare nei loro feudi tranquillità e sicurezza.

A Napoli i primi casi di peste si ebbero nell'aprile del 1656. L'epidemia divampò per tutta l'estate facendo registrare, alla fine di settembre, migliaia di decessi. I cronisti non sono d'accordo sul numero, ma esso oscilla tra i 400mila ed i 600mila morti.

Anche nella vicina Avellino la peste fece un migliaio di vittime. Di questo episodio l'abate Michele Giustiniani tracciò una lucida cronaca in un raro opuscolo dal titolo *Historia del contagio di Avellino* stampato a Roma nel 1662 e dedicato alla principessa Francesca d'Avalos, madre del principe di Avellino Francesco Marino Caracciolo che *molto s'era prodigato nel soccorrere i più bisognosi*.

Anche qui i primi contagi si avvertirono tra aprile e maggio au-

BANDO

DELLA CITTA DI BENEVENTO, e suo Territorio.

E bene nel bando publicato colla sospensione del Commercio à tutto il Regno di Napoli, resta compresa anco la Città di Benevento posta nelle viscere del Regno medesimo, nondimeno per maggior dichiaratione, e sicurezza, che non s'ammettano gente, né robe, che vengano da quella parte, già che si presente esser in detta Città entrato il contagio, co'l presente bando d'ordine espresso di Nostro Sig. si prohibisce il commercio alla stessa Città di Benevento, & à tutto il suo Territorio, colle conditioni, e pene contenute nel bando sudetto, publicato li 20. Maggio prossimo passato Dat. in Roma li 8. Luglio 1656.

G. Card. Sacchetti.

Cesare Rasponi Secr.

Die, mense, & anno quibus supra supradictum Bandimentum affixum, & publicatum fuit ad valuas Curiæ, & in acie Campi Floræ, aliisque locis solitis, & consuetis Urbis per me Petrum Paulum de Grassis Apost. Curs. Pro D. Mag. Cursorum A. Cibonensis Curs.

IN ROMA, Nella Stamparia della Rev. Camera Apostolica 1656.

Bando della città di Benevento per il contenimento del contagio del 1656.

mentando via via per tutti i mesi estivi. Nello stesso periodo anche a Benevento si registrarono i primi sintomi della peste.

A quei tempi la città contava circa 19mila abitanti. Molti erano venuti a Benevento dalle campagne vicine per trovarvi un rifugio sicuro; molta altra gente era venuta anche per la coincidenza della celebrazione del sinodo provinciale indetto dall'arcivescovo Giovanni Battista Foppa.

In una situazione di così alto indice demografico, il male trovò indubbiamente un terreno fertilissimo. Le mortalità avvenute in città mantennero la percentuale più alta anche rispetto a Napoli.

A titolo precauzionale le autorità pontificie da Roma diramarono già il 20 maggio 1656 un *Bando sopra la sanità* con il quale proibivano l'ingresso nei territori pontifici *a persone, mercanti e animali e qualunque cosa venissero o fossero condotte da detta città di Napoli.*

Nonostante ciò, l'otto luglio successivo le autorità pontificie emanarono un nuovo bando solo per la città di Benevento ribadendo per chiunque e *per maggior sicurezza* le proibizioni commerciali per la città e per tutto il territorio *sotto pena della vita, confiscatione dei beni e perdita delle robbe... che fossero introdotte.*

Ma ormai la peste dilagava: *Non appena si seppelliva una vittima, subito ve n'erano altre pronte. Famiglie intere distrutte nel giro di poche ore o di un giorno.*

Pur tuttavia, del fatto, gli storici locali sono molto avari nelle loro descrizioni, limitandosi a riportare pochi e freddi dati statistici che fanno immaginare l'entità della tragedia.

Solo un poeta coevo, Nicolò Piperno, lasciò manoscritta una sua opera in versi *Le lacrime del Sannio per il contagioso successo del anno 1656 nella città di Benevento. Memoriale ai posteri. Rime del sig. Nicolò Piperno patrizio Beneventano accademico Ravvivato date in luce da Pietro Piperno e Francesco Piperno suo figlio.*

Questa la drammatica descrizione che egli ne fece.

Si declinava l'era del mondo doppo che l'humanità si vestì la nostra salute sotto l'anno 1656 et appunto in quella stagione principessa dell'anno quando un pubblico grido di peste che nel principio fu stimato menzogniero feriva le citadine orecchie, et ecco da giorno in giorno le nove di certezza avanzate citando le pubbliche dicerie.

Partenope languente a tale sciagura soggettata et appena affirmati quei detti si vedono dopo poco spatio di tempo confirmati co i fatti, con mirare ad hora nella mia patria la mancanza della gente, a giorni perder di vita non più gli amici ed a settimane la perdita dei parenti, e formandosi una dolorosa apparenza, le madri piangevano i figli, i figli suspiravano il padre, le sorelle deploravano i germani, et i germani piangevano loro stessi vedendosi il fiore della gioventù mercito per quel pessimo e contagioso male che formava nelle parti del corpo una dolorosa e schivosa piaga, chiamata dal popolo, bobone, facendo ai patienti provare acerbe ponture donandoli febri e dolori, per i quali accidenti derivati da velenosi vapori che coprendo la parte essenziale del core mandavano i vivi febricitanti chi con passi e delirando e chi con sodezza di morbo ad incontrar la morte e tanto oltre passò questo velenoso e infettato vapore che delle quattro parti della città poco più d'una ve ne rimase essennosi in quel istesso anno 1656 nel mese di gennaro fatta la numeratione del'anime che ascendevano al numero di dicenovemilaseicentoottanta, a doppo il fiero sterminio stanco per non poter recidere i rimasti si ritrovarono cinquemila e seicentonavanta per conto puntuale...

anno VI, n. 120 – 22 ottobre 1994

Scambio di cortesie tra Ciarlanti e Comite

L'autore delle Memorie Historiche del Sannio ebbe tanti complimenti

La forzata interruzione dovuta alla pausa estiva e poi all'interesse per la Città Spettacolo susseguitasi immediatamente dopo, ci ha costretti necessariamente ad interrompere il nostro viaggio tra gli eruditi e la cultura nel XVII e XVIII secolo, viaggio interrotto con la rappresentazione della vita e delle opere di Cesare Baronio. Riprendiamo, fino a concluderle, queste nostre ricerche.

L'interesse per la nostra storia locale fu vivo in personaggi di grosso spessore, come abbiamo visto nel capitolo precedente, come il Baronio ed il Muratori ma non mancarono anche storici di piccola levatura ma non per questo meno importanti.

Fra i tanti va ricordato il dotto Giovanni Vincenzo Ciarlanti, arciprete della Cattedrale di Isernia, autore di un'opera intitolata *Memorie Historiche del Sannio*, comparsa verso la fine della prima metà del XVII secolo.

L'opera *riportò quella giusta riconoscenza che era dovuta al merito dell'autore* al quale è attribuita la lode d'aver dato in luce *le memorie della città di Benevento, perdute nella notte dei secoli, e le particolari notizie che oggi ne abbiamo.*

Le memorie, divise in cinque volumi, *nelli quali si descrivono i confini del Sannio, gli habitatori, le guerre, edificazioni, e rouine dei luoghi: Li Signori di essi, le loro famiglie e gli huomini illustri che vi fiorirono nella Santità, nelle lettere, e nell'armi*, sono quindi una esposizione completa degli *Antichi abitatori del Sannio*, al secolo XVI, della storia del Sannio e di Benevento suo capoluogo.

È da osservarsi soprattutto il capitolo *Huomini illustri in Benevento*, in cui egli afferma *la città di Benevento, come fecondissima madre, ha in ogni tempo partorito insigni personaggi… eccellenti in qualsivoglia professione, e non potendo far menzione di tutti si adducono solo i pochi più noti.* Egli ricorda così, tra gli altri, il Camerario, il Bilotta, il Morra, il Mascambruno; inoltre nel corso dell'opera riporta spesso giudizi ed opinioni di storici beneventani come Leone Ostiense, Paolo Diacono, Erchemperto, Falcone, Mario La Vipera, o anche non beneventani come il Baronio, dando ad essi la stessa importanza ed attribuendo loro eguale veridicità di grandi scrittori antichissimi come Livio, Plinio, Pomponio Mela, Eutropio e altri.

Il più bell'elogio al Ciarlanti venne da parte di un poeta beneventano, vissuto tra il XVI ed il XVII secolo, e di cui lo stesso storico aveva parlato come principe dell'Accademia degli Incauti di Napoli: Orazio Comite.

Costui gli rivolse un sonetto di riporto gli estremi:

La Fama che del Sannio oltr'ogni Lido

Il Nome trasse e nei perpetui Marmi

Dell'eterne Tabelle impresse i carmi

Tentò 'l tempo annullar e 'l nobil grido.

…

Ma Vincenzo del tutto il crudel vinse

Visto il suo fin parato a danno nostro

Tornollo in Vita, e 'l rio Tiranno estinse.

È significativo l'omaggio scambievole che i due si resero, riconoscendo i rispettivi meriti, e che testimonia da parte del Ciarlanti l'ammirazione viva ed incondizionata per tutti gli ingegni beneventani, ammirazione che trapela pure nella sua opera, e da parte del Comite l'amichevole debito di riconoscenza verso tanto storico che alla sua Patria aveva offerto il monumento più bello.

Frontespizio del libro del Ciarlanti.

anno VI, n. 121 – 5 novembre 1994

Per un punto della storia scontro tra tanti letterati

Nei secoli scorsi una ricerca valeva una disputa che infiammava il Paese

Al Baronio, più che al Ciarlanti, si riallaccia idealmente Antonio Caracciolo, abruzzese, anch'egli vissuto fra il XVI ed il XVII secolo, poiché, come il primo, si interessò di Falcone Beneventano e della Cronaca di quest'ultimo.

Infatti egli ne pubblicò il testo, con quella di Erchemperto ed altri.

Nell'opera del Caracciolo, data alle stampe a Napoli nel 1628 intitolata *Antiqui Chronologi Quator*, l'autore dice che *sebbene avesse ritrovati i codici di quattro autori pubblicati molto corrotti e pini di voci greco-barbare e di lacune* pure non li aveva corretti o annotati, ma *ne aveva solo cercato di interpretare il carattere* aggiungendovi però prima una *Nomeclatura* o Indice dei nomi propri di uomini o luoghi, poi una *Propjleia* o Prefazione, inoltre un catalogo di voci *barbare* cioè medievali, infine le memorie della vita di ciascun cronologo, premessa alla storia dei medesimi.

La raccolta del Caracciolo comprende le cronache di Erchemperto, Lupo Protospata, Falcone e di un Ignoto e vanno dal 717 al 1140.

Il Caracciolo fu il primo a dare alle stampe le cronache di Erchemperto *De Gestis Principum Beneventanorum Epitome Chronologica* e l'edizione, come riporta il Tafuri, ne *Gli scrittori nati nel Regno di Napoli*, fu fatta sull'esemplare di un antichissimo codice manoscritto della Biblioteca Vaticana, seguito poi dal Pellegrino e dal Muratori.

Padre Antonio Caracciolo, dei Chierici Regolari Teatini, può quindi annoverarsi tra questi meritevoli eruditi cui, partendo da Giulio De Sindicis, non si può contestare il merito di iniziatori e continuatori, col Baronio e col Pellegrino, fino a giungere alla grandiosa raccolta del Muratori, della ricerca e della pubblicazione delle opere rinvenute degli scrittori del Medioevo, conservandole ai posteri, arricchendole talvolta, con note e delucidazioni.

Infatti, l'illustre teologo e filosofo, maestro educatore e predicatore di fama, dice il Soria, visitò nel corso dei suoi incarichi, i più importanti archivi d'Italia, specialmente quelli di Roma e Montecassino, e ne trascrisse una infinità di memorie e di codici che non ancora erano stati messi in luce. *Faticò egli incessantemente in interpretare quei manoscritti, e si fe raccontare per la prima volta da noi gli avvenimenti delle nostre contrade, nella bassa età dalla bocca medesima di quei barbari scrittori che raccolti e registrati egli avean. Ei si è renduto perciò degno di eterna commemorazione nella memoria dei posteri, tra perché fu il primo a convertire ed a destare in altrui il lodevole desiderio di pubblicare queste utilissime opere e perché i suoi occhi perpetuamente cisposi, ed uno di essi posto notevolmente fuori dall'occhiaia, lo rendevano unico proprio per sorta di penosa applicazione.*

Fra le tante opere ricordiamo di *De Ecclesiae Neapolitanae Monumentis*; il *Kalendarium Ecclesiae*

Frontespizio dell'Istorico discorso di Ottavio Bilotta.

Napolitanae; e attribuita da alcuni al cardinale Decio Carafa il *De Vita Pauli IV;* la *Biga Illustrium Controversarum* contro il Baronio ed altre inedite, interessano a noi particolarmente la *Historia Demonstratio Quod Sancti Januari Patria Neapolis Fuit,* contro le affermazioni di un anonimo beneventano, pubblicata in Napoli nel 1634.

Il lavoro, scritto in continuazione all'opera del Tutini contro un anonimo padre cappuccino, iniziò la disputa tra il Caracciolo ed il beneventano Mario Della Vipera, avversario di una lealtà e di una fierezza tale da far spuntire le armi più acuminate: si combatteva *pro aris ed focis,* ed essendo venuto in aiuto del beneventano, Ottavio Bilotta con suo *Historico Discorso circa la Patria di San Gennaro,* stampato a Roma nel 1636, il Caracciolo raddoppiò le sue difese ed attaccando di falsità un certo Epitaffio con cui davasi polso all'opinione dei beneventani, ribatté gli argomenti di Della Vipera e del Bilotta con la seguente opera: *L'Epitaffio di Benevento di S. Gennaro, Festo e Desiderio deligentemente considerato riprovato.*

Lasciò poi inedito l'opuscolo *Sintagmation De Beneventana Iscriptione Nuper Ut Aiunt Effossa.*

L'importanza delle dispute, che potrebbe ad un osservatore superficiale sembrare minima, si rivela sia dall'ardore con cui la lotta si impegnò tra scrittori, che come il Caracciolo ed il Della Vipera non erano usi a perdersi in chiacchiere, ma a dedicarsi al contrario a studi profondi e meritevoli, sotto ogni aspetto, di attenzione e dal rinfocolarsi di esse nei secoli successivi.

anno VI, n. 122 – 19 novembre 1994

Seicento e decadenza ma con poca obiettività

Il secolo XVII è generalmente considerato, specialmente nella storia letteraria e dell'arte, un secolo di grande decadenza dopo gli splendori del '500: né, in verità, si può negare che dopo la pace di Chateaux Cambresis la situazione politica in Italia, oramai di totale asservimento al dominio spagnolo, si rifletta anche nella vita letteraria del tempo.

Da un lato, infatti, il '600 reagisce al classicismo del secolo che lo aveva preceduto, dall'altro, nel cercare forme libere e nuove, contagiato, forse, dall'ambizioso fasto spagnolesco, cade nel bizzarro, nel pomposo, nel gonfio.

Sorge così un *seicentismo* in cui si usa e si abusa della retorica e si creano goffe immagini, sproporzionate, teatrali e false.

Guardando esclusivamente a tali aspetti, in cui l'Italia era caduta, dunque, per la servitù politica, per il gesuitismo imperante, per lo spagnolismo, per la smania di novità, si è venuto formando, contro la letteratura seicentesca, un giudizio sempre più negativo, influenzato senza dubbio dalla reazione che contro di essa si ebbe sulla fine del secolo XVII e i primi del secolo XVIII, reazione violenta paragonabile, secondo quanto afferma il Croce nella prefazione ai *suoi Saggi sulla letteratura italiana del '600,* alle repressioni usate nel Medioevo contro gli eretici. Ma anche una reazione avvalorata dall'autorità di personaggi come un Crescim-

Il secolo XVII condannato dalla storia al soccombente raffronto col Cinquecento

René Descartes, detto Cartesio.

181

beni, un Gravina, un Apostolo Zeno, un Muratori che furono nello stesso tempo storici ma anche primi delineatori di una storia della letteratura italiana.

Il Tiraboschi, parlando della poesia d'epoca, ne accenna soltanto, e come di *un argomento di cui pare che l'Italia debba anzi andar vergognosa che lieta e superba;* è opinione del resto condivisa dalla maggior parte degli autori di storia letteraria del '600.

Si sono avuti, in verità, accenni di benevolenza e anche di stima per alcuni autori del secolo in questione, ma in generale, fino ad oggi, sono mancate vedute obiettive che guardassero a questo secolo come ad un'epoca storica e, in quanto tale, necessariamente del tutto priva di un qualche valore positivo.

Il Seicento fu certamente età di decadenza; ma ogni decadenza non è mai assoluta e totale; nonostante le stranezze dell'epoca, scettica e superstiziosa, rilassata e violenta, qualcosa di nuovo e di bello si produsse in Italia anche in questo secolo, sia nel campo del pensiero sia in quello dell'arte.

Accanto, infatti, ad Accademie inutili e vaniloquenti, si videro sorgere quella del *Cimento* che, alzando a suo motto un verso di Dante *Provando e riprovando* iniziò la moderna scienza basata sulla ricerca e sull'esperimento; accanto a poeti stravaganti come il Marino si ebbero pure un Tassoni, un Testi, un Chiabrera, un Boccalini; di fronte a cinici, sensuali e

senza fede, risplendettero filosofi e precursori come il Bruno, il Campanella e rifulse la scienza esatta della natura, che, iniziata nel '500, fu portata al più alto grado dal Galilei e dalla sua scuola.

Nel campo delle scienze morali, con l'attenzione data all'ingegno ed alla fantasia, alla ragione di stato e all'arte di far fortuna, e con la erudizione, la critica e lo scetticismo storico da un verso fu continuato il Machiavelli e per l'altro fu preparata quell'esplosione filosofica che si chiama la *scienza nuova;* nel campo politico-storico non fu certo infecondo un secolo che ebbe fra i suoi maggiori rappresentanti Paolo Sarpi e che vide nascere Pietro Giannone. Se quindi di decadenza si vuole parlare, si parli di decadenza relativa considerando con la dovuta simpatia la produzione seicentesca senza però, d'altra parte, farla oggetto di ammirazione eccessiva o di culto.

Questa età, varia e complessa, piena di elementi diversissimi e di aspetti discordanti, si presenta con tutte le caratteristiche più precipue a Napoli e nelle province del Regno.

Soggetta oramai da tempo ad un governo straniero, atterrita dai continui processi che si celebravano il più delle volte fondati su accuse campate in aria e assillate dalle enormi tasse che dissanguavano il popolo, Napoli – dirà il Croce – covava in sé i germi della rivolta: rivolta sociale e politica che sfociò nella rivoluzione di

Masaniello, che, se pur resta un semplice episodio, è pur ricca di profondo significato; ma anche rivolta culturale che produsse quelle Accademie e quegli eruditi per cui risalgono a questo secolo in Napoli, come afferma il Croce, gli *incunaboli della nuova cultura*. Tra le Accademie furono importanti quella *delle Scienze* di cui fu principe Niccolò Cirillo e segretario Francesco Serao, medico insigne e filosofo e quella degli *Investiganti* che nella seconda metà del secolo ebbe breve ma intensissima vita.

Tra i primissimi studiosi di questo secolo ricordiamo Tommaso Cornelio, nativo di Rovito in provincia di Cosenza, che fece di Napoli la sua patria di adozione, insegnando presso quella Università e professandovi le idee di Telesio e di Galileo e a cui va il merito di aver promosso la ripresa degli studi filosofici e matematici e che in alcuni circoli culturali fece conoscere le opere di Cartesio e Giuseppe Valletta, possessore della più bella biblioteca esistente in Itala a quel tempo, ricca di circa 18mila volumi, aperta agli studiosi di tutto il mondo e frequentata da Giovan Battista Vico che ebbe il merito di aver costruito a sue spese, nell'Università di Napoli, la cattedra di lingua greca. Valletta fu anche assertore della filosofia cartesiana. Di tale filosofia, forse da qualche ignoto discepolo, fu curata una stampa per i torchi della Stamperia Arcivescovile di Benevento.

anno VI, n. 123 – 3 dicembre 1994

Pigmei condannati all'oblio.
Ma nel buio qualche luce...

La pontificia città di Benevento, sempre legata alle sorti dello Stato della Chiesa, visse isolata politicamente dal Regno di Napoli durante l'intero periodo della dominazione spagnola, che, fortunatamente, essa era riuscita ad evitare.

Le condizioni interne non erano gran che mutate da quelle del secolo precedente.

L'affluire sempre maggiore dei fuoriusciti napoletani *quantunque Clemente VIII con un suo breve avesse ingiunto che i regnicoli rei di lesa maestà non fossero accolti né in Benevento né nel contado, continuò ad essere causa di malcontenti e di risse; unica novità furono, si può dire, le frequenti usurpazioni di suolo beneventano derivate dalla prepotenza dei potenti Baroni delle terre vicine ... la Curia Romana bramosa di por fine a tali abusi se la intese col Viceré di Napoli e quindi mediante un reciproco accordo, furono seguiti stabilmente i confini del territorio beneventano.*

Ma anche se mancarono alla città i grandi fatti storici, la vicinanza col Regno di Napoli si faceva risentire per quel che riguardava usi e costumanze.

La nobiltà beneventana, a somiglianza di quella napoletana, trascorreva il tempo in ozi vari e spesso *azzuffandosi per punti e puntigli di onore.*

La giustizia, come a Napoli, così a Benevento, manomessa o inceppata tra residui di giurisdizione feudale non era più un freno sufficiente alle vendette feroci, ai frequenti omicidi e furti e doveva servirsi di mezzi barbari di pena, tortura, ceppi, berlina.

Il Clero poi che avrebbe dovuto appoggiare l'indebolita autorità laica, era spesso dissidente e fazioso, sordo agli stimoli di rettitudine che venivano da Roma o agli esempi dei vescovi del resto anch'essi intralciati nella loro opera *dagli intrighi dei Gesuiti locali e dalla vanità dei Consoli.*

In questo periodo di corruzione, *solo il popolo geloso delle sue libertà comunali, dava esempio di lavoro, di parsimonia, di attività nelle sue piccole industrie, nelle fiere, nell'esportazione del suo grano che avide richieste trovava nel Regno confinante.*

Per il resto, i ricchi trattenimenti in case patrizie, le superbe cavalcate, il lusso di vesti e di oro, la frequenza di rappresentazioni teatrali durante le quali *le ariette facili e fiorite dello Scarlatti, del Porpora, e del Sarra accarezzavano morbide e sensuali l'orecchio.*

Tutto questo ambiente languido, svigorito e frivolo, quando non era anche corrotto e infido, sembrava il meno adatto al sorgere di menti elette e profonde. Le Accademie stesse, che si moltiplicarono sull'esempio di quella dei *Ravvivati*, fondata nel secolo precedente, ed ancora in piena attività, tanto da annoverare fra i suoi iscritti un Niccolò Piperno, autore dell'opera scenica *La noce magica di Benevento estirpata da S. Barbato*, e come principe, dopo il Villani, lo stesso Giovan-

Incisione con San Barbato che estirpa l'albero sacro dei longobardi.

ni De Nicastro che la lode eccessivamente, non portarono nulla di nuovo nell'indirizzo letterario, anche se qualcuna di esse avesse dei nomi strani, come l'*Accademia degli Antipodi*, nome da cui, secondo il Majlender, si potrebbe arguire che i componenti di essa si esercitassero in un campo dello scibile opposto a quello delle altre Accademie beneventane e l'*Accademia dei Rozzi*, fiorita, secondo il Salaris nel 1628 ed ancora in vita nel 1636, o ancora l'*Accademia di Santo Spirito*, ricordata dal Giustiniani come nata nello stesso secolo in questa città, quanto antica, altrettanto di gran nome.

Al riguardo di tanti personaggi il Belloni nella sua storia letteraria dirà giustamente: *A chi ne ricerchi la storia negli elogi contemporanei parrà di avere innanzi una accolto di ingegni veramente sublimi, tanto che vedrà con frasi enfatiche esaltata ed incensata quella turba di pigmei, che la posterità ha meritatamente condannato all' oblio.*

Eppure, nonostante tutto, anche in questo secolo Benevento non rimase priva di ingegni fertili e gagliardi testimoni della fecondità con cui la necessità di una vera scienza fu sempre sentita nella nostra città illustre di memorie e di storia.

Nel campo della poesia, il rappresentante migliore fu indubbiamente Vincenzo Bilotta, discendente, per ramo materno, da Giovanna di Valois che, negli ultimi anni della sua vita passò da Napoli a Benevento.

Compose egli un opuscolo dal titolo *Canzone nelle nozze di Nunzio Sforza di Caravaggio* ed una tragicommedia *Paride*, inaugurata dal Senato Beneventano e che fu pubblicata postuma.

Gli encomi del tempo profusero per lui le più esagerate lodi, dicendolo uguale al Marino ed al Tasso; di certo, dovette essere un facile verseggiatore e munito anche di una buona vena poetica, se riuscì ad accattivarsi l'amicizia di Papa Paolo V.

anno VI, n. 124 – 17 dicembre 1994

Giulio Cesare Baricelli illustre medico sannita

Prosegue la nostra analisi sugli eruditi e sui cultori della scienza del secolo XVII

Giulio Cesare Baricelli

La personalità e lo spessore culturale di Vincenzo Bilotta non fanno dimenticare altri personaggi del tempo come Simone Basso e Orazio Comite che oltre a cimentarsi con la poesia scrissero egregiamente anche di storia.

Del primo che fu canonico teologo, poeta e giurista sappiamo che diede alle stampe una raccolta di poesia nel 1615, *Frammenti dell'epica poesia* pubblicate a Venezia presso Marco Antonio Galliero a cui seguirono una raccolta di *Rime Toscane* date alle stampe molto più tardi nel 1640 a Madrid. Anni prima aveva pubblicato a Napoli, nel 1619 presso gli Eredi di Tarquinio Longo una *Apologia per la Monarchia di Spagna contro Traiano Boccalini*. Ma la sua fama è legata alla sua passione per i fatti e le famiglie della città per cui scrisse una *Dissertatio de nobilibus beneventanis familis* che non diede mai alle stampe ma dovette girare in copia manoscritta perché più volte citate ed utilizzate dal De Nicastro e da tutti gli altri che lo seguirono.

Similmente a Simone Basso anche Orazio Comite, vissuto tra i due secoli XVI e XVII, letterato e principe della napoletana *Accademia degli Incauti*, pubblicò numerosi libri di politica, di morale e anche di storia. Di lui ricordiamo la *Rosselia* che comparve anonima nel 1617 e la *Tigurina* di contenuto pastorale che ebbe molta fortuna nella Napoli del '600. Nel 1627 diede alla luce a Napoli un volume di *Rime*.

Del 1602 va ricordata la stampa della commedia intitolata l'*Amor Fido* di Giovambattista Comite avvenuta a Napoli nel 1602. Nel ramo scientifico Giulio Cesare Baricelli raggiunse notevole notorietà. Nativo di S. Marco dei

Cavoti, iscritto tra i cittadini di Benevento fu un illustre medico dei suoi tempi. Diede alla luce numerose opere tra cui ricordiamo la *De Hidronosa Natura* nel 1614 e *De Lactis Seri et Butyri Facultatibus* nel 1623. Una sua fortunata raccolta di consigli medici, frutto della sua lunga esperienza di medico esercitata a Benevento per lunghi anni, fu pubblicata sotto il titolo di *Hortulus Genialis*, fu contemporaneamente data alle stampe sia a Colonia che a Ginevra nel 1620.

Il De Nicastro nella sua *Pinacotheca* ricorda anche Giacomo Figurazio che ai suoi tempi fu un medico famosissimo ma anche un fortunato chirurgo annoverando fra le sue pazienti anche la figlia del viceré di Napoli.

Un altro testimone dell'intensità con cui gli studi medici erano coltivati nel tempo fu Pietro Piperno filosofo oltre che medico, risanatore di anime e di corpi, autore della *Medica Petra* e di altre opere sulla medicina; caratteristica è la sua figura poiché egli credette alla leggenda delle streghe beneventane, diffusissima in quei tempi a Benevento, e forse con la sua accesa fantasia, *dovette intravedere tra la nebbia lieve di una notte di luna qualche tregenda, ed udire gridi dell'orgia paurosa ripercossi dalle sponde.*

Nella sua opera *De affectibus magicus ac de nuce maga beneventana* lo scrittore si sofferma a descrivere con ricchezze di particolari la saga delle streghe, *cavalcanti demoni assise lauta mensa.*

Dal Minieri Riccio gli è stata attribuita erroneamente la commedia *De Nuce Maga Beneventana* che fu invece scritta poi più tardi dal figlio Niccolò Piperno.

Suo è invece un trattato storico pubblicato a Napoli nel 1640. *Della superstiziosa noce di Benevento trattato historico del signor Pietro Piperno beneventano filosofo e medico et della Gran Giurisdittione di S. Sofia di essa città protomedico.*

Un altro Pietro, figlio di Niccolò, sale a notevole fama verso la fine del secolo XVII, Sacerdote nell'ultimo periodo della sua vita, ebbe rinomanza per la sua versatilità nel campo teatrale. Nel 1692 un suo ammiratore nell'elogiare il nome del Piperno, affermava che questi aveva dato alle stampe *ventidue opere che giravano per tutta l'Italia e anche per tutta l'Europa* e fra esse alcune *musicate e vedute in Spagna, Venetia, Torino, Roma, Fano e Bologna.*

Nel 1714, ancora vivente, la sua produzione era salita a 65 titoli, tra commedie sacre e profane, per cui fu anche molto conosciuto e apprezzato in Napoli. Abbondanti materiali offrono anche gli scrittori si scienze sacre, quasi tutti ecclesiastici, fra cui molti si interessarono anche di storia, giurisprudenza, arte oratoria con molto entusiasmo. Va ricordato padre Tommaso da Benevento, benedettino, *insignis theologus,* generale del suo ordine ricordato anche dall'Ughelli nell'ottavo volume della sua *Italia Sacra;* il carmelitano padre Vincenzo Ferrerio: *pietate ac prudentia spectatissimus* che splendette in tutti i campi della scienza; di Giovan Battista Capasso, figlio di Fabio e Camilla Bilotta, primicerio della Chiesa beneventana che raccolse le confessioni della venerabile *Servae dei Dianae Margiacco* e che divenne noto in *Daemonium exorcismo;* di frate Giovambattista Riccio dei Carmelitani, che studiò nelle migliori scuole d'Italia, a Capua, Napoli, Roma e presto fu annoverato e ascritto tra i migliori maestri di teologia.

Il De Nicastro riporta che con sommo plauso insegnò filosofia a Napoli ed ebbe incarichi di fiducia tra cui quello di Provinciale delle Province Napoletane; del gesuita Silvano de Vico, celebre oratore che predicò dalle tribune più famose d'Italia, Roma, Napoli e Milano; del padre Andrea de Gennaro, anch'egli Gesuita, Rettore del maggior collegio napoletano; di Girolamo Bertonio, teologo ed oratore e del fratello Vincenzo Bertonio, rinomato per pietà e saggezza; di fratel Matteo Mortignari carmelitano che coltivò la filosofia e la teologia e fu interprete dell'Università di Padova e fu insignito dal senato veneto *Theologi Honore.*

anno VI, n. 125 – 31 dicembre 1994

Nel Sannio tanti scrittori di vicende e cose sacre

Si conclude la lunga carrellata su eruditi e letterati dei secoli XVI – XVII e XVIII

Continuiamo la serie degli scrittori di cose sacre ricordando stavolta Giulio De Gennaro che dopo aver vestito l'abito della Compagnia di Gesù, divenne canonico della Chiesa Metropolitana ed infine arcivescovo. Eccellente teologo ed oratore, tenne in Napoli, con grande plauso, due corsi quaresimali a cui ne fecero seguito altri per tutta l'Italia, salendo in fama tale che i padri Gesuiti lo appellarono *Sacro Demostene del Sannio*. Il De Nicastro afferma che De Gennaro fu molto apprezzato da Biagio Cusano, pubblico lettore in Napoli e illustre poeta, il quale esagerando secondo il costume del tempo, ed associandolo nella sua missione di oratore a S. Gennaro, dice che *l'uno degli animi rei frange i diamanti col sangue che d'amor ferve in eterno* e l'altro *col fervor di un dire superno trae dai petti di marmo acque di pianto.*

Padre Andrea Bilotta, anch'egli gesuita che insegnò in Benevento ed altrove teologia e filosofia, e i fratelli Tommaso Francesco e Filippo Mascambruno, tutti ecclesiastici, dei quali il primo fu direttore in Napoli della Compagnia di Gesù, fu uomo dottissimo tanto che *dalla lingua spagnola* – afferma il Toppi – tradusse nella *lingua italiana un manuale degli esercizi spirituali composto da padre Tommaso Villecastain in Napoli nel 1633.*

Il secondo, anch'egli gesuita, ebbe incarichi di fiducia. Dirà il De Nicastro *si ammanta il suo nome di lode e gloria.*

Filippo, infine, divenne generale dell'Ordine dei Chierici Regolari Minori respingendo per modestia molte altre cariche, anche vescovili, offertegli dal papa.

Padre Bartolomeo Giannattasio, asceta della Congregazione di Montevergine, di cui divenne abate generale, professore di Teologia e studiosissimo d'antichità, a Benevento, in S. Sofia, per più anni ricoprì la carica di vicario generale.

Infine fratel Bartolomeo Caputo dell'ordine dei servi di Maria che assolse l'incarico di teologo della regina Cristina Alessandra di Svezia, amatissima dei letterati, e che fu anche oratore famoso. Il De Nicastro, grande ammiratore della regina, che in lei vedeva una novella Saba, appellerà il nostro col titolo di *nuovo Salomone.*

La serie degli scrittori legali, numerosi già nel secolo XVI, non si esaurisce, ma si arricchisce in questo secolo XVII e vedremo come molti fra essi saranno chiamati ed apprezzati fuori di Benevento, specialmente in Napoli dove gli studi di giurisprudenza fervevano di nuova ed intensa vita.

Sono tra i migliori del tempo Aloisio De Leo, celebre anche in Napoli ed altrove, il quale in Venezia pubblicò libri di commento in materie giuridiche; Gian Giacomo de Laurentis, il quale a trentotto anni diede alla luce il *De indice suspecto*, libro elogiato anche dal Guazzino; Nicola Scaglione, detto dal De Nicastro, che ne riporta la iscrizione funebre

Frontespizio di un libro di Decio Memolo

in S. Lorenzo il *primo fra i letterati*; Giambattista e Gian Camillo Mascambruno, fratelli dei precedenti, il secondo dei quali fu avvocato del S. Concistoro, e Matteo Mascambruno, figlio di Giovambattista ed appartenente, quindi, anch'egli a quell'illustre famiglia di cui Benevento mena vanto; Nicolò Saverio Albino, il quale addottoratosi in Roma in ambedue le leggi, assolse in Napoli per molti anni la carica di Nunzio Apostolico Uditore.

Rifiutò numerose cariche da papa Clemente XI che lo elesse infine canonico della Basilica Vaticana, aggiungendolo al seguito di Alessandro Albani, Nunzio Straordinario in Vienna.

Antonio Ragucci, autore di molte opere utilissime in materia teologica e giuridica come *De Voce Canonicarum in Capitulo, officio in choro et Missa in Ecclesia, Tractaus Visitationis* ed altri; Agostino Ursolupo *eccellente perito di diritto, sottile teologo, oratore fervidissimo*, famoso per i suoi sermoni in varie città d'Italia. La sua opera maggiore è la *Praxis civilem Beneventanae Curiae iuxta manicipales leges, nuncupatum abecedarium legale ac Consilia ad formam iuris et Statuti Beneventi*. L'opera, tuttavia, lamenta il De Nicastro, non vide mai la luce. Oltre numerosi altri giuristi di grido che illustrarono la città natale con le loro opere e ne tennero alto il nome con l'integrità della loro reputazione, come per esempio Nunzio Vespasiano e Virgilio Pedicini di cui il Giustiniani dice che si procacciò fama nell'esercizio del foro fin dall'età di 18 anni e *che pubblicamente in-*

segnò diritto in Benevento per più anni.

Virgilio Pedicini diede alle stampe *De Analisi et Sintesi triplicis entitatis juris.* Gianfrancesco Capobianco *celeber causarum patronus*, oriundo di Muro Lucano ma beneventano di adozione, a suo figlio Antonio che raggiunse la carica di Regio Consigliere, fu giudice delegato di quasi tutti gli ordini religiosi specialmente S. Benedetto, S. Domenico e la Chiesa dell'Annunziata ed in Campania combatté la criminalità per cui sempre, dirà il De Nicastro, *rifulgerà splendidissima la fiaccola della giustizia;* Decio Memolo e Giacomo Terragnoli che ebbe gli uffici di Vicario Generale in Benevento e Napoli e fu internunzio in Spagna e Nicola Villani celebre per la sua oratoria e che Principe dell'Accademia dei Ravvivati, prima del De Nicastro, coltivò altre scienze oltre la giurisprudenza. Al di sopra di tutti costoro affulsero, anche nel XVII secolo, i Bilotta, continuatori di una tradizione di studi giuridici di cui abbiamo già fatto cenno. Giovan Battista Bilotta, infatti, prima uditore, indi avvocato fiscale ed infine commissario della Campania, scrisse, come riportano il De Nicastro ed il Giustiniani, le *Communes convertationes, decisiones causarum civitatis Benevento* e le *Decisivae consultationes* e altre opere andate perdute che gli procurarono fama di profondo giureconsulto: suo figlio Ottavio, calabrese secondo Angelo Zavarrone, ma napoletano secondo il De Nicastro ed il Giustiniani, dottore in lettere è stato da noi già ricordato per esse-

re venuti in aiuto di Mario Della Vipera contro Caracciolo, circa la questione di S. Gennaro sia con lo *Istorico discorso circa la patria di San Gennaro, vescovo e Martire*, stampato a Roma nel 1636, sia con una *Apologia in latino* rimasta inedita secondo quanto afferma il De Nicastro. Scrisse anche, sempre in latino una *Vita Bartholomaei Camerarii*, stampata alla fine delle *Feudales repetitiones* del Camerario stesso, ricongiungendosi così idealmente a questo suo grande predecessore; inoltre pubblicò carie *Additiones* alle opere di suo padre, di suo zio Giannandrea di Andrea di Isernia, due *Iscrizioni* e l'*Epitaffio* in fronte alla *Supertiziosa noce di Benevento* del Piperno.

Non solo giurista, quindi, ma anche letterato e poeta fu Ottavio Bilotta, eclettico e profondo, degno discendente della sua nobile famiglia.

Con lui abbiamo chiuso una lunga carrellata sulle condizioni culturali beneventane nei secoli XVI – XVII e XVIII e dei suoi maggiori esponenti osservando tuttavia che di molti di questi non avremmo un ricordo tanto preciso e profondo, se uno storico beneventano, a molti di essi contemporaneo o di poco posteriore, non ce ne avesse parlato con abbondanza di particolari.

È questi Giovanni De Nicastro cui spetta, tra l'altro, il merito con la sua *Beneventana Pinacotheca*, opera molto nota ma poco letta in quanto scritta in latino, di aver tramandato alla memoria perenne dei posteri il racconto della vita e delle opere di tanti illustri concittadini.

Nella pagina seguente:
Pianta della città di Benevento
in una incisione contenuta nella
Istoria di Stefano Borgia.

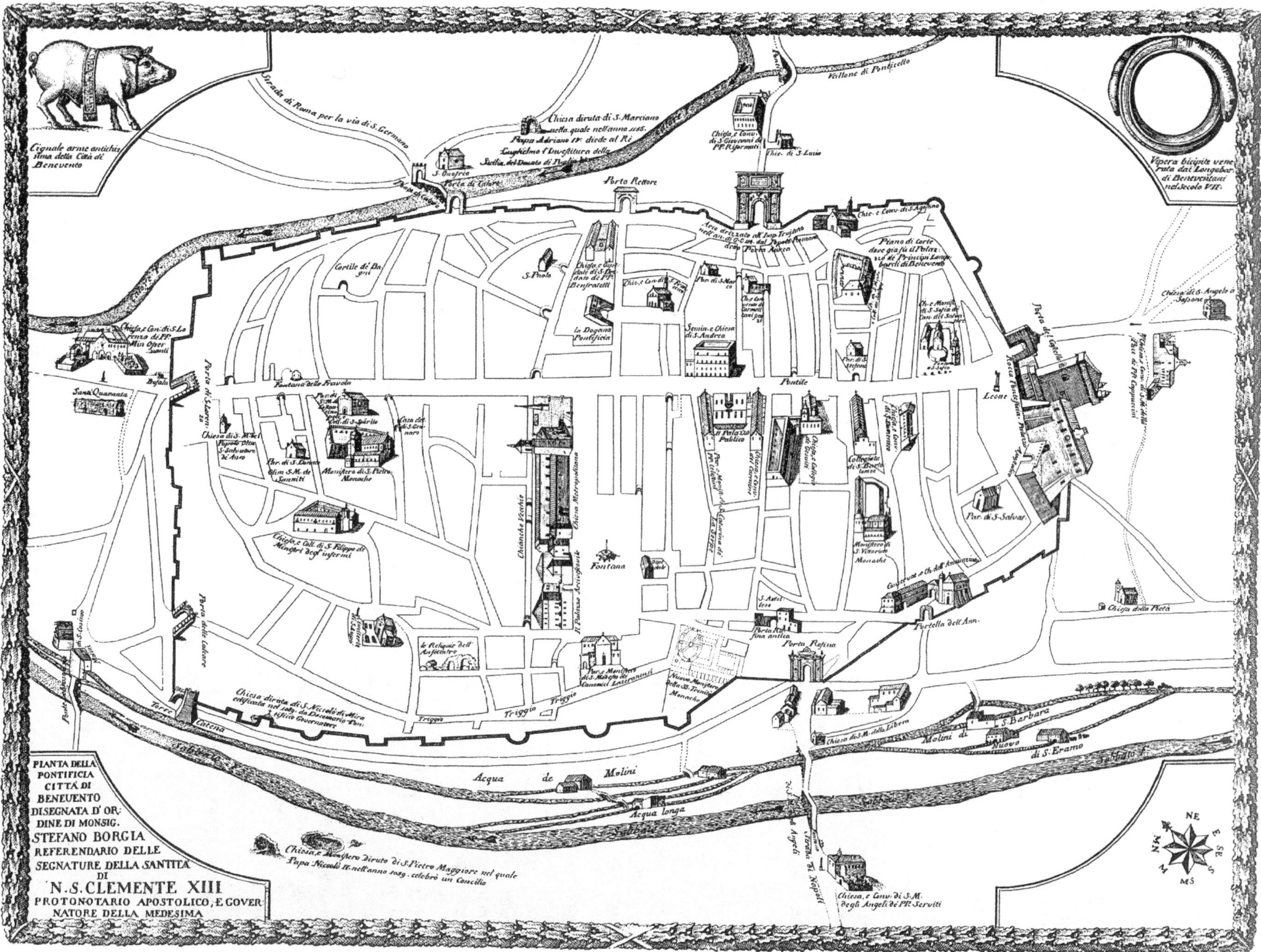

Cignale arme antichis:sima della Città de' Benevento
Strada di Roma per la via di S. Germano
Chiesa diruta di S. Marciano nella quale nell'anno 1155. Papa Adriano IV. diede al Rè Guglielmo l'Investitura della Sicilia, del Donato di Puglia
Villano di Pontricello
Chiesa, e Conv: di S. Giovanni de' PP. Riformati
Chie: di S. Lucia
Vipera bicipite vene:rata dal Longobar:di Beneventani nel secolo VII.
S. Onofrio
Porta di Città
Porta Rettore
Arco drizzato all'Imp. Trajano nell'an: di G. C. in dal Popolo Romano detto Porta Aurea
Chie: e Conv: di S. Agostino
Piano di Corte dove già fu il Palaz:zo de' Principi Longobardi di Benevento
Chiesa di S. Angelo à Saffone
Cortile de' Dazii
S. Paolo
Chiesa, e Ospedale di S. Re dale de' PP. Benfratelli
Chie: e Con: di S. Fran:co
Por: di S. Marco
Chie: e Monist: di S. Sofia di Can: dei Salvi
Chie: e Con: di S. Lorenzo de' PP. Min Oser sumiti
la Dogana Pontificia
Semin: e Chiesa di S. Andrea
Por: di S. Stefano
Pontile
Leone
Porta di Capolago. Palazzo
Chiesa, e Conv: di PP. Cappuccini
Santa Quarnata
Bufalo
Porta di S. Lorenzo
Fontana delle Fravola
Chiesa di S. M. del Popolo Ditta S. Salvatore de' Auro
Par: di S. Donato olim S. M. de Sanniti
Monistero di S. Pietro Monache
Chie: e Coll: di S. Filippo di Ministri degl'infermi
Porta delle Calcare
Chiamata Vecchia
Chiesa Metropolitana
Il Palazzo Arcivescovile
Il Pala:zzo Pubblico
Pon: e Monist: di S. Caterina de' PP. Celestini La Serpe
Chiesa, e Collegio de' Gesuiti
Collegiata di S. Bartolomeo
Chie: e Conv: di S. Domenico
Monistero di S. Vittorino Monache
Par: di S. Salvat:
Conservat: e Ch: dell'Annunziata
Chiesa della Pietà
Fontana
S. Antonio Abate
Porta Rufina antica
Porta Rufina
Portella dell'Ann.
le Reliquie dell'Anfiteatro
Pon: e Monistero di S. Modesto de Canonici Lateranensi
Nuovo Monistero Rela di S. Trinità Monache
Chiesa diruta di S. Niccolò di Mira edificata nel 1685 dal Governatore Pon:tificio
Triggio   Triggio   Triggio
Torre Catena
Acqua de Molini
Acqua longa
Chiesa, e Monistero diruto di S. Pietro Maggiore nel quale Papa Niccolò II. nell'anno 1059. celebrò un Concilio
Chiesa di S. M. della Libera
Molini di Nuova di S. Eramo
S. Barbara
Strada di Napoli
di S. Angeli
Chiesa, e Conv: di S. M. degli Angeli de' PP. Serviti
PIANTA DELLA PONTIFICIA CITTÀ DI BENEUENTO DISEGNATA D'OR:DINE DI MONSIG. STEFANO BORGIA REFERENDARIO DELLE SEGNATURE DELLA SANTITÀ DI N.S. CLEMENTE XIII PROTONOTARIO APOSTOLICO, E GOVER:NATORE DELLA MEDESIMA

Con la fine dei Longobardi la città è terra di conquista

Nel 1077 muore l'ultimo principe longobardo. Benevento è contesa tra Normanni e Papato

Il 17 novembre 1077 moriva Landolfo VI ultimo principe longobardo di Benevento senza lasciare prole maschile superstite. Il figlio Pandolfo che, fin dal 1056 aveva associato nel governo del principato, era stato ucciso dai Normanni, in uno scontro armato nei pressi di Montesarchio il 7 febbraio 1073.

A quel tempo, buona parte del territorio dell'antico principato longobardo era già stato occupato dai Normanni che oramai dominano incontrastati sulla città di Benevento, resasi così libera, si appuntarono le mire di Roberto il Guiscardo, che aveva l'animo di condurre la città sotto la sua signoria. Mire queste fortemente contrastate da papa Gregorio VII che, in ragione della permuta fatta anni prima con l'Imperatore Enrico, pretendeva che la città dovesse essere restituita alla Chiesa Romana.

L'intercessione dell'abate Desiderio di Montecassino, la cui autorità a quei tempi era grandissima, con tanta prudenza e destrezza seppe riuscire a pacificarli e ad ottenere, fra le tante condizioni, che da parte di Roberto il Guiscardo si dovesse lasciar libera la città di Benevento.

La Chiesa Romana, non essendoci più alcun ostacolo, neanche formale, prendeva possesso della città e i Pontefici Romani cominciarono a nominarvi come loro rappresentanti i rettori che presero dimora nel Sacro Palazzo dei Principi sito nella piazza Piano di Corte.

I primi due rettori, ridotti successivamente ad uno solo, governanti ad un tempo con pari autorità, furono sotto il pontificato di Gregorio VII, Stefano Sculdascio e Dacomario.

L'autorità dei rettori non si limitava alla sola città di Benevento ma si estendeva anche su tutto il territorio che da essa dipendeva e che è noto col nome di Contado beneventano la cui estensione, variabile nel tempo, all'epoca dei fatti che narriamo, veniva comunque circoscritta a tutti quei territori che ancora di dominio longobardo non erano stati occupati dai Normanni.

Non ci è stato possibile stabilire con esattezza i confini del nuovo ducato. Certo è che in questi primi anni doveva essere molto esteso visto che alcuni cronisti riportano che almeno al 1070 vi apparteneva ancora Pietrabbondante.

Dopo la morte di Gregorio VII i Normanni ripresero la lotta contro gli stati della Chiesa e, poco a poco, privarono il papato di buona parte delle pertinenze beneventane. Lo stesso stato di cose si ripetette ancora sotto i Re svevi che, scacciati i Normanni, alla fine del XII secolo, si impadronirono del Regno.

La Chiesa non solo non riusciva a recuperare una parte anche minima dei terreni toltile ma continuava a perderne degli altri, fin quando nel 1265 Clemente IV, nel dare a Carlo d'Angiò, fratello di Ludovico IX re di Francia, l'investitura del Regno di Sicilia e *tutta la terra che è al di qua del faro, compresa nelle precedenti investiture sotto il titolo di Puglia, Calabria, Marsica, fino ai confini degli stati della Chiesa, purché ne cacciasse lo scomunicato Manfredi ribelle alla Chiesa di Roma*, si riservava per sé e per la Santa Sede la Città di Benevento *così come avevano fatto i suoi predecessori* con espressa condizione di riconoscerne e fissarne i confini una volta a beneplacito dell'«Apostolica Sede».

La stessa intesa si riebbe nel 1289 con papa Nicola IV e con Carlo II succeduto a Carlo I nel 1285 e ancora nel 1309 con Roberto duca di Calabria figlio di quest'ultimo che da Clemente V in Avignone ne ottenne la medesima investitura sempre con le medesime condizioni.

Il diritto che i papi si erano riservato di poter una sola volta a loro piacimento riconoscere e definire i confini del loro dominio beneventano s'era, così nel tempo, trasportato insoluto fino alla fine della prima metà del secolo XVI. Allorché Clemente VI, prendendo coscienza del fatto, decideva di por fine alla questione e dava incarico, prima nel 1346, al cardinale Bertrando vescovo di Sabina che ne fu distolto per altri motivi e poi al cardinale Annibaldo vescovo di Tuscolo, nel 1348, che portò a termine l'incarico ricevuto.

Il papa da Avignone nel 1350, il

24 giugno, con una sua *Costituzione* dichiarava gli esatti confini del ducato beneventano. Il 27 novembre successivo ordinava all'arcivescovo di Benevento Pierre du Pin che a nome suo e della Chiesa ne mettesse in possesso il Rettore. Dalla lettura della Bolla si ricava che i confini del ducato erano di gran lunga molto più ampi di quelli di fine Settecento, includendo nei suoi limiti territori e paesi distanti dalla città fino a circa 20 km. (dodici miglia).

I capisaldi erano dati dai castelli di Ponte, Casalduni, Campolattaro, Fragneto Monforte, Fragneto l'Abate, San Severo di San Marco dei Cavoti, S. Andrea della Molinara, Pietradefusi, Paduli, S. Arcangelo, Montemalo, Apice, Dentecane, Montemiletto, Montefusco, Tufo, Altavilla, Ceppaloni, Pietrastornina, S. Martino, Cervinara, Montesarchio, Torrecuso, Paupisi.

anno VII, n. 129 – 25 febbraio 1995

Territorio ai minimi termini dopo il periodo longobardo

La città di Benevento diviene preda dei signori e dei regnanti confinanti

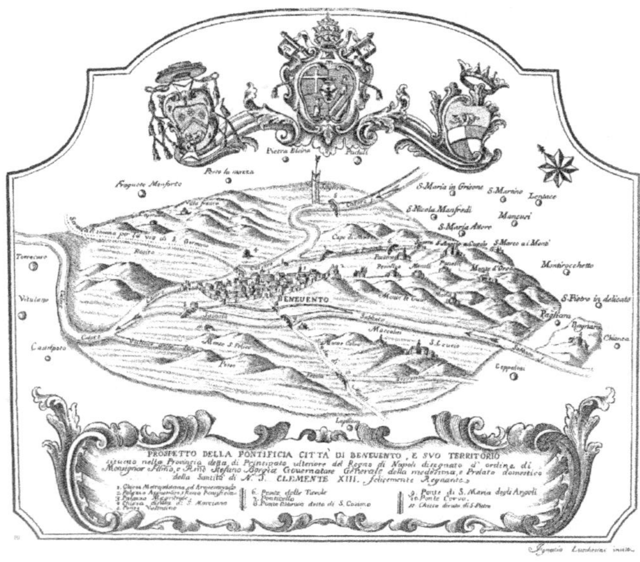

Il ducato di Benevento in una incisione contenuta nella Istoria di Stefano Borgia.

Dopo il lungo periodo longobardo, durato cinque secoli, durante i quali la città di Benevento, capitale della Longobardia meridionale era stata la dominatrice naturale della regione, sia per la sua posizione topografica, già sull'Appia, sia per le varie contingenze politiche, iniziava per Benevento una nuova pagina di storia.

Il vasto territorio del suo antico principato veniva ridimensionato ad un modesto ducato che ebbe, come abbiamo visto, una circoscrizione limitatissima a pochi Comuni, alcuni reclamati più volte dai re di Napoli, e a pochi casali circostanti passati con la città nel diretto dominio dello Stato della Chiesa.

Il nuovo territorio, così definito dalla Bolla di Clemente VI nel 1350, non veniva tuttavia accettato consensualmente né dalla regina Giovanna, che in quel momento reggeva Napoli, né dai re che si susseguirono sul trono partenopeo.

Il territorio, pur molto ristretto, tanto che nelle relazioni che le autorità locali inviavano a Roma veniva definito come *limitato angustissimo*, fu continuamente oggetto di conflitti giurisdizionali tra Roma e Napoli causati dalla continua appropriazione di parti di esso da parte dei baroni e delle comunità d'intorno.

Continue furono le revisioni dei limiti fra i due stati e nel 1564, durante l'arcivescovato del cardinale Giacomo Savelli, il bresciano Geronimo Dal Monte venne nominato commissario per la revisione dei confini e tra l'altro ebbe il compito di redigere *una diligentissima descrittione del territorio beneventano* e di presentare eventuali scritture contro quei baroni accusati di aver usurpato e occupato diverse proprietà di privati e del ducato di Benevento.

L'incarico fu svolto dal commissario con molta scrupolosità anche se più volte gli venne «raccomandato» di non destare la suscettibilità del viceré di Napoli.

Le liti di confine ebbero uno

sviluppo molto lento e continuarono ancora sotto i vescovi Massimiliano Palombara (1574-1607) e Pompeo Arrigoni (1607-1616). Nuovi commissari, questa volta eletti da papa Clemente VIII, furono il cardinale Maffeo Barberini, di cui il De Nicastro ricorda il suo soggiorno nel Convento di S. Agostino, e Pietro Mellino.

Le zone di confine maggiormente contese furono localizzate tra Apollosa e Ceppaloni. Non meno trascurabili furono quelle al confine con Ceppaloni, S. Nicola Man-

fredi e Paduli. Uno stato di cose, questo, che continuò per il tutto il Seicento e che troverà ancora un tenace difensore delle ragioni della città nella figura dell'Orsini. Alla sua morte le contese si riaffacciarono prepotentemente nel quadro politico locale per sfociare poi nella tacita e consenziente occupazione della città da parte delle soldatesche borboniche.

Un problema che, iniziato sei secoli prima, non aveva ancora trovato una valida soluzione ma si trascinava stentatamente arric-

chendosi sempre più con nuove, inutili perizie, con nuovi processi, destinati a morire lentamente per inerzia.

Ai primi anni dell'Ottocento, il ducato di Benevento era limitato a pochi Comuni ed a qualche casale circostante e dei quali daremo una breve storia. S. Angelo a Cupolo con le sue nove frazioni; S. Leucio del Sannio con i suoi dieci casali e i due castelli di Villafranca e Caprara siti sempre nel suo territorio.

anno VII, n. 130 – 11 marzo 1995

È guerra per il possesso delle colline beneventane

S. Angelo a Cupolo, con le sue nove frazioni, è territorialmente il comune più esteso.

Non molto lontano da Benevento, circa 9 chilometri sulla sommità della collina sulla destra del Sabato, troneggia assieme al grande fabbricato del Convento dei Liguorini.

Tutt'intorno gli fanno corona le nove frazioni di Perrillo, Panelli, Sciarra, Motta, Pastene, Maccoli, Montorso, San Marco a Monte e Bagnara. Nel corso dei secoli, quantunque tutto questo territorio fosse *ab antiquo* sotto il dominio pontificio, più d'una volta fu conteso dai Baroni di Montefusco e dai Re di Napoli, per cui più volte è stato teatro di scene sanguinose tra i beneventani e i regnicoli che ne disputavano il possesso.

Comunque, dal 1583 nessuno più ne contese il pacifico possesso del Papa. Prima di parlare di S. Angelo a Cupolo diamo brevi notizie sulle sue frazioni.

Alcune di esse, Perrillo, Maccoli, Sciarra, non hanno molta storia anche se in passato fortuiti rinvenimenti hanno riportato alla luce iscrizioni latine che attestano la presenza romana in queste zone. Al tempo dei Borgia, i tre casali contavano circa 400 persone.

Più interessanti sono invece le vicende di Bagnara, situata verso la fine del territorio beneventano sulla sponda destra del Sabato.

Fin dal XV secolo è stata feudo delle monache benedettine di S. Pietro che ne hanno detenuto il possesso forse anche da tempi più antichi ma non sempre pacificamente. Certo è che verso la fine del XIV secolo troviamo la terra di Bagnara infeudata a Riccardo Balduino o Baldini Barone di Montefredane della quale se ne era arbitrariamente impossessato assieme ai casali di S, Marco e Morganara in montagna Montefuscoli.

Ma contro di lui, su esposto

Conteso è S. Angelo a Cupolo con le sue nove frazioni

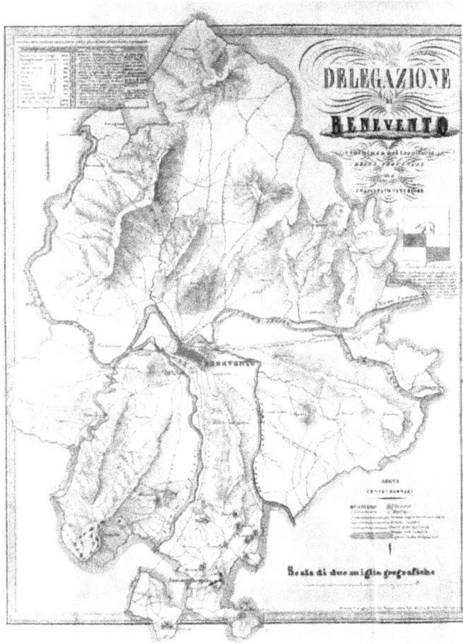

La Delegazione di Benevento in una tavola topografia di De Sanctis del 1843.

della Badessa di S. Pietro indirizzato a Re Ladislao, venne assunto un provvedimento di giustizia che probabilmente consistette nella restituzione alle monache delle terre che erano state arbitrariamente occupate, pur ammettendo il territorio nei confini del Regno le monache più volte tentarono di riammettere il feudo al territorio beneventano ma invano. Così lo si ritrova ai primi del XVI secolo essendo elencato tra i casali e i suffeudi di Montefusco, fino al 1541 quando se ne impossessò Marcello Caracciolo, marchese di Casalbore, al quale con forza fu sottratto dal Governatore di Benevento.

Questo nuovo assetto durò per tutto il XVI secolo e solo verso la fine si rivolse a favore dei beneventani anche in forza dei buoni rapporti che si instaurarono sullo scorcio di questo secolo con il viceré di Napoli.

Da allora è sempre stato inserito nei confini del territorio beneventano e pacifico possesso delle mo-

nache di S. Pietro la cui badessa pro-tempore si fregiava del titolo di Baronessa di Bagnara.

Montorso è situato più in alto, sopra Bagnara, sul culmine della collina.

Nelle antiche carte è citato come Monteturzo, Monte d'Orso o Monte d'Urso. Probabilmente prendeva il nome da un antico proprietario di nome Orso. Il Borgia, nella sua storia, asserisce che, in una contrada del posto denominata Palazzo, ancora ai suoi tempi si vedevano resti di antiche fabbriche di acquedotti e di una peschiera «molto nobile» e che, sempre ai suoi tempi, era viva la tradizione che in queste zone fossero ubicate le vigne dei Principi longobardi di Benevento.

Anche Montorso, che in una *verifica* del 1507 è detto dipendente dall'arcipretura di Benevento subiva, come la vicina Bagnara, le sorti delle terre di confine. Così per tutto il Cinquecento lo si ritrova a far parte talvolta del Regno

di Napoli per poi ritornare allo Stato Pontificio.

L'infeudazione a metà del Cinquecento, come Bagnara, a Marcello Caracciolo marchese di Casalbore, fu molto deplorata verso la corte di Napoli dal papa Paolo III Farnese che, vantando i suoi antichi diritti, condannava il Caracciolo alla restituzione dei beni o ad una multa pecuniaria di 10.000 ducati. Tuttavia senza alcun risultato. I beneventani, allora, con un colpo di mano, occuparono il paese.

Da allora in poi si susseguirono varie vicende. Riconquistata dagli spagnoli dopo pochi anni ritorna in possesso dei beneventani e così via via fino alla fine del secolo. Ai primi del Seicento, quando, evidentemente con la revisione dei confini effettuata da mons. Maffeo Barberini non venne definitivamente incluso nel territorio beneventano al quale rimase fino al 1860.

anno VII, n. 131 – 30 marzo 1995

Le origini di S. Marco ai Monti e di Pastene

Prosegue l'analisi storiografica delle frazioni di S. Angelo a Cupolo

Nelle precedenti puntate ci siamo interessati delle frazioni minori che compongono il Comune di S. Angelo a Cupolo: continuiamo oggi col dare uno sguardo a quelle che sono forse le frazioni più grosse: S. Marco ai Monti e Pastene. Incerte sono le origini di S, Marco ai Monti, L'assenza di reperti romani fa presupporre che non possa essere considerata uno dei tanti *vicus* o *pagus* che costellavano la zona.

Le prime notizie che si hanno risalgono al XII secolo e si riscontrano nella *Cronaca di S. Sofia*. Ai primi di quel secolo papa Callisto II che sedette sul sogli pontificio dal 1119 al 1124, con una sua bolla, nel confermare a favore del monastero sofiano privilegi e possedimenti vari tra l'altro cita: *la chiesa di S. Marco apud montes vicino lo fossa di S. Stefano.*

Di una località Monti ce ne parla anche il Borgia nelle sue *Memorie Storiche*. Questa località, ancora prima che fosse edificata la chiesa di S. Marco, che avrebbe poi dato il nome a tutta la zona, fu comperata da Labinia badessa del monastero di S. Maria di Porta Somma di Benevento per la cifra di 40 denari da Adenasio, figlio di Lamberto. Era l'anno 1086.

La costruzione della chiesa dedicata al Santo evangelista va quindi datata tra questi due limiti temporali: 1086-1120, ed è quindi probabilmente collegata all'azione fondatrice di cappelle e di edifici religiosi promossa dal monachesimo in quei tempi.

Per le note vicende che, a causa della fondazione della Rocca dei Rettori, portarono all'unione del monastero di S. Maria di Porta Somma con quello di S. Pietro dentro le mura di Benevento, tutta la zona passa sotto il dominio della Badessa di S. Pietro.

La presenza della chiesa richiama tanta gente in quei luoghi che dal censimento napoletano del 1532 risultano presenti sul posto 13 famiglie, pari ad un centinaio di persone, 154 nel 1545, 16 nel 1561.

Similmente agli altri casali di confine anche la terra di S. Marco fu contesa dalla Corte di Napoli tanto che per un breve periodo, alla fine del Cinquecento, la troviamo infeudata alla famiglia Tomacelli, per poi tornare definitivamente allo Stato Pontificio.

Questo definitivo passaggio segnava anche l'inizio di un deciso incremento demografico che portava la popolazione a contare nel 1732 ben 246 unità ripartite in 46 famiglie.

Un Luigi, nel 1633, ebbe sulla terra di Pastene il titolo di Conte. La famiglia Memmoli, oriunda arianese, era iscritta alla nobiltà di Benevento dove si era trasferita ai primi del XVI secolo con Ottavio. Ottavio fu padre di Luigi creato conte e di Decio che, ordinato sacerdote, visse a Roma sotto la protezione del cardinale Millino. Fu autore di molte opere tra le quali, appunto, *La vita del card. Garzia Millino* stampata a Roma nel 1644.

Il titolo di conte delle Pastene, per matrimonio tra Lucrezia Memmoli, figlia di Luigi, e Fabio Capasso, nobile beneventano e napoletano, celebrato nel 1650, passa alla famiglia di quest'ultimo. Fabio fu il primo conte delle Pastene della famiglia Capasso che ne conserva tuttora il titolo.

Senza essere scosso da grossi eventi, se non le varie calamità: peste, colera e così via, che si abbatterono sul Regno di Napoli, la vita di S. Marco scorreva tranquilla fino al 1860, sempre alle dipendenze della badessa del monastero di S. Pietro che ogni anno esigeva, in segno di vassallaggio, da ogni famiglia il pagamento di un carlino e la *gallina* che poteva essere sostituita con grana 15.

L'altro casale è Pastene, una piccola frazione distante da Benevento 5 o 6 km., formato da una sola strada con la chiesa dedicata al SS.mo Rosario.

Il nome è antico: il casale esisteva certamente al tempo dei romani. Una iscrizione citata dal Teodoro Mommsen e riportata dal Meomartini, ci dice che in essa ebbe dimora un tal S. Curzio, soldato della XXX legione stellatina cioè beneventana.

Il Borgia poi riporta un'altra iscrizione, sempre di epoca romana, che probabilmente doveva essere sistemata sotto qualche ara dedicata ad Ercole.

Tranne una stringata notizia di epoca medievale riportata dal Meomartini e dalla quale ricaviamo che Gontario, abate di S. Modesto di Benevento, restituisce a Montecassino una *curtem* in Pastene, null'altro sappiamo.

Nel 1633 la frazione fu, da papa Urbano VII Barberini, data in feudo alla famiglia Memmoli.

Stemma araldico della famiglia Capasso.

anno VII, n. 132 – 8 aprile 1995

S. Angelo a Cupolo contesa tra regnanti

Probabilmente di epoca longobarda il paese si erge a cavaliere sulle colline del Sabato

Nel nostro girovagare sulle colline del Sannio che gravitano sulla valle del Sabato, al confine con l'avellinese, abbiamo toccato tutti quei casali o quelle frazioni che compongono il Comune di S. Angelo a Cupolo.

Resta da dare qualche cenno di questo Comune, prima di passare sull'altra sponda del Sabato, per conoscere altri Comuni dell'antico Ducato beneventano.

S. Angelo si erge a cavaliere sulle colline alla destra del Sabato con il grande Convento dei Liguorini. Il toponimo Cupolo è molto antico. Lo si incontra per la prima volta in un documento del 1065 in cui si fa cenno di una donazione a favore del monastero di S. Vittorino di alcuni beni nelle pertinenze di «Cupoli».

Il Borgia poi, nelle sue «Memorie», ricorda che la stessa località è menzionata ancora in una bolla del 1168 di Alessandro III che conferma a favore del monastero di S. Vittorino alcune terre «de loco Cupoli».

Certo è che nel necrologio di S. Spirito del 1198 già è ricordato una chiesa di S. Angelo a Cupolo.

Da una chiesa dedicata all'arcangelo Michele, e quasi certamente già esistente in epoca longobarda, prende quindi nome il paese di S. Angelo detto poi a Cupolo perché situato nella zona più alta. Dopo queste notizie null'altro sappiamo di Sant'Angelo.

Non conosciamo i nomi dei feudatari normanni mentre ci è noto che sotto la signoria Angioina un tal Guglielmo di Sant'Ange-lo era utile signore della terra di Sant'Angelo. Per tutto il XIV secolo e la metà del XV le cronache del tempo non ci ricordano altro.

Nel 1467 troviamo la terra di S. Angelo unita a quella di S. Maria a Toro.

Il primo agosto del detto anno re Ferdinando d'Aragona con un suo diploma accordava l'investitura della terra di S. Maria a Toro e del casale di S. Angelo a Cupolo a Leonardo Moccia di Napoli, figlio del defunto Troilo. Da Leonardo nasceva Mariano che da re Ferdinando il Cattolico, con suo privilegio sottoscritto il 20 gennaio 1508, veniva riconosciuto legittimo possessore dei medesimi feudi. È di questi tempi anche la notizia riportata per la prima volta che l'arciprete di Benevento era proprietario di una piccola parte del feudo di S. Angelo.

Il Mariano alienava S. Angelo a Cupolo col patto del riscatto al giovane Luigi Della Vipera, nobile beneventano. Il 25 giugno 1559 poi cedeva tale facoltà di riscatto a Scipione Gambacorta di Napoli che tuttavia non esercitava il patto di ricomprare per cui gli fu possibile alienare una seconda volta S. Angelo a Cupolo ad un suo parente Bernardino Moccia con l'obbligo di riscattarlo dal Della Vipera.

Su questa ultima vendita veniva concesso il regio assenso il 30 novembre 1564.

Bernardino Moccia decedeva il 3 luglio 1570.

I casali di S. Maria a Toro e di S. Angelo a Cupolo passavano al figlio Mario, che pochi anni dopo alienava alla signora Maddalena Gentile, moglie di Marcangelo De Sotiis e madre di Federico. Questi, sposato con Eleonora Memoli ebbe una figlia, Feliciana, alla quale diede in dote i casali di S. Maria a Toro e S. Angelo a Cupolo. Nel 1592 fu pagato l'ultimo rilievo feudale. Ma le vicende continuano. Pochi anni dopo, nel 1602, veniva fatta una vendita «sub asta» dei citati casali *ad istanza dei creditori di detta quandam Feliciana de Sotiis e di Federico suo padre per ducati 8260* a beneficio di Mario Latino della città di Benevento, che faceva tale compera a nome dei nipoti nascituri dal matrimonio del figlio Giovan Antonio con Dianora D'Ancora. Nella vendita erano anche incluse le terre di S. Angelo a Cupolo ma il Latino non entrò mai in possesso di tale terra in quanto la città di Benevento e l'arcivescovo di viva forza l'occuparono e la ritennero facendosene fare una *forzata cessione* dalla famiglia Latino. Nel 1630 la stessa Regia Camera della Sommaria ratificava il possesso dell'arcivescovo della terra di S. Angelo che entrava così definitivamente sotto la dominazione papale. Motivazione questa che determinava, circa 130 anni dopo, la costruzione in questa zona del Collegio dei Padri Redentoristi.

Passato Benevento al Regno d'Italia nel settembre del 1860 S. Angelo, con tutti i suoi casali, ne seguiva la sorte e dal 1861 entrò a far parte della neo costituita provincia di Benevento.

anno VII, n. 133 – 22 aprile 1995

Le antiche origini di S. Leucio de Collinis

Un antico Casale che aggiunge il toponimo «del Sannio» agli inizi del secolo

Al di là del fiume Sabato, sulla collina che innalza tra la omonima Valle e le prime propaggini della Valle Caudina, all'incrocio di S. Angelo a Cupolo, si erge S. Leucio del Sannio.

Distante da Benevento circa 9 chilometri, il paese, che conta circa 3.300 abitanti, viene così chiamato in forza di un provvedimento reale sottoscritto da Vittorio Emanuele III, nel 1928, per distinguerlo dall'omonimo S. Leucio di Caserta.

In antico prendeva il nome di S. Leucio de Collinis e in alcune carte ancora più antiche, del XII secolo, era conosciuto come il Casale dei Collinari.

Le prime notizie intorno a questo centro, che da sempre ha fatto parte del Ducato beneventano, risalgono all'XI secolo, per l'esattezza all'agosto del 1085, quando, per gli atti del notaio Giovanni, è registrata la donazione di una vigna fatta da Giovanni Alferio e sua moglie a favore della chiesa di S. Nazzaro costruita nel luogo detto Collina.

Di pochi mesi più tardi, dicembre 1085, è la risoluzione di una lite tra i fratelli Urso, Maldefrido e Burrello e un tal Giovanni figlio di Bernardo per un taglio abusivo di alberi nel luogo detto Collina.

Dell'agosto del 1171, invece, registrata dal notaio Giacomo di Benevento, è ricordata la donazione da Guglielmo, figlio di Adeodato di Ceppaloni, a favore di Alfredo Scorso, di una terra incolta situata fuori la città di Benevento,

nella località detta «Collina» nei pressi della chiesa di S. Leucio. La chiesa, dedicata a S. Leucio e dalla quale prenderà nome tutta la zona di S. Leucio de Collinis, costruita nella prima metà del XII secolo, è già menzionata in altro documento del 1158 dove viene ricordata come facente parte dei beni dell'abbazia di Montevergine *ecclesia Sancti Leucii de Collinis* e ritorna poi in una bolla dell'arcivescovo beneventano Arnaldo di Brusacco del 1343.

La denominazione S. Leucio de Collina de Collinis unita, qualche volta, a quella più generica di Casale dei Collinari, sarà mantenuto in uso, come abbiamo giù ricordato, fino al 1928 quando aggiungerà la voce Sannio.

Dopo le prime notizie citate, segue un lungo periodo di silenzio interrotto ai primi del XVII secolo e dovuto principalmente alla massa di notizie forniteci dagli archivi parrocchiali e di carattere prevalentemente demografico. Dal punto di vista politico, S. Leucio subiva le stesse vicissitudini dei casali di confine come abbiamo già visto per Bagnara e Montorso. Anche qui, a cavallo tra i secoli XVI e XVII, lo Stato Pontificio ed il viceré di Napoli, si contendevano un territorio di confine chiamato Eschito. E, conseguenzialmente, come nei casali già citati, si assistette all'occupazione armata dei Napoletani poi scomunicati dal Papa.

Erano, comunque, tempi difficili e vivere in quelle zone di confine

non era affatto facile. Le tensioni si calmarono solo sul finire del XVII secolo con la stabile definizione dei confini. Oggi, il ricordo di queste antiche vicende è legato al toponimo «Confini». Fino al 1860 S. Leucio faceva parte dello Stato Pontificio e dopo l'Unità entra a far parte della Provincia di Benevento. Il territorio, non molto esteso, confinante con Benevento, Apollosa e Ceppaloni, è molto fertile e molto salubre e, se non difettasse di idonee attrezzature turistiche, potrebbe essere un'incantevole località di villeggiatura, data la vicinanza con Benevento.

Difatti, lo storico cardinale Stefano Borgia, che soleva qui villeggiare durante il periodo trascorso nella nostra città quale delegato pontificio, durante gli ozii di S. Leucio scrisse i tre volumi delle pregevoli «Memorie istoriche di Benevento» ed il suo esempio fu seguito, parecchi anni dopo, da un suo successore Gioacchino Pecci, poi papa col nome di Leone XIII, che alloggiò in casa di Michelangelo Zamparelli al Casale Verdini.

Il Comune è costituito da ben 10 frazioni: Zolli, Feleppa, Cavuoti, Verdini, Ciardielli, Valli, Confini, Amicoli, Rizzi e Maccabei.

Questi Casali, però, non hanno reminiscenze storiche di rilievo anche in ragione della loro costituzione che è abbastanza recente.

Il solo Casale dei Maccabei ebbe, nei tempi remoti, una certa autonomia.

anno VII, n. 136 – 3 giugno 1995

Un ducato senza nobiltà feudale ma con i titoli resi dalla Chiesa

L'arcivescovo di Benevento sarebbe ancora barone di S. Angelo a Cupolo

Nel nostro girovagare per il territorio dell'antico ducato entro i confini definiti ai primi del XVII secolo, abbiamo visitato i paesi che ne facevano parte: quello di S. Angelo a Cupolo e quello di S. Leucio coi relativi casali. Per quelli dove ne era possibile abbiamo dato essenziali cenni storici. Abbiamo anche notato come la quasi totalità del territorio era alle dirette dipendenze di enti ecclesiastici: abbiamo rilevato la totale mancanza di una nobiltà feudale civile mentre abbondavano titoli nobiliari legati a enti ecclesiastici. Così abbiamo l'abate di San Modesto che fra i suoi titoli si fregiava anche di quello di Barone del Casale dei Maccabei; la badessa del monastero di S. Pietro da dentro era Baronessa anche di Bagnara; l'abate di S. Sofia era Barone di Fragnetello meglio noto come Fragneto l'Abate; lo stesso arcivescovo sembra che conservi ancora oggi il titolo di Barone di S. Angelo a Cupolo. Quindi una nobiltà ecclesiastica di tipo feudale di origine certamente medievale. Mancava per il piccolo ducato beneventano una nobiltà civile legata al territorio. Mancanza colmata da papa Pio VI sulla fine del XVIII secolo che istituì una cosiddetta «nobiltà rurale» che legava il proprio uomo e il titolo ad un proprio possedimento situato nei limiti del ducato e comunque non inferiore per estensione a 900 tomoli...

Abbiamo così i Mosti, marchesi di Villafranca cui unirono più tardi l'omonima tenuta dei Mosti; i De Simone, marchesi di Corvacchini; i Terragnoli, marchesi delle Cammerelle.

Di poco anteriore, circa un quarantennio, abbiamo la famiglia del conte Ascalese che lega il proprio nome al feudo di Cischernino già appartenente alla famiglia Bilotta mentre la famiglia Rotondi, sullo scorcio del secolo XVIII, legò il suo casato ad una antica tenuta già appartenuta alla famiglia Mascambroni e della quale conservava il nome.

Questa lunga introduzione per ricordare che un solo feudo collocato all'interno dei confini del ducato beneventano era possedimento con titolo comitale di una antica famiglia nobile napoletana trapiantatasi a metà del XVI secolo nella città di Benevento. Ora parliamo della famiglia Capasso e del feudo delle Pastene.

La contea delle Pastene era pervenuta alla famiglia Capasso nella prima metà del XVII secolo nella persona di Fabio II (1619-1674) unito in matrimonio il 12 aprile 1644 con Lucrezia Mummoli, figlia ed erede di don Federico Mummoli, secondo conte delle Pastene di questa casa.

Il casale delle Pastene conserva una storia antica e ricca di avvenimenti subendo in parte le vicende dei feudatari di Montefusco prima e di S. Maria a Toro più tardi.

Alla fine del XIII secolo troviamo la famiglia Montefuscolo Barone e signore di S. Maria a Toro e delle Pastene. Estintasi tale famiglia, il feudo ritorna alla corona e da Carlo II d'Angiò, con assenso papale, nel 1309 ne viene investito Giovannuccio Monforte. Nel 1362, il feudo risulta in possesso di Leone Dell'Aquila, per eredità di Paolo Monforte. Alla morte di questi il feudo ritorna alla corona e nel 1374 è donato a Carlo Capograsso; nel 1400 Re Ladislao lo reintesta alla famiglia Montefuscoli nella persona di Guariniello che nel 1407 lo rivende a Leonardo Moccia. Il feudo resta nella famiglia Moccia per ben 165 anni. Nel 1573, previo assenso di Filippo II, il feudo è venduto da Mario Moccia a Beatrice Caracciolo e 3 anni più tardi, nel 1575, con una nuova vendita alla signora Maddalena Gentile, Baronessa di S. Nicola Manfredi, vedova di Marco Angelo De Sotiis e da questa al figlio Federico De Sotiis. Quest'ultimo, che trae in matrimonio la nobile Eleonora Memmoli di Napoli, e procrea Feliciana De Sotiis che va sposa a Luigi Antonio Memmoli, sulla terra delle Pastene otteneva da Urbano VII (Barberini) nel 1633 il titolo comitale diventando così primo conte della Pastene.

La contea delle Pastene passò così al figlio di Luigi, Federico, secondo conte delle Pastene e padre di Lucrezia, moglie di Fabio II Capasso, primo conte della sua famiglia, come abbiamo già visto. Da questa data il piccolo feudo delle Pastene è sempre stato nella famiglia Capasso.

anno VII, n. 138 – 1 luglio 1995

Rubati gli ori della Madonna. Subito acciuffati i malandrini

Domani, 2 luglio, cade la ricorrenza della festività della Madonna delle Grazie. Cento e più anni fa, esattamente nel 1893, il cardinale Camillo Siciliano di Rende, arcivescovo di Benevento, coadiuvato da mons. arcivescovo Francesco Carrano, dal vescovo di Lucera mons. Consenti e dal vescovo generale della Diocesi mons. Boccamazzi, alla presenza di numeroso popolo, celebrava Messa nel nuovo tempio eretto in onore della Mamma celeste e per la prima volta solennizzava il 2 luglio dedicandolo alla Madonna delle Grazie.

Per l'occasione, per favorire e facilitare 1'afflusso di persone dai paesi vicini, l'Amministrazione delle Ferrovie, in considerazione dell'importanza della festa, concesse, per i biglietti di andata e ritorno per Benevento, una validità di durata dal 28 giugno a tutto il 3 luglio.

Da allora, ogni due luglio, una folla numerosa e mai scemata si reca a rendere omaggio alla Madonna delle Grazie, protettrice di Benevento e del Sannio. In questa occasione, tuttavia, non vogliamo dilungarci oltre sulla manifestazione inaugurale che per Benevento fu di una importanza eccezionale sia storica che sociale e sulla quale forse ritorneremo in altro momento.

Qui ora vogliamo solo ricordare tre episodi, sempre riguardanti la Madonna delle Grazie, e relativi tanto al nuovo costruendo edificio, quasi totalmente terminato sulla fine del XIX secolo,

quanto al vecchio convento esistente a lato del nuovo, episodi i quali, pur accaduti in tempi diversi e lontani fra loro, hanno in comune anche il fatto di essersi verificati nel mese di giugno.

Il primo di questi ebbe luogo pochi anni dopo l'annessione di Benevento al Regno d'Italia. La città, capoluogo della nuova Provincia voluta da Garibaldi e approvata con decreto luogotenenziale del febbraio 1861, è tutto un fermento di attività culturali e urbanistiche. Dopo secoli di immobilismo, piccola isola nel regno di Napoli, si ritrova capitale di una provincia più o meno vasta e cerca di adattarsi al nuovo ruolo. Si completano alcuni lavori iniziati sotto il pontificato di Pio IX e si aprono nuovi cantieri. Si sistemano le vecchie strade, se ne progettano di nuove, si studiano più veloci collegamenti ferroviari.

Si abbattono le mura, la città comincia ad espandersi al di fuori della cinta muraria. Lo stesso Convento di S. Lorenzo, fuori della omonima porta, unito alla città da un rettilineo viale ombreggiato da secolari platani, sembra più vicino al centro urbano. E più raggiungibile dovette sembrarlo anche ai 3 balordi che nella notte del 1° giugno 1868 introdottisi nella chiesa dopo aver rotto la protezione di vetro che chiudeva la nicchia della Madonna, ne rubarono tutti gli oggetti votivi in oro. Prontamente scoperti ed individuati da un carrettiere di Cervinara

L'episodio accadde nel Tempio dedicato alla Patrona del Sannio

Cartolina di inizi Novecento con la statua della Madonna delle Grazie, ricoperta dal suo tesoro.

di nome Gennaro Bove, i ladri, due napoletani, Giuseppe Sferra e Luigi Maresca, cui si era unito il beneventano Ignazio Inghessa, tratti immediatamente in arresto furono a stento salvati dal furor di popolo che voleva linciarli. L'oro recuperato, sistemato in un vassoio, fu portato trionfalmente in chiesa, in mezzo a due ali di popolo festeggiante, dall'assessore anziano del Comune Giuseppe De Martino. Il popolo, in quella occasione, fece altri donativi. La nicchia, ove era allocata la statua della Madonna, fu chiusa con una nuova lastra di vetro fatta fabbricare appositamente a Praga ed il cui costo fu di 170 lire. L'altra lastra rotta dai ladri venne fatta a pezzettini e distribuita devozionalmente ai fedeli.

Il secondo episodio è del 9 giugno ma del 1839, giorno della Pentecoste. L'allora delegato apostolico mons. Gioacchino Pecci, il futuro papa Leone XIII, pose la prima pietra del costruendo Tempio delle Grazie. Riportiamo la lettera invito che per l'occasione lo stesso delegato indirizzò alla magistratura municipale.

Benevento, 8 giugno 1839

Illustrissimi Signori, il nuovo Tempio dal pubblico voto dedicato a Dio, in ossequio della SS.ma Vergine delle Grazie, protettrice di Benevento, va a costruirsi, e per benigna delegazione di questo Ecc.mo e Rev.mo Sig. Cardinale Arcivescovo, vado domani 9 andante, in forma pubblica e col rito prescritto dalla nostra S. Chiesa, a piazzare la pietra fondamentale.

Trattandosi di una vera cerimonia quanto augusta, altrettanto commovente per titolo cui si riferisce, è mio desiderio che le pubbliche Autorità, vi assistano, onde dare alla popolazione una nuova prova della loro divozione verso la SS.ma Vergine e del loro concorso ad un'opera pia e utile sotto tutti gli aspetti. In conseguenza di ciò passo alle SS. VV.Ill. l'invito di recarsi nelle mie stanze alle ore venti e trequarti precise, onde nelle compiute forme accedere al luogo della cerimonia.

In tutto mi confermo con distinta stima. Delle SS.VV. Illme dev.mo servo. Il Delegato Apostolico G. Pecci.

Il terzo episodio è del 16 giugno 1901. Il card. arciv. Donato Maria Dell'Olio, alla presenza dell'arcivescovo di Marcianopoli mons. Paolo Schinosi, del vescovo di Cariati mons. Giuseppe Barillari, del sindaco e di tutta la Giunta municipale, consacra solennemente la chiesa di S. Maria delle Grazie con l'altare maggiore fatto a spese del Sommo Pontefice Leone XIII Pecci.

anno VII, n. 141 – 23 settembre 1995

Riparte dagli Ignorantelli l'istruzione popolare

L'obbligatorietà della scuola fu sancita nel 1806 dai reali di Napoli

Ogni anno, sul finire dell'estate, ai primi di settembre, puntualmente si ritorna a parlare della scuola e dei problemi ad essa legati. E di problemi ce ne sono tanti, a cominciare dagli edifici per finire a quelli degli orari, dei libri, a quelli della scuola dell'obbligo. E per quest'ultima si evidenzia che un decimo degli italiani, al di sopra dei 14 anni, non ha alcun titolo di studio e che oltre un terzo non è andato oltre la scuola media. C'è la necessità quindi di recuperare quanti più soggetti possibili e fornirli di una buona capacità di lettura e di scrittura.

Il problema della scuola primaria obbligatoria ha radici antiche. Il primo atto legislativo che fu emanato dai reali di Napoli porta la data del 15 agosto 1806. Con esso Giuseppe Bonaparte rendeva obbligatoria l'istruzione popolare per ambedue i sessi per tutte le *città, terre e ville e ogni luogo abitato del Regno*, affidando l'incarico ad un maestro che provvedesse all'insegnamento dei principii della grammatica e della dottrina cristiana. A questo primo decreto fanno seguito l'altro del maggio del 1810 che istituiva la scuola primaria obbligatoria. La realizzazione di questo disegno si rivela subito una impresa quasi impossibile proprio per la mancanza del personale insegnante idoneo *per cultura, moralità e prestigio*.

Ciò nonostante, nel giro di breve tempo si aprirono le prime scuole. Anche nel ducato beneventano, per interessamento del governatore Louis de Beer venivano istituite in Benevento nei locali del soppresso collegio gesuitico, che già ospitava il liceo inaugurato nel 1810, le prime scuole elementari maschili, mentre altre scuole venivano aperte nei casali di S. Leucio, S. Angelo a Cupolo, Perrillo, Pastene, Bagnara e Montorsi.

Nel restante territorio beneventano poi altre scuole aperte per volere di Ferdinando IV erano operanti fin dal 1792-93 a S. Agata dei Goti, Airola, Frasso Telesino e Paduli.

A maggio del 1813 si istituiva anche la scuola secondaria ad Airola e nell'aprile del 1818 a Morcone. Subito dopo la Restaurazione seguiva un periodo di abbandono. Le scuole istituite venivano via via soppresse e gestite dagli ecclesiastici ridotte al rango di scuole parrocchiali gratuite e dove l'insegnamento veniva ridotto alla sola dottrina cristiana.

A Benevento città solo dal 1834, per volontà del cardinale Bussi, veniva ripristinato l'insegnamento primario di tipo popolare e affidato alle cure dei Fratelli delle Scuola Cristiane che aprirono, nell'edificio della soppressa abbazia sofiana, la scuola degli Ignorantelli. Verso gli anni Quaranta la situazione non era di molto migliorata.

Infatti, tanto il barone Nicola Nisco nel suo opuscolo *Sul presente stato civile della gente beneventana* stampato alla macchia nel 1839 quanto il conte Carlo Torre scri-

vendo *Su i bisogni della Provincia beneventana*, stampato per i torchi di Bertinelli, a Roma nel 1847, evidenziano questo stato di cose. Quest'ultimo, poi, sottolineava che per Benevento s'era fatto un primo passo nell'istruzione popolare proprio perché l'Eminentissimo Bussi fin da dodici anni fondò in questa città *le scuole degli Ignorantelli presso le quali si insegnava, non esclusa la preghiera, il catechismo, scrittura domestica e mercantile, calligrafia, aritmetica, disegno, ortografia e grammatica italiana*.

In quegli anni operavano nel beneventano anche le scuole per l'insegnamento elementare alle «Giovani donzelle» oltre agli educandati di San Giorgio la Montagna, oggi San Giorgio del Sannio e di Frasso Telesino. Il primo istituto delle signore della visitazione era stato fondato dal principe Carlo Spinelli nel 1737, per dare degna sistemazione ed educazione alle sue numerose sorelle, fu dapprima soppresso nel 1808 e poi, con decreto del 1813, trasformato in educandato femminile diventando quasi subito uno dei più rino-

mati istituti d'istruzione femminile di Principato Ultra.

A Benevento, invece, fondato dall'arcivescovo Pacca nel 1737 e completato dall'arcivescovo Banditi vi era il monastero delle Orsoline *dove tutte le fanciulle di qualsiasi condizione venivano educate alle virtù civili e cristiane*.

Nei primi mesi del 1848, negli ambienti borbonici il problema della pubblica istruzione ritornava prepotentemente alla ribalta. Con una propria circolare datata 8 aprile 1848, *il Ministro e la Real segreteria di Stato della pubblica istruzione* dettava norme per rivedere e riordinare e preparare un preciso disegno di legge relativo alla scuola pubblica. *La pubblica istruzione ha bisogno di una legge forte che la ricomponga, ne tolga il fradicio, ne rianimi la parte vitale, la riformi tutta facendola schiettamente italiana e la diffonda in tutte le classi del popolo… ogni buon cittadino aiuti quest'opera. Chiunque ha ingegno si faccia conoscere, scriva opere elementari di cui abbiamo grande bisogno, scriva pel popolo, pei fanciulli, per le donne, per tutti.*

Foto della Scuola degli Ignorantelli, scattata nel Chiostro di Santa Sofia nel 1902.

anno VII, n. 142 – 7 ottobre 1995

Poveri maestri elementari senza stipendio da mesi

I Comuni sono troppo restii nell'assegnare lo stipendio loro per legge dovuto

Le direttive dettate dalla Circolare ministeriale borbonica dell'8 aprile 1848, erano quanto mai lodevoli, superiori ad ogni aspettativa.

I funzionari reali nell'intesa di una ottima applicazione della volontà reale, non mancavano di sollecitare l'aiuto di chicchessia essendo *il Governo composto di pochi uomini che non possono fare tutto se non trovano amorosa corrispondenza nel popolo: onde noi ascolteremo i savi, soffriremo gli sciocchi presuntuosi e faremo quello che la patria, la legge e la nostra coscienza ci comanda di fare.*

Già precedentemente, con altra Circolare in data 5 aprile dello stesso anno, il ministro aveva ordinato che in ogni provincia del regno si creasse una *Commissione temporanea di pubblica istruzione* presieduta da un Intendente e composta da 3 persone *padri di famiglia muniti di buona fama per dottrina e amore al bene pubblico.*

Tale Commissione, nata col compito di sovrintendere a tutti gli *stabilimenti d'Istruzione Pubblica* dove mantenere continui rapporti con una *Commissione d'Istruzione Centrale* con sede in Napoli.

Quest'ultima, all'epoca della pubblicazione della predetta Circolare, aveva già allo studio un progetto di riforma e aveva nominato due Ispettori responsabili per le scuole della città di Napoli.

Gli eventi politici che seguirono di lì a poco non consentirono che le Commissioni applicassero e sviluppassero appieno i loro progetti.

Immutato sarà, infatti, lo stato di cose nella neo provincia di Benevento, sorta dal soppresso ducato pontificio e costituita per volontà garibaldina inglobando territori delle ex province del regno borbonico di Terra di Lavoro, Capitanata, Molise e Principato Ultra.

Agli inizi degli anni Sessanta del secolo scorso, la situazione scolastica in provincia di Benevento era oltremodo precaria.

I primi prefetti che si insediarono a capo dell'amministrazione della provincia, forse perché assorbiti da problemi più urgenti, quale la soppressione del brigantaggio, la costruzione di nuovi tracciati stradali per collegare i vari paesi della provincia non diedero molta importanza al problema dell'istruzione pubblica.

Solo dopo, nel 1863, ad opera del sindaco Giovambattista Bosco Lucarelli, sollecitato da componenti del partito rivoluzionario che avevano in animo *di allontanare dal popolo l'obbrobriosa procurata ignoranza per tanti secoli di umiliante servaggio*, venivano istituiti dei corsi di scuola serali affidate alla direzione di Domenico Mutarelli.

In data del 22 gennaio 1862, così il primo cittadino scriveva al Mutarelli: *L'energia di volontà, la fermezza di proposito, la prontezza di esecuzione della S.V. ha contribuito nella maggior parte a dar novella vita a questa Benevento, ma i suoi figli stanno però tuttora nell'ignoranza. Questa mercé le sue istruzioni si va diradando ma è meglio abbatterla del tutto ...*

L'anno dopo nel 1863 veniva aperto, sempre a Benevento, nei locali dell'Orfanotrofio dell'Annunziata, la prima scuola femminile della città, seguita da molte altre sia maschili che femminili in diversi Comuni della provincia.

Al 1868, in provincia di Benevento si contavano 98 scuole elementari maschili con altrettanti maestri di cui 50 patentati, 35 muniti di certificato provvisorio e 13 sprovvisti di un qualunque titolo legale di idoneità. Dei 98 maestri, ben 40 erano ecclesiastici. Il numero degli alunni normalmente frequentanti era di 3.424, una media di circa 35 alunni per ciascuna scuola. Le scuole elementari femminili, invece, erano 78 dirette da 31 maestre patentate, 29 munite di patente provvisoria e 12, infine, sprovviste di titolo legale di idoneità.

Le alunne iscritte erano 2.526 che formavano una media di circa 35 alunne per ciascuna scuola, così come per i maschi.

Allo scopo poi di migliorare lo stato del corpo insegnante e far sì che tutte le scuole fossero fomite di maestri e maestre patentate, il Consiglio scolastico organizzava, d'intesa col ministero della Pubblica Istruzione, due corsi straordinari trimestrali di conferenze magistrali femminili frequentati da 30 maestre esercenti e 17 alunne maestre, delle quali 38 furono approvate.

Con queste prospettive il Consiglio scolastico auspicava, sempre d'intesa col ministero, che alternando le *conferenze un anno ai maestri e l'altro alle maestre* di raggiungere presto lo scopo prefissatosi di avere una classe insegnante colta e preparata essendo l'istruzione il mezzo più efficace di far progredire le popolazioni nella morale e nella civiltà.

Per ben capire lo stato d'ignoranza in cui all'epoca versavano le nostre popolazioni, determinante è il seguente dato: su un totale di 1.805 matrimoni celebrati durante l'anno 1867, i relativi atti furono sottoscritti per 75 da ambo gli sposi, per 346 dal solo sposo, per 4 dalla sola sposa e per i restanti 1.379 non furono sottoscritti né dall'uno né dall'altro dei contraenti.

Altro dato che vale la pena segnalare è lo stato di precari età economica in cui operava la classe dei maestri. Il Consiglio scolastico all'uopo auspicava che *per pretendere dagli insegnanti la massima collaborazione e quel buon volere che si richiede pel buon andamento dell'istruzione*, la classe degli insegnanti, *tanto benemerita*, fosse compensata dalle sue fatiche e che i Comuni *si dimostrassero meno restii nell'assegnare ai maestri lo stipendio loro per legge dovuto*.

Su 98 maestri, solo 45 e su 72 maestre solo 36 ricevevano lo stipendio legale.

Alcuni anni più tardi il prefetto Stanislao Gatti ebbe a dire *che le somme che si spendono per l'istruzione sono spaventosamente meschine paragonate ai bisogni della provincia col numero dei suoi abitanti*.

Il Consiglio scolastico sottolineava inoltre che per nessuna ragione questo stipendio poteva essere negato ai signori maestri anche perché molti di essi dopo aver speso buona parte della gior-nata nell'insegnare ai loro alunni, non esitavano, nelle ore serali, ad istruire gli adulti.

Nel 1868 le scuole serali maschili erano 69 frequentate da 1.477 individui adulti, con una media di circa 22 alunni per ciascuna scuola, mentre quelle femminili erano 8 con 103 alunni con una media di circa 12 presenze in ogni scuola.

Un rapido sguardo all'istruzione secondaria che in provincia veniva impartita nel Liceo Ginnasiale Governativo nel capoluogo e dai seminari di S. Agata dei Goti e di Cerreto Sannita.

In quest'ultimo erano ammessi anche laici esterni appartenenti a quello stesso circondario provinciale.

Gli alunni liceali per l'anno 1868, comprese le classi della scuola tecnica municipale, erano in numero di 105 di cui 41 a Benevento e 64 negli altri paesi della provincia.

Foto di gruppo, nel cortile del Giannone, della Conferenza Magistrale del 1911.

anno VII, n. 143 – 21 ottobre 1995

Il giovedì niente scuola.
In classe fino a luglio

Istituita la festività per la commemorazione degli illustri scrittori e pensatori italiani

Ancora una nota sul calendario scolastico per l'anno scolastico 1866-67 che, pur se riguardante la provincia di Avellino o di Principato Ultra, certamente doveva essere in vigore, anche se con qualche modifica, per la provincia di Benevento.

L'anno scolastico si apriva il 15 ottobre. Una settimana prima dell'apertura venivano effettuate le iscrizioni per le scuole elementari e secondarie e poi dal 15 fino al 31 avevano luogo gli esami di ammissione e di riabilitazione.

Col 3 novembre si aprivano le lezioni che osservavano un doppio orario: antimeridiano dalle ore 8,00 alle ore 10, 30 e pomeridiano dalla ore 14,00 alle ore 16,00, quest'ultimo variabile in rapporto alla maggiore o minore condizione di luce. Nei mesi di dicembre e gennaio, infatti, si studiava dalle 13,00 alle 15,00; a febbraio e marzo dalle ore 14,00 alle 16,00; nei mesi di aprile e maggio dalle ore 15,00 alle ore 17,00 mentre nei mesi di giugno e luglio dalle ore 16,00 alle ore 18,00.

Le lezioni si effettuavano dal lunedì al sabato escluso il giovedì che era di vacanza. L'anno scolastico si chiudeva il 31 luglio. Ricorrendo durante la settimana la festa del Santo protettore, non si faceva vacanza nel giovedì della stessa settimana.

Il mese di agosto era riservato agli esami finali di promozione e di licenza ginnasiale, terminati i quali si andava in vacanza.

Da notare ancora che all'epoca si osservava una festa per la commemorazione degli illustri scrittori e pensatori italiani.

Nell'anno scolastico 1866-67 la festa che si celebrò domenica 17 marzo era dedicata alla memoria del filosofo Tommaso Rossi di Montefusco.

Al 1868 ancora non era conosciuto l'esito della licenza liceale *dipendendo dalle decisioni del ministro della pubblica istruzione a cui furono deferiti i relativi documenti.* Per gli altri esami, compresa la licenza liceale, del 76 alunni che si sottoposero all'esperimento 43 furono promossi e 33 furono «rimandati» per alcune materie per cui dovettero ripresentarsi all'apertura del nuovo anno scolastico. Agli esami si presentarono anche 19 convittori ammessi al Convitto Provinciale. Di questi, 11 furono promossi *fra cui 4 riportarono il premio e 3 la menzione onorevole*, mentre gli altri otto, non promossi, ripetettero l'esame per quelle materie nelle quali erano stati riprovati.

Sulla esiguità dei dati dei partecipanti agli esami di licenza liceale, un cenno ci è dato da un funzionario governativo dell'epoca che afferma che *per quanti sforzi si facessero onde migliorare le condizioni dell'Istituto Liceale, sia colla scelta dei personale insegnante, sia col prodigare le maggiori cure possibili, onde l'insegnamento riesca profittevole alla gioventù studiosa, il concorso dei giovani rimane sempre finora stazionario.* Carenza questa che trovava

spiegazione in tre differenti argomentazioni.

Una prima trovava sostegno soprattutto nella vicinanza di altri Licei governativi *dove per antica consuetudine sogliono tuttavia i padri di famiglia inviare i loro figli come facevano prima che fosse costituita la provincia di Benevento,* tenuto conto anche che in taluni di questi Licei vigevano delle *piazze gratuite riservate* proprio per i giovani di vari Comuni della provincia.

Una seconda spiegazione era data dalla tendenza *ancora non si è smessa da taluni* di affidare l'istruzione dei propri figli ad insegnanti privati.

Una terza motivazione era determinata dall'esistenza dei seminari di S. Agata dei Goti e di Cerreto presso i quali confluiva una parte notevole della gioventù studiosa *per essere istruita con minor spesa in confronto di quanto si paga per il mantenimento nel Convitto provinciale.*

Nel settembre del 1876, un anonimo cronista sulla «Gazzetta di Benevento» ancora una volta così denominava questo stato di fatto: *I ricchi e gli agiati borghesi beneventani sdegnando che i loro figliuoli nelle scuole pubbliche si veggono accumunati a poverelli continuano come in passato a far educare privatamente le loro figlie…*

Degli istituti superiori attivi in Benevento dopo il 1860, degno di menzione era lo storico Convitto Nazionale.

Il decreto luogotenenziale del

10 febbraio 1861 stabiliva che *ogni Provincia napoletana doveva essere dotata di un Istituto di Istruzione secondaria classica con annesso Convitto*. Il Consiglio provinciale di Benevento, nella seduta ordinaria del 10 settembre 1861 *deliberava* con voti unanimi di stabilirsi in Benevento un Convitto da ubicarsi nei locali del Liceo che era stato istituito fin dal 1810 e che sempre in virtù dello stesso decreto in data 10 febbraio 1861 era stato elevato a Liceo Ginnasio e posto sotto la dipendenza del dicastero della Pubblica Istruzione. Il Consiglio Provinciale fissava come suo contributo un concorso di spesa di ducati 1.500. Il Convitto cominciava ad operare il 1° gennaio 1862.

anno VII, n. 144 – 4 novembre 1995

Al Rettore del Convitto uno stipendio di 1.200 lire

Il primo rettore degli uniti istituti del Liceo e del Convitto fu il preside dello stesso Regio Liceo il prof. Romualdo Bobba, dottore in filosofia e matematica.

Il 14 maggio 1865 a seguito del Regio Decreto del 4 marzo dello stesso anno, il Liceo e il Convitto, già sottoposti alla vigilanza del ministero della Pubblica Istruzione, furono intitolati al nome del grande storico e giureconsulto Pietro Giannone. In questo primo momento la pensione al Convitto era fissata in lire 30 al mese. Al Convitto non si era ammessi se non a 7 anni compiuti.

L'educazione dei convittori doveva *avere per base la religione e per scopo formare onesti e virtuosi cittadini: Le lezioni di lingua francese, disegno, calligrafia, ginnastica e pianoforte erano gratuite*, come pure gratuiti erano il medico e le medicine.

In seguito il Consiglio provinciale con propria deliberazione del 23 luglio 1884 approvava la conversione del Convitto da provinciale in nazionale mentre il successivo 22 agosto una apposita convenzione veniva stipulata tra il ministero della Pubblica Istruzione e la Provincia di Benevento, convenzione approvata con Regio Decreto del 4 settembre 1884 e con la quale si ratificava che il nuovo Convitto, che nasceva *senza averne nuovo onere per le finanze dello Stato* era resa operante dal 1° ottobre del 1884.

La convenzione del 22 agosto 1884 venne sottoscritta dal ministero della Pubblica Istruzione rappresentato dal segretario generale prof. comm. Ferdinando Martini, deputato al parlamento e dalle Provincia di Benevento rappresentata dal sig. prefetto, presidente della deputazione provinciale comm. avv. Alessandro Amour.

Nella stessa si sanciva che, come già detto, a partire dal 1° ottobre 1884 il Convitto provinciale di Benevento veniva mutato in Convitto nazionale e che lo stesso veniva *ordinato secondo i ruoli organici approvati con regio decreto del 22 dicembre 1881 e successivo regolamento approvato il 16 aprile 1882.*

L'amministrazione del Convitto e del Liceo ginnasiale avrebbe provveduto al mantenimento dei due Istituti colle rendite dei beni patrimoniali che i medesimi, al momento, possedevano; con le rette dei convittori e con i sussidi del Governo e della Provincia.

Il Governo si obbligava a contribuire ogni anno alle spese di

Anche medico e medicine gratis per i convittori di piazza Roma

Cartolina con i convittori che escono dall'edificio del Giannone.

mantenimento colla somma di lire 23.671 pari alla spesa sostenuta nell'anno scolastico 1883-1884 per il Liceo e il Ginnasio.

L'Amministrazione provinciale, a sua volta, assicurava il pareggio del bilancio dell'Istituto e si obbligava a pagare annualmente all'Amministrazione del Liceo la somma di lire 18.750 in due rate eguali l'una al 1° ottobre e l'altra al primo di luglio di ciascun anno.

Ogni eventuale spesa di mantenimento, di restauro o ampliamento per l'edificio del Convitto era a carico dell'Amministrazione provinciale. Per ultimo, il ministero si riservava piena libertà per le nomine e per ogni provvedimento concernente il personale.

Nel citato Regio Decreto del 4 settembre 1884 veniva peraltro stabilito un ampliamento dell'organico del Convitto con le nuove figure del Rettore con lo stipendio di lire 1.200 (oltre lo stipendio come preside) e di un Censore con lo stipendio di lire 2.800; di un Direttore Spirituale con lo stipendio di lire 2.000 e di un Economo con lo stipendio di lire 2.600. Venivano inoltre previsti n° 10 istitutori che comunque ricoprivano ruoli diversi e venivano così retribuiti: 3 a lire 1.700: 3 a lire 1.500 e 4 a lire 1.300.

anno VII, n. 146 – 2 dicembre 1995

Al contrario del Liceo il Tecnico non decolla

La travagliata vicenda delle scuole beneventane prima dell'Unità d'Italia

Il 1° gennaio 1862 veniva aperto il Convitto annesso al Liceo. Con Regio Decreto del 4 marzo 1865 il Liceo ed il Convitto che erano stati sottoposti alla vigilanza del ministero della Pubblica Istruzione furono intitolati al nome del grande storico e giureconsulto Pietro Giannone.

Il 15 aprile 1862 il Consiglio comunale di Benevento deliberava di chiedere al ministero dell'Agricoltura Industria e Commercio l'autorizzazione per l'istituzione di una scuola tecnica e dell'Istituto tecnico già chiesto dal Consiglio di Provincia.

Dopo varie vicende la scuola si aprì con approvazione del Superiore Ministero, il 18 gennaio del 1864 nei locali del Regio Liceo il cui preside pro tempore venne incaricato della direzione.

L'istituzione non ebbe vita florida anzi visse vita magra e stentata tanto che il Consiglio comunale, con delibera del 10 ottobre 1874, ne deliberava lo scioglimento.

Nel contempo, tuttavia, deliberava di avviare una nuova pratica per la ricostruzione e la riorganizzazione della nuova scuola secondo i dettami ministeriali alfine di poter ottenere entro breve termine il pareggiamento delle scuole regie. Sul finire del 1875 la scuola venne ricostituita ma anche questa volta con scarsi successi. Dopo appena 5 anni, nel 1880, venne di nuovo chiusa.

Si ricompose definitivamente 6 anni più tardi. Nel 1886 infatti la nuova scuola, a seguito di raggiunti accordi tra il Municipio di Benevento ed il Ministero della Pubblica Istruzione, veniva riaperta.

L'edificio dell'ex Convento dei padri Gesuiti, poi sede del pubblico Liceo sotto la dominazione francese, dopo l'Unità d'Italia, diveniva una piccola cittadella degli studi, ritornando così agli antichi splendori del decennio francese dopo una lunga serie di travagliate vicende succedutesi per tutta la prima metà dell'Ottocento.

Nel 1815, soppresso il Liceo Ginnasio per mancanza di adeguati contributi da parte della comunità municipale, su interessamento del delegato apostolico, l'intero corpo insegnante, rimasto senza lavoro e senza stipendio, fu licenziato. L'edificio rimase chiuso per ben due lunghi anni, in attesa del ritorno dei padri Gesuiti. Il che avvenne, dopo lunghe trattative nel novembre 1817. Questi vi riaprirono le scuole per richiuderle quasi subito dopo, con i moti rivoluzionari del 1820- Nel triennio successivo, 1821-24, l'insegnamento fu portato avanti dai padri Somaschi cui subentrarono, ancora una volta, i Gesuiti che stentatamente lo gestirono fino al settembre del 1860, eccettuato il breve allontanamento con i moti del 1848.

Finalmente, come precedentemente ricordato, il 30 ottobre del 1861, a seguito di reiterate istanze del Sindaco del tempo dirette al Delegato della Pubblica istruzione in Napoli, prof. Luigi Settembrini, veniva nominato il primo collegio dei professori che sotto la presidenza del prof. Romualdo Bobba dava corpo alle lezioni nel nuovo Liceo. Il Liceo fu ufficialmente inaugurato il 17 novembre 1861 e con decreto reale del 13 luglio 1886 e riprendeva le normali lezioni il 1° ottobre dello stesso anno.

Successivamente, con delibera consiliare del 17 dicembre 1892, ratificata con Regio Decreto del 21 dicembre 1893 registrata alla Cor-

te dei Conti il successivo 16 gennaio 1894 veniva intitolato a nome del generale Federico Torre.

La nuova scuola come istituzio-

ne prima comunale e poi regia, non ebbe mai una sua propria sede. Solo nell'anno 1910 essa si stabilì definitivamente nei locali dell'ex Convento di S. Nicola che con rilevante spesa da parte del Comune furono adibiti a scuola pubblica. Requisiti dall'autorità militare agli inizi della grande guerra, furono riconsegnati in uno stato deplorevole e pertanto riadattati dal Comune con ulteriore spesa.

La scuola occupava quasi interamente l'intero Convento escluse tre aule che erano adibite ad asilo infantile che qui rimase fino alla fine degli anni Settanta di questo secolo.

Il Liceo Convitto Giannone, negli anni Trenta.

anno VII, n. 147 – 16 dicembre 1995

Una sommossa popolare contro il Rettore del Liceo

Un certo Signor Bobba riesce a smuovere giornali ed autorità contro se stesso

Abbiamo visto, nelle precedenti puntate sull'argomento, come nella sede dell'ex Collegio dei Gesuiti, dopo il 1860, trovarono sistemazione tanto il nuovo Real Liceo Ginnasio che il Convitto Nazionale ad esso annesso quanto, dal 1864 in poi, la Real Scuola Tecnica.

Tutti e tre gli Istituti furono per i primi anni diretti dal prof. Romualdo Bobba, dottore in Scienze Matematiche e Filosofiche, autore, tra l'altro, di un *Saggio sulla filosofia*.

Tanto, però, non lo scagionava dal fatto che contro di lui, nel settembre del 1864, agli inizi del nuovo anno scolastico, si elevasse una dura protesta redatta da un anonimo cittadino e resa pubblica

sulle colonne di un giornale locale, *Il nuovo Sannio*.

Tra le righe risalta l'inefficienza dirigenziale del preside-rettore che aveva portato il neo Istituto ad uno stato di «regresso» tanto da sollecitare, in una pubblica assemblea, *una mozione al Governo per ottenere che ne passasse esclusivamente la direzione alla Provincia*.

Pur tuttavia, il Bobba che *fin dal suo primo giungere non ebbe il suffragio delle pubblica opinione e che molto meno ora lo gode*, forte di *protezioni* di cui aveva *abusato* e continuava ad *abusare*, resta fermo, inamovibile nella sua carica, *come le Alpi sulla loro base*. Non ci è dato di conoscere le ragioni che avessero originato tanta acredine. Resta solo l'articolo che di segui-

to si ripropone e dalla cui lettura ognuno potrà rendersene conto.

«Dopo la dolorosa esperienza di te lunghi anni, il Dottor Bobba Preside-Rettore di questo malaugurato Liceo non è più da tollerarsi. La sua impudenza non conosce ormai né meta, né limiti. La sua albagia è al suo colmo, né è più sperabile che ne discenda per due ragioni più chiare dello stesso meriggio. Gli atti ripetuti fanno l'abitudine, e le abitudini invecchiate son come la Natura, potentissime, invariabili.

Dopo aver passati i migliori anni, gli anni delle più forti impressioni, nelle faccende campestri e nelle lande, poteva egli non ritenerne quella rozzezza di modi, quello spirito riottoso, quelle insipide spavalderie che formano il carattere del Bobba? Ora qual meraviglia se a ogni istante dà del codardo e del vil a' Meridionali, se di tutti *s'impipa*?

Le opere definiscono gli uomini; e quei modi poco lodevoli del Bobba son quelli che lo caratterizzano.

L'altra ragione, che rafferma il nostro spiacevole convincimento, è, le protezioni di che ha abusato ed abusa tuttora. Pare incredibile, eppure l'è un fatto, che resti ancora al suo posto, e ci resti fermo, come le Alpi sulla loro base, un uomo, che fin dal suo primo giungere fra noi non ebbe il suffragio della pubblica opinione, e che molto meno ora la gode.

Nel Gennaio del 1862 la Provincia, per mezzo dei suoi Rappresentanti, volle istituire nel locale medesimo di questo Liceo Governativo un Convitto pe' giovanetti di agiate famiglie.

Il novello istituto cadde conseguentemente nelle beate mani del Bobba, che avea per se il Decreto di Preside-Rettore. Or qual risultato se n'ebbe in quel primo anno?

Lo si domandi a questo stesso Consiglio Provinciale. Esso potrebbe dire che nell'ottobre seguente il Presid. Cav. M. Ungaro, dopo avere in pubblica assemblea riprovato con parole gravi e severe la condotta del Bobba, proponeva, come rimedio unico alla salvezza del nascente Istituto, una mozione, al Governo, per ottenere che ne passasse esclusivamente la direzione alla Provincia.

Circa 300 ragazzi frequentano le scuole elementari, dirette dai FF. delle scuole Cristiane: or quanti di costoro passano di anno in anno al Ginnasio Governativo? Ce lo dica lo stesso Sig. Bobba, causa principale del regresso della nostra gioventù studiosa, in una Provincia, che, non tiene altro Stabilimento di Pubblica Istruzione! Si adiscano i registri d'inscrizione, e si vedrà che il Liceo e il Convitto già si dibattono tra la vita e la morte, malgrado l'intelligenza, e l'operosità della maggior parte dei professori.

Or se il Ministero ha finora ignorato, che il Bobba è Dottore di molti piedi in Matematica e Filosofia, che di Greco conosce appena l'alfabeto, che di latino ne conosce tanto da doverlo sentir leggere per giudicarlo, non potrò d'ora in poi ignorare le cose dette innanzi, poiché se n'è mosso tanto scalpore, e poiché alla voce de' privati ha fatto eco quelle delle Autorità e de' Giornali.

Fatti positivi la cui responsabilità riguarda esclusivamente il Signor Preside-Rettore sono a nostra conoscenza, i quali saranno manifestati tostoché si crederà opportuno. Abbiamo parlato della condotta del Signor Bobba per ciò che riguarda gli incombenti della sua carica, avendo tralasciato di esporre tutto ciò che lo riguarda come implicato negli intrighi delle consorteria…»

anno VII, n. 148 – 30 dicembre 1995

Nel Settecento il massimo splendore per i presepi

Anche a Benevento si conservano nel Museo del Sannio splendide statuine

Circa ottocento anni fa S. Francesco d'Assisi, di ritorno dall'ultimo suo viaggio a Roma, volle, per devozione, rievocare e riprodurre l'ambiente dell'umile capanna in cui era venuto alla luce il Salvatore.

Così, nella chiesetta del piccolo convento di Greccio, nella valle reatina, ricostruì l'ambiente di una grotta sistemandovi all'interno un bue ed un asinello vicini ad una mangiatoia.

Il Santo, ai pastori accorsi, ricordava così, con la sua magica parola, la nascita del Redentore.

Questa l'origine del presepe che poi l'ordine francescano perpetuò e diffuse nel mondo arricchendolo poi nel tempo con altri elementi. Infatti, dalla semplice scena della natività il presepe si è trasformato in una pittoresca rappresentazione plastica con figure interamente scolpite oppure con manichini vestiti in uno scenario con sfondi e prospettive.

Le figure sono generalmente mobili e lo scenario mutabile, cosicché molto è lasciato all'arbitrio di chi erige il presepe sia nel raggruppamento e nella disposizione delle figure che nella loro ambientazione.

Prima di dare un cenno di quello che potremmo definire il presepe moderno, vanno ricordate le raffigurazioni della Natività dei secoli XIII-XIV, che ci presentano la scena della nascita del Redentore con una maggiore ricerca della solennità e del pittoresco mediante gruppi di statue, generalmente di terracotta, disposte talvolta in cappelle create appositamente e che costituiscono come uno scenario alla raffigurazione.

Tra i notevoli si ricordano i più famosi: il noto presepe di Arnolfo di Cambio nell'oratorio del presepe di Roma; il gruppo del presepe di Guido Mazzoni nella cripta del Duomo di Modena e quello di Antonio Bagorelli nella navata dello stesso Duomo, il presepe cinquecentesco di Andrea della Robbia nel Duomo di Volterra con sullo sfondo il corteo dei Magi dipinto da Benozzo Gozzoli; e poi per soffermarci a Napoli dove nel '400, la rappresentazione della natività ebbe maggiore fortuna, ricordiamo il presepe del monastero di S. Chiara offerto, sul finire del Trecento, dalla Regina Sancia moglie di Roberto d'Angiò. E poi ancora il presepe quattrocentesco della chiesa di S. Agostino alla Zecca, scolpito da Martino Simone da Zara nel 1458 per commissione di Alberico de Miroballis, quello di S. Giovanni a Carbonara attribuito ai fratelli Pietro e Giovanni Alemanni. Questo presepe, composto di ben 48 pezzi, già anticipava la tendenza partenopea ad accrescere ed arricchire la rappresentazione con nuove figurazioni.

Quello del primo decennio del XVI secolo, commissionato da Ettore Carafa conte di Ruvo, in S. Domenico Maggiore, opera di Pietro Belverte di Bergamo e quello venerato nella Confraternita dei falegnami nella chiesa di S. Giuseppe Maggiore, opera di Giovanni da Nola.

Ed è sempre a Napoli che qualche decennio dopo, nel '600, e poi, più tardi, nel '700, il presepe raggiunse la maggiore diffusione ed il suo periodo di massimo splendore facendo leva sulla pietà di Carlo III e nel mistico zelo di Padre Gregorio Maria Rocco che ne furono tenaci sostenitori.

Così alle figure articolate in legno, scolpite dai vari Lorenzo e Antonio Vaccaro, Andrea Falcone, Giacomo Colombo e Nicola Fusco, nel '700 si indusse a cercare forme e procedimenti più facili. Si introdusse e si diffuse l'uso di figurine in terracotta ricavate da stampi, poi ritoccate e infine colorate e vestite di stoffa.

A questo genere iniziarono a lavorare Matteo e Felice Bottiglieri, Nicolò Somma, Giuseppe Cappello, superati di gran lunga dalla generazione di Giuseppe Sammartino (1720-1793) il più geniale degli scultori napoletani del '700 e i suoi allievi migliori come il Beliazzi, Aniello Milani, i fratelli Trilloque, Angelo De Vivo e Salvatore Di Franco.

Fortunato emulo del Sammartino fu Francesco Celebrano (1719-1814), pittore e scultore, allievo del Solimena. Fedeli ritrattori di figure gaie e popolari del mondo partenopeo furono anche Giuseppe Gori e Lorenzo Mosca con un suo allievo Genzano.

Ultimo, ma non certo meno importante fu Nicola Ingaldi, con cui nel primo quarto dell'800, muore la tradizione presepistica napoletana.

Accanto poi a questi nomi, vanno ricordati i vari Michele Tozzi, famosi nello scolpire figure delicatissime e gli animalisti Nicola e Saverio Vassallo, Francesco Di Nardo, Francesco Gallo, Tommaso Schettino, Giuseppe De Luca, Carlo Amatucci, allievo del Vassallo, famoso per i suoi cavalli di razza araba scolpiti in legno.

Il Settecento resta dunque il periodo di maggior splendore per il presepe. Sull'esempio di Re Carlo, ogni casa patrizia o borghese e quindi chiese e conventi fecero a gara per formarsi il proprio presepe e renderlo sempre più ricco di pastori e più elaborato nella rappresentazione scenica che comunque resta costantemente divisa in tre parti: l'*annuncio*, la *nascita*, la *taverna*. L'annuncio è rappresentato dall'Angelo che dal cielo reca la novella ai pastori dormienti. La nascita rappresentata talora nella squallida capanna, qualche volta tra le simboliche rovine di un tempio pagano. La taverna, ricca di tavole imbandite è la più fedele rappresentazione della vita partenopea.

Tutte le figure vestono la foggia popolare e contadinesca dell'epoca, con una profonda aderenza alla realtà a differenza della Sacra Famiglia, degli Angeli e dei Magi vestiti secondo la tradizione.

Figura appartenente al presepe seicentesco, conservato al Museo del Sannio.

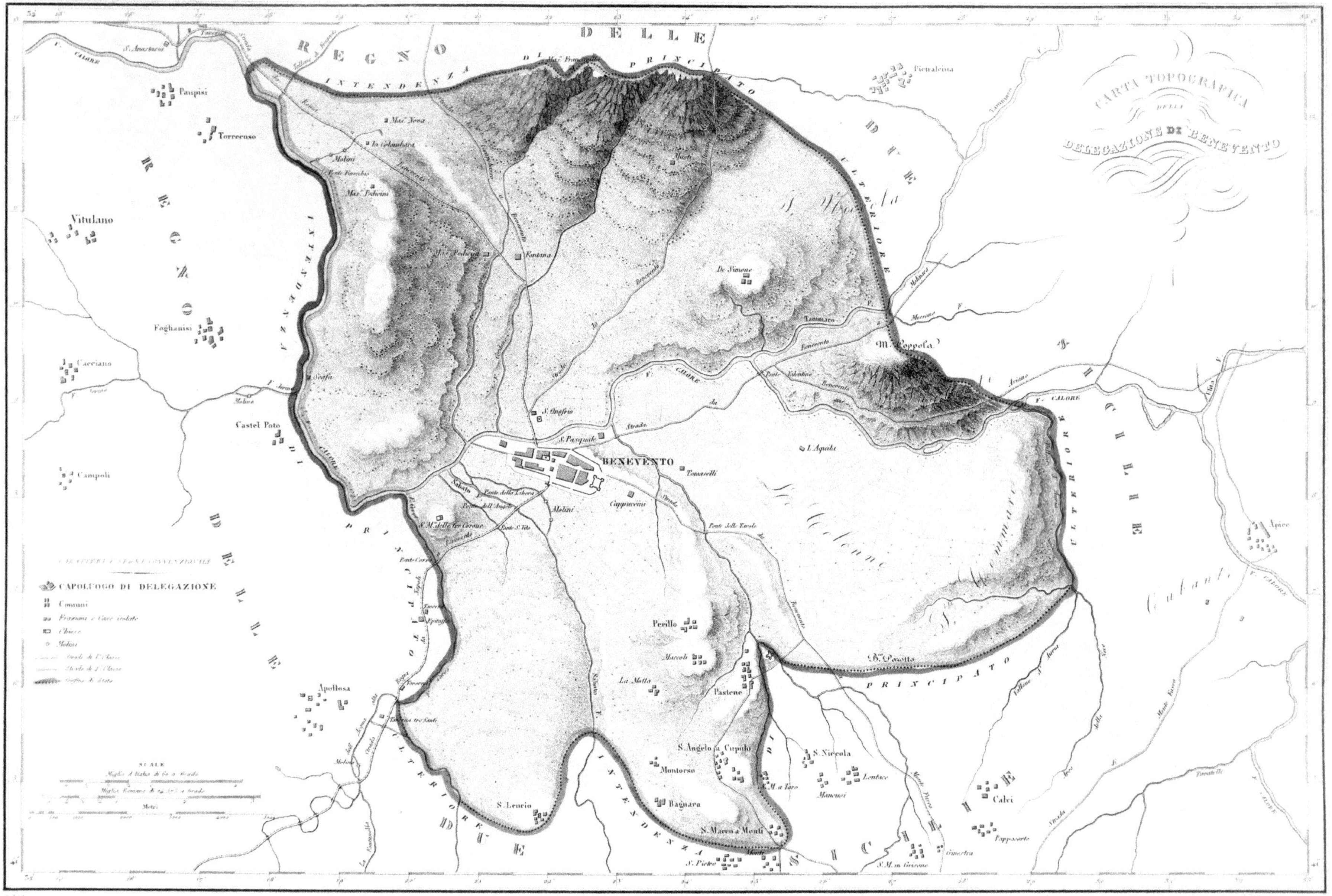

Stab. Topografico dell Stato
Stato Pontificio

CARTA TOPOGRAFICA
DELLA
DELEGAZIONE DI BENEVENTO

REGNO DELLE DUE SICILIE
PRINCIPATO ULTERIORE
INTENDENZA DI PRINCIPATO ULTERIORE

Pietralcina
Paupisi
Torrecuso
Vitulano
Mas. Nova
la Columbara
Molini
Ponte Vecchio
Mas. Pedicini
Foglianisi
Cacciano
Fontana
De Simone
Tammaro
M. Poppola
Campoli
Castel Poto
Scafa
Benevento
F. CALORE
Ponte Valentino
F. CALORE
S. Onofrio
S. Pasquale
BENEVENTO
l'Aquila
Tamaselli
Sabato
Ponte della Lebora
Ponte dell'Angeli
S. M. delle tre Corone
Molini
Cappuccini
Ponte delle Tavole
Ponte S. Vito
Ponte Corvo
Le Colonne
Perillo
Apollosa
Osteria tre Santi
Miscoli
La Motta
Pastene
S. Niccola
Lentace
Mancusi
S. Angelo a Cupolo
Montorso
M. a Taro
S. Leucio
Bagnara
Calvi
S. Marco a Monti
S. Pietro
S. M. in Grione
Ginestra
Pappasorte
Apice
S. Paoletta
PRINCIPATO
INTENDENZA
ULTERIORE

CARATTERI E SEGNI CONVENZIONALI
CAPOLUOGO DI DELEGAZIONE
Comuni
Frazioni e Case isolate
Chiese
Molini
Strade di 1a Classe
Strade di 2a Classe
Confine di Stato

SCALE
Miglio d'Italia di 60 a Grado
Miglio Comune di 62 ½ a Grado
Metri

Alfonso Meomartini, leale e coraggiosa penna di Gazzetta

Il ricordo dello storico di Reino in occasione dell'anniversario della sua morte

Il prossimo 22 gennaio ricorre l'anniversario della morte di Alfonso Meomartini (1841-1918), nativo di Reino, morto – a causa di una grave polmonite – nella città di Benevento.

Gli amanti della storia locale legano il nome di Alfonso Meomartini (fratello del celebre Almerico, ingegnere e archeologo, a lui si deve il recupero del Teatro Romano) alla celebre opera *I Comuni della Provincia di Benevento* che ancora oggi rimane fonte inesauribile di informazioni e notizie del nostro Sannio. E proprio a Reino, sua città natale (11 novembre 1841), Meomartini dedica una delle parti più belle del suo libro. È la nostra patria…, così comincia l'illustrazione del piccolo paese natìo. *Si rammentano sempre con sentimento d'infinita dolcezza i ricordi dell'infanzia, tanto più profondi quanto più piccolo il luogo nativo, più lungi si dimora.*

Alfonso Meomartini, dopo aver compiuto gli studi elementari, medi e superiori a Benevento, presso il Collegio degli Scolopi a S. Nicola, si trasferì a Napoli per intraprendere gli studi universitari. A soli 22 anni si laureò in legge ed iniziò la pratica forense presso l'avvocato Gaetano Petitti, uno dei più illustri civilisti del tempo.

All'età di 34 anni convolò a nozze con Concetta Marini, da cui però non ebbe figli.

Nel 1901, a poco meno di 60 anni, il Meomartini fu colpito da emiplegia, malattia che lo costrinse anche ad abbandonare la carriera forense. Nel 1915 gli morì anche la moglie e ciò lo spinse a ritirarsi definitivamente presso suo fratello Almerico. Tre anni dopo, come abbiamo scritto, si spense a causa di una polmonite.

Alfonso Meomartini, oltre che al Foro, si dedicò anche alla politica dove però non ebbe molta fortuna. Ci piace però ricordare anche il Meomartini giornalista visto che egli collaborò assiduamente proprio a *Gazzetta di Benevento* in cui trattò delle più vitali questioni del momento. I suoi articoli, taglienti, densi di argomentazioni, furono spiccatamente conditi di un umor caustico che arrivava fino al sarcasmo inesorabile. Non vi era argomento che non lo trovasse pronto alla polemica rovente: dal colera, alle convenzioni ferroviarie; dalla perequazione fondiaria, alla legge sul bollo; dalla riforma della legge comunale e provinciale, a quella giudiziaria. Nel 1885, sempre su *Gazzetta di Benevento*, con coraggio pari alla lealtà dalla quale fu sempre animata la sua penna, svolse una severa critica all'opera degli amministratori della Provincia del tempo, relativamente alla famosa lite per le spese di costruzione della strada cosiddetta Vitulanese la quale, era stata costruita per volere di Ferdinando II di Borbone e che da Pontelandolfo, Campolattaro e Ponte portava a Montesarchio. La nostra Provincia, sostenendo di non doverne sopportare le spese, s'impegnò in un dispendiosissimo giudizio contro le altre Province di Avellino, Caserta e Campobasso, contro i proprietari dei suoli espropriati e contro lo Stato. La Provincia sannita, in questa vicenda, rimase sempre soccombente.

Alfonso Meomartini su *Gazzetta di Benevento* scrisse anche, dal 1884 al 1888, i suoi *Cenni cronistorici*. Fu di Giuseppe De Martini, editore e benemerito dell'arte tipografica, l'idea di raccoglierli in volume a cui poi venne dato il nome di *I Comuni della Provincia di Benevento*. Le spoglie di Alfonso Meomartini furono tumulate nel cimitero di Benevento.

Alfonso Meomartini

anno VIII, n. 150 – 27 gennaio 1996

Dalla Rocca dei Rettori gli Sforza del Ducato di Milano

Francesco Sforza fu rettore di Benevento per circa quattro anni

Le vicende storiche di una città si intrecciano con paesi e uomini spesso lontani tra loro e senza alcun apparente legame. Di cose simili la storia della città di Benevento ne è ricca.

Emblematici sono gli eventi che nella prima metà del Quattrocento videro la città al centro di fatti che interessarono il meridione e l'Italia tutta. Eventi che portarono la città ad essere retta e governata, o ad ospitare nella sua zona, personaggi illustri nella storia italiana.

Sono anni molto turbolenti. Le situazioni mutano dalla sera alla mattina ed è proprio agli inizi del secolo XV (1418) che trovia-

Francesco Sforza

mo Muzio Attendolo, capitano di ventura, governatore di Benevento, e pertanto residente, da signore, nella Rocca dei Rettori, in quella stessa Rocca che alcuni anni prima lo aveva visto prigioniero assieme al figlio Francesco.

Ma andiamo con ordine.

Giacomazzo o Muzio Attendolo, nato a Cotignola (Cotignola Ravenna 1369-Pescara 1424) capitano di ventura, formatosi nella scuola di Alberico da Barbiano per il suo valore e vigore veniva chiamato col soprannome di Sforza passato poi ai discendenti. Al servizio, prima, dell'antipapa Giovanni XXIII dal quale otteneva il titolo di conte di Cotignola, prestava la sua opera prima al re di Napoli, re Ladislao e, alla morte di questi, a sua sorella, la regina Giovanna, dalla quale fu molto benvoluto e godette di enormi favori essendo investito di molte terre e feudi nel Regno di Napoli e ricoprendo anche la carica di Gran Conestabile del Regno.

La sua rapida ascesa attirava gli odi di molti baroni del Regno i quali, cogliendo l'occasione della venuta nel Regno di Giacomo di Borbone, conte della Marcia, novello sposo della Regina Giovanna, lo persuadevano ad imprigionare l'Attendolo, cosa che in effetti avveniva presso Benevento nell'agosto del 1415.

Muzio Attendolo veniva impri-

gionato, assieme al figlio Francesco nella Rocca dei Rettori e, subito dopo le nozze di Giacomo con la regina Giovanna, veniva trasferito a Napoli in Castelnuovo, dove rimase per tutto l'anno seguente. Quindi, liberato, riotteneva la carica di Gran Conestabile e, sulla fine del 1418, la nomina di Rettore di Benevento, fiduciosi che questi *avrebbe seguito le orme paterne.*

Francesco non indugiava a recarsi in Benevento a prendere possesso della città e, come riportano i cronisti del tempo, nello stesso anno 1424, vi ritornava più volte.

Francesco Sforza mantenne il rettorato per circa quattro anni, fino ai primi del 1428, quando lasciava la città per continuare la sua carriera che doveva chiudere con l'acquisizione del Ducato di Milano che avrebbe ottenuto contraendo matrimonio nel 1441 con Bianca, figlia unica e naturale di Filippo Maria Visconti, duca di Milano. Essendo questi morto nel 1447, Francesco fu prima eletto Capitano Generale e poi, il 25 marzo 1450, acclamato Duca di Milano che reggeva fino alla sua morte nel 1466.

Una piccola curiosità.

Durante il rettorato di Muzio nella Rocca dei Rettori, era ospite la seconda moglie Caterina Alopo, morta nel 1418 nel dare alla luce il figlio Bartolomeo.

anno VIII, n. 151 – 10 febbraio 1996

Carlo Magno conquistò un Impero ma risparmiò il ducato di Benevento

Il 28 gennaio 814 ad Aquisgrana si spegneva Re Carlo Magno all'età di 62 anni. Era nato nel 742; figlio primogenito di Pipino il Breve, fu maestro di Palazzo del Regno di Austrasia e di Bertrada.

Facciamo un salto indietro nel tempo. Discendenti del leggendario Meroveo, iniziatore della dinastia merovingia, Clodoveo (482-511) fu il re che per primo riusciva a dare unità politica a tutte le popolazioni franche governate in precedenza da sovrani indipendenti.

Alla morte poi di Clotario I (561), ultimo figlio di Clodoveo, tutto il territorio franco veniva diviso tra i quattro eredi maschi. Nascevano così i regni minori di Austrasia, di Neustria, di Burgundia e di Aquitania. La dinascita merovingia, divisa e indebolita da lotte intestine, si avvia verso una totale decadenza. Sovrani inetti che passarono alla storia col nome collettivo di re Fannulloni, si succedettero sul trono, mentre il potere effettivo si trasferiva nelle mani dei nobili di palazzo.

Tra questi, alla fine del VII secolo, troviamo Pipino II il breve, figlio del Re Carlo Martello che, riuscendo ad imporre la sua influenza su tutti i franchi nel 751 veniva eletto, dal legato pontificio Bonifacio, Re di tutti i franchi col consenso di papa Zaccaria.

Con lui ha inizio la dinastia Carolingia. Dunque nel 768, alla morte del padre, Carlo eredita l'Austrasia, parte della Neustria e l'Aquitania suddividendo così il regno paterno col fratello Carlomanno.

Tentando poi di stabilire un rapporto amichevole con i longobardi contro i quali papa Stefano I aveva chiesto la protezione di Re Pipino, su consiglio della madre sposa Ermengarda (770), figlia di Re Desiderio, subito ripudiata (771). Nello stesso anno, con la morte del fratello Carlomanno, si impadroniva dei territori di quest'ultimo costringendo alla fuga Gerberga, vedova di Carlomanno, con i figli.

Nel 773 sollecitato anche da papa Adriano I invase la Longobardia e cattura a Verona, dove si erano rifugiate, Ermengarda e la sorella Gerberga, costringendo poi Re Desiderio a capitolare in Pavia dove il 5 giugno 774 assumeva il titolo di Re dei Longobardi. Con la conquista della Longobardia settentrionale Carlo Magno si assicurava il dominio diretto dell'Italia del nord. Lo stato della Chiesa che comprendeva parte del territorio delle attuali Marche e Umbria, la valle del Tevere, Roma e il suo contado di fatto erano un protettorato del Re Franco. Restavano fuori dalla sua orbita i possedimenti bizantini (Sicilia, Puglia e Basilicata) e il ducato di Benevento, unica sopravvivenza longobarda in Italia, retto dal cognato Arechi. Questi tentava di resistergli ma, nel 778, dovette cedere a Carlo Magno. Restava così a capo di uno stato praticamente indipendente, anche per volontà del Re

Il cognato Arechi provò a resistergli ma nel 778 dovette capitolare

L'incoronazione di Carlo Magno

Franco che giudicava utile avere uno «Stato cuscinetto» tra i suoi possedimenti e quelli bizantini dell'Italia meridionale. Conclusasi la vicenda italiana, che ebbe epilogo nel 781, nella consacrazione a Re d'Italia del figlio Pipino di 4 anni, Carlo magno poteva dedicarsi alle vicende europee e, nell'arco di circa 30 anni di guerre, diveniva il sovrano più potente di tutta l'Europa, portando la religione cristiana, di cui si era dichiarato sostenitore e propagatore, tra i popoli barbari e infedeli di tutta l'Europa.

I suoi domini comprendeva gli attuali stati di Francia, Belgio, Austria, Olanda, Germania, Svizzera, parte dello stato dell'Ungheria, della Cecoslovacchia, della Jugoslavia e della Spagna e costituiva un grande impero sanzionato a Roma dall'incoronazione di Carlo Magno da parte di Leone III la notte di Natale dell'800. Una serie complessa di eventi favorevoli anzitutto di carattere politico-religiosi, primo fra tutto l'assunzione da parte del re dei franchi della difesa del popolo e della intera cristianità, resero possibile a Carlo Magno la restaurazione dell'ideale di un impero uno e universale con sede in Roma in contrapposizione all'impero di Costantinopoli. Negli ultimi anni della sua vita Carlo Magno si ritrovava ad Aquisgrana dove si era fatto costruire un palazzo simile a quello del Laterano con una annessa cappella palatina. E qui, dopo la sua morte, avvenuta il 28 gennaio 814, riceveva solenne sepoltura. Una antica leggenda narra che nell'anno 1000 il sarcofago di marmo che conteneva i suoi resti fu aperto da Ottone III e il corpo di Carlo Magno, mostratosi pressoché intatto, fu seduto sul trono e rivestito dei paramenti imperiali. A tale vista i presenti caddero tutti in ginocchio profondamente impressionati da tanta maestà.

Tra le campagne militari di Carlo Magno, quelle che la letteratura di leggenda ci ha maggiormente illustrato è la spedizione contro i mori di Spagna, alla quale sono legate le gesta di Rinaldo o Orlando, nipote di Carlo Magno, e dei paladini di Francia.

anno VIII, n. 153 – 9 marzo 1996

Una nuova sistemazione per il Museo del Sannio

In dirittura d'arrivo la moderna struttura di via Cardinal di Rende

La ormai prossima conclusione dei lavori dell'edificio in via Cardinal Di Rende, edificio che ospiterà la nuova sede del Museo del Sannio, impone una nuova catalogazione e risistemazione di tutto il materiale espositivo secondo criteri attuali e moderni ed una nuova revisione di tutto il materiale didascalico che, essendo fatto in tempi lontani, spesso cade sia di descrizione che di attribuzione.

Lo spunto per una prima riflessione di tal genere ci è dato da una recente, normale lettura e riguarda una delle tre grosse tele che adornano la sala dell'Auditorium del Museo del Sannio.

Delle tre tele la più nota è quella sistemata sulla parete di fondo raffigurante il ritrovamento del corpo di Manfredi, opera del pittore fiorentino Giuseppe Bezzuoli.

Le altre due tele, poste l'una di fronte all'altra, come ricaviamo dalla guida del Museo del Sannio di Mario Rotili, sono del pittore napoletano Alessandro Landi (Napoli, prima metà del XIX secolo) e riguardano: quella sulla parete destra *Pericle al Partenone;* quella sulla parete sinistra *Roeschin Pascià.*

Ed è proprio quest'ultima l'oggetto della nostra nota.

La grossa tela (mt 3,35x2,68) in deposito dal Museo di Capodimonte al Museo del Sannio, raffigura diversi personaggi, variamente abbigliati che disquisiscono tra loro con serietà di atteggiamenti, rivolti verso una figura centrale che, dall'espressione attenta, dimostra molto interesse. Seduto ed appoggiato ad un tavolo tondo sul cui piano sono sistemati vari rotoli pergamenici. È certamente il personaggio più importante tra tutti quelli raffigurati e non tanto per la posizione centrale che il pittore gli ha dato, quanto per la ricchezza e la raffinatezza delle sue vesti che, alla moda orientale, di seta, di raso, di velluto, carpiscono l'occhio dell'attento osservatore.

La scena è cambiata sotto una tenda sostenuta da tanti pali mentre sul fondo, in lontananza, si intravedono una serie di costruzioni.

Del quadro, come già detto, in deposito dal Museo di Capodimonte, proveniente dal palazzo del Quirinale, si conosce una dettagliata scheda firmata da Maria Antonietta Scarpati e pubblicata nel volume *Il Palazzo del Quirinale – Il mondo artistico a Roma nel palazzo napoleonico* (Roma 1989).

La tela, attribuita a Gaspare Landi (1756-1830), è così descritta: *Aaron Racheld nella sua tenda con i sapienti dell'oriente che lo seguono nell'armata* (e qui una prima rettifica sarebbe utile: Rotili attribuisce la tela ad Alessandro Landi mentre la Scarpati l'assegna a Gaspare Landi).

Il protagonista sarebbe Harun al Raschid «Aronne il ben guidato» (766-809 d.C.) V califfo della dinastia abbaside che poco più che ventenne aveva portato il centro dell'Islam da Damasco a Bagdad realizzando un impero che si estendeva dai confini dell'India fino all'oceano Atlantico incluso la Spagna.

La leggendaria immagine del califfo, paragonata a quella di Carlo Magno suo contemporaneo, era stata tramandata e diffusa in Europa dalle *Mille et une nuits – contes arabes* tradotti in francese e presentati per la prima volta alla corte del Re Sole tra il 1704 e il 1717 dall'orientalista e viaggiatore francese Antoine Galland.

La scheda della Scarpati si dilunga nella identificazione dei personaggi che fanno corona al pascià tutti ricavati dai racconti arabi.

A questa descrizione se ne aggiunge una nuova con altri personaggi e ambientata in altra opera suffragata dall'esistenza di un dipinto affrescato, ritraente la stessa scena della tela del Museo del Sannio, che abbellisce il soffitto della sala della Giunta Municipale di Atri, nel palazzo municipale già palazzo dei conti Aquaviva di Atri.

Ma di questo parleremo la prossima volta.

Particolare della tela, già nel Museo del Sannio e ora ritornata a Capodimonte, attribuita ad Alessandro Landi, Roeschin Pascià.

anno VIII, n. 155 – 6 aprile 1996

Nel Municipio di Atri la copia di una tela del Museo del Sannio

Si tratta di un affresco che raffigura la stessa scena in Benevento

La grossa tela che adorna l'Auditorium del Museo del Sannio, da una prima catalogazione eseguita negli anni Sessanta, attribuito ad un pittore Alessandro Landi, operante a Napoli a metà del XIX secolo, cambi di paternità ai primi degli anni Ottanta. All'epoca, la studiosa Maria Antonietta Scarpati, nell'eseguire l'inventariazione del patrimonio artistico presso il Quirinale, attribuiva la paternità di questa tela al pittore Gaspare Landi.

Il Landi, piacentino di nascita (1756-1830), dopo aver studiato presso l'Accademia di Piacenza si era trasferito a Roma dove aveva frequentato la scuola del pittore Pompeo Batoni (Lucca 1708-Roma 1787, contemporaneo ed amico di Raffaele Mengs. Quest'ultimo ebbe una grande influenza sul nostro. Di lui è conosciuto il ritratto di Canova, conservato presso la Galleria Borghese.

La tela, come già ricordato sul numero scorso della *Gazzetta*, raffigura Aaron Racheld nella sua tenda con i suoi dignitari. A distanza di circa 20 anni, sullo stesso quadro di propone, lasciandone per il momento inalterata l'attribuzione, una nuova descrizione.

Le mosse prendono l'avvio dal Palazzo municipale di Atri e più precisamente dalla Sala della Giunta dove al centro del soffitto è raffigurata, identica in ogni particolare, copia della tela conservata nel Museo del Sannio con una unica differenza che trattasi di un affresco. Il Municipio di Atri è oggi situato nel vecchio palazzo ducale appartenente alla famiglia Acquaviva fina dai primi anni del XVI secolo. E proprio ad un episodio interessante un esponente della famiglia, accaduto sul finire del '500, fa riferimento l'affresco.

Il prof. Pino Zanni Ulisse di Atri, conoscitore delle cose di casa sua, riferisce che il fatto raffigurato riguarda la disputa di Fathepur e che ebbe come protagonista il teologo gesuita Rodolfo Acquaviva e il Gran Mogol Akbar, Imperatore dell'India (1542-1605), settimo discendente del Timur (Tamerlano).

Akbar fu il più grande sovrano dell'India all'epoca musulmana. Uomo politico dotato di un profondo spirito religioso, benché analfabeta, profittando della sua eccezionale memoria, riuscì a formarsi una materiale cultura facendosi leggere ad alta voce testi di ogni genere e riunendo alla sua corte sapienti che dissertavano di filosofia morale e teologia. Salito al trono nel 1556 diede inizio ad una serie di vittoriose campagne militari miranti a ricostruire l'impero dei suoi avi.

Nel 1569 fondava la città di Fathepur, città della vittoria, che fu capitale del Regno fino al 1584, quando fu trasferita a Lahore. Qui a Fathepur, nel 1578, l'imperatore Akbar organizza una disputa interreligiosa invitando teologi persiani, musulmani, brahamiri e cattolici. Vi parteciparono Rodolfo Acquaviva e i padri Francesco Henriquez e il catalano Antonio di Monserrate, provenienti dalla missione di Goa. La disputa durò 7 mesi e fu interrotta dalla partenza di Akbar per domare una rivolta a Kabur. Non si concluse molto.

A questo episodio, dunque, farebbe riferimento la tela conservata a Benevento e l'affresco del palazzo di Atri, commissionati, quasi certamente, dal duca Giovan Girolamo Acquaviva, duca d'Atri e padre del reverendo Rodolfo Acquaviva, quasi subito dopo la morte di questi avvenuta il 15 luglio 1583. Una ultima notizia ce la dà il prof. Zanni Ulisse, e riguarda un restauro ottocentesco dell'affresco eseguito dal pittore Giacinto Stroppo Latini. Padre Rodolfo Acquaviva, martirizzato nel 1579 fu canonizzato nel 1893 da papa Leone XIII.

Sull'episodio di Fathepur, per chi voglia approfondirlo, si consiglia E. Macaglian, *The Jesuits and the Great Mogol*, Londra 1932; J. St. Narayan, *Acquaviva and the great Mogol*, Patna 1942.

anno VIII, n. 157 – 18 maggio 1996

L'influenza del pensiero cartesiano sugli intellettuali beneventani

Il 31 marzo 1596 nasce in Francia, a La Maye, nella Turenna, il famoso filosofo e matematico Cartesio.

Cartesio è l'italianizzazione del nome latino Cartesius di Rene des Cartes.

Nato da una famiglia di ricchi borghesi, viene educato presso i Gesuiti, nel collegio di La Flechè dove rimane dal 1604 al 1612. A lungo incerto se intraprendere la carriere militare o darsi ad una vita di studio, nel 1617 si arruola volontario nell'esercito di Maurizio di Nassau. Nel 1619 lo troviamo al servizio dell'Elettore di Baviera e nel 1621 segue il conte Bucquoy. Al servizio di questi tre signori ebbe modo di viaggiare per tutta l'Europa. Arriva in Ungheria, in Germania, in Polonia, in Olanda, in Svizzera e in Italia e di tanto di tanto ritorna a Parigi ed a Rennes presso la sua famiglia.

Nel 1628 si stabilisce in Olanda dove rimane per circa 20 anni dimorando tra Amsterdam, Leida ed Egruand. Il lungo soggiorno è interrotto solo da brevi viaggi.

La Regina Cristina di Svezia, piena di ammirazione per lui, lo invita a Stoccolma nel settembre 1649 perché le insegnasse la filosofia. Qui Cartesio muore di polmonite l'11 febbraio 1650.

Autore di numerose ed importanti opere filosofiche e matematiche, Cartesio è stato giustamente definito il padre del pensiero moderno, perché da esse prendono le mosse tutti i maggiori pensatori del Seicento e del Settecento. L'opera sua più famosa resta il celebre *Discorso sul metodo* pubblicato nel 1637, col quale definisce il metodo critico dell'indagine scientifica adottando per esso criteri esclusivamente razionali.

La sua filosofia trova sostenitori in tutta Europa anche se su pressione esercitata dai Gesuiti fu condannato (1663) dalla Congregazione del Santo Uffizio e nel 1671, a richiesta della *Sorbona*, il Consiglio del Re ne interdiva l'insegnamento in Francia.

Ciò nonostante, il cartesianesimo trova grande fortuna oltre che in Olanda, Germania e Inghilterra anche in Italia specialmente al sud, nel Regno di Napoli, dove trova in Gian Vincenzo Gravina e in Giambattista Vico i suoi più tenaci fautori.

E proprio nel Regno di Napoli, a Scalea (Cosenza) suo paese natale, Gregorio Caloprese apre una scuola che diviene presto famosa per il metodo cartesiano seguito nell'insegnamento e che annovera fra i suoi alunni anche il futuro, celebre Metastasio.

Anche Benevento non fu immune dall'influsso cartesiano.

Dai torchi della Stamperia Arcivescovile nel 1712 vedeva la luce uno studio di critica cartesiana.

Ne era autore un tal Marco Aurelio Santi, nativo di Siena.

L'opera, intitolata *Crisis opinionum Renati De Cartes*, dedicato al cardinale Vincenzo Maria Orsini, poi papa Benedetto XIII, conta 80 pagine e si divide in due parti comprendenti la prima: 5 paragrafi cui seguono 4 appendici; la seconda suddivisa in 4 parti e due appendici.

Dai torchi della stamperia Arcivescovile nel 1712 un prezioso studio

Frontespizio del libro di Marco Aurelio Santi, pubblicato a Benevento nel 1712.

anno VIII, n. 158 – 1 giugno 1996

Carlo Maurizio di Talleyrand ultimo principe di Benevento

Diplomatico di valore guidò la politica estera di Napoleone e dei Borboni

Un decreto di Napoleone del 5 giugno 1806 nominava principe di Benevento il vescovo di Autun, Carlo Maurizio di Talleyrand-Perigord, nel frattempo divenuto ministro degli Affari Esteri.

Contrasti con la politica di Roma e la necessità comunque di dare un segno della sua forza avevano portato l'imperatore francese ad occupare i due territori di Pontecorvo e Benevento che, inclusi nel Regno di Napoli, da sempre avevano rappresentato un motivo di attrito tra le corti di Napoli e quella di Roma.

L'occupazione materiale della cittadina avveniva il 16 luglio 1806 quando le truppe francesi comandate dal generale Lanchantin prendeva possesso della stessa.

Lo stesso giorno, poi, l'arcivescovo Spinucci si recava a Montefusco dove celebrava messa e durante l'omelia esprimeva atto di fedeltà al nuovo regime, giuramento che più tardi rinnovava e sottoscriveva alla presenza del presidente della Regia Udienza.

Così, in forza del decreto napoleonico, il Tal!eyrand prendeva possesso dell'antico ducato beneventano *con piena sovranità e con diritto di trasmissione ai figli maschi, legittimi o naturali, per ordine di primogenitura* (i suoi discendenti conservano ancora il titolo di principi di Benevento) e uno dei primi atti fu proprio la nomina di un suo amministratore da mandare sul posto. La scelta cadeva su L. C. Alessandro Du-

fresne Saint-Leon, persona a lui molto vicina e di sua fiducia che, il 28 luglio successivo, si insediava in città. Vi rimaneva tuttavia pochi giorni, fino a metà agosto del 1806, quando veniva sostituito con altro personaggio sempre del suo entourage, mons. Louis de Beer, che reggerà il principato di Benevento fino alla caduta dell'impero napoleonico.

Ma chi era Talleyrand?

Nato a Parigi nel 1754, nipote dell'arcivescovo di Parigi Alessandro Angelico Talleyrand, zoppo fin dall'infanzia, a seguito di una caduta fu destinato, benché primogenito e senza vocazione, alla carriera ecclesiastica.

Grazie alla sua appartenenza all'aristocrazia otteneva importanti benefici: ordinato sacerdote nel 1778, vescovo di Autun nel 1788, fu deputato del clero agli Stati Generali (1789) nei quali, aderendo alle nuove idee, veniva eletto rappresentante e capo del clero costituzionale. In quella stessa sede faceva votare, oltre all'abolizione del cattolicesimo come religione esclusiva, il decreto che metteva a disposizione della nazione i beni del clero.

Colpito dalla scomunica papale come scismatico, si dimetteva dal vescovado di Autun e si dava alla diplomazia ricoprendo con alterni consensi varie cariche da ministro degli Esteri (1797) a consigliere di Napoleone nel 1807. Alla caduta di questi per le sue riconosciute qualità, sotto i Borboni veniva di nuovo rieletto ministro degli Esteri continuan-

Charles Maurice de Talleyrand

do così quella carriera diplomatica che doveva chiudere poi venti anni più tardi, nel 1834. Moriva a Parigi il 17 maggio del 1838 l'ultimo principe di Benevento.

Un suo biografo così lo ha ricordato. *Privo di scrupoli, scevro di pregiudizi, possedeva in dosi superbe l'arte di insinuarsi nell'animo degli uomini e nel cuore degli avvenimenti,* *senza farsi influenzare da quelli, né da questi, ma se possibile (e a lui era sempre possibile) volgerli a proprio vantaggio. Pilotato da un fiuto infallibile, sostenuto da un cinismo senza tentennamenti, ispirato da un pragmatismo lungimirante, il vescovo d'Autun, passò indenne attraverso le bufere che sconvolsero il suo Paese, rovesciando troni e restaurandoli.*

Il ricordo di lui a Benevento è legato alla piazza antistante la chiesa di S. Sofia, a lui dedicata, e in suo onore sistemata dal governatore Louis de Beer e dal grande stemma affrescato sotto l'androne del palazzo municipale di corso Garibaldi.

anno VIII, n. 159 – 29 giugno 1996

Ad Antonio Mellusi l'incarico di costituire l'Archivio Storico

I giorni di studi, articolatisi in una serie di interventi svoltisi tra Benevento e Torrecuso, sono stati dedicati alla figura di Antonio Mellusi (Torrecuso 25 ottobre 1847-Napoli 4 ottobre 1925).

I vari relatori, con esaurienti interventi hanno illustrato il pensiero e l'opera di quest'uomo che è stato avvocato, deputato, poeta, appassionato di storia, ed esaminandone ogni possibile sfaccettatura.

Tra le sue molteplici attività e tanti impegni il Mellusi ebbe l'incarico di costituire l'Archivio Storico del Sannio.

Nel 1909 il Consiglio Provinciale, con deliberazione del 14 giugno approvava all'unanimità la proposta avanzata da una apposita commissione di studio, composta da Almerico Meomartini, Nazzareno Cosentine e Armando Ungaro per la costituzione di un Archivio Storico. *Per noi la fondazione di un Archivio Storico non rappresenta un sempre atto burocratico ma un elevato dovere morale e politico, espressione di alta finalità. A noi piace sperare che intorno a questa fondazione possa e debba determinarsi un movimento intellettuale di studi e ricerche, deb-* *ba sorgere una gara di utili elargizioni, e far sì che la fondazione assurga a grandi altezze e possa anche determinare la formazione di una Biblioteca Provinciale.*

E fu, come detto, incaricato il Mellusi che con grande entusiasmo raccolse la raccolta di libri di storia locale, di documenti, manoscritti, sistemandoli nei locali dell'ax badia di S. Sofia.

Noi pubblichiamo, di seguito, la prima circolare che il Mellusi poco dopo inviava per rendere nota l'avvenuta costituzione dell'Archivio e le linee fondamentali del suo operato.

Dopo cinquant'anni dal risorgimento dell'Italia e di Benevento, questa città – rinomata, anche fra gli stranieri, per l'abbondanza delle sue memorie – era priva d'un Archivio Storico. Il Consiglio della Provincia, nel 14 giugno 1909, ne deliberò la fondazione – quasi una festa pel Cinquantenario, – e mi accordò l'onore di iniziarne gli ardui lavori.

Quel voto – esente da distinzioni di parti amministrative o politiche – mi assegnava una responsabilità non incognita a quanti rammentano la singolare esistenza di questa città soggetta al dominio Papale tra le tempestose vicende del reame di Na-

Fu il Consiglio Provinciale, nel 1909, a dare il via libera al progetto

Antonio Mellusi

poli, e l'origine di questa provincia apparse tra gl'impeti della rivoluzione. Molti documenti restano disgiunti negli archivi di Caserta e di Foggia, di Campobasso e di Avellino; molti diplomi sono disseminati da Roma a Monte Cassino, da Napoli a Capua e a Salerno. Il primo impulso a indagini così vaste e l'organismo che dovrà seguirle richiedono, più che un freddo adempimento di ufficio, quasi la dedizione ad un culto.

Se mi reggerà la salute, io ambirò di dare un segno d'affetto alla mia Provincia che – non per la prima volta – mi concesse il dono della sua fiducia.

Però l'ampiezza dei lavori potrebbe infrangere ogni slancio individuale, se mancasse la cooperazione di molti.

Autorità e privati, uomini di scienza e possessori di carte ignorate o presso a disperdersi dovrebbero offrire il loro aiuto per sostenere una delle opere che non fioriscono ove la civiltà non arride. Né potranno opporsi dissidi di partiti; giacche sul limitare d'un istituto storico si soffermano i conflitti, e i colori si confondono nella varietà delle pagine non destinate ad una generazione sola.

L'Archivio storico provinciale – aspettando più ampia sede – è ora raccolto nei resti della badia benedettina che, memore del principato di Arechi, fu asilo agli studi in tempi oscuri, e temperò il giovanile ingegno d'uno che, nel secolo XI, protese il sapere e l'arte italiana. Così – attraverso le mutazioni di leggi e di costumi – rispuntano sulle antiche radici i germogli del pensiero civile. Volgendo di qui un primo saluto a quanti la proteggeranno, il saluto diviene augurio alla città e alla provincia di Benevento, appena all'inizio delle sorti nuove che acquistarono – come Roma – insieme alla libertà e col potere dei ricordi sovrani.

Benevento (Santa Sofia) 2 agosto 1910.

Antonio Mellusi

anno VIII, n. 160 – 14 settembre 1996

Regge una Mostra di «santini» sradicata dalla realtà locale?

L'iniziativa è stata «calata dall'alto» da Città Spettacolo

Un santino del XIX secolo di San Cristiano al quale è dedicata la chiesa del Triggio.

Tra le iniziative di Città Spettacolo c'è da registrare la mostra a cura di Michele Rak sul tema *Protettori. Immaginette sacre tra Italia e Francia*, svoltasi presso il Centro d'Arte e Cultura di via Pupillo.

Sull'iniziativa in sé, nulla da dire, ma non penso che essa può essere definita interessante se non fosse altro che per il fatto che è una mostra espositiva certamente «fuori dal comune». Non credano, però, gli organizzatori della rassegna di aver proposto a Benevento, città di provincia e dunque fuori dai circuiti classici della manifestazioni che contano, verità in assoluto.

I santini, anche se non è una «passione» di massa (come attualmente la raccolta delle carte telefoniche), anche qui da noi si registra un alto numero di appassionati collezionisti di immaginette sacre, i cosiddetti «santini», molti dei quali di gran pregio.

Ma al di là del numero dei collezionisti, non ci convince questa Mostra «calata dall'alto» perché crediamo che questo non sia «prodotto» da collezione e da esposizione che ha in larghissima parte esiguo valore se slegato dalla realtà territoriale in cui esso è esposto.

Insomma, esso è un po' come le classiche cartoline che diventano interessanti se sono di Benevento ed esposte a Benevento (il richiamo alla memoria storica, la curiosità per luoghi ora inesistenti o trasformati o così via); perdono valore se esposte, poniamo, a Milano o se nel capoluogo lombardo si «esportasse» l'immaginetta della Madonna delle Grazie, Patrona di Benevento e del Sannio. E tutto ciò, anche al di là del pregio storico ed intrinseco del «santino».

Una Mostra di tal genere, con iconografie locali, avrebbe raggiunto un interesse diverso ed avrebbe anche coinvolto la città in una ricerca che avrebbe anche potuto fruttare la riscoperta di pezzi antichi, oggi sempre più rari.

Ma c'è di più: attraverso il recupero di questi «santini» locali, avremmo potuto anche aprire addirittura nuove pagine di storia locale. Infatti, attraverso l'immagine della Madonna delle Tre Corone, presente nel Convento di S. Pasquale, Madonna venerata nella chiesa dell'Incoronata di Foggia, si è potuto certificare il passaggio dei frati Francescani reinsediatisi a Benevento nel secolo XIX. Insomma, una Mostra, quella dei «santini» (che peraltro avrà avuto anche in costo non indifferente), meglio sarebbe stato proporla partendo dalle disponibilità locali. Ma per far questo, Città Spettacolo dovrebbe poter agire non solo nelle ultime settimane che precedono l'inizio della Rassegna ma anche nei mesi che immediatamente seguono la sua chiusura in modo da calarsi veramente nella realtà della città in cui si opera. Anticipare, poi, qualche iniziativa per tentare di raccogliere adesioni, non sarebbe male…

Su questo argomento però, anche queste edizioni targate Costanzo, hanno clamorosamente fallito.

anno VIII, n. 161 – 28 settembre 1996

Il terremoto del 1688 distrusse la città ma c'era papa Orsini…

Il terremoto del 5 giugno 1688, distruggeva, quasi totalmente, la città di Benevento e dava così modo e occasione al cardinale Orsini, da pochi anni eletto arcivescovo metropolita, di poter esplicare le sue doti di carità e munificenza.

Il terremoto, scatenatosi nel pomeriggio del 5 giugno, fu di una gravità enorme: numerosi i morti, molti i feriti, lo stesso Orsini fu salvo per miracolo e circa il 75% degli edifici, sia religiosi che civili, era reso in parte o quasi del tutto inagibile.

Le opere di ricostruzione e di ripristino, protratte si per oltre un decennio e interrotte brevemente a causa di altre scosse telluriche negli anni 1702 e 1714, procedevano sotto il diretto controllo dell'arcivescovo. Ogni cosa era sottoposta al suo vaglio e su ogni cosa egli esprimeva la sua volontà profondendo altresì contributi e danari vari attingendo spesso al suo patrimonio familiare. Le cronache del tempo registrano anche per il convento di San Diodato ingenti danni:

Hanno patito anche gran danno li padri benfratelli la chiesa dei quali è rimasta danneggiata in molte parti onde ha bisogno di risarcimento et il suo campanile benché non sii caduto bisognerà abbatterlo essendo tutto aperto delle parti di basso.

L'Hospitale è restato pure danneggiato e li dormitori del convento sono in parte caduti et in parte lesi in modo che per rifabbricare e risarcire il tutto secondo della relazione dell'architetto vi vorranno da ducati 3.000 in circa.

Il 18 novembre successivo ai terremoti l'arcivescovo Orsini si recherà di persona in visita all'ospedale per accertarsi dell'entità dei danni subiti dalla struttura. L'opera di ricostruzione avverrà sotto i priorati di fra' Francesco Maria Angrisani e poi di fra' Tommaso da S. Giovanni di Dio e per essa l'Orsini oltre a contributi vari assegnava anche il ricavato delle multe comminate a coloro che contravvenivano all'Editto *col quale si proibiva in città certi abusi scandalosi in tempo di vendemmia...*

Una eccezionale questua voluta dal cardinale per l'Ospedale di S. Diodato

Papa Benedetto XIII

Nel 1719 l'ospedale sarà totalmente ricostruito e in perfetto funzionamento nonostante le insufficienti rendite patrimoniali.

Anche a tanto pensava l'Orsini con una sua Lettera Enciclica *per la questua a pro dell'ospedale di S. Diodato*. Eccone il testo.

Atteso il gran concorso degli infermi di tutta la nostra diocesi in questo pio ospedale è bisogni dei quali le scarsissime rendite annue del medesimo di soli ducati 200 non possono provvedere, ed acciocché non manchi il convenevole ristoro di poveri ammalati secondo il debito indispensabile della cristiana carità, ordiniamo a ciascheduno Parroco della nostra Diocesi di accompagnare il Padre Priore Fiorillo dell'Ordine di S. Giovanni di Dio ed esortare ogni fedele loro Parrocchiano a contribuire qualche danaro per opera si santa, e maxime ne pregarà ogni comunità, e farà contribuire da ciascun luogo pio qualche limosina, ad affinché verun luogo pio non si esima sotto la figurata scusa della povertà, quasi che tutte le poche rendite di medesimo non siano obbligate principalmente a distribuirsi a' poveri, e fra poveri a' più miserabili infermi, i medesimo Parrochi faranno notare presto gli atti delli nostri XXV Vicarij Foranei minutamente ogni carlino, che contribuiranno le comunità, e qualsiasi confraternita, cappella, monte frumentario, ed ogni altro luogo Pio ed i suddetti Vicari Franci rimetteranno a Noi le stesse note per benedire li pii oblatori e per redarguire l'avarizia di alcuni increduli amministrativi, come se la maniera più spedita di aumentare le rendite non sia la limosina.

Ogni anno dunque si ricordi del dare et dabitur vobis.

La circolare datata al 31 maggio 1719, indirizzata a tutti i parroci della diocesi non dovette comunque portare effetti molto positivi visto che circa due anni più tardi l'arcivescovo elargiva un congruo contributo di 500 ducati per l'arredamento dell'Ospedale.

anno VIII, n. 162 – 13 ottobre 1996

Un grande papa, Paolo III, arcivescovo di Benevento

Sotto il suo pontificato venne ricostruita Porta Rufina poi abbattuta nel 1926

Papa Paolo III con i nipoti

L'anno 1534, l'8 ottobre, all'età di 79 anni, saliva al soglio pontificio, Alessandro I Farnese col nome di Paolo III.

Nato a Canino, vicino Viterbo, nel 1468, da illustri genitori, Pier Luigi e Giovannella Caetani, dotato di vivido ingegno e di grande cultura, percorreva rapidamente tutti i gradi della carriera ecclesiastica, … anche nella protezione Alessandro VI e di Clemente VIII.

Cardinale nel 1493, vescovo di Montefiascone nel 1499, Parma nel 1509, Tuscolo nel 1513 Benevento nel 1514 e infine Ostia nel 1524. Il suo pontificato collocandosi negli anni cruciali della lotta tra la Francia e l'impero, ricopriva un ruolo importante, adoperandosi a far da paciere per far sottoscrivere una tregua (1538) e poi una pace definitiva (Crepy 1544). Sotto il suo pontificato veniva anche sottoscritto nel 1538, con l'adesione di Venezia e di Carlo V la lega contro i turchi, mentre nel 1542 veniva convocato il Concilio di Trento. Figlio del suo tempo, favoriva largamente i suoi figli (prima di prendere gli ordini sacri ne aveva avuti almeno quattro: Costanza, Paolo, Ranuccio e Pier Luigi e a quest'ultimo infeudava Parma e Piacenza. Protettore delle lettere e delle arti, valga per tutti ricordare la nomina di Michelangelo alla direzione dei lavori della Basilica di San Pietro e, sempre allo stesso, dava incarico dell'esecuzione degli affreschi della Cappella Sistina.

Cardinale Arcivescovo di Benevento dal 1514 al 1521, ebbe con la città un rapporto molto labile, continuando a risiedere a Roma ed affidando la cura della sua diocesi ad un Vicario. Nominato al vescovato di Ostia rassegna la chiesa nella condizione del regresso ad Alfonso Sforza ed alla morte di questi, avvenuta pochi anni dopo – nel 1525 il vescovo di Montemarano nella qualità di vicario dell'arcivescovo riceve il giuramento di pace da parte dei rappresentanti delle due fazioni cittadine – riprendendo il titolo di arcivescovo beneventano che manterrà anche dopo la elezione al papato. Reggerà le file della chiesa beneventana fino al 1530, rassegnandola ancora una volta nelle mani di Francesco della Rovere, nipote di papa Giulio II.

Nel 1534, anno della sua elezione, il Consiglio cittadino *come sempre si era soluto observare alla creazione del nuovo pontefice*, deliberava d'inviare in Roma due oratori con l'incarico di fargli omaggio del donativo *di uno barile te uno bocale et una salera d'argento*.

I tre oggetti, commissionati a Napoli presso un laboratorio di argenteria, vennero a costare 102 ducati. I due oratori prescelti per andare a Roma col donativo furono Giulio del Sindico e l'arcivescovo Baldassarre de Laurentiis per la qual cosa entrambi ricevettero un compenso di 30 ducati. Pochi mesi più tardi, entrambi furono nominati da Paolo III il primo, nel 1535, per dirimere un litigio in materia di confini con la vicina Università di Paduli; il secondo, invece, coll'assistenza di tre o quattro probiviri, fu prescelto per la revisione e la correzione degli statuti cittadini.

Nel 1539 poi eleggeva al cardinalato il beneventano fra Dionisio Gauresio. Sotto il suo pontificato la città viene governata da personaggi appartenenti ai più bei nomi della nobiltà italiana. Nel 1534 riconferma Ferdinando Gonzaga, a cui seguivano dopo due oscuri governatori, Francesco d'Este nel 1541 e nel 1543 Alfonso d'Avalos. Questi, occupato in varie imprese

guerresche e nell'amministrazione del milanese, affidava alla consorte Maria d'Aragona il governo della città.

Donna di grande spirito, di vivace impegno, di grande risoluzione, di gran punto a seguito della morte di Alfonso, avvenuta il 31 marzo del 1546, veniva riconfermata nel governatorato della città nel maggio del 1546, incarico cui poi rinunciava nell'agosto del 1547.

Sotto il suo papato la città mutò nell'assetto urbanistico. Nel novembre del 1549 si portavano a termine i lavori di ricostruzione della Porta Rufina e di sistemazione della zona immediatamente fuori le mura. I lavori erano iniziati nel 1542 quando, abbattuta la vecchia porta (a ridosso dell'attuale palazzo Schinosi), veniva ricostruita un poco più avanti ampliando sensibilmente il circuito delle mura. Per la ricostruzione della Porta Rufina venivano chiamati gli *esperti maestri scalpellini di Morcone* che vi lavoravano dall'aprile 1542 fino al marzo del 1545, utilizzando molto materiale calcareo proveniente dal diruto palazzo dei principi longobardi di Piano di Corte. I lavori di ripristino della porta, comprese le feritoie e la porta lignea, terminavano nel 1549 e comportava una spesa di circa 600 ducati. La porta, sulla quale campeggiava una scritta dedicata a Paolo II, rimaneva in piedi fino al 1926 quando, per pseudo esigenze urbanistiche, veniva abbattuta.

Ancora un ricordo. Nel 1548, per dirimere irregolarità e controversie circa l'ammissione di nuove famiglie al patriziato e per meglio regolare la successiva partecipazione al governo della città, approvava le nuove norme circa l'aggregazione della nobiltà cittadina e pertanto statuiva le regole del «seggio» dei nobili.

Paolo III, morto nel 1549, fu sepolto in San Pietro a Roma. Le sembianze fisiche del pontefice sono note principalmente grazie agli splendidi ritratti eseguiti dal Tiziano raffiguranti l'uno Paolo III, l'altro lo stesso Paolo III tra i nipoti Ottavio e Alessandro Farnese ed entrambi conservati presso la Galleria nazionale di Capodimonte a Napoli.

Papa Paolo III. Il quadro, come il precedente, è opera di Tiziano Vecellio ed è conservato nel Museo di Capodimonte a Napoli.

anno VIII, n. 163 – 26 ottobre 1996

Tanta fatica ed ostinazione ma alla fine nasce la Provincia

Il 25 ottobre di 136 anni fa il Sannio è con pari dignità nel Regno d'Italia

Sul finire dell'ottobre di 136 anni fa, esattamente il 25 ottobre 1860, pochi giorni dopo l'entrata di Garibaldi in Napoli, un decreto del prodittatore Giorgio Pallavicino *in nome di Sua Maestà Vittorio Emanuele Re d'Italia* sanciva la nascita della provincia di Benevento, riportando così la città capoluogo di una parte di quel territorio che aveva perduto circa otto secoli prima con la dominazione pontificia.

La pubblicazione di questo decreto poneva fine ad una prima fase di incontri-scontri politici iniziata all'indomani della rivoluzione beneventana del 3 settembre capeggiata da Salvatore Rampone e da Domenico Mutarelli.

Uno dei primi atti, se non il primo, del neo costituito Governo Provvisorio, composto, oltre che dai due personaggi summenzionati, da Giuseppe De Marco, Nicola Vessichelli, Giovanni de Simone e Gennaro Collenea, proclamava che *le lotte insurrezionali italiane e le acclamazioni del popolo beneventano* dichiaravano *decaduto il Governo Pontificio*. Iniziava così a concretizzarsi la promessa che il Comitato Unitario di Napoli aveva fatto a Salvatore Rampone fin dalla metà di agosto.

Il nuovo stato di cose, l'annessione di Benevento al Regno d'Italia e la precedente promessa della costituzione della nuova provincia, venivano riaffermate anche dallo stesso Garibaldi nell'incontro che avvenne la sera del 9 settembre, in Palazzo D'Angri in via Toledo a Napoli, con Salvatore Rampone e Nicola Vessichelli che qui erano venuti per rendere omaggio al dittatore vittorioso.

La costituzione della nuova provincia, nasceva così col consenso dello stesso Garibaldi, ma tra enormi difficoltà.

Benevento formava nello Stato pontificio una provincia di soli 26mila abitanti. Un territorio così piccolo che nel nuovo stato non avrebbe avuto ragione di essere: necessitava, quindi, tenuto conto anche dell'importanza della città, che fosse costituita una provincia che per territorio e popolazione non fosse di molto inferiore alle altre province e per fare tanto bisognava sconquassare e disfare cinque altre province: Avellino, Salerno, Foggia, Campobasso e Caserta.

Le difficoltà erano innumerevoli.

Si iniziarono una serie di studi, si tracciavano i confini, si elencavano i Comuni che avrebbero fatto parte della nuova provincia e tutti avevano un concetto comune: Benevento sarebbe stata al centro di un territorio i cui confini spaziavano dall'Arianese a Sant'Agata dei Goti. Un primo progetto fu steso quasi immediatamente e portava la data dell'11 settembre 1860 e che includendo i circondari di Vitulano, Montesarchio, Cervinara, Altavilla, Montefusco, S. Giorgio la Montagna, Paduli, Pescolamazza e «anche Colle se fosse possibile», ricalcava in parte i limiti dell'an-

Cartolina di inizi Novecento con lo stemma di Benevento.

tica struttura ecclesiastica della diocesi di Benevento. Questo primo progetto fu subito integrato con l'aggiunta dei circondari di San Giorgio la Molara, Pontelandolfo, Morcone, Airola, Solopaca, Cerreto Sannita, Guardia Sanframondi, Ariano Irpino e Grottaminarda con una popolazione di circa 230mila abitanti.

Nel frattempo si intrecciavano contatti con i Comuni interessati e si ricevevano le prime adesioni a far parte della nuova provincia.

Una svolta decisiva alle tante incertezze veniva qualche giorno più tardi, il 21 ottobre, dai risultati del voto plebiscitario. Qui tutti i votanti, circa 7mila persone, davano il loro consenso per *l'Italia una e indivisibile con Vittorio Emanuele Re Costituzionale*.

Subito dopo, il 26 ottobre, il Prodittatore Giorgio Pallavicino, decretava la nuova Provincia.

L'antico ducato di Benevento è dichiarato Provincia del Regno Italiano. Tre mesi e messo più tardi, da Eugenio, Principe di Savoia Carignano, veniva firmato il decreto per il riconoscimento e la circoscrizione della Provincia di Benevento nel Regno d'Italia.

anno VIII, n. 165 – 23 novembre 1996

Un editore del '400 Marco da Benevento

L'origine dell'ordine monastico dei Celestini è noto che trae origine da Pietro da Morrone, nato ad Isernia intorno al 1215.

Questi visse la vita eremitica anche dopo la sua ordinazione sacerdotale e l'ingresso nell'ordine benedettino, sul Monte Marcone, nei pressi di Sulmona. Il movimento eremitico iniziato da Pietro, ebbe una prima approvazione da Urbano IV nel 1263 e poi da Gregorio X nel 1274 e riconosciuto come ordine religioso di emanazione benedettina.

Nel 1294, in fama di santità, l'eremita Pietro fu eletto sommo pontefice col nome di Celestino V. Dopo pochi mesi egli tuttavia rinuncerà all'altissimo incarico, forse sopraffatto e travolto dalla complessità della vita amministrativa e politica o forse desideroso di tornare alla quiete del suo eremo. Non gli fu possibile realizzare questa sua aspirazione perché il suo successore sul trono pontificio, Bonifacio VIII, lo fece rinchiudere nel castello di Fumone, dove moriva il 19 maggio 1296. Clemente V lo proclamava santo nel 1313.

La Congregazione celestiniana adottò la regola di S. Benedetto e nel periodo di suo massimo splendore contava circa 150 case di cui un centinaio in Italia, 21 in Francia e altri in Boemia, Inghilterra, Spagna e Belgio.

I Celestini, poi, furono accolti in Francia di Pio VI e poi anche in Italia a seguito delle leggi francesi di soppressione del 1807 e del 1810.

Fra i monasteri celestini italiani ebbe fama e notorietà anche quello di Benevento situato sul lato destro di Palazzo Paolo V e nel quale, nella seconda metà del secolo XV dovette entrare, per vestirne l'abito, il nostro Marco da Benevento.

Nato intorno al 1460, giovanissimo si trasferisce nel monastero dei celestini di Bologna per attendere agli studi di Teologia presso la facoltà di quella università e dove nel 1494 lo troviamo insignito del titolo di *bacalarius artium at medicinae* e con tale titolo il 14 gennaio 1494 partecipava alla Congregazione del Capitolo dei Monaci di S. Giovanni Battista dei Celestini in Bologna.

Forse il più antico autore sannita di libri a stampa

Marco da Benevento

In quest'anno iniziava la sua attività scientifica con l'edizione del Commento di S: Tommaso, il libro delle sentenze uscito dai torchi di Benedetto di Ettore Faelli, tipografo bolognese con la data del 27 maggio 1494.

Nella parte finale del libro si ricava che lo studio era stato accuratamente rivisto da Marco da Benevento dell'ordine di S. Benedetto della Congregazione dei Celestini *artium bacalarius*.

Alla fine dello stesso anno, sempre per i tipi di Benedetto Faelli vedevano la luce le *Studio ac labor* del venerabile fra Alessandro da Benevento. Due anni più tardi (1496) pubblicava il commento all'opera di Guglielmo di Ockham e alle *Expositiones* di Alberto di Sassonia, che tuttavia ridava alle stampe in una edizione corretta e completata nel 1498.

Il 9 aprile 1498, compiva i suoi studi e conseguiva la licenza e il magistero in Teologia. Ma la sua fama di profondo teologo e studioso di tomistica aveva già varcato i confini nazionali e da Lione, nell'ottobre del 1498 lo studioso ed editore Giovanni Treschel dava alle stampe e lui dedicava la ristampa di una delle più note opere di Guglielmo Ockham su rapporti fra potere ecclesiastico e potere civile.

La lettera dedicatoria, che reca la firma di Jodocus Babius Ascensius, genero del Treschel e a sua volta stampatore e poeta famoso, loda senza riserve l'attività editoriale di Marco: «Non soltanto perché questi porta alla luce autori ottimi i quali per la negligenza degli uomini e la crudeltà del tempo, giacciono laceri e mangiati dalla muffa, ma anche e perché, e tanto più lealmente si sforza di onorare coloro che lavorano allo stesso fine e meritano lodi.

Pochi mesi prima del 1500, dando concretezza alla sua passione, l'astronomia, che aveva studiato con Domenico Maria Novara, che sappiamo anche essere stato maestro e amico di Nicolò Copernico, dava alle stampe il trattato *De motu octavae spherae*. Sappiamo anche che il Copernico studiava a Bologna tra il 1496 e il 1500 e che probabilmente abbia avuto anche rapporti personali con il nostro Marco.

Al seguito del cardinale Pietro Isualles, nel 1505 Marco andava a Roma. Qui curava la nuova edizione della Geografia del Planispherium di Tolomeo, edizione molto nota anche perché riporta la più antica carta geografica della Polonia alla cui elaborazione dovette contribuire lo stesso Copernico.

Alla morte del card. Isualles, Marco si trasferiva prima a Napoli dove per alcuni anni teneva cattedra di logica e di geometria e poi ritornava a Roma dove entrò in violenta polemica contro Alberto Pighio, lettore di astronomia nello studio di Parigi.

A questi che aveva dato alle stampe dei *Commentarii dell'invenzione degli equinozi e dei solstizii* l'abate beneventano contrappose un suo primo scritto nel 1521, cui faceva seguito con una sua nuova opera alcuni mesi più tardi.

Nel 1522 ridava alle stampe le *Annotazioni su Guglielmo di Ockham* nel 1525 lo sappiamo a Roma, penitenziere in Basilica S. Pietro, durante l'anno giubilare.

Ignoriamo la data della sua morte che comunque alcuni studiosi pongono intorno al 1550.

Chiudeva così la sua vita terrena questo illustre beneventano che meritava dai suoi contemporanei per la sua profonda conoscenza della materia l'appellativo di Fenice dei matematici e che, aperto alle nuove correnti filosofiche, nel convento dei celestini di Bologna, svolgeva un ruolo primario per la conoscenza e la diffusione in Italia delle opere del grande inglese Guglielmo di Ockham.

Disegno di medaglia con papa Clemente XIV al recto e allegoria di Benevento sul verso, dal frontespizio del terzo volume della Istoria di Stefano Borgia.

anno VIII, n. 166 – 7 dicembre 1996

Una preziosa incisione del XV secolo mostra la bellezza dell'Arco di Traiano

Il nostro monumento è stato nei secoli oggetto di numerosi dipinti

L'Arco di Traiano in Benevento, collocato ai limiti orientali della città, all'inizio della via Traiana, fu probabilmente eretto tra il 109 e il 114 d.C. proprio a ricordo della inaugurazione della stessa. La bellezza e la ricchezza dei fregi ne fanno il monumento più importante di Benevento precisamente uno dei più citati nella documentazione antica della città presente fin all'alto medioevo quando lo stesso arco essendo stato inserito nel circuito della mura longobarde ed adibita a porta di accesso alla città, veniva ricordato come la Porta Aurea, intendendo gli antichi così definire la porta più grandiosa e sicuramente la più bella. A partire dalla prima documentazione a noi conosciuta *La traslazione a Benevento delle reliquie di s. Mercurio*, dove chiaramente è ricordato che il carro con le sacre reliquie entrava in città per la porta chiamata Aurea, i riferimenti all'Arco ed alla porta aumentano man mano che venivamo a noi e principalmente quando si fa riferimento a chiese o luoghi religiosi sorti nelle immediatezze dell'Arco.

Ricordiamo a proposito la citazione relativa alla chiesa di S. Renato a Port'Aurea dell'894 o la cessione di un terreno nelle vicinanze del Ponticello fuori Port'Aurea che i principi Pandolfo III e Landolfo V fecero a favore della chiesa di S. Michele Arcangelo nel 1048.

Duecento anni più tardi abbiamo la cessione della chiesa di S. Ilario, fatta dai principi Landol-fo, Atenolfo II e Atenolfo III, su richiesta del vescovo Giovanni, a favore del sacerdote Adelprando.

E poi ancora nel Rinascimento, con l'accrescimento degli studi monastici l'interesse per l'Arco ebbe un notevole incremento e fu oggetto di osservazione e rilevazione da parte dei maggiori studiosi dell'arte ecclesiastica del momento.

Così, quasi certamente, giunsero in città «sconosciuti turisti», personaggi come il Pisanello e Giuliano da Sangallo, Giovanbattista da San Gallo e Ciriaco d'Ancona. I disegni conservati nelle varie biblioteche italiane e d'Europa attestano la loro presenza in città.

E la schiera degli studiosi andava nel tempo arricchendosi di nomi quali il Vanvitelli, il Piermarini, il Panini, il Piranesi ai quali si aggiungevano nomi di studiosi locali quali il Piperno, il De Nicastro, la Teresa del Po. Di tutta la produzione monografica relativa all'Arco, sia essa a disegno che a stampa, merita di essere ricordata una incisione di grande interesse e forse la più antica incisione a stampa conosciuta datata fra la fine del XV secolo ed i primi del XVI. Essa, pubblicata per la prima volta da Salomon Reinach nel 1924 e ripresa poi da Mario Rotili, conosciuta in un solo esemplare conservato presso il Museo del Louvre a Parigi, proveniente dalla collezione di Edmond de Rotschild che a sua volta l'aveva acquistata nel 1878 a seguito della vendita, effettuata sei anni prima a Stoccarda, della collezione del marchese genovese Jacopo Durazzo.

Essa ci presenta il monumento con i rilievi, sia pure frammisti ad altri, e con *una veduta tipicamente rinascimentale in quanto attraverso il fornice si intravedono in prospettiva edifici monumentali e nel fondo il colonnato di un tempio classico.*

Ignoto ne è l'autore.

Attribuita in un primo momento all'incisore Baldini, nuovi studi, ripresi dal Rotili, sono propensi ad attribuire la paternità, anche se con molti dubbi, a Nicoletto de Roxes da Modena, attivo fra il 1490 e il 1512 e, pur non essendone certi, questa incisione apre *la serie, non piccola, degli incisori attenti al monumento beneventano.*

nella pagina seguente: incisione dell'Arco di Traiano, databile tra fine XV e inizi XVI secolo, nella collezione del Louvre di Parigi.

·IMP·CAESARI·DIVI·NER
VAE·FILIO·NERVAE·TRAI
ANO·OPTIMO·AVG·GE
RMANICO·DACICO·PON
TIFEMAX·TRIB·POTEST
XVIII·IMP·VII·COS·VI·P·P
FORTISSIMO·PRINCIPI
SENATVS·POPVLVS·QR

Un altro illustre beneventano Angelo Catho archivesque de Vienne

Qualche settimana addietro, sempre su queste pagine, abbiamo ricordato la figura del monaco celestino Marco da Benevento che, trasferitosi in Bologna, nel convento dei Celestini, vi dimorava per un lungo periodo attendendo ai suoi studi preferiti di filosofia, di matematica e astronomia. Sempre a Bologna Marco da Benevento dava alle stampe, alla fine del Quattrocento, le conclusioni delle sue ricerche.

I beneventani studiosi impegnati e ricercatori appassionati che hanno dato lustro alla città natale, nel corso dei secoli, se ne conoscono molti e ce ne dà conferma la poderosa opera del prof. Alfredo Zazo *Dizionario bio-bibliografico del Sannio*.

Poco sappiamo, invece, di quelli che hanno adoperato la stampa come mezzo di diffusione sul finire del Quattrocento quando cioè la stampa inventata da Gutenberg a Magonza, si diffondeva in Europa e in Italia toccando centri grandi e piccoli ma che divennero importanti proprio suo tramite.

Questa volta ricorderemo la controversa figura di messere Angelo Catho, archivesque de Vienne.

Nonostante che, nel tempo, alcuni suoi biografi, manipolando le scarse notizie che ci sono pervenute, ricordassero assieme ad Angelo Catone da Benevento e arcivescovo di Vienne, un Angelo Catone di Taranto, medico di Luigi XI di Francia e un Angelo

Catone di Sepino, famoso filosofo ed astronomo che insegnava medicina all'Università di Napoli nel 1465. Dato che Angelo Catone, almeno come è riportato nei frontespizi di alcuni suoi libri, era nativo di Benevento da una famiglia oriunda di Supino o Sepino *Angelus Catho de Benevento*.

Recenti studi condotti da Benedetto Croce e ripresi poi da Alfredo Zazo hanno definitivamente chiarito sia la sua origine beneventana sia la fasulla triplicazione or ora ricordata che altro non è se non un triplice aspetto della stessa persona.

Angelo Catone nasceva quindi a Benevento nella prima metà del XV secolo, da una famiglia oriunda di Sepino ed annoverata, come ricorda il della Vipera, nella sua *Breve descrittione tra le famiglie nobili della città*.

Discepolo di Francesco della Rovere, il futuro papa Sisto IV, acquisiva una profonda conoscenza nella medicina tanto da essere prescelto da Ferrante I come suo medico personale.

Nel 1465 veniva poi nominato lettore di medicina presso la Reale Università di Napoli, insegnamento che manteneva fino al 1474.

Nel 1466, forse come soprintendente della regia biblioteca, aveva dato alle stampe una *Lettera* di argomento astrologico dedicata al padre Celestino Matteo dell'Aquila, suo collega nell'Università di Napoli cui faceva se-

Visse nel secolo XV e fu anche docente universitario a Napoli

Angelo Catone

guito a marzo del 1472 la stampa, per i caratteri del tipografo napoletano Roessinger, dell'opuscolo sulla apparizione della Cometa avvenuta nel mese di gennaio del 1472.

La sua attività di studioso osservava ritmi intensi ed abbracciava più interessi.

Nel 1474, prima di lasciare Napoli al seguito di Federico d'Aragona, principe di Taranto e secondogenito di Re Ferrante, che si recava in Francia per andare sposo a Maria di Borgogna, aveva curato la stampa del trattato *De Febribus* di Antonio Guainerio e le *Pondectae Medicinae* di Matteo Sil-

vatico, antico dottore della scuola medica salernitana. Quest'ultima opera stampata in Napoli è definita dal Croce *uno dei più belli e rari incunaboli napoletani.*

In Francia si tratteneva per vari anni dove, molto conosciuto anche per l'incarico di medico personale di Re Luigi XI, frequentava i vari circoli culturali parigini.

Nel 1482, divenuto vedovo, abbracciava lo stato clericale e veniva insignito dell'arcivescovato di Vienne (piccola cittadina della Francia a pochi chilometri da Lione) che reggeva fino alla morte. In questa occasione pubblicava nel 1480 a Lione il *Breviarum Viennese,*

uno dei primi breviari stampati in Francia.

Nel 1493 era a Roma per la stampa di un'ampia opera di *Commentaria* sui dieci libri morali di Aristotele. Da Napoli, dove si era recato al seguito di Carlo VIII si trasferiva nel giugno del 1495 a Benevento, sua patria natale, per la quale, su richiesta dei consoli, si stava interessando per migliorare le disastrose condizioni economiche.

E qui, nella sua patria, lo coglieva improvvisa la morte. Veniva sepolto nella tomba gentilizia di famiglia nella chiesa di S. Lorenzo fuori le mura.

anno IX, n. 169 – 25 gennaio 1997

S. Vincenzo traslato da Carlo Andrea Caracciolo

A Torrecuso il corpo quasi completo di S. Vincenzo martire di Saragozza

La ricognizione canonica delle sacre reliquie di S. Vincenzo martire custodite e venerate nell'antica chiesa della SS. Annunziata a Torrecuso, predisposta dall'autorità ecclesiastica, ha avuto inizio.

In un primo momento si è proceduti all'apertura della sacra urna e si proseguirà con la effettiva ricognizione dei resti sacri che un'antica scritta pergamenacea identifica in S. Vincenzo Martire.

Di questo santo, la cui festa si celebra il 22 gennaio, esiste una ricca bibliografia alla quale rimandiamo – a parte gli accenni essenziali fatti in queste pagine speciali – chi voglia approfondire la vita ed il culto.

È tradizione che i suoi resti siano stati portati a Torrecuso dal marchese Carlo Andrea Caracciolo, appartenente ad una delle

più antiche e nobili famiglie del napoletano.

Carlo Andrea nasce a Napoli da Lelio Caracciolo dei marchesi di Vico e da Silvia di Traiano Caracciolo, primo di sette figli.

Incerta la sua data di nascita che alcuni vogliono fissare al 1583 altri al 1584.

Addestrato fin da giovanetto al mestiere delle armi il Caracciolo fu uno dei più fulgidi esempi della aristocrazia napoletana che spese la sua vita a combattere in ogni parte del mondo sotto le insegne della Spagna cattolica.

Le prime sue gesta sono datate al 1611, anno in cui i suoi biografi ufficiali registrano un primo fatto d'armi contro i mori nel golfo della Sirte. Nel 1614, giovanissimo, sposa una nobildonna napoletana, donna Teresa Vittoria Ravaschieri dei principi di Satriano dalla quale avrà quattro figli e

Carlo Andrea Caracciolo

che dopo pochi anni lascia per iniziare la sua avventura che lo porta a combattere in ogni parte del mondo. Nel 1622, nominato maestro di campo dal re Filippo III di Spagna, si imbarca sulla squadra navale destinata come scorta, contro le insidie anglo-olandesi, dei pesanti galeoni che rientravano in Europa dalle Americhe, e nell'aprile del 1624 lo ritroviamo in Brasile dove partecipa in prima persona alla liberazione di Bahia.

Al suo rientro in Spagna, preceduto dall'eco delle sue vittoriose imprese, viene accolto con tripudianti acclamazioni dando altresì spunto al grande Lope de la Vega di scrivere il suo *Brasil restitudo*.

Nel 1626 viene premiato col titolo di duca di S. Giorgio la Molara che trasmetterà al figlio. Nel 1627 è presente col cardinale Richielieu all'attacco della fortezza di La Rochelle in Francia essendo-

vi mandati da Filippo III al seguito del maestro di campo Federico di Toledo.

Tornato in Napoli riparte per la Lombardia e di là al seguito del cardinale infante Ferdinando di Austria in Germania, ove prende parte alla famosa battaglia di Norlinghen contro gli svedesi comandati da Gustav Karlson e da Bernard duca di Sassonia.

Nell'occasione fu creato maresciallo di artiglieria dell'Alsazia. Difese energicamente la città di Valenza in Lombardia, assediata dalle truppe alleate sabaude, francesi e parmensi.

Nell'assedio di Barcellona gli muore il figlio Carlo Maria, duca di S. Giorgio la Molara, che già da alcuni anni lo seguiva nelle aventura guerresche.

Da ultimo Carlo Andrea fu inviato come capitano generale in Catalogna per sedare quella pro-

vincia insorta contro il cattivo governo. Prende ancora parte a molte altre battaglie combattendo sempre con grande coraggio e cognizione di arte militare.

Muore a Napoli all'età di 63 anni, nel 1646 ed è tumulato nella cappella di famiglia in S. Giovanni a Carbonara.

Dirà di lui un suo biografo: *Fedele servitore del Re cattolico i contemporanei ne ammirarono l'austerità di vita, il rigore amministrativo, la ponderatezza di giudizio, l'imperiosità del comando, il consapevole coraggio; e rimasero pure impressionati dalla sua compiuta religiosità.*

Tanto religioso e cattolico da non scendere in campo ad affrontare un battaglia senza avere con sé l'officio della beata vergine e tanto religioso da portare con sé, al suo ritorno in patria, nei suoi feudi, i resti di San Vincenzo di Saragozza.

anno IX, n. 170 – 8 febbraio 1997

Si deve ad Antonio Festa la trattazione dell'enfiteusi

Il nobile beneventano del XVIII secolo si occupò delle consuetudini agricole

Enfiteusi, diritto di godere in perpetuo o temporaneamente di un bene altrui con l'obbligo di migliorarlo e di pagare una determinata prestazione annua in danaro o in derrata.

Questa è la definizione che di enfiteusi dà la Rizzoli-Larousse. Questo istituto giuridico, trae la sua origine dal diritto romano e principalmente da quello giustinianeo e trova la sua maggiore applicazione in epoca feudale essendo esso considerato uno strumento utile per migliorare la pro-

duzione agraria.

L'enfiteusi trova una capillare diffusione nel beneventano da essere chiamato enfiteusi beneventano.

Rimandiamo agli economisti lo studio della validità dell'applicazione dell'enfiteusi nel beneventano e sulla efficacia degli effetti che essa produsse – benefici o non – sull'economia agraria locale.

Noi ci limitiamo a dare un breve e succinto excursus bibliografico su questo argomento che ha nel corso dei secoli attratto l'attenzio-

ne di molti studiosi locali.

Ultimo della serie l'avvocato Francesco Romano con il suo noto *L'enfiteusi beneventana* pubblicato nel primo volume di *Benevento tra mito e realtà*.

Il primo, comunque, che cominciò ad occuparsi di una raccolta delle consuetudini beneventane, in tema di enfiteusi, fu, per quanto ci è noto, il celebre Antonio Festa, beneventano di nascita.

Antonio Festa aveva ricoperto la carica di avvocato della città e come tale il 4 novembre del 1730 firmava una petizione alla Santità di nostro Signore Clemente papa XII per la città e pel popolo di Benevento.

L'anno dopo, in qualità di console, sottoscriveva una lettera dedicatoria a papa Clemente XII relativamente alla elezione di mons. Sinibaldo Doria ad arcivescovo di Benevento. Del 1734 sono le note manoscritte sulla enfiteusi mai date alle stampe forse perché precedute dalla morte. In esse, pur dando qualche notizia intorno alla consuetudine di stipularsi con apposito patto come al laudemio e la quartiria, nell'istrumento costitutivo dell'enfiteusi beneventano si limitava ad esaminare la *rinnovazione* del canone o come *dicesi alla nuova provvista del canone* quanto questo in origine così fosse stato pattuito. Soffermandosi, quindi, ad esaminare quell'aspetto enfiteutico pattuito negli statuti municipale pubblicati per la prima volta nel 1717 e che presupponevano l'enfiteusi costituita secondo il diritto romano si occupano solo della rinnovazione.

Il Festa, pertanto, col suo lavoro, si limitava a fissare per iscritto le consuetudini enfiteutiche e a risolvere alcune gravi questioni ad essa attinenti e ad indicare come si debba pervenire al risultato di un aumento o di una diminuzione del canone annuo, o al mantenimento invariato dell'antico.

Il manoscritto originario del Festa non si sa che fine abbia fatto. Certamente, ricopiato, ebbe larga diffusione negli ambienti legali della città, ma non fu mai dato alle stampe.

Anni più tardi, lo si ritrova riportato integralmente, con qualche aggiunta, nel libro del Sig. Mario Coppola, seniore, pubblicato a Benevento nel 1791 col titolo *Querele degli enfiteuti beneventani sull'abuso di gravarsi il canone nella rinnovazione dei censi.*

Il Coppola nella prefazione del suo libro così dichiarava: *Mi è caduto in fortuna aver nelle mani uno scritto del fu celebre dottor delle leggi e avvocato Antonio Festa dell'ordine dei nobili viventi di questa città, abbozzato fina dal 1734, per tale effetto, ha quindi lasciato imperfetto e non portato a fine, forse per essere il medesimo prevenuto dalla morte, ond'è che, calandomi per la comune utilità di promulgarlo, mi son dato la premura di commentarlo e di illustrarlo.*

E continua: *Non abbiamo occultata questa pubblica confessione, affinché questo celebre defunto dottore da quell'altro mondo non ci avesse potuto rimproverare. Confesso dunque non aver altra parte se non che per un metà dell'opera con la quale intendo acquistar merito di approvazione di giudicatura sulla laurea dottorale, ma solamente farmi una gloria di giovar alla Patria.*

anno IX, n. 171 – 22 febbraio 1997

Le consuetudini beneventane «riscritte» da Enrico Isernia

La pubblicazione era già stata edita a puntate su «Gazzetta di Benevento»

Ricapitolando: nella puntata precedente parlando di *Enfiteusi* abbiamo visto che il primo in assoluto a parlare di questo argomento era stato l'avvocato Antonio Festa che, nell'anno 1734, ne aveva steso un trattato manoscritto, rimasto inedito.

Più tardi, poi, circa 60 anni dopo, un altro studioso della materia, l'avvocato Mario Coppola, venuto in possesso di una copia manoscritta del trattato, lo rielaborava, lo arricchiva e lo dava alle stampe. L'avvocato Mario Coppola era nato a Benevento nella seconda metà del XVIII secolo e apparteneva a quella schiera di innovatori settecenteschi che nel campo sociale ed in quello politico sostennero riforme e principii di libertà. Animato da questi principii di libertà, animato di questi ideali nel 1791 dava alle stampe il suo libro *Querele degli enfiteuti beneventani sull'abuso di gravarsi il canone nella rinnovazione dei censi* in difesa appunto degli enfiteuti, gravati dai continui aumenti dei canoni da cui erano colpiti ad ogni rinnovo contrattuale. Chi compilò, invece, un vero trattato organico, completo, dottrinale e pratico intorno a tutte le consuetudini nostre in materia di Enfiteusi (e non soltanto intorno alla rinnovazione del canone) corredato di notizie storiche e di ragguagli giurisprudenziali, specialmente della Rota Romana, fu il dotto giureconsulto beneventano avvocato Daniele Feuli.

Discendente di antica famiglia beneventana di ceto borghese, un Carlo Feuli fu canonico al tempo dell'Orsini, era nato a Benevento ai primi del XIX secolo. Avvocato di grido, tuttavia, moriva in giovane età subito dopo il 1860, lasciando anch'egli, inedite, alcune ricerche sull'enfiteusi.

Il manoscritto originale, trovato fra le sue carte all'epoca della sua morte, fu ricopiato dal professore avvocato Enrico Isernia, cognato del defunto avvocato Daniele, avendone sposato la sorella.

Isernia, nato a Benevento nel 1831, dopo aver studiato nel locale Collegio dei Gesuiti e conseguito la Laurea in Giurisprudenza, si dedicava all'insegnamento, prendendo parte alla vita politica ed amministrativa della città.

Nel settembre del 1860 partecipava anche ai moti insurrezionali contribuendo a liberare la città dal plurisecolare governo pontificio. Moriva nel 1907.

Autore di opere varie in versi ed in prosa, di numerosi saggi giuridici è noto soprattutto per aver dato alle stampe una fortunata *Istoria della città di Benevento* che con le sue 3 edizioni ebbe una enorme diffusione e per aver fondato, assieme a Francesco Corazzini e diretto il primo giornale della città: *Gazzetta di Benevento*. La copia che ne fece l'Isernia, recante la data del 1869, veniva data in lettura all'avvocato Domenico Cangiano per una più approfon-

dita revisione e adeguamento per la stampa. E proprio sulla *Gazzetta di Benevento* iniziava, in appendice, la pubblicazione a puntate dell'opera del Feuli precisandone la paternità. Alcuni anni dopo, nel 1899, tutte le appendici raccolte furono, come seconda edizione, ripubblicate integralmente in un volumetto.

In questa seconda edizione (ma che in effetti non lo è), uscita dai torchi del D'Alessandro, scompariva il nome del Feuli e rimaneva quello dell'Isernia come solo autore de *Le consuetudini beneventane rispetto al contratto di enfiteusi*.

anno IX, n. 172 – 28 marzo 1997

Un governatorato in pegno Papa Leone lo diede a Biondo

Benevento venne ceduta come rendita a seguito di un prestito di guerra

La plurisecolare sottomissione di Benevento alla Santa Sede, come segno immediato e diretto – tra gli altri – comporta la presenza in città di un rappresentante del potere pontificio nella qualità di Governatore.

L'elezione di quest'ultimo, il più delle volte, rispondeva a precise esigenze della curia romana, ma non sempre. È appunto, il caso della elezione e nomina a Governatore di Benevento di mons. Paolo Biondo, romano, figlio del celebre storico e umanista Flavio, segretario pontificio e scrittore delle lettere apostoliche nonché autore di varie opere storico-geografiche.

Governatore e castellano di Benevento e non certo per motivazioni politiche essendo, egli

stesso, come il padre, segretario apostolico.

Era successo che, al fine di soccorrere papa Leone X, bisognoso di denaro per sostenere le ingenti spese effettuate per recuperare al patrimonio della Chiesa le città di Parma e Piacenza, aveva lasciato vacante il suo uffizio di segretario apostolico che era stato poi rivenduto per la considerevole somma di 6 mila ducati d'oro, somma che, offerta al papa, era stata da questi accettata dietro rilascio di una *cautela in iscritto*.

Nel dicembre del 1521, intanto, Leone X riportava all'ubbidienza della Santa Sede le due città di Parma e Piacenza e nell'impossibilità di poter estinguere il suo debito nei riguardi di Paolo

Papa Leone X

Biondo, gli offriva il Governatorato di Benevento con la clausola di trattenerlo *fino a tanto che dalla camera apostolica ricevesse il pieno del suo credito.*

Nello stesso mese di dicembre il papa Leone X chiudeva la sua giornata terrena ed il Collegio dei cardinali, nella vacanza del soglio pontificio, attuò le disposizioni del defunto pontefice. Pertanto, sul finire di quell'anno, Paolo Biondo si insediava a Benevento come Governatore pontificio.

Riconfermato poi nell'incarico da papa Adriano VI (eletto nell'agosto del 1522) successore di papa Leone X, lo ritroviamo come governatore della città fino ai primi mesi del 1523.

Rimosso dall'incarico, Paolo Biondo non era ancora rientrato in possesso di quanto gli era dovuto. Bisognerà attendere Papa Clemente VII, il successore di Adriano VI, che, per dare certa e definitiva risoluzione alla vicenda, ne dava addebito alla città ed ai consoli che avrebbero dovuto indennizzare il Biondo, entro un termine fissato, con l'appannaggio di alcune rendite della città *come la gabella della carne ed altri diritti.*

I Consoli, tuttavia, già pienamente indebitati, non davano esito ai comandi papali e non pagavano. Intanto, Paolo Biondo moriva lasciando come sua unica erede una nipote, figlia del fratello Geronimo, Gloria Biondo, sposata ad un tal Clemente Buccellone.

L'erede non mancava di rivendicare le sue pretese presso i consoli.

Vi era oltretutto una minaccia di scomunica per i consoli qualora il debito non fosse stato pagato in tempo convenuto.

Un po' per questa minaccia, un po' per l'autorità del Governatore, il debito contratto da Leone X venne pagato dalla civica Amministrazione, anche se, per farlo, questa dovette sottoscrivere un nuovo debito di circa 14 mila ducati.

anno IX, n. 173 – 22 marzo 1997

L'assalto ad un covo di ladroni protetti dal feudo di Villafranca

Il governatore Paolo Biondo si pose a capo di un nutrito esercito

La vicenda governativa beneventana di messer Paolo Biondo, non ebbe uno sviluppo per lui molto soddisfacente.

La premurosa disponibilità di Biondo Paolo verso la persona del Santo Pontefice non veniva ricambiata con altrettanta prontezza dai consoli della città che, come abbiamo già visto sul numero scorso, perseguirono con un tacito diniego fermamente motivato dalla indefinita situazione amministrativa di Benevento.

Cedettero molti anni dopo e solo con paventate minacce di una scomunica papale, sottoscrivendo, per estinguerlo, un nuovo debito.

Comunque, con la permanenza in città di Paolo Biondo, prolungatasi per circa due anni e mezzo, dal principio del 1521 alla prima metà del 1523, gli storici del tempo registrano un fatto d'arme che vale la pena di essere ricordato.

Ai confini del Regno di Napoli, a poca distanza da Fragneto Monforte, si trovava il feudo di Villafranca appartenete, all'epoca dei fatti, al barone Salvatore De Gregorio, patrizio beneventano. Il feudo di Villa Franca o Franca villa, come spesso viene citato dai cronisti del tempo, apparteneva alla famiglia De Gregorio da oltre due secoli. Lo dimostra una Bolla di papa Bonifacio IX dell'11 febbraio 1390 dove, appunto, si fa menzione alla concessione papale fatta a favore dei fratelli Pietro e Petrillo de Gregorio.

La famiglia comunque è documentata a Benevento fin dai primi del XIII secolo con un tal Giovanni de Gregorio che assieme alla figlia Mathia prende in affitto delle case di proprietà del monastero di S. Maria della Grotta di Vitulano.

Poi, nel tempo, la famiglia si era radicata in città ed era diventata potente per censo ed incarichi. Più tardi, tra la fine del XIII secolo ed il principio del XIV, si incontrano un Pietro de Gregorio che aveva partecipato nel 1267 al tentativo di riforma degli Statuti beneventani e quattro giudici: Lancillotto attivo negli anni 1295-1325.

Subito dopo incontriamo Angelo de Gregorio e quasi contemporaneo, nel 1367, un Pietro e una Lena de Gregorio.

Nel 1380 un *nobil et sapiens vir don Petrus de Gregorio* è ricordato da Mario della Vipera.

Forse si tratta del nostro Pietro già ricordato investito del feudo di Villafranca, feudo che, secondo le disposizioni papali, alla morte dei detti Pietro e Petrillo sarebbe dovuto ritornare alla santa sede.

Alla cosa non venne data alcuna attuazione visto che circa tre secoli dopo troviamo il feudo ancora in possesso della famiglia de Gregorio.

L'ultimo barone, dunque, contravvenendo all'ordine della santa sede aveva fatto del suo feudo e della torre castello un ricettacolo di delinquenti e furfanti del vicino Regno di Napoli. Questo era lo stato di cose al momento dell'insediamento di Paolo Biondo.

Questi, dapprima tentava con le *buone maniere* di far desistere il de Gregorio dal continuare in quella sua politica.

E poiché questi, ignorando gli ordini del Governatore, *aveva messo mano a fortificare la torre senza intesa col papa gli fu d'uopo di adoperare la forza.*

Il Governatore stesso, a capo di un nutrito esercito, mandò contro il feudo di Villa Franca e *assediata la torre e cintola d'assedio dopo alquanti giorni la espugnava.*

Le cronache del tempo registrano che *il Biondo con suo massimo pericolo e dispendio di forze espugnasse la torre di Villafranca che era diventata ricettacolo di ladroni.*

anno IX, n. 174 – 5 aprile 1997

Giovanni della Casa arcivescovo che non entrò mai nella Diocesi

La Chiesa beneventana, le cui origini risalgono ai primi secoli dell'era cristiana, è stata nel tempo oggetto continuo delle attenzioni della Santa Sede che, già da prima, prendendo atto di quelle prerogative di primato che essa vantava sulle vicine chiese vescovili, le riconosceva nel concilio romano del 26 maggio 969, giurisdizione e il titolo di Metropolitana.

Due secoli dopo questa veniva decorata della dignità cardinalizia che ha mantenuto quasi ininterrottamente fino ai primi decenni del XX secolo con il cardinale Luigi Lavitrano.

Altri prelati si sono susseguiti sulla cattedra beneventana: due di essi poi sono stati anche eletti al soglio pontificio: Paolo III Farnese e Benedetto XIII Orsini.

Tra tanti che illustrarono la serie degli arcivescovi beneventa-ni va ricordato mons. Giovanni della Casa, famoso più che per la sua carriera ecclesiastica, per la sua attività letteraria.

Nato a Mugello il 28 giugno 1503 da gentile e ricca famiglia, copie i suoi studi prima a Bologna poi a Padova per terminarli a Firenze.

Poi prese, in età più che trentenne gli ordini religiosi, Nel 1534 si trasferiva in Roma dove, nel frattempo era salito al soglio pontificio il suo amico il cardinale Farnese, già arcivescovo di Benevento, col nome di Paolo III. Primo tra i prelati della Camera Apostolica, è mandato in Firenze in qualità di Commissario per le vicende papali. Il 7 aprile 1544 diviene Arcivescovo di Benevento, sede alla quale, qualche giorno prima aveva rinunziato, per motivi di età, mons. Francesco della Rovere. La sua nomina è molto

È noto più per la sua attività letteraria che per quella ecclesiastica

Mons. Giovanni della Casa

gradita al Capitolo beneventano che manda a complimentarlo l'arcidiacono don Tommaso Controvieri il quale ne ritornò con la nomina di vicario generale e con due missive di saluti dirette l'una ai Consoli, l'altra al Capitolo, missive oggi conservate l'una nell'archivio civico l'altra presso la Biblioteca capitolare. In entrambe le lettere auspicava la sua venuta in città entro il mese di ottobre, promessa che però non poteva mantenere perché in quello stesso anno da Paolo III fu inviato come Nunzio a Venezia dove presiede all'istituzione del Tribunale dell'Inquisizione, e dove tratta l'alleanza contro Carlo V. Alla prima attività si lega anche l'aspra polemica con-

tro Pier Paolo Vergerio con il quale scrive la *Dissertatio adversus Paulum Vergerium*. Morto Paolo III nel 1549, continua a vivere a Venezia, poi si ritira nella badia di Neversa, vicino a Montello nella marca Trevigiana, dalla quale non riusciranno a rimuoverlo né Giulio III né Marcello II.

Torna a Roma solo nel giugno del 1555 per l'elezione di Paolo IV che lo nomina suo segretario di Stato. Raggiunge Roma col segreto desiderio di vestire la porpora cardinalizia, ma ancora una volta, come già precedentemente con Giulio III, si vede negato tale privilegio nonostante gli interessamenti del Re di Francia. I suoi nemici diranno, ancora una vol-

ta, che su questa decisione hanno avuto un peso negativo i suoi trascorsi giovanili. La promessa della sua promozione nel prossimo Concistorio sarà vanificata dal sopraggiungere della morte il 14 novembre 1556.

Fu sepolto nella chiesa di S. Andrea della Valle in Roma, nella cappella dei Rucellai, suoi nipoti.

La sua intensa attività politica lo tenne lontano da Benevento, anche se più volte nelle lettere da lui scritte e indirizzate al Capitolo traspare il desiderio di portarvici.

Ciò nonostante, ebbe modo di far celebrare un Concilio provinciale il cui testo si conserva nella Biblioteca Capitolare.

anno IX, n. 175 – 19 aprile 1997

Dal Tempio di Iside di Benevento ad una grande Mostra a Milano

Si tratta di reperti conservati nel Museo del Sannio

L'imperatore Domiziano in veste di sacerdote di Iside.

Il lento cammino della storia ha lasciato segni tangibili e profondi in tutto il centro storico di Benevento.

Nella zona alta della città, laddove maggiormente si è sviluppata la civiltà longobarda, sono evidenti la chiesa di S. Sofia, con l'unito Chiostro, di indubbio valore storico archeologico, la chiesa di S. Ilario quella di S. Paolo nonché il ricordo della storia civile del Sacro palazzo sede dei Duchi e dei Principi grosso centro di tradizione e di cultura.

Resti di altre civiltà più antiche e monumentali si trovano in quella fetta di territorio formata dalla confluenza dei due fiumi Sabato e Calore e dove si incontrano il Teatro Romano, l'Arco romano detto del Sacramento, il Duomo e dove sono visibili appariscenti rovine dell'Empo-

rio, delle Terme cittadine non ancora portate alla luce e quasi certamente dovrebbero trovarsi i ruderi dei pubblici edifici del Foro e di tutti quei templi innalzati al culto degli dei sia indigeni che stranieri e che adornavano la città di Roma nonché il centro di molte altre città romane.

La città di Benevento, obbligato transito dell'Appia, via d'Oriente, prediletta da Traiano, Adriano e nella quasi soggiornarono Augusto, Nerone, Domiziano, di edifici sacri ce ne erano tanti.

A quest'ultimo imperatore si deve la costruzione del tempio egizio nel quale veniva praticato il culto dedicato a Iside, *onnipotente e magnifica dea della natura* e che si presentava come *sposa e madre esemplare*.

La sua costruzione, segno di riconoscimento imperiale alla

234

città, fu dovuto ad un atto di gratitudine da parte di Diocleziano verso la Dea essendosi sottratto ad uno dei numerosi attentati sul Campidoglio travestito da sacerdote di Iside.

Di questo Tempio, forse smantellato dalla mano dell'uomo e forse distrutto da uno dei tanti terremoti che hanno colpito la città, restano imponenti frammenti.

Due obelischi: uno, intero, in piazza Papiniano; l'altro, già di fronte al Duomo, dedicato da Diocleziano alla *Grande Iside, madre di Dio, signora delle stelle, del cielo, della terra e del mondo sotterraneo*, è conservato nel Museo del Sannio, assieme ad un gruppo di ben 22 sculture che adornavano il tempio di Iside *signora di Benevento.*

Su questo complesso di sculture e sulla sua importanza Hans Wolfgang Muller, archeologo ed egittologo di fama internazionale, così ebbe a dire: *Accanto a Roma la città di Benevento è il più importante centro di scoperta di sculture egiziane originali in occidente e non condivide questa caratteristica con nessun altra città fuori dell'Egitto. Se si considera che le statue di Roma, cioè di una città dall'area tanto più grande, pervengono da molteplici santuari di Iside e se si paragona il numero dei pezzi trovati, prescindendo dagli obelischi, con l'entità delle scoperte egiziane di Benevento, l'importanza di quest'ultima risulta ancora in modo più evidente.*

Questo importantissimo complesso beneventano, che è forse ignoto alla maggior parte dei sanniti, assieme ad altri reperti provenienti anche da altri Musei locali e da altre parti del Paese, è oggetto di una importantissima Mostra che si tiene in Milano, nel Palazzo Reale (a due passi dal Duomo), esposizione che quotidianamente è visitata, con entusiasmo, da migliaia di persone.

anno IX, n. 176 – 3 maggio 1997

Attraverso la via Appia giunse a Benevento il culto di Iside

L'opportunità di una rilettura del culto di Iside a cui Benevento è intimamente legata, ci è data dalla Mostra archeologica in atto a Milano e di cui parliamo ampiamente nel pezzo accanto.

È una rassegna, quella di Palazzo Reale, che abbraccia un arco temporale di circa quattro millenni e che propone, suddivisi in dodici sezioni, oltre 700 reperti provenienti da 120 Musei ubicati in 22 paesi.

La mostra presenta così un insieme rilevante di sculture e documenti di archeologia che permettono anche al visitatore più sprovveduto di poter ugualmente seguire le fasi di sviluppo e di diffusione e di irradiamento del culto nell'Europa allora conosciuta. Infatti, nato come culto di rilievo locale e quindi legato nella zona alla foce del Nilo, acquisiva nel tempo, e specialmente in coincidenza con la fase ultima della dominazione Tolemaica, un carattere sempre più profondo e universale espandendosi in tutto il bacino del Mediterraneo. Una prima fase espansiva si era avuta con la fondazione di Alessandria voluta da Alessandro il Macedone. Già da allora il culto di Iside si affacciò sul Mediterraneo e da qui, con l'ausilio di mercanti e di navigatori greci, si diffondeva raggiungendo i luoghi più impensati.

Tracce del culto isiaco sono state trovate in Francia, dove, secondo la leggenda, i parigini, *parisiens*, si chiamavano così perché abitavano la città sorta intorno all'antico tempio di Iside (paraisis); e ancora in Inghilterra, in Germania, in Austria, in Crimea e perfino nelle Indie Occidentali.

Lungo le grosse direttrici commerciali giungeva anche in Campania costiera dove tracce di un Iseo sono localizzate, giunte via

Il Tempio era situato nell'area del Duomo e fu ritrovato dal Meomartini

L'obelisco di piazza Papiniano in una cartolina degli anni Trenta

235

mare, a Pozzuoli dal I secolo d.C. e a Benevento lungo la direttrice della via Appia.

All'interno della Mostra, utilizzando le moderne tecniche espositive, è stato dato ampio risalto ai vari templi di Iside localizzati in Italia e tra essi una sala è dedicata all'Iseo di Benevento arricchita con 16 pezzi provenienti dai depositi del Museo del Sannio.

Questi e altri ancora, compresi i due obelischi che fronteggiano l'ingresso del Tempio situato nella zona della città romana, nell'area del Duomo, all'incrocio della via Appia e della via Latina che attraversavano la città, furono ritrovati dall'architetto Meomartini agli inizi di questo secolo, nel 1903, sotto la cinta muraria longobarda sul viale dei Rettori, vicino alla chiesa di S. Agostino.

Essi sono di vario materiale, marmi di diversa provenienza greca e italiana e si distinguono in due grossi gruppi: quelli trasportati dai templi egiziani più antichi e quelli commissionati in Egitto dall'imperatore Domiziano.

Il prof. Muller, noto egittologo, che circa 30 anni fa studiò la collezione del Museo del Sannio, cataloga circa 40 pezzi che, a suo dire, anche se numericamente non tanti, in quanto provenienti da una sola zona, costituiscono – come abbiamo già avuto modo di dire – la raccolta egizia di gran lunga più importante tra quelle esistenti in Italia.

anno IX, n. 178 – 31 maggio 1997

Nacque nella Diocesi di Benevento papa Paolo IV

Ancora oggi se ne contendono i natali due paesi dell'Irpinia

Gian Pietro Carafa, appartenente alla famiglia dei duchi di Montorio, grazie anche alle intercessioni dello zio cardinale Oliviero, abbracciato dapprima lo stato ecclesiastico, entrava nella Curia romana e intraprendeva, all'impronta dell'asceticità, una rapida carriera che lo vedeva prima vescovo di Chieti, arcivescovo di Brindisi e cardinale nel 1536, membro dell'Inquisizione Romana nel 1542, arcivescovo di Napoli nel 1549 e infine decano del Sacro Collegio nel 1553.

Politicamente ricopriva il ruolo di Nunzio apostolico prima presso le corti di Inghilterra e di Spagna e poi presso quella veneziana. Si occupava molto della riforma del Clero e delle Congregazioni Romane e da arcivescovo di Chieti fondava, insieme a S. Gaetano Thiene, l'ordine dei Teatini. Così, il 23 maggio 1555, dopo aver a lungo servito la chiesa, alla fine di un lungo conclave, durato 8 giorni, il nostro veniva all'unanimità eletto al soglio pontificio col nome di Paolo IV.

Succedeva al brevissimo pontificato di Marcello II e all'epoca della sua elezione contava già settantanove anni.

La veneranda età non gli fu però da freno nel continuare ad esplicare la sua attività rinnovatrice a favore della conservazione della fede e per la rimozione degli abusi.

Politicamente contrario alla casa spagnola degli Asburgo ed a Carlo V, dei quali temeva la prepotenza, si alleava con la Francia contro di loro e intraprendeva quella guerra detta dei Carapeschi definita l'ultimo atto di resistenza armata contro l'imposizione del dominio e dell'egemonia spagnola in Italia. La guerra ebbe breve durata (1556-1557) e si concludeva con la pace di Cave con Filippo II come Re di Napoli, dal quale tra l'altro riusciva ad ottenere la restituzione, per Benevento, di tutti i pezzi di artiglieria sequestrati durante la guerra nonché la rifusione di tut-

Papa Paolo IV

te le campane dalla stessa requisite per farne cannoni.

Nello stesso anno faceva anche compilare un elenco o indice dei libri proibiti talmente rigoroso da destare riserva anche negli ambienti più ortodossi.

La sua austerità si esplicava anche contro i suoi stessi nipoti: il cardinale Carlo, duca di Poliano, il marchese di Montebello che prima favoriti non esitava a scaricare da Roma allorché veniva a conoscenza dei gravi abusi che avevano commesso e per i quali dal successore di Paolo IV furono condannati a morte.

Moriva il 18 agosto 1559 all'età di 83 anni. Era nato nel 1476 in diocesi di Benevento in provincia di Avellino, dove due paesi vicini tra loro da anni si contendono ancora oggi i natali: Capriglia e S. Angelo a Scala.

La secolare «querelle» non ancora chiarita, ultimamente è stata rinverdita dalla pubblicazione di un libro sulla vita di Paolo IV a cura di Bernardo Laudemi, «Una vita per la chiesa» e dalla quale ci si aspetta che venga data una risposta definitiva.

anno IX, n. 179 – 14 giugno 1997

Un Papa di Benevento ruppe l'ortodossia del Vaticano

Nella serie dei 264, dei 265 o dei 266 papi (il numero varia a seconda delle diverse cronologie) che ressero la sede pontificale di S. Pietro fino all'attuale pontefice Giovanni Paolo II, ne sono notati quattro, solo quattro che a noi beneventani interessano più da vicino. Perché mai? È facile indovinarlo. Perché essi furono, fra i tanti, i soli pontefici che ebbero i natali nella città di Benevento o nella sua diocesi.

Se per la storia della Chiesa tanto poco importa, non è così per la storia di Benevento.

Senza contare poi che ci si avvicina di più a chi fu nostro concittadino e, anzi, nonostante che siano intercorsi centinaia di anni, anche per uno spirito di campanilismo, ci sembra quasi di condividerne ogni pensiero ed ogni azione. Il primo papa beneventano, il 56° della serie, fu il figlio di Castorio Fimbrio, nobile beneventano, Felice.

Non fu eletto ma fu designato da Teodorico, re degli Ostrogoti, e regolarmente consacrato alla morte di questi. Sedette sul soglio pontificio dal 12 luglio 526 fino alla morte avvenuta il 22 settembre 530. Succedeva nel papato a Giovanni I.

Sui cospicui resti dei tempii Sacrae Urbis e quello di Romolo, che aveva avuti donati dalla regina Amalasunta, costruì la chiesa dedicata ai santi Cosimo e Damiano, i martiri medici, il cui culto è ancora diffuso a Benevento. Il suo pontificato è legato alla condanna della dottrina semipelagione contro alcune rigide affermazioni di S. Agostino a proposito della predestinazione, diffusasi nel V secolo nella Francia meridionale. Il suo pensiero di condanna lo si ricava da una lettera che lo stesso inviava al suo amico Cesario, vescovo di Arles, profuso poi nel Sinodo di Arles del 529 presieduto dallo stesso Cesario e che, con la definitiva condanna poneva fine alla questione. Prima di morire, preoccupato della successione e per cercare di evitare contrasti e ingerenze politiche tanto dei goti quanto dei bizantini, compiva un atto che non aveva precedenti e che crediamo sia rimasto unico nella storia della Chiesa: la nomi-

Per la prima volta il regnante si scelse anche il successore

Papa Vittore III

na del suo successore.

Bisogna che trascorrano ben 556 anni dalla morte di Felice perché sulla cattedra di San Pietro vada a prendere posto un altro beneventano.

Siamo nel maggio del 1080. Alla morte di Gregorio VII Ildebrando di Soana, veniva eletto alla successione il cardinale Desiderio, abate di Montecassino col nome di Vittore III. Era nato a Benevento nel 1027. Erede di quegli ultimi longobardi che con Pandolfo Capodiferro avevano riunificato il principato longobardo del meridione, abbandona gli agi della famiglia paterna e attratto dalla vita claustrale indossa l'abito benedettino e si ritira in S. Sofia di Benevento, e di là alle Tremiti e poi fra le nevi della Maiella fino a Montecassino nel 1057 e dove l'anno seguente, nel 1058, lo troviamo abate. Eletto cardinale nel 1059 da papa Nicola II, lo troviamo impegnato nella sua politica di mediazione tra il papato e l'impero e che sfociò anche con l'aiuto di Ildebrando di Soana, il

futuro Gregorio VII, nell'alleanza fra i principi normanni ed il papato con il loro relativo vassallaggio. Eletto, dunque, nel maggio del 1086 non potette essere consacrato che solo dopo un anno dalla sua elezione per l'opposizione che gli facevano i seguaci di Gregorio VII che lo dicevano impreparato a raccogliere l'eredità di Gregorio VII e una successione di tanto impegno e dell'antipapa Clemente III.

Moriva, qualcuno dice avvelenato, il 16 settembre del 1087 in Montecassino dove veniva sepolto. Creava un solo cardinale diacono fra' Leone Marsicano, monaco cassinese che nel terzo libro della sua *Istoria Cassinese* scriveva diligentemente della vita e dei fatti di questo pontefice il quale fu certo degno del papato e di succedere a Gregorio VII.

Tra la morte di questi e la nomina del successivo papa beneventano intercorrono giusto 100 anni e 14 pontefici. Nell'ottobre del 1187, alla morte di Urbano II, veniva eletto a Ferrara Alberto di Morra,

beneventano di nascita, col nome di Gregorio VIII.

Canonico regolare di S. Agostino, già eletto cardinale nel 1155, legato di Alessandro III in Dalmazia e Ungheria (nel 1167) e in Inghilterra (1171-1173) e infine cancelliere della Curia Romana.

Tra le sue iniziative bandiva la terza crociata e per questo motivo si recava a Pisa per riconciliarla con Genova, ma moriva all'improvviso. Aveva retto il papa per poco meno di due mesi!

A questi tre nominativi, che nonostante la brevità del loro papato, pur hanno lasciato una traccia del loro operato, vanno aggiunti Paolo IV Carafa, i cui natali sono contesi dai Comuni di Capriglia e di S. Angelo a Scala della diocesi di Benevento e di cui abbiamo parlato sul numero scorso e Benedetto XIII, papa Orsini, che, anche se nativo di Gravina di Puglia, per la sua lunga permanenza a Benevento come cardinale arcivescovo, può a buon diritto considerarsi beneventano.

anno IX, n. 180 – 28 giugno 1997

Nel gennaio del 1814 le truppe di Murat occupano la città

Per pochi mesi i napoletani invadono Benevento poi è la volta degli austriaci

La sconfitta di Napoleone a Lipsia nell'ottobre del 1813 e quella definitiva di Waterloo del 18 giugno 1815, comportarono, inevitabilmente, la caduta di tutti quei troni e principati a capo dei quali erano stati nominati uomini che avevano beneficiato della sua politica; e tra questi anche il principato di Benevento che, come sappiamo, era stato affidato al principe Charles Maurice de Talleyrand. Questi, una volta, aveva nominato, come suo go-

vernatore, l'alsaziano Louis de Beer, già segretario d'ambasciata a Napoli e che, con le sue indubbie benemerenze nel campo dell'amministrazione della giustizia e della pubblica istruzione, aveva retto il principato fino alla caduta di Napoleone.

Il nuovo assestamento politico che all'indomani di Lipsia si era venuto così a disegnare e che vedeva il re di Napoli Gioacchino Murat contrapposto sia a Napoleone quanto all'Austria, portava, sullo scorcio del gennaio 1814, all'occupazione di Benevento da parte delle truppe napoletane, nonostante le proteste del Talleyrand e del suo governatore.

Il castello e gli ambienti municipali ospitarono funzionari del Murat. Per pochi mesi, fin quasi alla fine del maggio del 1815, fin quando cioè, e per pochi mesi ancora (23 maggio-18 luglio 1815), la città sarà presieduta dalle truppe austriache, in quanto in attesa delle risoluzioni del Congresso di Vienna, Benevento entrava nel novero degli Stati che dovevano essere provvisoriamente amministrati in nome dell'Imperatore d'Austria.

L'11 giugno 1815 il Barone Paolo de Lederer prendeva possesso della città quale commissario imperiale, in nome dell'Imperatore d'Austria e a sua volta nominava suo governatore il duca di Monteiasi, già intendente di Principato Ultra.

Già precedentemente, in data 4 giugno, il Conte di Jouran, consigliere austriaco di Napoli, aveva rivolto, a nome dell'Imperatore d'Austria, alla cittadinanza beneventana, un enfatico appello col quale assicurava alla città un'amministrazione «dolce e paterna» nel rispetto delle leggi e delle consuetudini locali sino a che le risoluzioni del Congresso

fra i sovrani alleati abbiano deciso della definitiva sua sorte positiva.

Il Governatore Monteiasi nominava anche il nuovo Consiglio cittadino che risultò essere così composto: il marchese Pedicini, presidente del Consiglio e i signori Giacomo Terragnoli, Nicola Luigi d'Aversa, Girolamo Cifaldi, Giovanni Bosco con funzioni di consoli e il marchese Mosti, Nicola Perrotti, Ignazio Pallante, Antonio Penga di Vincenzo, marchese Orazio Pacca, Filippo Rispoli, Gioacchino Meola, Gabriele Vecchioni come componenti dello stesso Consiglio.

Il nuovo Consiglio non ebbe gran che da fare proprio per la brevità della sua carica. L'unico atto che si riscontra fu la richiesta di autorizzazione a richiedere un prestito di 2.500 ducati per far fronte alle spese più urgenti della comunità.

Pochi giorni dopo il Ducato di Benevento, secondo gli accordi del Congresso di Vienna, ritornava sotto il governo della Santa Sede alla quale era stato tolto dal 1806.

Finiva cosi, senza infamie e senza lode, il breve dominio austriaco in Benevento e dal 12 luglio 1815 mons. Luigi Battaglia prendeva possesso in nome del Papa del Ducato di Benevento.

Gioacchino Murat

INDICE

VISIONI BENEVENTANE
1989-1997

ANNO 1989

ANNO 1990

ANNO 1991

85	(a III n 51 - 2 nov 1991)	Ricorre il 149° anniversario della visita di papa Pio IX
87	(a III n 52 - 18 nov 1991)	Il sindaco Donisi impose ed ottenne l'abbattimento della chiesa del Gesù
90	(a III n 53 - 30 nov 1991)	Un lascito diede l'avvio all'Ospedale S. Diodato
91	(a III n 54 - 14 dic 1991)	Bello eloquente pigro e raffinato. L'identikit di Federico II di Svevia
93	(a III n 55 - 28 dic 1991)	Il presepio di Borrelli

ANNO 1992

pag	data	titolo
95	(a IV n 56 - 11 gen 1992)	Il soggiorno beneventano di papa Alessandro III
96	(a IV n 57 - 25 gen 1992)	L'esaltante vita pastorale di mons. Beniamino Feuli
97	(a IV n 58 - 8 feb 1992)	Due secoli di lavoro per la chiesa di S. Bartolomeo
98	(a IV n 59 - 22 feb 1992)	Sette secoli fa ebbe luogo la Battaglia di Benevento
100	(a IV n 60 - 7 mar 1992)	Nella chiesa di S. Marciano la pace tra papa e re
101	(a IV n 61 - 21 mar 1992)	Il 14 marzo 1702 il terremoto si abbatte ancora su Benevento
102	(a IV n 62 - 3 apr 1992)	La grandiosità della Roma antica investe con le sue opere Benevento
103	(a IV n 63 - 18 apr 1992)	Un Tempio grande e bellissimo dedicato al culto di Iside
104	(a IV n 64 - 2 mag 1992)	La dominazione francese lascia a Benevento il Liceo
106	(a IV n 65 - 16 mag 1992)	Particolarmente turbolenti gli ultimi anni del XIV secolo
107	(a IV n 68 - 27 giu 1992)	La città «assediata» dai Borboni si sottomette pacificamente
108	(a IV n 69 - 11 lug 1992)	La vicenda storica dell'antico convento dei padri domenicani
109	(a IV n 70 - 25 lug 1992)	Interrotta due volte la lunga dominazione pontificia
111	(a IV n 71 - 19 set 1992)	La lunga odissea dei resti dell'apostolo Bartolomeo
112	(a IV n 72 - 9 ott 1992)	L'antica chiesa di S. Lorenzo divenne il Tempio della città
114	(a IV n 73 - 17 ott 1992)	Due volte distrutta dai terremoti l'antica chiesa del SS. Salvatore
115	(a IV n 74 - 31 ott 1992)	Il 21 febbraio 1930 fu posta la prima pietra del Seminario
116	(a IV n 75 - 14 nov 1992)	Beneventani arditi ma pazienti si liberano dello Stato pontificio
117	(a IV n 76 - 29 nov 1992)	L'insurrezione di Benevento favorì l'avanzata di Garibaldi
118	(a IV n 77 - 12 dic 1992)	Cento anni fa moriva Federico Torre
119	(a IV n 78 - 26 dic 1992)	Le Accademie letterarie a Benevento nel XVI secolo

ANNO 1993

pag	data	titolo
121	(a V n 79 - 9 gen 1993)	Federico Torre e le ragioni della Provincia sannita
122	(a V n 80 - 23 gen 1993)	Tutti contro la Provincia sannita ma il Parlamento premiò Torre
125	(a V n 81 - 6 feb 1993)	Ecco da quali province furono «attinti» Comuni per quella sannita
126	(a V n 82 - 20 feb 1993)	«La nostra Provincia è costituita»
128	(a V n 83 - 6 mar 1993)	Maestà… ecco il Sannio
131	(a V n 84 - 20 mar 1993)	A Michele Ungaro la guida del primo Parlamentino sannita

ANNO 1994

ANNO 1995

ANNO 1996

ANNO 1997

Quaderni dell'Archeoclub di Benevento

Volumi pubblicati

n. 1 – Manfredi e la Battaglia di Benevento
  a cura di Maurizio Cimino

n. 2 – Storiografia tedesca sull'Arco di Traiano di Benevento
  a cura di Giuseppe Di Pietro

n. 3 – In co del ponte, il Calore continua a scorrere
  a cura di Giacomo de Antonellis

n. 4 – Quattro passi nella storia (2019-2020)
  a cura di Giuseppe Patrevita

n. 5 – Il Sannio errante - Storia di una regione mai nata
  di Francesco Morante

n. 6 – Visioni Beneventane
  di Mario Boscia